U0549055

宏观经济管理

国家发展改革委宏观经济管理编辑部

中国现代经济研究院

北京市博士爱心基金会

广州南粤基金集团有限公司

国是智库研究院

中宏网

贵州宝文电机科技有限公司

联 合 出 品

国家发展改革委宏观经济管理编辑部
中国现代经济研究院年度报告系列

中国新发展理念指数报告

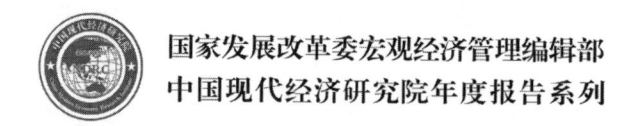

China's New Development
Concept Index Report

主编 易昌良

中国财经出版传媒集团
经济科学出版社
Economic Science Press

图书在版编目（CIP）数据

中国新发展理念指数报告/易昌良主编．—北京：经济科学出版社，2019.2
ISBN 978-7-5218-0301-3

Ⅰ.①中⋯　Ⅱ.①易⋯　Ⅲ.①中国经济-经济发展-指数-研究报告　Ⅳ.①F124

中国版本图书馆 CIP 数据核字（2019）第 034833 号

责任编辑：于海汛　李　林
责任校对：郑淑艳
责任印制：李　鹏

中国新发展理念指数报告
主编　易昌良

经济科学出版社出版、发行　新华书店经销
社址：北京市海淀区阜成路甲 28 号　邮编：100142
总编部电话：010-88191217　发行部电话：010-88191522
网址：www.esp.com.cn
电子邮件：esp@esp.com.cn
天猫网店：经济科学出版社旗舰店
网址：http://jjkxcbs.tmall.com
北京季蜂印刷有限公司印装
710×1000　16 开　19.75 印张　390000 字
2019 年 2 月第 1 版　2019 年 2 月第 1 次印刷
ISBN 978-7-5218-0301-3　定价：58.00 元
(图书出现印装问题，本社负责调换。电话：010-88191510)
(版权所有　侵权必究　打击盗版　举报热线：010-88191661
QQ：2242791300　营销中心电话：010-88191537
电子邮箱：dbts@esp.com.cn)

《中国新发展理念指数报告》
编辑委员会

顾　　　问：王茂林　沙祖康　龙宇翔

编委会主任：任旺兵

主　　　编：易昌良

副 主 编：林　涛　王　彤　杨杞煌　胡长顺　陈弘仁　张松峰
　　　　　　景　峰　高子华　王海平　赤卫娟　黄卫根　刘赟平

编　　　委：（排名不分先后）
　　　　　　宋　健　邵诗洋　陈　军　匡涛涛　李晓峰
　　　　　　陈　军　何利华　郑彦哲　黄　建　王　克
　　　　　　李海龙　潘轶汛　李　林　王大成　彭喜波

工作团队：（排名不分先后）
　　　　　　安国强　万新月　吕佳兴　夏　洁　王觅璟
　　　　　　粟剑峰　蒋梦鸽　夏莲莲　徐晓明　李　菲

《中国新发展理念指数报告》
课 题 组

学术指导：（排名不分先后）

陈　骏	中科院院士、南京大学原校长、教授、博导
谢和平	中国工程院院士、四川大学原校长、教授、博导
袁占亭	兰州大学党委书记、教授、博导
于鸿君	北京大学党委常务副书记、马克思主义学院院长、习近平新时代中国特色社会主义研究院院长、教授、博导
王丕君	欧美同学会党组书记、秘书长
刘尚希	中国财政科学研究院党委书记、院长、研究员、博导
袁南生	外交学院党委书记、常务副院长、教授、博导
毕吉耀	国家发展改革委宏观经济研究院副院长、研究员、博导
李十中	清华大学教授、博导、海南省政府科技顾问
王辉耀	国务院参事、欧美同学会副会长、全球化智库主任
唐任伍	北京师范大学政府管理研究院院长、教授、博导
沈坤荣	南京大学商学院院长、教育部长江学者特聘教授、博导
刘海燕	中国地质大学（北京）人文经管学院教授、博导
宋英华	武汉理工大学管理学院副院长、教授、博导
刘　刚	中国人民大学企业管理系主任、教授、博导

组　　长： 易昌良

副组长： 林　涛　景　峰　高子华

成　　员：（排名不分先后）

陈阳波　邵诗洋　李海龙　陈　军　李　林　郑彦哲
王大成　李寒湜　张荣东　杜小东　黄　建　黄艳军
毕媛媛　耿之倩　韩　迪　张伯伦　刘赟平　张为宏

《中国新发展理念指数报告》
报告研究机构

国家发展改革委宏观经济管理编辑部

中国现代经济研究院

北京师范大学政府管理研究院

北京市博士爱心基金会

广州南粤基金集团有限公司

中国大数据研究院

一带一路经济技术合作中心

国是智库研究院

中宏网

贵州宝文电机科技有限公司

华容县华清渔业有限公司

序
建设高质量发展的新时代

发展是中国特色社会主义的主题，是中国共产党执政兴国的第一要务。发展理念是发展行动的先导，发展实践皆由发展理念来引领，发展理念从根本上决定着发展成效乃至成败。为了继续推动发展，着力解决发展不平衡不充分问题，大力提升发展质量和效益，党的十九大报告在充分肯定党的十八大以来坚定不移贯彻新发展理念取得巨大成就的基础上，发出了"贯彻新发展理念，建设现代化经济体系"的伟大号召，并把"坚持新发展理念"作为新时代坚持和发展中国特色社会主义的基本方略之一，强调发展是解决我国一切问题的基础和关键，发展必须是科学发展，必须坚定不移贯彻创新、协调、绿色、开放、共享的新发展理念。这是党中央统筹国内、国际发展大势作出的重大判断，是指导未来相当长时期我国经济建设与发展的行动指南。

新发展理念是发展思路、发展方向、发展着力点的集中体现，具有高度的战略性、纲领性、引领性，在我国发展全局中具有重要的指引作用。新发展理念体现了新的发展阶段基本特征的深刻洞悉，体现了对社会主义本质要求和发展方向的科学把握，标志着我们党对经济社会发展规律的认识达到了新的高度，是我国经济社会发展必须长期坚持的重要遵循。只有以新发展理念引领建设现代化经济体系，才能推动我国在破解发展难题中增强动力、厚值优势，不断朝着更高质量、更有效率、更加公平、更可持续的方向前进。

历经改革开放40年的发展，我国经济总量已跃居世界第二。虽然中国经济社会发展取得了巨大成就，但还存在许多不足，也面临不少困难和挑战，主要是：发展不平衡不充分的一些突出问题尚未解决，发展质量和效益还不高，创新能力不够强，实体经济水平有待提高，生态环境保护任重道远；民生领域还有不少短板，脱贫攻坚任务艰巨，城乡区域发展和收入分配差距依然较大，群众在就业、教育、医疗、居住、养老等方面面临不少难题等。如果不解决这些问题，我国经济社会发展的进程就会受到干扰和阻碍。新发展理念正是为解决这些新问题、应对这些新挑战而提出来的。深入理解新发展理念的理论内涵和实践要求，让新发展理念落地生根、变成普遍实践，才能顺利实现"两个一百年"奋斗目标和中华民族伟大复兴的中国梦。

新发展理念是高质量发展的天然内涵和应有之意。因为高质量发展是能够很好满足人民日益增长的美好生活需要的发展，是体现新发展理念、创新成为第一动力、协调成为内生特点、绿色成为普遍形态、开放成为必由之路、共享成为根本目的的发展。

中国特色社会主义进入新时代，我国经济已由高速增长转向高质量发展阶段。如何践行新发展理念，如何在改革开放40年的基础上实现高质量发展，如何建设高质量发展的新时代，必须有一个衡量标准。因此，课题组在充分研究与总结国内外发展相关理论与实践成果的基础上，经过多次详细研讨和抽样运行，结合中国发展现实，构建了中国发展指数评价体系，即"中国发展指数指标体系"，下设五个一级指标：创新发展指数、协调发展指数、绿色发展指数、开放发展指数和共享发展指数，以科学的评价体系来测度中国发展状况，监测中国发展进程。"中国发展指数指标体系"不仅是一个评价工具，更是对相关层面发展水平的检验工具。在明确指标体系的基础上，我们将建立统计监测体系，健全绩效评价体系，夯实政绩考核体系，从而完善政策促进体系。特别是，通过评估国家、省际和城市发展状态与进度水平，在政策层面为城市发展的战略导向提供相应参考，满足中国加快转变经济发展方式的政策需求。我们衷心希望通过中国发展指数年度报告，为社会提供一个认识和领会"新发展理念"的窗口，为建设高质量发展的新时代提供基准参照物，共同见证中国这艘巨轮在驶向伟大复兴梦的航程中不断前行。

第十二届全国人大常委会副委员长

陈昌智

2019年1月28日

前　言

2018年是贯彻党的十九大精神的开局之年，是中国特色社会主义新时代的第一年，是改革开放40周年，是决胜全面建成小康社会、实现精准脱贫的冲刺之年，还是实施"十三五"规划承上启下的关键一年。要坚持稳中求进工作总基调，坚持新发展理念，坚持以供给侧结构性改革为主线，大力推进改革开放，打好防范化解重大风险、精准脱贫、污染防治三大攻坚战，推动经济高质量发展取得新进展。方式的变革、产业的升级，最终来自思想的转变。把握好中国经济迎来的新时代，在习近平新时代中国特色社会主义思想指引下，新发展理念不仅当下有为，而且未来可期。

中国特色社会主义进入了新时代，这是我国发展新的历史方位。中国特色社会主义进入新时代，意味着近代以来久经磨难的中华民族迎来了从站起来、富起来到强起来的伟大飞跃，迎来了实现中华民族伟大复兴的光明前景；意味着科学社会主义在21世纪的中国焕发出强大的生机活力，在世界上高高举起了中国特色社会主义伟大旗帜；意味着中国特色社会主义道路、理论、制度、文化不断发展，拓展了发展中国家走向现代化的途径，给世界上那些既希望加快发展又希望保持自身独立性的国家和民族提供了全新借鉴，为解决人类问题贡献了中国智慧和中国方案。

中国特色社会主义进入新时代，我国经济发展也进入了新时代，基本特征就是我国经济已由高速增长阶段转向高质量发展阶段。中国速度向中国质量转变意味着通过量的快速扩展来实现经济发展的时代已经基本结束，质量问题已经取代数量成为制约中国经济发展的根本问题，要推动中国经济持续发展，必须着力于提升质量，让中国质量成为吸引国内外消费者的新动力。

站在中国新的历史方位，我们要实现更高质量、更加平衡、更加开放、更为包容、更加公平、更可持续的发展，进一步解放和发展社会生产力，进一步激发全社会创造力和生机活力，改革的艰辛、困难、风险和挑战一点也没有减少。党的十八大以来，以习近平同志为核心的党中央，继续高举改革开放的伟大旗帜，深刻把握当今世界正在发生的深刻复杂变化，牢牢把握我国发展仍处于的重要战略机遇期，初心不改、矢志不渝，坚定地走中国特色社会主义道路，改革是全面发力、多点突破、纵深推进，着力增强改革系统性、整体性、协同性、群众性，加快拓展改革的广度深度，全面深化改革取得重大突破，中国特色社会主义制度更加完善，国家治理体系和治理能力现代化明显提高。

经过改革开放后的快速发展，我国在20世纪90年代中后期告别了短缺经济，数量矛盾逐步缓解。随着收入水平提高和中等收入群体扩大，居民消费加快向多样化、个性化、服务化方向升级，而"数量追赶"时期迅猛扩张形成的传统产业生产能力跟不上市场需求变化，出现严重的产能过剩，质量矛盾上升到主导地位。如果说，填补"数量缺口"是过去一个时期经济发展的动力源泉，那么，填补"质量缺口"就是高质量发展阶段经济发展的潜力所在。高质量发展阶段的主要任务就是要转向"质量追赶"，以提高供给体系质量，提升产品、技术和服务质量为主攻方向，提升产业价值链和产品附加值，提高劳动生产率、投资回报率和全要素生产率，显著增强我国经济质量优势。

随着近年来劳动年龄人口逐年减少，人口数量红利快速消失，土地、资源供需形势发生变化，生态环境硬约束强化，支撑经济发展的主要驱动力已由生产要素高强度投入转向提高生产效率。这个阶段，制约发展的瓶颈是创新能力不足，必须把发展基点放在创新上，依靠创新推动经济发展的质量变革、效率变革、动力变革，不断增强我国经济创新力和竞争力。

党的十九大报告在充分肯定党的十八大以来坚定不移贯彻新发展理念取得巨大成就的基础上，把"坚持新发展理念"作为新时代坚持和发展中国特色社会主义的基本方略之一，强调发展是解决我国一切问题的基础和关键，发展必须是科学发展，必须坚定不移地贯彻创新、协调、绿色、开放、共享的新发展理念。

我国社会主要矛盾已经转化为人民日益增长的美好生活需要和不平衡不充分的发展之间的矛盾。"不平衡不充分的发展"本身就是发展质量不高的突出表现。因此，要针对社会生产力发展不平衡不充分的问题，推动经济发展从数量扩张为主转向质量提升为主，从主要解决"有没有"转向解决"好不好"。高质量发展既是一个社会历史发展过程，又是一项系统工程，不仅要有顶层设计，也离不开社会动员。新时代是全体中华儿女勠力同心、奋力实现中华民族伟大复兴中国梦的时代。

习近平总书记曾多次强调指出，新发展理念要落地生根、变成普遍实践，关键在于各级领导干部的认识和行动。为此，我们要努力做到这四点：

第一，深学笃用，通过示范引领让干部群众感受到新发展理念的真理力量。各级领导干部要加强对新发展理念的学习，结合历史学，比较法学，联系实际学，真正做到崇尚创新、注重协调、倡导绿色、厚植开放、推进共享。

第二，用好辩证法，对贯彻落实新发展理念进行科学设计和施工。新发展理念的提出，是对辩证法的运用；新发展理念的实施，离不开辩证法的指导。各级领导干部要坚持系统的观点，要坚持"两点论"和"重点论"的统一，要遵循对立统一规律、质量互变规律、否定之否定规律，要坚持具体问题具体分析。

第三，创新手段，善于通过改革和法治推动贯彻落实新发展理念。中央关于全面深化改革的各项部署同贯彻落实新发展理念是贯通的，各级领导干部在贯彻落实中，必须落实主体责任、抓好落实。遇到阻力，要努力排除，要有针对性地采取对策措施，运用法治思维和法治方式贯彻落实新发展理念。

第四，守住底线，在贯彻落实新发展理念中及时化解矛盾风险。当前和今后一个时期，我们在国际国内面临的矛盾风险挑战都不少，我们必须下好"先手棋"，打好主动仗，做好应对任何形式的矛盾风险挑战的准备，层层负责、人人担当。

为此，我们必须高举中国特色社会主义伟大旗帜，全面贯彻党的十九大精神，深入贯彻习近平总书记系列重要讲话精神，坚持全面建成小康社会、全面深化改革、全面依法治国、全面从严治党的战略布局，坚持发展是第一要务，牢固树立和贯彻落实创新、协调、绿色、开放共享的新发展理念，以提高发展质量和效益为中心，以供给侧结构性改革为主线，扩大有效供给，满足有效需求，加快形成引领经济发展新常态的体制机制和发展方式，保持战略定力，坚持稳中求进，统筹推进经济建设、政治建设、文化建设、社会建设、生态文明建设和党的建设，确保在党的坚强领导下，如期全面建成小康社会，顺利实现"两个一百年"奋斗目标，造福百姓、造福社会、造福世界。

目 录

绪论 ··· 1

第一章　继往开来
——创新引领未来发展 ································ 15

第一节　落地生根，让创新在全社会蔚然成风 ················ 15
第二节　开拓改革，构建多维创新体系 ························ 26
第三节　求真务实，在实践中发挥敢为人先的创新精神 ······ 38

第二章　唱和如一
——协调奏响全面建成小康交响曲 ················ 54

第一节　统筹兼顾，全方面调动经济社会稳健发展 ············ 54
第二节　行稳致远，稳步实现中华民族伟大复兴中国梦 ······ 61
第三节　纲目举张，谋全局与补短板比翼齐飞 ················ 67

第三章　枝繁叶茂
——绿色发展指明新时期前进方向 ················ 77

第一节　从绿掘金，绿水青山就是金山银山 ···················· 77
第二节　科学布局，扎实推进生态环境保护 ···················· 87
第三节　反腐倡廉，构建绿色政治生态理念 ···················· 96

第四章　美美与共
——开放潮流谱写共赢新篇章 ······················ 103

第一节　相通则进，开放理念引领对外开放新格局 ············ 103
第二节　包罗万象，把开放作为国家发展的内在要求 ·········· 115
第三节　海纳百川，促进全球经济体系更加开放 ··············· 120

第五章　同心同德
——共享趋势顺应时代潮流 ············· 126

第一节　不忘初心，深入践行共享发展理念 ············· 126
第二节　兼善天下，使共享成果惠及全体人民 ············· 139
第三节　砥砺前行，共建共治共享美丽新中国 ············· 149

第六章　中国发展指数指标体系 ············· 156

第一节　发展指数指标体系的构建 ············· 156
第二节　中国发展指数指标体系构成 ············· 160
第三节　中国省际发展指数指标体系构成 ············· 176
第四节　中国城市发展指数指标体系构成 ············· 191

第七章　中国发展指数测算结果及排名 ············· 207

第一节　中国发展指数测算结果及排名 ············· 207
第二节　省际发展指数测算结果及排名 ············· 221
第三节　中国城市发展指数评级结果及排名 ············· 237

附录　中国各省（自治区、直辖市）五大发展指数蛛网图 ············· 274
主要参考文献及数据来源 ············· 285
后记 ············· 295

绪　　论

2017年10月18日，中国共产党第十九次全国代表大会在人民大会堂隆重开幕。习近平总书记代表第十八届中央委员会向大会作了题为《决胜全面建成小康社会　夺取新时代中国特色社会主义伟大胜利》的报告。党的十九大在承前启后、继往开来的关键节点上，对我国发展所处历史方位作出新的重大政治论断，为制定党和国家大政方针提供了理论依据，进一步指明了党和国家事业的前进方向，具有重大现实意义和深远历史意义。学习贯彻党的十九大精神，一个重要方面就是深刻领会"新时代"的丰富内涵，准确把握我国发展新的历史方位，更好地肩负起新时代的历史使命。

中国进入新时代，是长期奋斗的结果。改革开放之初，我们党发出了走自己的路、建设中国特色社会主义的伟大号召。四十年来，我们党团结带领全国各族人民开拓进取，不断把中国特色社会主义事业推向前进。党的十八大以来，在以习近平同志为核心的党中央坚强领导下，全党全国各族人民共同奋斗，推动党和国家事业取得历史性成就，中国发生了历史性变革。

中国特色社会主义进入新时代，在中华人民共和国发展史上、中华民族发展史上具有重大意义，在世界社会主义发展史上、人类社会发展史上也具有重大意义。这意味着近代以来久经磨难的中华民族迎来了从站起来、富起来到强起来的伟大飞跃，迎来了实现中华民族伟大复兴的光明前景；意味着科学社会主义在21世纪的中国焕发出强大生机活力，在世界上高高举起了中国特色社会主义伟大旗帜；意味着中国特色社会主义道路、理论、制度、文化不断发展，拓展了发展中国家走向现代化的途径，给世界上那些既希望加快发展又希望保持自身独立性的国家和民族提供了全新选择，为解决人类发展问题贡献了中国智慧和中国方案。"三个意味着"，既深刻阐明中华民族从苦难走向辉煌、实现伟大复兴的奋斗历程和历史大势，更深刻揭示中国特色社会主义的世界意义，进一步坚定了我们坚持和发展中国特色社会主义的信心和决心。

新发展理念，是在深刻总结国内外发展经验教训、分析国内外发展趋势的基础上形成的，是针对我国发展中的突出矛盾和问题提出来的，是"十三五"乃至更长时期我国发展思路、发展方向、发展着力点的集中体现，是关系我国发展全局的一场深刻变革。

新时代带来新任务，新任务提出新要求。高举中国特色社会主义旗帜，坚定不移走中国特色社会主义道路；新时代是承前启后、继往开来、在新的历史条件下继续夺取中国特色社会主义伟大胜利的时代；聚焦目标任务、践行战略安排，新时代是决胜全面建成小康社会、进而全面建设社会主义现代化强国的时代；坚持以人民为中心的发展思想，把人民对美好生活的向往作为奋斗目标，新时代是全国各族人民团结奋斗、不断创造美好生活、逐步实现全体人民共同富裕的时代；振奋精神、凝心聚力，让梦想成真，新时代是全体中华儿女勠力同心、奋力实现中华民族伟大复兴中国梦的时代；高举和平、发展、合作、共赢的旗帜，为人类进步事业而奋斗，新时代是我国日益走近世界舞台中央、不断为人类作出更大贡献的时代。新时代的丰富内涵，明确回答了举什么旗、走什么路、为什么人、以什么样的精神状态、担负什么样的历史使命、实现什么样的奋斗目标的重大问题，展现了当代中国共产党人的雄心壮志和使命担当。

历史发展经验表明，一旦"后发优势""比较优势"等红利渐趋用尽，一国进入到更加成熟的发展阶段，创新能力不强就会成为制约经济增长的"阿喀琉斯之踵"。经济学家约瑟夫·熊彼特在《经济发展理论》一书中提出了"创新理论"：技术不断创新，产业不断变迁，出现所谓的"创造性破坏"，是现代经济增长的最重要本质。坚持创新发展，就是把创新摆在国家发展全局的核心位置，解决发展动力问题。

协调发展注重的是解决发展不平衡问题，注重的是更加均衡、更加全面。我国发展不协调是一个长期存在的问题，突出表现在区域、城乡、经济和社会、物质文明和精神文明、经济建设和国防建设等关系上。在经济发展水平落后的情况下，一段时间的主要任务是要跑得快，但跑过一定路程后，就要注意调整关系，注重发展的整体效能，否则"木桶"效应就会愈加显现，一系列社会矛盾会不断加深。坚持协调发展，将显著推进绿色发展和共享发展进程。更加注重生态保护、社会保护，是协调发展的题中之意。

一段时间以来，我国城镇化发展迅速，但农村现代化进程相对缓慢，农村仍有大量贫困人口；在唯GDP时代，经济实现了高速增长，但引发了各种社会问题和矛盾；世界第二大经济体的"硬实力"背后，是软实力的相对不足，国民素质和文明程度有待进一步提高。坚持协调发展，就是实现辩证发展、系统发展、整体发展，解决发展不平衡问题，就是要改变单一发展偏好，打破路径依赖，实现整体发展。

绿色发展注重的是解决人与自然和谐问题，注重的是更加环保、更加和谐。我国资源约束趋紧、环境污染严重、生态系统退化的问题十分严峻，人民群众对清新空气、干净饮水、安全食品、优美环境的要求越来越强烈。要想实现绿色发展，需要不断的技术创新和理念创新。同时，绿色发展将显著提高人们的生活质量，使绿色发展成为高质量的发展。

无论是生态环境承载力的不足，还是人们环保意识、权利意识的增强，都要求国家调适发展理念，将绿色发展摆在更加突出的位置。"人们对美好生活的向往"，是中国共产党念兹在兹的执政目标和努力方向，而生态美好是人民群众心目中"美好生活"的重要内容。在人们的崭新认知里，生态是否美好、能否尽享绿色，与幸福感息息相关。值得注意的是，近几年由环境事件引起的"邻避效应"和群体抗争行为多次出现，严重威胁着社会稳定和地方秩序。坚持绿色发展，就是在中国发起一次生态革命，解决人与自然和谐问题，将深刻影响一个地区的发展模式和幸福指数，也将深刻影响地方政治生态和社会治理。

开放发展注重的是解决发展内外联动问题，注重的是更加优化、更加融入。现在的问题不是要不要对外开放，而是如何提高对外开放的质量和发展的内外联动性。我国对外开放水平总体上还不够高，用好国际国内两个市场、两种资源的能力还不够强，应对国际经贸摩擦、争取国际经济话语权的能力还比较弱，运用国际经贸规则的本领也不够强，需要加快弥补。坚持开放发展，将增强我国经济的开放性和竞争性。开放发展是一国繁荣的必由之路。综观世界，凡是走封闭之路的国家，无一不是走向失败国家的行列。开放发展，将使发展更加注重创新、更加重视生态文明的影响、更加有利于实现共享发展。

近些年，随着国内企业的竞争力和影响力不断增强，外界纷纷猜疑中国是否依然实行30多年一直奉行的对外开放政策。对此，《中共中央关于制定国民经济和社会发展第十三个五年规划的建议》明确提出"开放发展"理念，就是告诉世界，中国会继续坚持对外开放的基本国策。坚持开放发展，就是深度融入世界经济，积极参与全球经济治理，解决发展内外联动问题。中国作为世界第二大经济体，需要更多地参与全球经济治理，提高制度性话语权。

共享发展注重的是解决社会公平正义问题，注重的是更加公平、更加正义。我国经济发展的"蛋糕"不断做大，但分配不公问题比较突出，收入差距、城乡区域公共服务水平差距较大。在共享改革发展成果上，无论是实际情况还是制度设计，都还有不完善的地方。坚持共享发展，是坚持其他四种发展的出发点和落脚点。一切的发展，都是为了人的发展。坚持共享发展，将为其他四种发展提供伦理支持和治理动力。

《吕氏春秋》有曰："治天下也，必先公。"马克思曾说"每个人的自由而全面的发展"是"目的本身"。然而，随着我国经济发展的"蛋糕"不断做大，分配不公问题、阶层收入差距问题、城乡发展不平衡问题凸显，人们在共享改革发展成果上面临一些体制机制障碍。坚持共享发展，就是着力增进人民福祉，增强获得感，解决社会公平正义问题。无论是共享发展，还是全面深改，都是要破除实现社会公平正义的体制机制障碍，打破既得利益阻力，实现全面小康。

2013~2018年以来，以习近平同志为核心的党中央团结带领全国各族人民砥砺前行、开拓创新，推动经济社会发展取得历史性成就、发生历史性变革。这些成就的取得，最关键的是有习近平新时代中国特色社会主义思想的科学指引和党对经济工作的坚强领导。

2017年中央经济工作会议提出："推动高质量发展是当前和今后一个时期确定发展思路、制定经济政策、实施宏观调控的根本要求。"[1] 以习近平同志为核心的党中央，观大势、谋全局、干实事，成功驾驭了我国经济发展的大局，形成了以新发展理念为主要内容的习近平新时代中国特色社会主义经济思想，推动我国经济由高速增长阶段转向高质量发展阶段。坚持以新发展理念为引领，牢牢把握推动高质量发展的新任务、新路径和新动力是推动我国社会经济沿着高质量发展方向稳步前进的关键。

第一，经济发展要持续健康，而无需追求过高速度，这是高质量发展的前提和基础。随着我国经济已由高速增长阶段转向高质量发展阶段，经济结构不断优化，新旧动能转换正在加快。新时代的中国经济，实现经济转型、结构调整、动力优化、风险可控、共同富裕及环境优化的目标要远重于GDP增速的快慢，"质量第一、效益优先"将成为中国经济未来高质量发展的核心内涵和基本路径。当然，强调高质量发展，不代表不要速度、完全放弃稳增长，要保持经济运行在合理区间。这既是完成第一个一百年目标的需要，也是提升经济发展信心、避免经济失速陷入"硬着陆"风险的需要。"高质量发展"与"稳中求进"并不矛盾。"稳"本身就是对发展的基本要求，这是一切工作的基础和前提；"进"就要充分体现高质量发展。

第二，社会民生要有持续明显的改善，这是高质量发展的内在要求。要针对人民群众关心的问题精准施策，要突出问题导向，尽力而为、量力而行，找准突出问题及其症结所在，周密谋划、用心操作。实现人民对日益美好生活的向往，破解经济社会发展的不平衡不充分，高质量发展是根本手段。

第三，生态文明建设要提供更多优质生态产品以满足人民日益增长的优美生态环境需要，这是高质量发展的时代主题。党的十九大报告将建设生态文明提升为"千年大计"，把可持续发展战略作为全面建成小康社会决胜期的重大战略之一，2017年中央经济工作会议又把加快推进生态文明建设作为推动高质量发展的重点工作，把污染防治作为三大攻坚战之一，所有这一切，都将极大地助推美丽中国建设，使绿水青山变成金山银山，实现人与自然和谐共生的发展，实现中

---

[1] 中央经济工作会议：推动高质量发展是当前和今后一个时期发展的根本要求，新华社，2017年12月21日，http://www.gov.cn/xinwen/2017-12/21/content_5248953.htm。

华民族永续发展。

第四，宏观调控要更加强调政策的连续性、稳定性与协同性，这是高质量发展的实现手段。继续重申积极的财政政策取向不变、稳健的货币政策要保持中性，表明保持政策的连续性、稳定性，一张蓝图绘到底。更加强调政策的统筹和协同，政策的着力点也有所变化和侧重，如财政政策没有再提"加大力度"或"更加积极有效"，而是提出要"调整优化财政支出结构，确保对重点领域和项目的支持力度，压缩一般性支出，切实加强地方政府债务管理"，边际上实际在收缩；货币政策特别强调要"管住货币供给总闸门"，"更好为实体经济服务，守住不发生系统性金融风险的底线"，其内涵也是边际收紧；社会政策指出要"注重解决突出民生问题"，"加强基本民生保障，及时化解社会矛盾"。此外，会议还针对当前我国经济发展和转型过程中存在的突出结构性问题，第一次提出"结构性政策要发挥更大作用"。

第五，供给侧结构性改革要不断拓展和深化，这是高质量发展的动力支撑。新时代下继续深化供给侧结构性改革，重点应在"破""立""降"上下功夫。"破"是要大力破除无效供给，处置"僵尸企业"；"立"是要大力培育新动能，强化科技创新，推动传统产业优化升级，积极推进军民融合深度发展；"降"是要降低实体经济显性和隐性成本，包括制度性成本、要素成本、税费成本等。总之，改革开放亟须进一步深化和加大力度，特别是在国企、财税、金融、土地、住房等领域加快步伐，通过推进基础性关键领域改革取得新的突破，来释放和激发新一轮制度红利和微观主体活力，这将有助于实现高质量发展，创造条件推动解决新时代的基本矛盾。

第六，防范化解重大金融风险要重点突出、内外并举，这是高质量发展必备的金融环境。打好防范化解重大风险攻坚战，重点是防控金融风险，要做好重点领域风险防范和处置，坚决打击违法违规金融活动，加强薄弱环节监管制度建设。要促进形成金融和实体经济、金融和房地产、金融体系内部的良性循环，其背后的深意是，必须重塑金融、实体经济、房地产之间的正常秩序。实现金融与实体经济良性循环，是防控金融风险的根本举措；实现金融与房地产良性循环，是防控金融风险的重要内容；实现金融体系内部的良性循环，是防控金融风险的必由之路。此外，还应重视有效防范国际风险的冲击。2018年中国经济面临的外部风险主要来自三个方面：一是以美国为代表的发达经济体的货币政策、财政政策外溢效应对我国构成竞争压力；二是与主要贸易伙伴的贸易摩擦有可能超预期上升；三是地缘政治风险上升引发国际金融市场动荡。为此，要未雨绸缪、前瞻性地做好应对预案。

要实现全民共享的高质量发展，必须抓住人民最关心最直接最现实的利益问题，坚决打赢精准扶贫精准脱贫攻坚战，在幼有所育、学有所教、劳有所得、病有所医、老有所养、住有所居、弱有所扶上不断取得新进展，带领人民创造美好生活，是推进高质量发展的最终落脚点。

　　进入新时代，推动高质量发展，要坚持用习近平新时代中国特色社会主义经济思想指导实践，贯彻新理念、落实新要求，推动经济朝着更高质量、更有效率、更加公平、更可持续的方向发展。要突出重点、提高实效，着力推动经济发展、改革开放、城乡建设、文化建设、生态环境、人民生活"六个高质量发展"，更好满足人民日益增长美好生活的需要。要深化改革、增强活力，真正使市场在资源配置中起决定性作用，更好发挥政府作用。要完善机制、营造环境，发挥好高质量发展"指挥棒"作用，以高质量发展的过硬成果为决胜全面建成小康社会、开启全面建设社会主义现代化国家新征程提供有力支撑。

　　要认真贯彻习近平新时代中国特色社会主义思想，深入贯彻新发展理念，推动高质量发展取得实实在在的成效。习近平指出，我国经济已由高速增长阶段转向高质量发展阶段，正处在转变发展方式、优化经济结构、转换增长动力的攻关期，建设现代化经济体系是跨越关口的迫切要求和我国发展的战略目标。必须坚持质量第一、效益优先，以供给侧结构性改革为主线，推动经济发展质量变革、效率变革、动力变革，提高全要素生产率，着力加快建设实体经济、科技创新、现代金融、人力资源协同发展的产业体系，着力构建市场机制有效、微观主体有活力、宏观调控有度的经济体制，不断增强我国经济创新力和竞争力。

　　党的十九大报告指出"加强水利、铁路、公路、水运、航空、管道、电网、信息、物流等基础设施网络建设，坚持去产能、去库存、去杠杆、降成本、补短板，优化存量资源配置，扩大优质增量供给，实现供需动态平衡"。[①] 基础设施建设是涉及百年大计的民生工程，既要求质量第一，又要求效率优先。把握好高质量发展的根本要求，必须坚持不懈地继续抓好供给侧结构性改革这一主线，抓好"三去一降一补"等五大任务的落实。要坚持以改革为引领，调整和优化供给结构，推动供给体系质量的全面提高。

　　落实去产能任务，关键是要抓住"僵尸企业"这个牛鼻子。解决企业僵而不死的现象，关键是加强产权制度建设，加强对资产损失的问责和追责。要按照党的十九大报告要求，完善各类国有资产管理体制，改革国有资本授权经营体制，加快国有经济布局优化、结构调整、战略性重组，促进国有资产保值增值，有效防止国有资产流失。要从控制产能总量的目标，更多地转向建立和完善产权制度，严格追究资产损失责任，特别是国有资产损失责任方面。从制度建设上明确企业主体责任，严格对责任的追究。加快完善企业破产制度，优化破产重整、和解、托管、清算等规则和程序，强化债务人的破产清算义务，探索对资产数额不

---

① 习近平在中国共产党第十九次全国代表大会上的报告［EB/OL］. 人民网，2017-10-28.

大、经营地域不广或者特定小微企业实行简易破产程序。

　　落实去杠杆任务，要抓住金融改革和金融监管这一重点。从制度建设方面来规范金融资产重组等债务处置活动，加强对金融风险的监控。要遵循金融发展规律，紧紧围绕服务实体经济、防控金融风险、深化金融改革三项任务，创新和完善金融调控，健全现代金融企业制度，完善金融市场体系，推进构建现代金融监管框架，加快转变金融发展方式，健全金融法治，保障国家金融安全，促进经济和金融良性循环、健康发展。

　　落实去库存的任务，最重要的是稳定提高中小城市的人气度，拓展房地产市场的发展空间。为此要积极推进以城市群作为主体形态的新型城镇化，发挥好中心城市的辐射带动作用，加快推进基础设施、公共服务同城化，加快补齐中小城市在这些方面的短板，提高其产城融合的水平。针对既有城镇化模式——人口过度集中于大城市发展，以及由此带来的房地产、汽车等行业发展的困难，要尽快加强政府在规划、基础设施、公共服务等方面的职责，一方面完善大城市规划和布局，加强配套基础设施，特别是地下基础设施建设，提高大城市土地利用效率和综合承载能力；另一方面加强大中小城市之间在规划布局和基础设施体系方面的整体联系，加快基础设施和公共服务在大中小城市之间的均等化进程，促进城市群加快形成和良性发展，支持产业、人口布局合理调整，从根本上解决城镇人口布局及发展趋势不合理的矛盾，为经济发展开辟可持续拓展的广阔空间。

　　落实降成本任务，最重要的是通过财税、金融、劳动力、资本市场、政府服务等多个方面的改革，着力改善企业的发展环境，降低企业的制度性成本。要进一步把财政资金的增量用于减税降费；同时，也要与其他相关改革紧密结合起来。要促进市场公平竞争，维护市场正常秩序。着力解决市场体系不完善、政府干预过多和监管不到位问题。坚持放管并重，实行宽进严管，激发市场主体活力。降低准入门槛，促进就业创业。科学划分各级政府及其部门市场监管职责；建立健全监管制度，落实市场主体行为规范责任、部门市场监管责任和属地政府领导责任。通过改革加快建设开放、有序、竞争的市场体系，优化资源配置的效率，从制度环境的完善上来降低企业成本。

　　落实补短板的任务，关键要抓好政府自身的改革，加快转变政府职能。着力强化政府在基础设施、公共服务、基本社会保障、生态保护等方面的职能，从制度建设上更好地发挥政府的作用。通过改革增强政府相关能力，加快补齐中小城市基础设施和公共服务的短板；补齐城市地下基础设施的短板；进一步增强基本社会保障的能力，加大精准扶贫、脱贫力度，妥善安置企业下岗人员等方面的能力。

　　总体来看，推动经济高质量发展，就是要牢牢抓住供给侧结构性改革这条主线，坚持依靠市场化、法制化手段，从体制机制的完善上入手，从制度建设上入手，不断强化市场和政府的相关能力，适应新时代社会生产力发展的内在要求，调整完善生产关系和相应的上层建筑，从制度完善上促进发展方式转变，促进供给体系质量持续提高。

第一，要解决好对经济发展目标的认识问题。优化存量资源配置，必须转变发展方式，用集约型、内源型、质量型生产方式代替粗放型、数量型、外延型的生产方式，加快产业升级，实现机械化、自动化、信息化、智能化生产，提高生产效率。进入高质量发展阶段后，如果试图继续保持以往的高速增长，不注重质量效益，要么速度上不去，要么短期内上去了，还会掉下来，引起经济的大起大落，一个时期后算总账，实际增长速度反而是低的。所以，强调质量效益，强调发展的稳定性和可持续性，从长时期看，实际上对保持必要的增长速度是有利的。必须纠正"唯GDP"倾向，在发展目标上更加注重就业创业、质量效益、风险防控、稳定性和可持续性。

第二，真正使市场在资源配置中发挥决定性作用。必须尊重市场经济运行的三大规律，以价值规律为核心，以竞争规律为竞进，以供求规律为标准，"以供给侧结构性改革为主线"，抓住经济发展中质量、效率、动力三大变革，继续做好"三去一降一补"，实现供需动态平衡，推动我国经济保持中高速发展。不论是促进生产要素的流动和优化配置，打破垄断、鼓励竞争、优胜劣汰，还是稳定企业家预期及调动各方面人才的积极性、创造性，都要求把市场在资源配置中起决定性作用落到实处。政府是否更好地发挥作用，也要看是否有利于市场在资源配置中起决定性作用。必须以完善产权制度和要素市场化配置为重点，深化产权保护、国企国资、土地、财税、金融、政府行政管理等重点领域的改革。深化改革要重视顶层设计，明确方向，划出底线；同时要重视地方、基层和企业的改革探索，通过试错减少改革的不确定性，找到符合长远方向又切合实际情况的改革办法。

第三，更加重视创新环境建设。成功的创新取决于诸多条件，根本的一条，是要形成有利于创新的环境条件，包括知识产权的保护和激励，企业家、科学家等创新主体的稳定预期，各种创新要素的自由流动和优化组合，创新不同阶段金融产品的有效服务，产业配套条件和创新基础设施的支撑等。扩大优质增量供给，转变要素组合方式，由劳动密集型和资本密集型转向技术密集型和人才密集型。随着经济社会的发展和科技的进步，推动我国经济增长的动力源已经发生转变。可以预见，2020年我国进入后工业时代后，随着资本的不断积累和科学技术水平的提高，资本与技术对经济增长的贡献率会越来越高。这种生产及要素组织方式的转变，将会进一步推动经济社会主要矛盾的转化。国内外经验表明，成功的创新主要源于区域性创新中心和创新型城市，就是由于这些地区比其他地区具备更好的创新环境。必须加快科技体制改革，进一步开放创新要素市场，形成改善创新环境的地区间竞争机制，推动更多的区域创新中心和创新型城市脱颖而出。

第四，形成促进绿色发展的体制机制。生态文明建设和绿色发展的新理念正在深入人心，关键是如何把理念转变为行动，把习近平总书记提出的"绿水青山就是金山银山"战略理念真正落到实处。绿色发展是一种新的发展方式，不仅要做减法，治理污染，更重要的是做加法和乘法，形成新的消费升级动能、经济增长动能和创新发展动能。促进绿色发展，要注重生态资本核算的研究和实践探索，逐步使绿色发展由政府提供的公共产品、社会团体和个人开展的公益活动，转变为更多企业和个人参与的日常经济活动；加快形成绿色生产和消费的法律制度、政策导向，建立健全绿色低碳循环发展的经济体系；形成市场导向的绿色技术创新体系，发展绿色金融，积极探索绿色发展带动欠发达地区脱贫的有效途径。

第五，更好地利用国际、国内两个市场两种资源。一方面，我国仍然是一个发展中国家，与发达国家相比，我们仍然处在追赶期，不能自满自负，需要继续学习发达国家的先进技术和经验，在更高水平上融入全球分工体系，这正是我国在总体上已不再缺少资金，但仍要引进外资的原因所在。另一方面，要积极稳妥地"走出去"，对接国际上处在价值链中高端的技术、管理、供应链、营销渠道、品牌、人才等优质要素，全面提升我国产业和企业的国际竞争力，形成更具广度和深度的开放型经济体系。

坚持稳中求进工作总基调是治国理政的重要原则，也是做好经济工作的方法论。在稳中求进中，"稳"是大局，"稳"的重点要放在稳住经济运行上；"进"是在"稳"的前提下，在关键领域有所进取，重点是深化改革开放和调整结构。"稳"和"进"辩证统一、相互促进。经济社会发展平稳，才能为深化改革打下坚实基础，推动经济迈向高质量发展阶段。

以新发展理念为引领，推动高质量发展，必须瞄准具体目标任务，做到有的放矢。依据党的十九大报告提出的"坚持新发展理念，推动新型工业化、信息化、城镇化、农业现代化同步发展"的要求，推动高质量发展，必须贯彻落实在推进"四化"同步发展的过程中，推动高质量发展和坚持"四化"同步发展是并行不悖的。坚持质量第一、效益优先，以供给侧结构性改革为主线，推动经济发展质量变革、效率变革、动力变革，提高全要素生产率，从而为不断增强我国经济创新力和竞争力、实现"两个一百年"奋斗目标构筑坚实基础，也是我国"十三五"时期及未来30年经济发展中叠加在一起的大目标。

推动高质量发展，质量变革是主体。包括通常所说的提高产品和服务质量，更重要的是全面提高国民经济各领域、各层面的素质。这是一场从理念、目标、制度到具体领域工作细节的全方位变革。要把提高供给体系质量作为主攻方向，向国际先进质量标准看齐，开展质量提升行动，显著增强我国经济质量优势，使中国制造和中国服务成为高质量的标志；推动企业和产品的优胜劣汰，资源向优质企业和产品集中，通过充分有效的市场竞争，逐步形成一批有长期稳定国际竞争力的高质量品牌企业和产品；营造有利于创新的环境，推动创新要素的流动和集聚，鼓励旨在提高产品和服务质量的各类创新，使创新成为质量提高的强大动能；把绿色发展作为质量提高的重要内容，从消费、生产、流通、投资到生活方式，加快全方位的绿色转型，使绿色低碳成为高质量产品和服务的重要特征。

推动高质量发展，效率变革是重点。就是要找出并填平在以往高速增长阶段被掩盖或忽视的各种低效率洼地，为高质量发展打下一个效率和竞争力的稳固基础。市场竞争，归根结底是投入产出比较的竞争、效率高低的竞争。必须深化行政性垄断问题依然突出领域的改革，重点在石油天然气、电力、铁路、电信、金融等行业引入和加强竞争，全面降低实体经济运营的能源、物流、通信、融资等成本，提高发展实体经济特别是制造业的吸引力、竞争力；进一步实质性放宽市场准入，完善退出机制，健全社会保障体制，使高效要素进得去，低效要素退得出，通过生产要素的合理流动和优化组合、企业兼并重组、产业转型升级，全面提高经济的投入产出效率；增强金融服务实体经济能力，防止和治理各类经济泡沫，降低过高的杠杆率，化解金融风险，为实体经济创新发展、转型升级提供有效金融服务；提高开放型经济水平，引进来与走出去相结合，更大范围、更高水平参与国际竞争和合作，稳步提升我国产业在全球价值链中的地位。

推动高质量发展，动力变革是关键。就是要在劳动力数量和成本优势逐步减弱后，适应高质量、高效率现代化经济体系建设的需要，加快劳动力数量红利到质量红利的转换。必须把发展教育事业放在优先位置，加快教育现代化，从基础教育、高等教育到职业教育，全面提高教育质量，提高经济社会发展各个层面劳动者的素质；加强知识产权的保护和激励，培养和造就一大批具有国际水平的战略科技人才、科技领军人才、青年科技人才和高水平创新团队，促进各类人才的合理流动，更大程度地调动企业家、科学家、技术人员和其他人才的主动性、积极性和创造性；营造劳动光荣的社会风尚和精益求精的敬业风气，尊重劳动、尊重创造，建设知识型、技能型、创新型劳动者大军，提高一线劳动者的社会地位，打破阶层固化，拓展纵向流动、奋斗成才的渠道和机会。

在发展中需要注意两个方面的问题：一是处理好"四化"的关系，摆正"四化"的位置。新型工业化居于主导地位，是实现农业现代化的前提和保证；农业现代化居于基础地位，是推进新型工业化发展的重要基础和根基；信息化具有后发优势，为发展注入新的活力；新型城镇化是载体和平台，承载工业化和信息化发展空间，带动农业现代化加快发展，发挥着不可替代的融合作用。进入21世纪，科技和互联网的飞速发展极大地改变了社会和资源的组织方式，借助"互联网＋"一切的信息化平台，推动着三次产业的深度融合，促进经济发展的质量、效率、动力三大变革。二是坚持"五位一体"总体布局。坚持创新驱动发展，实施创新驱动发展战略，瞄准高精尖市场，敢于创新、勇于创新，使创新蔚然成风；坚持协调发展，实施区域协调发展战略，建设国际级大城市群，培育增长极，建设经济带，辐射周边地区发展；坚持绿色发展，强调生态绿色宜居环保，把好资源承载力的红线；坚持开放发展，推进"一带一路"建设，构建民心相通的世界命运共同体，讲好中国故事，提升中国的世界影响力；坚持共享发展，实施振兴乡村战略，促进城乡公共服务均等化，决胜全面建成小康社会。

我国经济发展已经进入高质量发展的新时代，如果说，科技创新是我国实现高速度发展的驱动力，那么，企业家精神、工匠精神和劳模精神，应该是我国实现高质量发展的新动力。因此，党的十九大报告提出了"营造劳动光荣的社会风尚和精益求精的敬业风气，建设知识型、技能型、创新型劳动者队伍"。这也是提高发展质量的关键要素。

近年来，我国劳动力等生产要素低成本优势减弱，资源环境约束不断加大，加快自主创新、提高全要素生产率支撑经济增长的重要性日渐突出。当前，我国科研方面主要以模仿和跟踪为主，原创性成果较少，基础研究相对薄弱，高层次人才仍然稀缺。2017年，最能衡量核心技术能力和创新能力的国内发明专利申请量和授权量占全部专利的比重不到40%和20%；目前每百万人中研究人员数1000人左右，远低于高收入国家4000人左右的水平。要转变这种不利局面，必须把创新摆在国家发展全局的核心位置，坚定实施创新驱动发展战略，不断推进理论创新、制度创新、科技创新、文化创新等全方位创新。

我国社会主要矛盾已经转化为人民日益增长的美好生活需要和不平衡不充分的发展之间的矛盾。从领域范围上看，各区域各领域各方面发展还不够平衡。从层级和质量上看，一些地区、一些领域、一些方面还存在发展不足的问题。传统行业产能过剩与优质供给不足并存，2017年煤炭、水泥行业产能利用率只有70%左右，而机器人、临床创新药物等产品大量依靠进口，国内集成电路市场自给率不足20%。这些不平衡不充分的问题相互掣肘、相互交织，已经成为经济转向高质量发展的重要制约。因此，必须深入推进供给侧结构性改革，推进供需动态平衡，着力实施乡村振兴战略和区域协调发展战略，促进城乡、区域、经济社会协调发展。

高质量发展是资源节约、生态友好的发展。当前，我国资源环境承载能力已经达到或接近上限，资源消耗多、环境污染重、生态受损大，成为全面建成小康社会进程中的突出短板。2017年，全国338个地级及以上城市空气质量达标的仅占1/4。在这种情况下，只有切实践行"绿水青山就是金山银山"的理念，加大水、气、土壤污染综合治理，加强生态保护和修复，着力解决突出环境问题，打好污染防治攻坚战，加快建设美丽中国，才能推动经济进入高质量发展轨道。

改革开放40年的发展，我国经济已经深度融入世界经济，引进外资、对外投资、对外贸易实现了历史性跨越，但我国出口产品质量、档次和附加值不高等问题尚未得到根本解决，特别是面临发达国家再工业化和发展中国家低成本竞争的双重挤压，传统竞争优势减弱。要在复杂多变的国际环境和激烈的国际竞争中赢得主动，必须坚持引进来和走出去相结合，推动形成全面开放新格局，发展更高层次的开放型经济，加快贸易强国建设，积极参与全球治理，改善外商投资环境，推动实现国际化的高质量发展。

带领人民创造美好生活，是推进高质量发展的最终落脚点。但目前我国民生领域还存在着不少短板。到2020年实现农村贫困人口全部脱贫的任务还很艰巨。城乡、区域、不同群体之间的居民收入差距依然较大，2017年全国居民收入基尼系数超过0.4。公共服务领域仍然存在着供给不足的问题，公共设施的存量分别仅为西欧国家的40%左右和北美国家的30%。要实现全民共享的高质量发展，必须抓住人民最关心、最直接、最现实的利益问题，坚决打赢精准扶贫、精准脱贫攻坚战，在幼有所育、学有所教、劳有所得、病有所医、老有所养、住有所居、弱有所扶上不断取得新进展。

当前，我国正处在转向高质量发展的关键阶段，正处在转变发展方式、优化经济结构、转换增长动力的攻关期。抓住第四次工业革命的历史机遇，以动力变革促进质量变革、效率变革，实现高质量发展的历史跨越。作为全球第二大经济体，我国在推动高质量发展的同时，也将为促进全球经济增长、推动全球经济治理变革、加快经济全球化进程不断注入新活力。

以振兴实体经济为目标深化供给侧结构性改革。高水平的实体经济是实现高质量发展的根基。转向高质量发展，在继续坚持"三去一降一补"的同时，要把振兴实体经济作为深化供给侧结构性改革的重大任务。第一，在发展实体经济上聚力发力。加快制造业优化升级，提升制造业国际竞争力；加快发展混合所有制经济，为民间投资提供市场空间；推动国有资本做强做优做大，促进国有资本合理流动。第二，推进产权保护制度化、法治化进程。进一步完善产权制度，增强社会信心和稳定社会预期；弘扬企业家精神，强化企业家的保护机制；完善政府守信践诺机制，严格纠正以公权侵犯私权。第三，以打破垄断为重点优化营商环境。当前，优化营商环境不仅成为我国参与全球经济竞争的现实需求，而且成为激发国内市场活力、振兴实体经济的重中之重。这就需要创新市场准入制度，以发展中小企业为重点完善公平竞争市场环境，重点破除服务业领域的行政性垄断和市场垄断，完善市场监管体制。第四，深化财税金融体制改革。以化解财政金融风险为重点，加快建立现代财政制度，深化税收制度改革，健全地方税体系；深化金融体制改革，增强金融服务实体经济能力，切实降低实体经济融资成本。

以全面开放新格局形成高质量发展的国际环境。在经济全球化与国内经济转型升级历史交汇的大背景下,全面开放是推动高质量发展的重要动力。正如党的十九大报告所强调的,"开放带来进步,封闭必然落后。中国开放的大门不会关闭,只会越开越大。"这就需要按照党的十九大报告的要求,"主动参与和推动经济全球化进程,发展更高层次的开放型经济,不断壮大我国经济实力和综合国力",以扩大开放形成高质量发展的国际环境。例如,加快形成以"一带一路"为重点的双向互济开放新格局,着力点是以基础设施互联互通为依托,以产能合作和服务贸易为重点,以建立自由贸易区网络为目标;以发展服务贸易为重点的外贸新格局。服务贸易已成为全球自由贸易进程的重点与焦点。这就需要推动我国由服务贸易大国向服务贸易强国转变,扩大服务业市场开放,在服务业领域实行高水平的贸易和投资自由化、便利化政策;以开放创新为重点的国际合作与竞争新格局。抓住开放创新大趋势,以开展国际科技合作为重点,利用全球资源开放创新,尽快形成开放创新的新格局;以务实推进自由贸易为重点,推动经济全球化进程。例如,加快双边、多边自由贸易进程,探索建设自由贸易港等。

当前,全面深化改革正处于十分关键的攻坚期。一方面,我国经济发展正处于新旧动能转换的关键时期,结构性矛盾凸显,不可避免会带来经济下行压力及某些阵痛;另一方面,经济全球化不确定性明显加大,经济发展的外部挑战更为严峻,这都对全面深化改革提出了新的要求。面对新时代、新矛盾、新需求,习近平总书记在2019年新年贺词中强调:"改革开放是当代中国发展进步的必由之路,是实现中国梦的必由之路。我们要以庆祝改革开放40周年为契机,逢山开路,遇水架桥,将改革进行到底。"①

新发展理念是建立在全民发展、全面发展和可持续发展基础之上的。高质量发展的根本目的是增进民生福祉,不断促进人的全面发展。社会保障体系的建设和完善为高质量发展补全漏洞、补齐短板,使得发展无后顾之忧。中国目前全面实施全民参保计划,以"人人享有基本社会保障"为目标,建成了世界上最大的社会保障网,大病保险制度基本建立,社会救助制度不断完善。从覆盖面上看,全民参保计划的实施加快实现社会保险全覆盖的目标,推进建立健全全民共享、公平可及的社会保障体系。从服务网络上看,建立统一的社会保险公共服务平台,为人民群众提供更加公平、便捷和优质的社会保障服务。从保障项目上看,新时期社会保障制度体系在基本覆盖年老、生病、失业、伤残、生育等各类社会风险的基础上,进一步聚焦民生民情,构建更为完善的社会保障子项目集。目前,长期护理保险制度正在试点探索过程中,将为长期失能人员的基本生活料理和医疗护理提供有力保障。

---

① 国家主席习近平发表二〇一九年新年贺词,新华网,2018年12月31日,http://www.xinhuanet.com/politics/2018-12/31/c_1123931806.htm。

坚持新发展理念，大力提升发展质量和效益，更好满足人民在经济、政治、文化、社会、生态等方面日益增长的需要，让全体人民共享新时代改革发展成果，更好推动人的全面发展、社会全面进步。新发展理念，要以人民为中心构建完整的民生发展体系和保障体系，解决人民最关心、最直接、最现实的利益问题，使人民获得感、幸福感、安全感更加充实、更有保障、更可持续。全新发展理念的实现离不开社会保障制度的改革完善，跨进新时代的中国特色社会保障新政要坚持高质量发展不动摇，求安民以奠国之基，求富民以强国之本，求汇民以聚国之力！

新发展理念是在历史发展的过程中才得以总结和升华的，因而它是历史的，也是具体的。这也决定了发展理念在不同国家和不同地区，在不同历史时期和历史阶段，都有其特殊性。一般而言，发展理念与经济发展水平是相适应的，经济发达国家的发展理念往往要比经济欠发达国家的发展理念先进。在同一国家，经济发达地区的发展理念往往比经济欠发达地区的理念先进。但是，这种趋势并不是绝对的。

新发展理念管全局、管根本、管方向、管长远，是战略性、纲领性、引领性的东西，直接关乎发展成效乃至成败。创新、协调、绿色、开放、共享的新发展理念，集中体现了今后5年乃至更长时期我国的发展思路、发展方向、发展着力点，深刻揭示了实现更高质量、更有效率、更加公平、更可持续发展的必由之路。

从维护和用好我国发展重要战略机遇期来看，新发展理念是顺应时代潮流、把握发展机遇、厚植发展优势的战略抉择。当今世界，和平与发展的时代主题没有变，世界多极化、经济全球化、文化多样化、社会信息化深入发展。尽管各种不稳定不确定因素增多，但加快自身发展、提高综合实力依然是世界各国的共同追求。特别是围绕克服国际金融危机的深层影响、提高发展质量和效益，许多国家都积极创新发展理念、完善发展战略，力争以新的理念、新的战略赢得发展主动。可以说，发展问题归根到底是理念问题，发展战略竞争透射的也是发展理念之争。党的十八届五中全会提出新发展理念，顺应了时代发展要求，汲取了各国发展的经验教训，是借鉴更是超越，有共性更有自己的特色。树立和贯彻好新发展理念，就能使我国发展占据时代制高点，维护和用好我国发展重要战略机遇期，在日趋激烈的国际竞争中赢得更大的发展优势。

新时代，是承前启后、继往开来、在新的历史条件下继续夺取中国特色社会主义伟大胜利的时代，是决胜全面建成小康社会、进而全面建设社会主义现代化强国的时代，是全国各族人民团结奋斗、不断创造美好生活、逐步实现全体人民共同富裕的时代，是全体中华儿女勠力同心、奋力实现中华民族伟大复兴中国梦的时代，是我国日益走近世界舞台中央、不断为人类作出更大贡献的时代。

第一章

继往开来
——创新引领未来发展

第一节 落地生根，让创新在全社会蔚然成风

2017年10月18日上午，中国共产党第十九次全国代表大会在人民大会堂开幕。习近平总书记作了题为《决胜全面建成小康社会 夺取新时代中国特色社会主义伟大胜利》的报告。党的十九大在承前启后、继往开来的关键节点上，对我国发展所处历史方位作出新的重大政治论断，为制定党和国家大政方针提供了理论依据，进一步指明了党和国家事业的前进方向，具有重大现实意义和深远历史意义。学习贯彻党的十九大精神，一个重要方面就是深刻领会"新时代"的丰富内涵，准确把握我国发展新的历史方位，更好地肩负起新时代的历史使命。新时代的到来，是长期奋斗的结果。

改革开放初期，中国共产党发出了走自己的路、建设中国特色社会主义的伟大号召。从那时以来，我们党团结带领全国各族人民开拓进取，不断把中国特色社会主义事业推向前进。在以习近平同志为核心的党中央坚强领导下，全党全国各族人民共同奋斗，推动党和国家事业取得历史性成就、发生历史性变革。

中国特色社会主义进入新时代，在中华人民共和国发展史上、中华民族发展史上具有重大意义，在世界社会主义发展史上、人类社会发展史上也具有重大意义。这意味着近代以来久经磨难的中华民族迎来了从站起来、富起来到强起来的伟大飞跃，迎来了实现中华民族伟大复兴的光明前景；意味着科学社会主义在21世纪的中国焕发出强大生机活力，在世界上高高举起了中国特色社会主义伟大旗帜；意味着中国特色社会主义道路、理论、制度、文化不断发展，拓展了发展中国家走向现代化的途径，给世界上那些既希望加快发展又希望保持自身独立性的国家和民族提供了全新选择，为解决人类问题贡献了中国智慧和中国方案。"三个意味着"，既深刻阐明中华民族从苦难走向辉煌、实现伟大复兴的奋斗历程

和历史大势,更深刻揭示中国特色社会主义的世界意义,进一步坚定了我们坚持和发展中国特色社会主义的信心和决心。

新发展理念,是在深刻总结国内外发展经验教训、分析国内外发展趋势的基础上形成的,是针对我国发展中的突出矛盾和问题提出来的,是"十三五"乃至更长时期我国发展思路、发展方向、发展着力点的集中体现,是关系我国发展全局的一场深刻变革。

新时代带来新任务,新任务提出新要求。高举中国特色社会主义旗帜,坚定不移走中国特色社会主义道路,新时代是承前启后、继往开来、在新的历史条件下继续夺取中国特色社会主义伟大胜利的时代;聚焦目标任务、践行战略安排,新时代是决胜全面建成小康社会、进而全面建设社会主义现代化强国的时代;坚持以人民为中心的发展思想,把人民对美好生活的向往作为奋斗目标,新时代是全国各族人民团结奋斗、不断创造美好生活、逐步实现全体人民共同富裕的时代;振奋精神、凝心聚力,让梦想成真,新时代是全体中华儿女勠力同心、奋力实现中华民族伟大复兴中国梦的时代;高举和平、发展、合作、共赢的旗帜,为人类进步事业而奋斗,新时代是我国日益走近世界舞台中央、不断为人类作出更大贡献的时代。新时代的丰富内涵,明确回答了举什么旗、走什么路、以什么样的精神状态、担负什么样的历史使命、实现什么样的奋斗目标的重大问题,展现了当代中国共产党人的雄心壮志和使命担当。

党的十九大报告提出,中国特色社会主义进入新时代,我国社会主要矛盾已经转化为人民日益增长的美好生活需要和不平衡不充分的发展之间的矛盾。与此同时,我们必须认识到,我国社会主要矛盾的变化,没有改变我们对我国社会主义所处历史阶段的判断,我国仍处于并将长期处于社会主义初级阶段的基本国情没有变,我国是世界最大发展中国家的国际地位没有变。

这两个没有变,决定了发展是解决我国一切问题的基础和关键,发展必须是科学发展,必须坚定不移贯彻创新、协调、绿色、开放、共享的发展理念,把新发展理念贯穿我国发展全过程。当前,我国经济已由高速增长阶段转向高质量发展阶段,正处在转变发展方式、优化经济结构、转换增长动力的攻关期,要紧紧抓住"创新"特别是科技创新这个牛鼻子,实施创新驱动战略,建设创新型国家。科技创新是核心,抓住了科技创新就抓住了牵动我国发展全局的牛鼻子。我国经济发展不少领域大而不强、大而不优,长期以来主要依靠资源、资本、劳动力等要素投入支撑经济增长和规模扩张的方式已不可持续,建设创新型国家和世界科技强国,是我国发展的迫切要求和必由之路。

实施创新驱动战略,要使创新自觉成为深化供给侧结构性改革的助推器。深化供给侧结构性改革的主攻方向就是要提高供给体系质量,显著增强我国经济质量优势,离开科技创新,别无他途。比如在加快发展先进制造业方面,要推动互联网、大数据、人工智能和实体经济深度融合，在中高端消费、创新引领、绿色低碳、共享经济、现代供应链、人力资本服务等领域培育新增长点、形成新动能；在支持传统产业优化升级方面，要加快发展现代服务业，瞄准国际标准提高水平。通过创新发展，促进我国产业迈向全球价值链中高端，培育若干世界级先进制造业集群。

一、创新发展居于国家发展全局的核心位置

创新是历史进步的动力、时代发展的关键，位居今日中国"新发展理念"之首。用以创新为首的"新发展理念"引领时代发展，必将带来我国发展全局的一场深刻变革，为全面建成小康社会、实现中华民族伟大复兴中国梦提供根本遵循、注入强劲动力。

各国应该坚持创新引领，加快新旧动能转换。只有敢于创新、勇于变革，才能突破世界经济发展瓶颈。世界经济刚刚走出国际金融危机阴影，回升态势尚不稳固，迫切需要各国共同推动科技创新、培育新的增长点。造福人类是科技创新最强大的动力。在休戚与共的地球村，共享创新成果，是国际社会的一致呼声和现实选择。各国应该把握新一轮科技革命和产业变革带来的机遇，加强数字经济、人工智能、纳米技术等前沿领域合作，共同打造新技术、新产业、新业态、新模式。

当今世界，发展面临的最大矛盾仍是供需矛盾，尤其是资源有限性与需求无限性的矛盾。随着人口越来越多，需求越来越大，需求质量要求越来越高，这一矛盾越来越突出。解决这一矛盾的关键在于创新。创新尤其是科技创新成为世界主题、世界潮流、世界趋势。谁都知道创新重要，但究竟重要到什么程度，把它放在什么位置，怎样定位，却见仁见智。把创新放在国家发展全局的核心位置，体现了对人类社会发展规律的深刻认识，体现了对国家民族发展根本的深刻认同。在我国几千年治国理政思想史上是第一次，在我们党的历史上是第一次，在社会主义发展史上是第一次；放眼今日世界，把创新放在国家发展如此极端的重要位置，放在制订未来五年发展规划理念的首要位置，也是极为少见的。

面对今日世界，只有把创新发展放在我国发展全局的核心位置，才能适应和引领时代发展大势。当今世界，一个国家要想走在世界发展前列，根本靠创新；一个民族屹立于世界民族之林，根本靠创新。现在，世界范围的新一轮科技革命和产业变革蓄势待发，信息科技、生物科技、新材料技术、新能源技术广泛渗透。世界大国都在积极强化创新部署，如美国实施再工业化战略、德国提出工业4.0战略。我国创新底子薄、创新力量相对不足，赶超世界创新大国的难度不小。这种情况下，是把创新放在核心位置还是一般位置，结果大不一样。把创新放在发展全局的核心位置，体现了以习近平同志为核心的党中央的坚定决心和历

史担当，是党中央在我国发展关键时期作出的重大决策，凝聚的是立足全局、面向全球、聚焦关键、带动整体、持续发展的国家意志和国家战略。把创新放在发展全局的核心位置，就能紧扣世界创新发展脉搏，顺应世界创新发展大势，赶上世界创新发展脚步，从后发到先发、从跟跑到领跑，引领世界创新发展潮流。

纵观中国，只有把创新发展放在我国发展全局的核心位置，才能促进国家长治久安、民族永续发展。现代国家竞争，主要是综合国力竞争，根本是创新能力的竞争。创新兴则国家兴，创新强则国家强，创新久则国家持续强盛。500年来，世界经济中心几度迁移，但科技创新这个主轴一直在旋转、在发力，支撑着经济发展，引导着社会走向。一些欧美国家抓住蒸汽机革命、电气革命和信息技术革命等重大机遇，跃升为世界大国和世界强国。相形之下，因一次次错过世界科技革命浪潮，我国由全球经济规模最大的国家沦为落后挨打的半殖民地半封建社会。这是历史的教训、民族的悲哀。我们必须充分吸收古今中外的经验教训，立足新的历史起点，面对新的现实挑战，确立创新发展理念，实施创新驱动发展战略。

当前，创新已成为决定我国发展前途命运的关键、增强我国经济实力和综合国力的关键、提高我国国际竞争力和国际地位的关键。把创新放在发展全局的核心位置，不仅可以巩固已有发展成果，全面建成小康社会，而且能够推动国家持续健康发展、民族和谐发展，在更好基础、更高层次上，更有信心、更有决心、更有能力实现第二个百年奋斗目标。

立足全局，只有把创新发展放在我国发展全局的核心位置，才能实现认识把握创新规律的新飞跃，促进各项事业向更高层次迈进。理念具有根本性、整体性和长久性，理念变化将带来根本变化、整体变化和长远变化。把创新放在发展全局的核心位置，必然给发展全局带来根本变化、整体变化、长远变化。通观人类社会发展史和中国发展史，不仅一直存在创新规律，而且一直受创新规律支配。创新的本质特征在于革故鼎新，在政治上主要是改造旧世界、建设新世界；在经济上主要是提高传统生产要素的效率、创造新的生产要素、形成新的要素组合，为持续发展提供源源不断的内生动力；在思想文化上主要是弘扬传统精华、克服传统弊端，提出新思想、新观念、新学说、新风尚，创立新体系、新学派、新方法、新文风。把创新放在发展全局的核心位置，让创新贯穿党和国家的一切工作，不断推进理论创新、制度创新、科技创新、文化创新等各方面创新，就能使全党对创新规律的认识把握达到新境界，使各行各业对创新规律的认识把握达到新高度，推动我国发展全局发生根本变化、整体变化和长远变化，把我国建设成为经济强国、创新大国，进而建成富强、民主、文明、和谐、美丽的社会主义现代化强国。

二、深入贯彻落实新发展理念，加快建设创新型国家

贯彻新的发展理念，加快建设创新型国家尤为重要。创新型国家是指将科技

创新作为基本战略,大幅度提高科技创新能力,形成日益强大竞争优势的国家。创新型国家是以技术创新为经济社会发展核心驱动力的国家。主要表现为:整个社会对创新活动的投入较高,重要产业的国际技术竞争力较强,投入产出的绩效较高,科技进步和技术创新在产业发展和国家的财富增长中起重要作用。

建设创新型国家的决策,是事关社会主义现代化建设全局的重大战略决策。建设创新型国家,核心就是把增强自主创新能力作为发展科学技术的战略基点,走出中国特色自主创新道路,推动科学技术的跨越式发展。要把增强自主创新能力作为国家重要战略,贯穿到现代化建设各个方面,激发全民族创新精神,培养高水平创新人才,形成有利于自主创新的体制机制,大力推进科技创新、理论创新、制度创新、文化创新,不断巩固和发展中国特色社会主义伟大事业。

创新是引领发展的第一动力,是建设现代化经济体系的战略支撑。要瞄准世界科技前沿,强化基础研究,实现前瞻性基础研究、引领性原创成果重大突破。在基础研究领域,我国目前的进步非常巨大,从量子通信的突破性进展,到500米口径射电望远镜的建成,正在为人类科技的基础添砖加瓦,贡献自己的力量。

当前,我国要加强应用基础研究,拓展实施国家重大科技项目,突出关键共性技术、前沿引领技术、现代工程技术、颠覆性技术创新,为建设科技强国、质量强国、航天强国、网络强国、交通强国、数字中国、智慧社会提供有力支撑。以数字中国为例,"数字中国"在传统信息系统基础上加入时空数据维,使面向决策的管理信息系统建立在对客观规律进一步认识的基础上,成为实现可持续发展的有效工具,开启了人类认识地球、资源、环境及人类自身的新方法论,并且具有巨大的产业化前景。自2006年《2006~2020年国家信息化发展战略》发布以后,我国信息化进入了一个新的发展阶段,在国民经济和社会各个领域的应用日益深化和扩展,以"数字中国"为总目标的"数字省区""数字城市"等信息化工程在全国蓬勃发展起来。单就数字中国而言,对国家的治理创新就有巨大的应用前景,前途无量。

加强国家创新体系建设,强化战略科技力量。深化科技体制改革,建立以企业为主体、市场为导向、产学研深度融合的技术创新体系,加强对中小企业创新的支持,促进科技成果转化。

|链接|

加快建设创新型国家

习近平同志在党的十九大报告中强调,创新是引领发展的第一动力,是建设现代化经济体系的战略支撑。按照党中央的决策部署,把加快建设创新型国家作为现代化建设全局的战略举措,坚定实施创新驱动发展战略,强化创新第一动力的地位和作用,突出以科技创新引领全面创新,具有重大而深远的意义。

深刻认识加快建设创新型国家的重大意义

创新型国家的主要标志是,科技和人才成为国力强盛最重要的战略资源,劳动生产率、社会生产力提高主要依靠科技进步和全面创新,拥有一批世界一流的科研机构、研究型大学和创新型企业,创新的法律制度环境、市场环境和文化环境优良。创新型国家的本质是依靠创新活动推动经济发展和竞争力提高,其测度指标主要体现在创新资源、知识创造、企业创新、创新绩效、创新环境等方面。

加快建设创新型国家是我国迈向现代化强国的内在要求。科技是国之利器,世界上的现代化强国无一不是创新强国、科技强国。我国建设创新型国家的战略目标是,到2020年进入创新型国家行列,到2035年跻身创新型国家前列,到中华人民共和国成立100年时成为世界科技强国。当前,我国发展站到了新的历史起点上,正在由发展中大国向现代化强国迈进。如果我们不能在创新领域取胜,就不能掌握全球竞争先机和优势,迈向现代化强国就会失去支撑。必须加快建设创新型国家,突出科技创新能力提升,以科技强国支撑现代化强国。

加快建设创新型国家是解决我国新时代社会主要矛盾的必然选择。当前,我国社会主要矛盾已经转化为人民日益增长的美好生活需要和不平衡不充分的发展之间的矛盾。特别是经济发展大而不强、大而不优,要素驱动力明显减弱,新动能还未全面接续,经济社会发展对科技创新的需求从未像今天这样迫切。只有加快建设创新型国家,在经济社会发展的全过程充分践行创新、协调、绿色、开放、共享的发展理念,才能加速向主要依靠知识积累、技术进步和劳动力素质提升的内涵式发展转变,在我国发展的内生动力和活力上实现一个根本性变化,为解决社会主要矛盾开拓更广阔的空间。

加快建设创新型国家是抢抓新科技革命和产业变革历史机遇的战略举措。当前,全球新一轮科技革命和产业变革孕育兴起,特别是信息技术、生物技术、制造技术等广泛渗透到各个领域,带动以绿色、智能、泛在为特征的群体性重大技术变革,大数据、云计算、移动互联网等新一代信息技术同机器人和智能制造技术相互融合步伐加快,正在引发国际产业分工重大调整,进而重塑世界竞争格局、改变国家力量对比。我国既面临赶超跨越的难得历史机遇,也面临差距拉大的严峻挑战,唯有加快建设创新型国家,全面增强科技创新能力,力争在重要科技领域实现跨越发展,才能在新一轮全球竞争中赢得战略主动。

坚定实施创新驱动发展战略

创新驱动发展战略关系我国经济社会发展全局。党的十九大报告提出坚定实施创新驱动发展战略,表明我们党把实施这一战略作为一项重大而长期的任务,摆在国家发展全局的核心位置。

党的十八大以来，我国在实施创新驱动发展战略上取得显著成就，科技进步对经济增长的贡献率从2012年的52.2%提高到2016年的56.2%，有力推动了产业转型升级。高速铁路、水电装备、特高压输变电、杂交水稻、对地观测卫星、北斗导航、电动汽车等重大科技成果产业化取得突破，部分产业走在世界前列，持续提升我国经济发展的质量和效益，拓展了我国发展的新空间。

实施创新驱动发展战略，要突出科技创新对供给侧结构性改革和培育发展新动能的支撑引领作用。一是围绕新一代信息网络、智能绿色制造、现代农业、现代能源等领域推动产业技术体系创新，注重运用新技术新业态改造升级传统产业，以技术的群体性突破支撑引领新兴产业集群发展。二是促进技术创新与管理创新、商业模式创新融合，拓展数字消费、电子商务、现代物流、互联网金融等新兴服务业，大力发展数字经济、平台经济、共享经济、智能经济。三是大力推动创新创业，建立一批低成本、便利化、开放式的众创空间和虚拟创新社区，孵化培育"专精特新"的创新型小微企业。四是打造新的经济增长点、增长带、增长极，深入推进北京、上海建设具有全球影响力的科技创新中心，加快推进京津冀、长江经济带、东西部协同创新，强化国家自主创新示范区和国家高新区的辐射带动作用，建设一批具有强大带动作用的创新型城市和区域创新中心。

围绕"三个面向"推动科技创新重点领域取得新突破

面向世界科技前沿、面向经济主战场、面向国家重大需求，是我国科技创新的战略主攻方向。党的十八大以来，"三个面向"的前瞻布局和系统推进得到显著加强，科技创新突破明显加快。对标国际科技前沿，我国在量子通信与计算机、高温超导、中微子振荡等基础研究和应用基础研究领域取得一大批重大原创成果，国际影响力大幅提升。面向经济主战场，国家科技重大专项实现一系列重大技术和工程突破，移动通信领域实现从"2G跟随""3G突破""4G并行"到"5G引领"的跨越式发展，C919大型客机首飞成功。聚焦国家发展重大需求，我国在深空、深海、深地、深蓝等战略必争领域，取得载人航天和探月工程、载人深潜、深地钻探、超级计算等一批具有国际影响的标志性重大科技创新成果。

同时也要看到，我国基础研究仍然薄弱。原创性技术、颠覆性技术相对不足，不少领域关键核心技术受制于人，必须更加有效地集成科技资源，加快突破。一是加强基础研究和应用基础研究，强化新思想、新方法、新原理、新知识的源头储备。二是聚焦国家科技重大专项，组织产学研联合攻关，在信息、生物、新能源、新材料、人工智能等领域突破一批关键共性技术。三是启动"科技创新2030——'新一代人工智能'重大项目"，加大空间、海洋、网络、材料、能源、健康等领域的攻关力度，突破并掌握一批原创性、颠覆性技术。四是推动现代工程技术攻关和示范应用，面向海洋工程、重型装备、交通运输、电力电网、现代农业等领域，加强技术开发与集成、装备研制及大规模应用。

加强国家创新体系建设

国家创新体系是决定国家发展水平的基础，战略科技力量是国家创新体系的中坚力量，国际竞争很大程度上是科技创新能力体系的比拼。

党的十八大以来，我国科技创新能力体系建设迈上新台阶。科技创新基地建设速度加快，综合性国家科学中心统筹推进，大型科研基础设施建设取得突破性进展。建成500米口径的世界最大球面射电望远镜（FAST）、超大型高超声速激波风洞等重大科技设施，布局国家重点实验室等创新平台。同时，推动科技基础条件平台开放共享，58个重大科研基础设施和5.8万台（套）大型科研仪器纳入统一的国家网络管理平台。一批大型综合性科研机构研究能力大幅度提升，在国际排名中不断前移。企业技术创新能力建设进一步增强，2016年企业在全社会研发经费支出中占比超过77.5%，涌现出一批具有国际影响力的科技创新型企业。

当前，面对建设世界科技强国的要求，必须大力加强国家创新体系能力建设，系统打造我国战略科技力量。一是在重大创新领域布局国家实验室，建设体现国家意志、具有世界一流水平的战略科技创新基地。二是聚焦能源、生命、粒子物理等领域建设一批重大科技基础设施，加快建设上海张江、安徽合肥、北京怀柔3个综合性科学中心。三是优化整合国家科研基地和平台布局，围绕国家战略和创新链进行布局，推动科技资源开放共享。四是按照企业为主体、市场为导向、产学研深度融合的要求推动技术创新，建设一批引领企业创新和产业发展的国家技术创新中心，支持量大面广的中小企业提升创新能力，培育一批核心技术能力突出、集成创新能力强的创新型领军企业。我们建设的国家创新体系是开放的，不是封闭的，要全方位提升科技创新的国际化水平，打造"一带一路"协同创新共同体，积极牵头或参与国际大科学计划和工程。

建设高端科技创新人才队伍

创新驱动实质上是人才驱动，综合国力竞争归根到底是人才竞争。谁拥有人才上的优势，谁就会拥有创新实力上的优势。

我国在创新型科技人才方面还存在结构性矛盾突出、世界级科技大师缺乏、领军人才和尖子人才不足、工程技术人才培养同生产和创新实践脱节等问题。因此，党的十九大报告提出，培养造就一大批具有国际水平的战略科技人才、科技领军人才、青年科技人才和高水平创新团队。要将这一部署作为实施创新驱动发展战略的优先任务抓紧抓好。一是推进创新型科技人才结构战略性调整，加强高端科技创新人才队伍建设，突出"高精尖缺"导向，加强战略科技人才、科技领军人才、高水平创新团队的选拔和培养。二是瞄准世界科技前沿和战略性新兴产业，支持和培养具有发展潜力的中青年科技创新领军人才，为青年人才开辟特殊支持渠道。三是培养造就一大批具有全球战略眼光、创新能力和社会责任感的企业家人才队伍，依法保护企业家的创新收益和财产权。四是继续加大海外高层次人才引进力度，面向全球引进首席科学家等高层次创新人才，实现精准引进。五是大力推进创新教育，提升全社会创新意识和创新能力，造就规模宏大、富有创新精神、敢于承担风险的创新创业人才队伍。

深化科技体制改革

建设创新型国家必须坚持科技创新和体制机制创新双轮驱动，只有两个轮子协调运转，才能把创新驱动的新引擎全速发动起来。

党的十九大报告提出深化科技体制改革，我们要在落实的力度和方法上下功夫。一是完善支持企业创新的普惠性政策体系，加大研发费用加计扣除、高新技术企业税收优惠、固定资产加速折旧等政策的落实力度。二是推进项目评审、人才评价、机构评估改革，激发科技人员积极性。三是完善国家技术转移体系，培育一批专业化水平高、服务能力强的国家技术转移机构，建立完善区域性、行业性技术市场，打造连接国内外技术、资本、人才等创新资源的技术转移网络。四是强化知识产权创造、保护、运用，深化科技成果权益管理改革，完善科技成果转化激励评价制度，强化创新型国家在知识产权等方面的法治保障。五是营造公平、开放、透明的市场环境，建立符合国际规则的政府采购制度，扩大创新产品和服务的市场空间。

（资料来源：《人民日报》，2017年12月7日，王志刚）

创新是企业的灵魂，中小企业是推动创新的生力军。近年来，随着创新驱动发展战略深入实施，大众创业、万众创新蓬勃兴起，催生了数量众多的市场新生力量，促进了观念更新、制度创新和生产经营管理模式的深刻变革，有效提高了创新效率，缩短了创新路径，推动了新旧动能转换和结构转型升级，成为中国经济行稳致远的活力之源。新修订的《中小企业促进法》已于2018年1月1日起正式施行。新法对创业扶持和创新支持进行了明确规定，将更加激发中小企业创业创新活力。

中国的发展是世界的机遇。一个创新步伐加快、发展质量更优的中国，必将产生更广泛、更强大的辐射效应，带来更多合作机会，让更多国家搭乘中国发展的快车。在新时代开启与时俱进、创新发展方式的新征程，一定能实现更高质量、更有效率、更加公平、更可持续的发展，为世界带来更多中国红利。

三、让创新理念落地生根

创新发展理念是党引领发展的重要指导思想。坚持和践行创新发展理念，首先要提高对创新发展理念特殊重要性的思想认识。认识不到位，思想不重视，创新就难取得成效。思想重视程度有多高，工作力度就有多大，创新取得的成效就有多大。我们要从党领导发展的指导思想的认识高度把握创新发展理念的特殊意义和重要性，把创新发展理念作为推动发展的行动指南，贯彻落实到推动发展的全部工作之中，以创新发展理念引领发展。

创新是引领国家发展全局的核心理念。创新发展理念是高居国家发展全局核心位置的重要理念，事关国家现代化建设的兴衰成败。创新对于整个国家现代化战略而言，事关当下，影响长远，关乎全局。当下，创新关乎缓解经济下行压力，提振经济发展；近期，创新关乎2020年全面建成小康社会目标的实现；远期，创新决定第二个"一百年"能否基本实现国家现代化。我们要从国家发展全局的战略高度，以实现中华民族伟大复兴的长远战略眼光，重视创新、推动创新、支持创新，把创新作为推动和引领发展的第一动力，使创新发展理念在引领发展中落地生根，开花结果。

目前我国经济社会发展的"瓶颈"是老动力不足、新动力缺乏。应对国内外严峻形势，根本出路在创新。确立创新工作理念，实质是解决发展动力问题。要以创新培育新动力、转换老动力，让新动力层出不穷，使老动力焕发新活力。只有紧紧抓住创新这个发展第一动力，才能化解"三期叠加"风险、破解产能过剩难题，实现经济结构转型升级，跟上世界科技革命步伐，给经济社会可持续发展注入强大动力。

创新发展理念，作为新的历史条件下党领导发展的重要指导思想，无论是内涵还是外延，都不同于一般意义上的科技创新，而是涵盖理论创新、制度创新、科技创新、文化创新等各个方面的社会整体创新。对创新发展理念的理解，既不能停留在科技创新层面，也不能局限在经济领域，而应从社会整体创新的多层面多领域去把握。

从内涵看，创新发展理念包括多个层面：以技术创新为先导的科技经济创新；以体制机制创新为载体的制度创新；以思维方式、观念理念创新为主要内容的思想创新。从外延看，创新发展理念包括多个领域：既包括生产力、生产关系创新，也涵盖经济基础、上层建筑、意识形态创新；既包括生产方式、消费方式、分配方式创新，也涵盖思维方式、执政方式、社会治理方式创新。在社会整体创新中，各方面各领域创新相互促进，互为条件，共同推进社会整体创新。

科技创新是推动社会整体创新的基础。经济是基础，科学技术是第一生产力，社会整体创新要以科技经济创新为基础。一方面，科技创新是社会整体创新的外在表现和重要内容。社会整体创新既是绵延不断的科技经济创新过程的积淀，也是无数科技经济创新成果的集成。另一方面，科技创新是社会整体创新的基础。科技创新是推动生产力发展的动力，生产力发展则为社会整体创新提供经济条件和物质基础。没有强大的物质基础和经济条件做后盾，很难持续不断地推动社会整体创新。

机制体制创新是推动社会整体创新的保障。社会整体创新，首先要破除妨碍创新的体制机制障碍，从社会制度安排上健全完善推动创新的体制机制，用科学合理的体制机制激励创新、引导创新、保护创新，为推动社会创新扫清障碍、开辟道路、提供保障，从体制机制层面激化社会创新活力，培植社会创新动力，开拓社会创新空间，搭建社会创新舞台，疏通社会创新渠道，推动社会整体创新。体制机制不合理，必然妨碍社会整体创新。如有的创新由于体制机制不健全卡在"最先一公里"无法开启；有的创新由于体制机制不顺畅被搁置在"最后一公里"无法推进；有的创新由于体制机制的缺陷胎死腹中。实践表明，推动社会整体创新必须以健全完善社会创新机制体制为前提，以体制机制创新推动社会整体创新。

思维方式、观念理念创新是推动社会整体创新的先导。思想解放是推动社会整体创新的前提。只有解放思想，人们才可能敢想、敢干、敢闯、敢冒、敢试，求新创新。推进社会整体创新，需要破除思维定式和传统观念，克服"习惯思维"和"主观偏见"，打破习惯势力的束缚，创新思维方式和思想观念。在思想禁锢、思想僵化、思想保守的社会环境下，很难产生新观念、新理念、新思维、新思想。坚持和践行党的十八届五中全会提出的创新发展理念，需要以思维方式、思想观念创新为动力推动思想解放，以思想解放推动社会整体创新。

"一个没有创新能力的民族，难以屹立于世界先进民族之林。"目前，我国深入推进改革开放已然到了攻城拔寨，取得攻坚新胜利的冲刺期。无论是创新和加强宏观调控，抓好"三去一降一补"，还是深化教育、医疗、养老等领域改革，都有不少"硬骨头"要啃。改革关头勇者胜。越是攻坚克难，越要有"明知山有虎，偏向虎山行"的勇气，越要有"咬定青山不放松"的毅力，迎难而上，稳扎稳打，方能积小胜为大胜，以改革突破开创发展新局面。想要成功，就要大胆尝试，勇于创新。

抓好创新，深化认识是前提，聚焦问题是关键。比如，深化经济体制改革，核心是处理好政府和市场关系，使市场在资源配置中起决定性作用和更好发挥政府作用。这就要讲辩证法、两点论，"看不见的手"和"看得见的手"都要用好。只有从思想上明确政府与市场的定位，有"自我开刀"的勇气，有"利归天下"的公心，才能在转变政府职能上更自觉、更主动，把该放给市场和社会的权放足、放到位，才能敢担当、善作为，把该政府管的事管好、管到位。鼓起披荆斩棘的勇气，加强深化改革开放措施系统集成，就能进一步激发市场活力和社会创造力，切实增强人民群众的获得感。

创新发展理念是方向、是钥匙。面对经济发展新常态，面对决胜全面小康的新形势、新任务，坚持创新发展是制胜之道。敢于打破思维定式、冲破观念障碍，才能跳出老套路、旧框框，深刻认识到"创新是引领发展的第一动力"；善于抓住时机，瞄准世界科技前沿，全面提升自主创新能力，在基础科技领域作出大的创新、在关键核心技术领域取得大的突破，才能靠创新塑造发展新动力；以更开放的视野引进和集聚人才，加快集聚一大批创新领军人才，厚植创新人才成长的土壤，才能夯实创新发展的智力根基，用人才驱动实现创新驱动。

第二节　开拓改革，构建多维创新体系

创新发展理念的提出，既有我国多年发展实践的经验基础，也是以马克思主义为指导、博采中外关于国家经济发展理论精华的结果。我国的创新发展理念和在创新发展理念指导下形成的创新发展战略、创新发展政策系统化地构成了中国特色社会主义政治经济学的重要内容。

坚持创新发展，必须把创新摆在国家发展全局的核心位置，不断推进科技创新、理论创新、制度创新、文化创新等各方面创新，让创新贯穿党和国家一切工作，让创新在全社会蔚然成风。必须把发展基点放在创新上，形成促进创新的体制架构，塑造更多依靠创新驱动、更多发挥先发优势的引领型发展。这意味着创新成为我国未来发展的基点、核心和第一动力，我国的发展将在创新驱动下更多地向引领型发展转变。通过技术创新促进技术进步、进而推进一国的经济增长和社会发展，并不是一个全新的发展理念，甚至可以认为是发展经济学乃至整个当代西方经济学的核心主题之一。但是，对于处于当前发展阶段以及国内国际环境下的中国而言，"创新发展"的提出是一个开拓发展新境界的全新发展理念。从理论层面看，创新发展理念是中国特色社会主义政治经济学的重要内容，是以马克思主义政治经济学为指导，吸收当代西方经济学有关技术进步促进经济增长、科学技术发展规律等方面理论认识综合创新的结果，继承和发展了马克思主义政治经济学；从实践层面看，创新发展理念是中国共产党治国理政的实践经验的总结概括，是基于对中国发展阶段以及当今世情、国情的科学把握，基于对世界经济社会和科技发展趋势以及我国发展面临的新机遇、新挑战、新问题的深刻认识而提出的科学的发展理念。

党中央提出的创新发展理念赋予了创新更加深刻、丰富的内涵，中国创新因而将大大超越人类历史上任何一次创新活动。其一，创新发展不同于资本主义的经济增长创新，是社会价值的全面创新。从这一点上说，中国的社会主义创新必然优于西方资本主义的创新，就如同资本主义创新优于前资本主义创新一样。其二，创新发展不限于科学技术的创新，是多种创新机制的集成。中国的创新发展是从一个极低的历史起点下，通过自主创新的"科技追赶"之路，综合发挥各种机制作用，实现集成创新的过程。其三，以人为本、以人民为主体，是创新发展

的出发点、落脚点和核心点。创新发展的根本动力来自人民的创新活动，它包括了科学家、工程师、艺术家等人的创新，更包括了7.7亿就业人员创新、全民创新。创新发展的根本目的在于激发人民的活力、创造力、生产力，这是中国加速实现引领创新的重要条件。同时，自上而下的国家创新、制度创新是为了更好地保护创新、激励创新。

社会主义现代化本质是人的现代化，创新发展的宗旨归根到底就是促进全体人民的发展。推动创新发展，就是要形成创新的体制架构，塑造更多依靠创新驱动、更多发挥先发优势的引领型发展。实现引领型发展，就需要遵循科技创新规律、经济创新规律和制度创新规律。

一、创新理念是党引领发展的重要指导思想

坚持和践行创新发展理念，首先要提高对创新发展理念特殊重要性的思想认识。认识不到位，思想不重视，创新就难取得成效。思想重视程度有多高，工作力度就有多大，创新取得的成效就有多大。我们要从党领导发展的指导思想的认识高度把握创新发展理念的特殊意义和重要性，把创新发展理念作为推动发展的行动指南，贯彻落实到推动发展的全部工作之中，以创新发展理念引领发展。

创新是引领国家发展全局的核心理念。创新发展理念是高居国家发展全局核心位置的重要理念，事关国家现代化建设的兴衰成败。创新对于整个国家现代化战略而言，事关当下，影响长远，关乎全局。当下，创新关乎缓解经济下行压力，提振经济发展；近期，创新关乎2020年全面建成小康社会目标的实现；长远，创新决定第二个"一百年"能否基本实现国家现代化。我们要从国家发展全局的战略高度，以实现中华民族伟大复兴的长远战略眼光，重视创新、推动创新、支持创新，把创新作为推动和引领发展的第一动力，使创新理念在引领发展中落地生根，开花结果。

中国特色社会主义创新发展理念，其根本的理论基础来自马克思主义政治经济学关于解放和发展社会生产力的基本原则。虽然马克思并没有直接给创新下过精确的定义，但在马克思的诸多论著中，曾使用过"创造""创立""发明""革命"等与创新含义接近的概念。已有研究将马克思创新理论中创新的定义概括为：现实的人针对新的现实情况，有目的地从事的一种前人未曾从事过的创造性的、复杂性的高级实践活动，是人的自觉能动性的重要体现。对应物质生产实践、社会关系实践与科学实验人类实践活动的这三种基本形式，创新主要有技术创新、制度创新、科学创新三种基本形式。通过科学创新可以将科学知识转化为生产力，引发生产工具变革从而推动生产关系的变革。马克思认为，技术作为一种渗透性的生产要素，通过提高劳动者的能力、促进资本积累以及改进劳动资料

特别是生产工具，把巨大的自然力和自然科学并入生产过程，使生产过程科学化，进而对提高生产力、促进经济发展具有巨大的促进作用。创新不仅对经济增长具有促进作用，还是推动社会发展的重要力量。马克思把技术创新看成是推动社会发展的有力杠杆，看成是最高意义上的革命力量，认为技术创新在推动社会发展中的巨大作用，不仅表现在对没落社会制度的摧毁上，而且也表现在对上升的社会制度的引领和推进上。但马克思也认为，技术进步推动社会发展的作用是一个历史范畴，在人类社会发展的不同时期，技术进步推动社会发展的作用是不一样的，因为技术成果只有运用到生产中，转化为现实的生产力，才会对社会发展产生相应的推动作用，才能成为推动社会发展的强大动力。

在当代西方经济学中，"创新"一词最早是由美国经济学家熊彼特于1912年出版的《经济发展理论》一书中提出。熊彼特的创新理论所提到的创新是"建立一种新的生产函数"或者是"生产要素的新的组合"，具体表现形式包括开发新产品、使用新的生产方法或者工艺、发现新的市场、发现新的原料或半成品、创建新的组织管理方式等。他把"创新"和因"创新"而使经济过程发生的变化，以及经济体系对"创新"的反映，称为经济发展。西方经济学关于创新问题的理论学派林立，新古典增长理论（外生增长理论）、新增长理论（内生增长理论）、演化经济理论等都从不同视角论述技术进步对经济增长的意义及内在机理，构成了庞杂的理论体系。这些理论的意义更多地体现在对具体的创新政策的制定和实施的指导上，但即使指导创新政策时，面对庞杂的知识体系，也需要根据国情和时机进行权衡选择。中国特色社会主义的创新发展理念，就是考虑到这些理论对创新政策制定的具体价值，以马克思主义为指导，结合我国国情而提出的发展观。

中国特色社会主义的创新发展理念，不仅来自上述理论思考，也来自我国经济发展实践经验的总结和国情变化的战略应对。中华人民共和国成立以来各个时期的经济发展实践表明，科技进步和技术创新工作的发展与我国的经济增长和健康发展紧密相关。中华人民共和国成立之初，科技水平总体上落后西方发达国家近百年，经济则是"一穷二白"；中华人民共和国成立以后，我党开始号召在海外的科学家回国并培育自己的知识分子和工业化人才，科技水平与世界先进水平不断拉大，国民经济一度濒于崩溃；1978年3月18日，党中央召开全国科学大会，邓小平同志提出"四个现代化"的关键是科学技术的现代化、科学技术是生产力、科学技术工作者是劳动者等重要论断。"科学技术是第一生产力"成为指导我国科技创新和经济发展的核心理念；1995年5月6日，中共中央、国务院作出《关于加速科学技术进步的决定》，提出科教兴国战略；进入21世纪，党中央又创造性地提出建设创新型国家的重大决策，与这一系列对科技创新的重视所伴随的是改革开放40年的经济高速增长。改革开放以来，我国快速地从工业化初期走到了工业化后期阶段。从发展动力角度区分，我国已走过了以生产要素驱动为主的发展阶段和以高储蓄率的投资驱动为主的发展阶段。在科技水平、经济基础、综合国力大幅度提升的同时，原先大量投入资源和消耗环境的经济发展方式已难以为继，无论是从现实的可能性还是从理论的必要性来看，我国都应该转向以创新驱动为主的新发展阶段。

总之，中国特色社会主义的创新发展理念，是以习近平同志为核心的党中央把马克思主义作为指导思想，基于我国已有的发展经验，立足于我国经济社会发展的阶段变化和出现的新条件、新问题和新实践，顺应当前世界技术、经济发展形势的新要求，博采西方经济学各学派有关创新的各种观点，继承和丰富马克思主义创新思想，提出的更具有全面性、科学性、人民性的创新发展观。具体而言，中国特色社会主义创新发展理念不同于以往的发展观，具有科学的核心动力观、人民本位观和全面系统观三方面内涵，是对发展观的重大突破。

二、创新是引领发展的第一动力

纵观人类发展历史，创新始终是推动一个国家、一个民族向前发展的重要力量，也是推动整个人类社会向前发展的重要力量。创新是多方面的，包括理论创新、体制创新、制度创新、人才创新等，但科技创新地位和作用十分显要。我国是一个发展中大国，目前正在大力推进经济发展方式转变和经济结构调整，正在为实现"两个一百年"奋斗目标而努力，必须把创新驱动发展战略实施好。这是一个重大战略。

深化对创新理念科学内涵和重要性的认识。改革开放以来，我国经历40年的经济高速增长，被誉为经济发展史上难得一见的增长奇观。但总体而言，我国过去的经济高速增长是建立在要素大量投入、粗放使用的基础之上，为此所付出的环境、资源、生态、社会代价十分沉重，可持续性堪忧。在我国总体进入工业化后期的情况下，支撑实体经济快速发展的传统要素优势正逐步减弱，要素价格持续上升，对创新驱动经济发展提出了迫切需求。当前，人工智能、物联网、3D打印、生物技术、新材料等诸多领域的新兴突破性技术集中出现，并与实体经济加速融合，共同推进第四次工业革命进程，对经济发展与产业变革产生一系列颠覆性影响。总的来看，数字、物理和生物技术将成为未来创新的重点领域，代表了未来科技创新的大趋势。在第四次工业革命大背景下，形成创新驱动新格局，使创新成为引领高质量发展的第一动力，就是要在补齐基础领域创新短板的同时，以数字、物理和生物科技创新为重点，以服务实体经济发展为目标，在更多领域实现由"跟跑"变为"并跑"，有的甚至争取"领跑"，以在新一轮全球创新竞争中赢得战略主动。

1. 深化对创新理念科学内涵的认识

坚持和践行创新发展理念，首先要正确把握创新发展理念的科学内涵。作为中国共产党领导发展的指导思想和居国家发展全局核心位置的创新发展理念，无论是内涵还是外延，都不同于一般意义上的创新。从内涵看，创新发展理念主要包括三个方面：一是以技术创新为先导的科技创新；二是以体制、机制创新为载体的制度创新；三是以思维方式、观念理念创新为主要内容的思想创新。从外延看，创新发展理念既包括生产力、生产关系创新，也涵盖经济基础、上层建筑、意识形态创新；既包括生产方式、消费方式创新，也涵盖思维方式、社会治理方式创新。

2. 深化对创新发展理念重要性的认识

创新发展理念是党引领发展的重要指导思想。引领新时期经济社会发展，需要新的发展理念。如果理念陈旧落后，跟不上时代发展要求，势必妨碍发展全局，影响发展效果，即使是付出最大努力，也是事倍功半，收效甚微。

创新是一个民族进步的灵魂，是一个国家兴旺发达的不竭动力，也是中华民族最深沉的民族禀赋。创新对于整个国家现代化战略而言，事关当下，影响长远，关乎全局。当下，创新关系缓解经济下行压力，提振经济发展；近期，创新关乎2020年全面建成小康社会目标的实现；从长远看，创新决定第二个百年能否基本实现国家现代化。创新驱动发展需要有战略性眼光和全局思维，不仅要看到技术的演进规律，也要看到技术和产业的互动。实际上，创新驱动发展不仅需要高技术和中低技术产业协同创新与发展，也需要在创新驱动和FDI、企业规模之间达到一种平衡关系。因此，需要进行长远规划、全面布局和配套政策。

创新是推动经济社会发展的第一动力。经济社会的发展首先要有强大的动力。俗话说，"火车跑得快，全靠车头带"。动力是引领经济社会发展的"火车头"。目前我国经济社会发展的"瓶颈"是老动力不足、新动力缺乏。迫切需要通过创新解决动力不足和动力创新问题，给经济社会可持续发展注入强大动力。

当前我国经济发展，既要面对国内经济"三期叠加"、结构转型的艰巨任务；又要面对世界科技激烈竞争的巨大压力。应对国内外严峻形势，根本出路在创新。只有紧紧抓住创新这个发展第一动力，才能化解"三期叠加"风险、破解产能过剩难题，实现经济结构转型升级，跟上世界科技革命步伐。只有把创新作为推动发展的第一要务，以创新转换老动力，用创新培育新动力，使老动力焕发新活力，让新动力层出不穷，以增强引领经济社会发展动力。

创新驱动是形势所迫。我国经济总量已跃居世界第二位，社会生产力、综合国力、科技实力迈上了一个新的大台阶。同时，我国发展中不平衡、不协调、不可持续问题依然突出，人口、资源、环境压力越来越大。我国现代化涉及十几亿人，走全靠要素驱动的老路难以为继。物质资源必然越用越少，而科技和人才却会越用越多，因此我们必须及早转入创新驱动发展轨道，把科技创新潜力更好地释放出来。一个地方、一个企业，要突破发展瓶颈、解决深层次矛盾和问题，根本出路在于创新，关键要靠科技力量。要加快构建以企业为主体、市场为导向、产学研相结合的技术创新体系，加强创新人才队伍建设，搭建创新服务平台，推动科技和经济紧密结合，努力实现优势领域、共性技术、关键技术的重大突破，推动中国制造向中国创造转变、中国速度向中国质量转变、中国产品向中国品牌转变。

必须明确，我国经济发展进入新常态，没有改变我国发展仍处于可以大有作为的重要战略机遇期的判断，改变的是重要战略机遇期的内涵和条件；没有改变我国经济发展总体向好的基本面，改变的是经济发展方式和经济结构。对发展条件的变化，我们必须准确认识、深入认识、全面认识，顺势而为、乘势而上，更加自觉地坚持以提高经济发展质量和效益为中心，大力推进经济结构战略性调整。要更加注重满足人民群众需要，更加注重市场和消费心理分析，更加注重引导社会预期，更加注重加强产权和知识产权保护，更加注重发挥企业家才能，更加注重加强教育和提升人力资本素质，更加注重建设生态文明，更加注重科技进步和全面创新。做到这些，关键在于全面深化改革、实施创新驱动发展战略、破解发展难题的力度，因此必须勇于推进改革创新，加快转变经济发展方式，切实转换经济发展动力，在新的历史起点上努力开创经济社会发展新局面。

从生产要素相对优势看，过去，我们有源源不断的新生劳动力和农业富余劳动力，劳动力成本低是最大优势，引进技术和管理就能迅速变成生产力。现在，人口老龄化日趋发展，劳动年龄人口总量下降，农业富余劳动力减少，在许多领域我国科技创新与国际先进水平相比还有较大差距，能够拉动经济上水平的关键技术欧美发达国家不给我们，这就使要素的规模驱动力减弱。随着要素质量不断提高，经济增长将更多依靠人力资本质量和技术进步，必须让创新成为驱动发展新引擎。

如何发现和培育新的增长点？一是市场要活，二是创新要实，三是政策要宽。市场要活，就是要使市场在资源配置中起决定性作用，主要靠市场发现和培育新的增长点。在供求关系日益复杂、产业结构优化升级的背景下，涌现出很多新技术、新产业、新产品，往往不是政府发现和培育出来的，而是"放"出来的，是市场竞争的结果。技术是难点，但更难的是对市场需求的理解，这是一个需要探索和试错的过程。

创新要实，就是要推动全面创新，更多靠产业化的创新来培育和形成新的增长点。创新不是发表论文、申请到专利就大功告成了，创新必须落实到创造新的增长点上，把创新成果变成实实在在的产业活动。要增强对创新驱动发展的认识，全面研判世界科技创新和产业变革大势，从实际出发，确定创新的突破口，努力形成新的增长动力。

政策要宽，就是要营造有利于大众创业、市场主体创新的政策环境和制度环境。政府要加快转变职能，做好自己应该做的事，创造更好市场竞争环境，培育市场化的创新机制，在保护产权、维护公平、改善金融支持、强化激励机制、集聚优秀人才等方面积极作为。对看准的、确需支持的，政府可以采取一些合理的、差别化的激励政策，真正把市场机制公平竞争、优胜劣汰的作用发挥出来。

无论是理论层面还是实践层面，创新对经济社会发展的重要意义已毋庸置疑，世界各国也纷纷出台政策积极推进创新。但是，将创新的意义提高到"创新是引领发展的第一动力"这样的高度，则是独树一帜的。创新是引领发展的第一动力。发展动力决定发展速度、效能、可持续性。对我国这么大体量的经济体来讲，如果动力问题解决不好，要实现经济持续健康发展和"两个翻番"目标是难以做到的。

把创新作为引领发展的第一动力的核心动力观，是马克思主义政治经济学关于解放和发展社会生产力的思想在中国现有的历史条件和国情下的具体应用和发展。生产力理论是马克思主义理论体系的基石，也是马克思主义政治经济学最基本的内容。目前我国仍处于并将长期处于社会主义初级阶段，解放和发展生产力仍是建设中国特色社会主义的第一要务。虽然我国经济总量跃居世界第二，但大而不强、臃肿虚胖体弱问题相当突出，主要体现在创新能力不强，这是我国这个经济大块头的"阿喀琉斯之踵"。通过创新引领和驱动发展已经成为我国发展的迫切要求。抓创新就是抓发展，谋创新就是谋未来。之所以说通过创新引领和驱动发展已成为我国发展的迫切要求，具体而言至少有以下两方面的原因：

一方面，从国内看，突破经济发展瓶颈，解决深层次矛盾和问题要依靠创新。改革开放以来，我国经济的持续高速增长主要得益于抓住全球产业转移的趋势，充分发挥了我国劳动力资源丰富的比较优势。但是，近年来随着人口红利消退、工资水平上涨，我国基于低成本形成的国际竞争力被削弱，建立在初级生产要素基础上的旧动能渐趋耗尽，依靠劳动力、资源、土地投入的传统发展方式已难以为继。要化解经济发展中的瓶颈和深层次矛盾，实现经济增长方式的转型和经济社会持续健康发展，根本出路在于不断推进科技创新，不断解放和发展社会生产力，不断提高劳动生产率。

另一方面，从国际上看，抓住新工业革命带来的赶超机遇需要依靠创新。当前，以大数据、云计算、物联网、机器人、人工智能、虚拟现实、新材料、生物科技等为代表的新技术蓄势待发，重大颠覆性技术不断涌现，将对传统产业的产品、商业模式和业态产生深刻的影响，并催生出许多新的产业领域。世界主要发达国家纷纷出台新的创新战略和政策，加强对人才、专利、标准等战略性资源的争夺，抓紧布局新兴技术，培育新兴产业。新的科技革命和产业变革给后发国家提供了"弯道超车"的机会。对于我国来说，现在科技和经济实力有了大幅度提升，已经具备抓住新一轮工业革命和产业变革机遇的条件，我国比历史上任何时期都更接近实现"两个一百年"和中华民族伟大复兴的目标，必须通过创新驱动抓住这个千载难逢的历史机遇。

三、构建多维度的社会创新体系

创新发展理念，作为新的历史条件下党领导发展的重要指导思想，无论是内涵还是外延，都不同于一般意义上的科技创新，而是涵盖理论创新、制度创新、科技创新、文化创新等各个方面的社会整体创新。对创新发展理念的理解，既不能停留在科技创新层面，也不能局限在经济领域，而应从社会整体创新的多层面、多领域去把握。

从内涵看，创新发展理念包括多个层面：以技术创新为先导的科技创新；以体制机制创新为载体的制度创新；以思维方式、观念理念创新为主要内容的思想创新。从外延看，创新理念包括多个领域：既包括生产力、生产关系创新，也涵盖经济基础、上层建筑、意识形态创新；既包括生产方式、消费方式、分配方式创新，也涵盖思维方式、执政方式、社会治理方式创新。在社会整体创新中，各方面各领域创新相互促进，互为条件，共同推进社会整体创新。

|链接|

数字创新助力可持续农业及粮食产业的发展

联合国粮食及农业组织（粮农组织）成立于1945年10月16日，是联合国农业与粮食专门机构。粮农组织的愿景是在世界范围内实现零饥饿、消除营养不良，以经济、社会和环境可持续发展的方式推动粮食和农业发展以提高所有人的生活水平，尤其是在最贫穷的地区，其成员三大全球目标是：

（1）消除饥饿、粮食不安全与营养不良，逐步确保所有人在任何时候都能享有充足、安全和有营养的食物，以满足其积极、健康生活所需的膳食需求与食物偏好。

（2）通过增加粮食产量、提高农村发展水平、促进农村生计可持续发展，从而消除贫困并推动经济与社会进步，造福所有人。

（3）促进土地、水、空气、气候等自然资源和遗传资源的可持续管理与利用，造福于当代与后人。

创新是指以可持续的方式将创意转化为价值。这个概念看似简单，但其实并非如此。创新通常与发明、研究与开发或概念论证法等相混淆。创新必须识别市场需求（客户、用户和/或利益相关者），即感知价值（在发展领域中指公共价值），以及公共产品（产品和/或服务）如何满足这些需求。创新注重三个本质问题：(a) 客户/受益人和价值（市场）；(b) 商业模式和流程；(c) 产品或服务。虽然产品和/或服务和流程创新都可以被视为渐进式与适度的创新，而商业模式创新通常是一种变革性的方式。

粮农组织方案强调应结合全球与地方发展方案，建立有效伙伴关系，以加速创新进程，最终完成使命。值得一提的是，在这一方案的基础上，粮农组织在其首席信息官的领导下，创建了数字创新部门，旨在领导、发展和打造粮农组织的创新，包括：

(a) 扩大创新：通过服务于当前所有的旗舰与系统解决方案的创新流程，扩大现有数字产品与服务的规模。在此期间，通过扩大创新，确保发展倡议的成功，包括覆盖范围、影响力和可持续性。

(b) 促进当地创新：通过加强合作伙伴关系，促进粮食和农业领域在国家层面的创新能力。

粮农组织开发了不同的产品、服务和商业模式，用以支持国家、区域和全球粮农组织的使命。

数字农业

粮农组织重视数字农业的发展，比如在南南合作框架和"一带一路"倡议下，开发农村电子商务项目。

粮农组织拥有丰富的数字农业的理论与实践经验。粮农组织已开发了国家数字农业战略指南和工具包，以协助制定或振兴国家层面的数字农业战略，通过信息与通信技术促进农业发展、建立创新机制，以最终实现改善农村社区的生计。为了更好地实现可持续发展目标、满足粮食及农业部门不断变化的需求，粮农组织扩大了国家数字农业战略的范畴，通过改变国家及全球层面的固有模式，为农民提供崭新的和包容性的商业模式，应对全球性挑战。粮农组织已帮助不丹、斯里兰卡、菲律宾、巴布亚新几内亚和斐济等国制定了国家数字农业战略。

粮农组织于2007年正式启动"数字农业实践社区"的线上交流平台。该平台成为世界各地人们专门讨论如何利用信息与通信技术（ICT）促进可持续农业和农村发展，相互分享与交流信息、想法、实践和资源的社区。交流平台目前拥有来自170多个国家和地区的社员。

赋能农村创新与创业

反饥饿创客马拉松是粮农组织的一项全球性努力，旨在识别与支持创新解决方案，以应对粮食及农业领域面临的挑战，寻求、孵化与实施创新和可持续的方案。反饥饿创客马拉松于2018年3月在日内瓦举行，包括卢旺达、埃及、加勒比地区的区域创客马拉松。来自不同区域的获奖者参加了2018年"信息社会世界峰会"期间的特别活动。全球240多名创客报名参加，其中77名青年创客参加了日内瓦比赛。两支中国队参赛，分别是：

（1）放飞MC：提供人工智能服务，专注于田间遥感监测和精准农业，特别是：（a）精确农药喷洒技术保证了喷洒的准确性，最大限度地减少农药使用，从而提高农产品的质量；（b）帮助农民识别病虫害，并通过人工智能和图像数据库提出解决方案。

（2）沼气，预见未来：应用学术研究来开发高效的气体发生加速器，以提高沼气生产，并利用沼气作为绿色和清洁能源。

支持小农

通过非洲农业服务与数字包容项目，粮农组织开发了一系列数字服务，通过使用移动设备，为小农和家庭农民提供高质量的信息和咨询服务，以改善他们的农业生产活动。截至2018年5月，四款渐进型应用程序已提供给卢旺达和塞内加尔农村的农民。四款应用程序分别是：（1）治愈和喂养你的牲畜：提供了有关动物疾病和喂养策略的实时信息；（2）天气和作物日历：结合了天气预报的信息、农作物日历和预警系统；（3）农业市场空间：连接了生产者、贸易商和消费者，以促进贸易；（4）电子食物营养：提供营养食物生产和消费的相关信息。这四款应用程序是"数字服务系列产品"的构成部分，可在其他国家进行复制和扩展。

人工智能服务于粮食及农业鱼类物种识别应用

鱼类物种识别项目旨在通过基于机器学习技术的图像识别，为鱼类物种识别提供创新技术。鱼类物种识别渐进型应用程序，是六种鱼类图像识别的第一个概念论证，它提供了监测鱼类过渡作为数据管理系统的基线技术。目标是通过增加鱼类品种，改进第一款雏形，并进一步应用于农业实践中其他重要的方面，如动物、植物和/或疾病识别等。

区块链技术

粮农组织正在研究利用区块链技术的潜力来支持弱势群体，如尼日尔的牧民。区块链技术可用作数据库，确保土地使用权得到保护，改善食品和价格的可追溯性和安全性。截至2018年6月，第一个概念论证已经完成。

遥感与分类算法

一种新的方法通过利用所有可用的遥感数据来提取光谱和空间特征向量。粮农组织土地覆盖数据用于训练支持向量机（SVM）和随机森林（RF）分类器，使用开放式10米空间分辨率卫星图像，在几分钟或几小时内提供精确的土地覆盖图。这一方法可作为发展中国家和发达国家的可行性解决方案，用于替代传统的通常是劳动密集型的、需商业高分辨率卫星图像、耗时、高预算的地理信息系统方法。莱索托已经成功进行了实践运用。

知识交流

粮农组织将于 2018 年 10 月接待来自中国农业农村部代表团，就以下主题进行相互学习与交流：（a）全球农业发展和重要政策的解释；（b）粮农组织在数字农业建设方面的发展情况；智能农业技术、系统建设和应用管理的方法和经验；（c）国际组织、政府部门和农业机构在智能农业生产、农业电子商务，信息技术创新和信息化人才培养方面采取的措施。

2017 年第四届世界互联网大会——乌镇峰会上，粮农组织信息技术司司长、首席信息官代表粮农组织在"共享红利：互联网精准扶贫"分论坛上，做了"从数字鸿沟到数字红利：农业和粮食是扶贫的关键领域"的主题发言。

数字创新项目

粮农组织正在开发数字创新项目，旨在运用创新，以可持续的方式将大胆的创意转化为价值，通过创建、孵化和加速创新的解决方案，应对当今农业领域面临的全球挑战。该项目将构建区域和全球网络，吸引跨行业专家，赋能农业领域的农村家庭、青年和自主创业者，旨在打破接纳障碍，促进数字包容发展。每一环境都将创建、设计、测试和扩展创新解决方案，通过有用、实惠和可持续的基于证据的成功标准来衡量最具影响力和可持续性的创新潜力。

通过粮农组织在粮食及农业领域的广泛知识和经验、公私合作、多方利益相关伙伴关系、"以人为本"的设计和精益创业方法等创新方案，粮农组织的数字创新项目将释放新的市场机遇，用于转变生活、减少贫困、增加就业机会、促进可持续农业发展和全球粮食安全，最终助力实现可持续发展目标。

粮农组织将继续在现代化领域，提供现代化、有时甚至是艺术化的创新解决方案，以进一步加强与中国的合作。

（资料来源：联合国粮食及农业组织特别提供的资料。本案例特约撰稿作者为 Samuel Varas，曾梦，meng.zeng@fao.org）

1. 不断推进各方面创新

创新是一个丰富的系统集成的全面创新的过程。唯有不断推进理论创新、制度创新、科技创新、文化创新等各方面创新，才能真正树立并落实创新发展新理念，培育经济发展新常态下的新动力。

一是要推进理论创新。解放思想是解放和发展社会生产力、解放和增强社会活力的"总开关"。思想观念的解放是认识和行为的来源和先导。当前，中国经济已经进入新常态，不能用"旧常态"的思想继续引导新常态的实践和发展，也不能用"旧常态"的观念来判断甚至制约新常态的改革发展与创新实践。经济新常态下的创新发展，首先要坚持继续推动思想解放，坚持实事求是，以思想创新引领实践创新。

二是要推进制度创新。创新驱动发展,改革驱动创新。各种体制机制和制度的创新,是创新的内在动力。如果把科技创新比作我国发展的新引擎,那么改革就是点燃这个新引擎必不可少的点火器。我们要采取更加有效的措施,把市场和政府在配置创新资源中的优势都发挥出来,让机构、人才、装置、资金、项目都充分活跃起来,构建良好的创新生态,形成推动科技创新发展的强大动力,把创新驱动的新引擎全速发动起来。

三是要推进科技创新。充分发挥科技创新在全面创新中的引领作用,全面提高科技创新能力,筑牢国家核心竞争力的基石。只有通过科技创新,才可以提高技术进步效率和劳动生产率,进而提升全要素生产效率,形成经济增长的内在源泉。同时,科技创新可以发挥积极的外部性和强大的技术扩散效应,并与劳动力、资本、土地等要素内生化形成收益递增型的新经济增长趋势。当前,在推动经济高质量发展下,中国要加快建设具有全球影响力的科技创新中心,加快人力资本投资与教育模式创新,加快跟踪全球科技技术前沿和创新制高点,推动新要素创新、新技术创新、新产品创新、新流程工艺创新,提升我国在全球价值链分工中的地位。

四是要推进文化创新。经济高质量发展下,我们亟待推动文化创新,真正形成促进创新发展的文化环境,形成有利于大众创业和万众创新的文化氛围。

2. 处理好几个方面的关系

坚持创新发展,形成经济高质量发展下创新驱动发展的新动力,需要处理如下几方面的关系:

一是要处理好市场与政府的关系。在实施创新驱动发展中,要发挥市场在资源配置中的决定性作用和更好地发挥政府的作用。一方面,应确立市场经济的各类主体的地位,同时发挥供求机制、价格机制、竞争机制的作用,使各类市场主体根据市场机制,遵循市场化规律和成本—收益原则,实现产品创新、要素创新、管理创新和技术创新。另一方面,政府应创造良好的法制环境、知识产权环境、人力资本投资与研发环境、监管环境,营造公平竞争与创新发展的环境。

二是要处理好制度创新与技术创新的关系。制度创新与技术创新密不可分。良好的制度创新是技术创新的内在动力和保障,特别是在经济发展新常态大逻辑下,亟待建立更加完善的制度体系。全球技术创新实践和前沿科技发展经验表明,技术进步首先取决于一整套良好的制度设计和制度创新。因此,经济高质量发展下既要实现技术创新,提高技术进步效率,更要通过落实全面深化改革,提升制度供给效率,提升创新资源的配置效率,从而才能实现技术创新与制度创新的相互促进。

三是要处理好创新驱动与实体经济发展的关系。在经济高质量发展下,要把科技创新与振兴实体经济有机结合起来,把科技创新中心建设与制造业内部的产业升级有机结合起来,把科技进步与构建全球产业链、创新链、价值链有机结合起来,在创新链、产业链、价值链"三链"融合发展中提升产业能力和发展新动能。同时,要把发展制造业服务化以及服务经济的发展与创新驱动有机结合起来,真正实现产业升级转型与创新驱动融合发展。

四是要处理好创新驱动与开放发展的关系。既要强调自主创新,提升自主创新的能力,也要在开放发展中实现创新发展。在科技全球化迅猛发展的新时代,封闭条件下的发展无法实现创新。现代科技进步,已经形成了一个全球性的创新网络体系。只有通过开放发展,融入全球创新网络体系,才能真正吸收国际前沿技术,实现创新发展。特别需要强调的是,在经济高质量发展下,中国也进入了亟待提升自主创新能力的新阶段,特别是在一些事关国家发展核心利益、战略利益的高科技领域,单靠引进和吸收国外技术已经无法满足现实发展的需要。而且,真正的核心技术也是买不来的。因此,要把开放发展与创新发展,特别是开放发展与自主创新发展有机结合起来,提高创新发展的效率和效益。

五是要处理好创新与协调、绿色、开放、共享发展的关系。协调发展、绿色发展、开放发展、共享发展,都离不开创新发展。经济高质量发展下,我国经济发展的主要特点之一就是,发展方式要从规模速度型转向质量效益型。因此,就要让创新发展引领好协调发展,支持好绿色发展,推动好开放发展,服务好共享发展,从新发展理念的整体联系中实施好创新驱动发展战略。

六是要处理好改革创新与历史传承的关系。实施创新驱动发展战略,要有强烈的创新自信。创新发展既要服从于当代中国经济发展新常态下亟待新动力的现实需要,也要立足于社会主义初级阶段的基本国情与中国传统文化和历史根基,坚持从实际出发,探索符合创新规律的一切创新行为和创新实践。只有这样,才能真正培育好经济高质量发展下创新发展的新动力,也才能从根本上引领好经济发展新常态。

第三节 求真务实,在实践中发挥敢为人先的创新精神

中国特色社会主义进入新时代,我国社会主要矛盾已经转化为人民日益增长的美好生活需要和不平衡不充分的发展之间的矛盾。我国稳定解决了十几亿人的温饱问题,总体上实现小康,不久将全面建成小康社会,人民美好生活需要日益广泛,不仅对物质文化生活提出了更高要求,而且在民主、法治、公平、正义、安全、环境等方面的要求日益增长。同时,我国社会生产力水平总体上显著提高,社会生产能力在很多方面进入世界前列,更加突出的问题是发展不平衡不充分,这已经成为满足人民日益增长的美好生活需要的主要制约因素。

必须认识到，我国社会主要矛盾的变化是关系全局的历史性变化，对党和国家工作提出了许多新要求。我们要在继续推动发展的基础上，着力解决好发展不平衡不充分问题，大力提升发展质量和效益，更好满足人民在经济、政治、文化、社会、生态等方面日益增长的需要，更好推动人的全面发展、社会全面进步。

创新发展不是孤立的，既与协调发展、绿色发展、开放发展、共享发展构成了"五位一体"新发展理念体系，又具有系统继承性。其中，创新发展注重的是解决发展动力问题，协调发展注重的是解决发展不平衡问题，绿色发展注重的是解决人与自然和谐问题，开放发展注重的是解决发展内外联动问题，共享发展注重的是解决社会公平正义问题。五大发展理念相互贯通、相互促进，但核心在于创新。以创新发展为核心的新发展理念：一是指明了发展的动力来自创新，来自不断推进理论创新、制度创新、科技创新、文化创新等各方面的创新；二是界定了发展的内涵重点，包括城乡区域协调发展、经济社会协调发展、"四化同步"发展、物质文明和精神文明协调发展、经济建设和国防建设融合发展、人与自然和谐发展、中国与世界深度融合的互利合作共同发展等重要内容；三是提出了发展的最终目标是实现全体人民共同富裕、共享发展成果。新发展理念一方面继承了以人为本、全面协调可持续的科学发展观；另一方面把创新摆在国家发展全局的核心位置，把发展基点放在创新上，这是在坚持科学发展观的基础上进一步对我国发展理念的新突破。

发展理念需要发展战略来落实，发展战略需要发展理念来指导。以习近平同志为核心的党中央提出的创新发展理念，需要具体通过强化战略导向来实现。国家社会经济发展，是这个国家社会经济发展达到众望所归的理想状态的过程，涉及经济增长、社会变革、历史更替、科技进步、文化演进等各个方面。单就经济领域而言，一般发展经济学认为经济发展是伴随着经济活动的质和量的提升，整个国家社会福利不断增加的过程。国家的社会经济发展问题可以说是人类社会面临的最为复杂的问题，这个问题的复杂性不仅表现在该问题涉及社会经济的各个方面，更重要的是什么才是众望所归的发展的理想状态，这并不是都能够达成统一的认识的，往往受到社会价值观的影响，而社会价值观还会因空间和时间的差异而变化，也就是说不同地区的人价值观会不同，而同一个人其价值观也会随时间变化而发生变化。因此，社会经济发展首先要解决的是发展的理念问题，"理念是行动的先导，一定的发展实践都是由一定的发展理念来引领的"。发展理念也就是有关社会经济发展的目的、动力、指导原则等有关发展的重大问题的基本认识和价值标准，在发展理念确定后才会进而以这些理念为指导确定国家的发展战略或者发展规划，进一步具体的发展政策则是落实这些战略或者规划的手段或者措施。从发展的指导理念到发展的战略及规划，进而到促进发展的具体政策，构成了一个国家促进发展的整体治理逻辑。

一、大力推进实践基础上的理论创新

中国共产党从诞生之日起，就把马克思主义确立为自己的指导思想。我们党一贯重视从思想上建党，一贯重视用马克思主义理论武装全党，始终把思想理论建设放在党的建设首位。马克思主义政党最重要的理论品格，就是坚持一切从实际出发，理论联系实际，实事求是，在实践中检验真理和发展真理，不断推进实践基础上的理论创新。这种与时俱进的理论品格，是我们党始终保持蓬勃生命力、创造力的关键所在。正是由于在基本理论和指导思想上的与时俱进，我们党的全部工作才能够体现时代性、把握规律性、富于创造性，显示出永不枯竭的创造活力。

理论来自实践，指导实践，并接受实践的检验。实践是不断发展的，建立在实践基础上的理论也必须随之不断丰富和发展。习近平总书记系列重要讲话精神和治国理政新理念新思想新战略，内容十分丰富，涵盖了改革发展稳定、内政外交国防、治党治国治军等各方面，构成了一个科学完整的思想理论体系，是马克思主义中国化最新成果，开辟了当代中国马克思主义发展新境界，也是我们党对21世纪马克思主义发展的新贡献。五年来党和国家事业取得历史性成就、发生历史性变革，最根本的就在于有习近平总书记系列重要讲话精神和治国理政新理念新思想新战略的科学指引。

时代是思想之母，实践是理论之源。马克思主义是开放的与时俱进的理论体系，它并没有终结真理，而是开辟了通向真理的道路。当代中国正经历着我国历史上最为广泛而深刻的社会变革，也正在进行着人类历史上最为宏大而独特的实践创新。我们坚持和发展中国特色社会主义，必须高度重视理论的作用，增强理论自信和战略定力。我们要在迅速变化的时代中赢得主动，要在新的伟大斗争中赢得胜利，就要在坚持马克思主义基本原理的基础上，以更宽广的视野、更长远的眼光来思考和把握国家未来发展面临的一系列重大战略问题，在理论上不断拓展新视野、作出新概括，坚持以发展着的理论指导新的实践，不断夺取中国特色社会主义新胜利。

随着改造世界能力的日益增强、实践水平的不断提高，人类实践活动中的创新性成分越来越多。作为新发展理念之首的创新发展理念，是对创新实践在人类社会实践活动中占据主导地位这一变化的科学判断和自觉认知，是对人类社会面向未来发展的一般进程的规律性把握，着眼于为推动中国实现跨越式发展打造强力的"发动机"。

当创新作为第一动力与人们对社会发展越来越高层次的需求相结合，就爆发出势不可当的革命性力量。科技创新进入经济领域后，加快了生产力的更新升级；管理创新、制度创新引发生产关系的变革，为形成新的生产力创造广阔空间和良性环境；理论创新成为社会发展和革新的先导，引领人们的思想观念和社会意识形态作出改变，从而反作用于科技创新和制度创新，为其指引发展方向、提供思想武器；随着各领域的创新活动常态化、长效化，人们的思维方式和行为方式也趋向于尊崇创新、自觉创新，导致文化也开始广泛地创新；文化创新能最终作用于生活在其中的社会成员，涵育个体的创新精神和创新思想，培养整体的创新氛围和创新风尚，为科技创新、制度创新、理论创新等创新实践活动的顺利开展培土育苗、厚植优势。

我国仍处于并将长期处于社会主义初级阶段，发展是硬道理。要坚持发展是第一要务，就要坚持科学发展，以提高质量和效益为中心，破解发展难题，加快形成新的体制机制和发展方式。这样的发展，一定是以创新为核心、为动力、为先导的发展。相应的，我们所要求的创新发展，也一定是符合社会发展规律的、必须长期坚持的创新发展，是系统性的、整体性的、贯穿于各项工作的创新发展，是能促进发展平衡性、包容性、可持续性的创新发展，是与协调发展、绿色发展、开放发展、共享发展相互贯通、相互促进并形成不可分割的有机统一整体的创新发展。

二、创新发展理念谱写实践新篇章

创新作为引领发展的第一动力，决定我国发展思路、发展方向和发展面貌。创新尤其是全面创新是涉及上层建筑与经济基础、生产关系与生产力的全要素、全系统、全方位变革。理论创新、制度创新、科技创新、文化创新对经济社会和国家发展全局具有深刻影响、强大推力。思想理论创新属"脑动力"创新，是社会发展和变革的先导，也是各类创新活动的思想灵魂和方法来源。制度创新属"原动力"创新，是持续创新的保障，能够激发各类创新主体活力，也是引领经济社会发展的关键，核心是国家治理创新，推进国家治理体系和治理能力现代化，形成有利于创新发展的体制机制。科技创新属"主动力"创新，是全面创新的重中之重。文化创新本质上是"软实力"创新，培植民族永葆生命力和凝聚力的基础，为各类创新活动提供不竭的精神动力。这四大创新标识出我国发展的创新思路、创新方向。当前，创新发展致力于促进我国发展方式从规模速度型粗放增长转向质量效率型集约增长，经济结构从增量扩能为主转向调整存量、做优增量并举，发展动力从主要依靠资源和低成本劳动力等要素投入转向主要依靠创新驱动。不难想象，这四大创新连同其他方面创新一起"发力"、一起"给力"，我国发展全局会是一个什么样的局面、一个什么样的面貌。

面对极其错综复杂的国内外形势，以习近平同志为核心的党中央团结带领全国各族人民砥砺前行，统筹推进"五位一体"总体布局，协调推进"四个全面"战略布局，改革开放和社会主义现代化建设全面开创新局面。党的十九大确立了习近平新时代中国特色社会主义思想的历史地位，制定了决胜全面建成小康社会、夺取新时代中国特色社会主义伟大胜利的宏伟蓝图和行动纲领，具有重大现实意义和深远历史意义。各地区各部门不断增强政治意识、大局意识、核心意识、看齐意识，深入贯彻落实新发展理念，"十二五"规划胜利完成，"十三五"规划顺利实施，经济社会发展取得历史性成就、发生历史性变革。

经济实力跃上新台阶。国内生产总值从54万亿元增加到82.7万亿元，年均增长7.1%，占世界经济比重从11.4%提高到15%左右，对世界经济增长贡献率超过30%。财政收入从11.7万亿元增加到17.3万亿元。居民消费价格年均上涨1.9%，保持较低水平。城镇新增就业6600万人以上，超过13亿人口的大国实现了比较充分就业。①

经济结构出现重大变革。消费贡献率由54.9%提高到58.8%，服务业比重从45.3%上升到51.6%，成为经济增长主动力。高技术制造业年均增长11.7%。粮食生产能力达到1.2万亿斤。城镇化率从52.6%提高到58.5%，8000多万农业转移人口成为城镇居民。②

创新驱动发展成果丰硕。全社会研发投入年均增长11%，规模跃居世界第二位。科技进步贡献率由52.2%提高到57.5%。载人航天、深海探测、量子通信、大飞机等重大创新成果不断涌现。高铁网络、电子商务、移动支付、共享经济等引领世界潮流。"互联网+"广泛融入各行各业。大众创业、万众创新蓬勃发展，日均新设企业由5000多户增加到16000多户。快速崛起的新动能，正在重塑经济增长格局、深刻改变生产生活方式，成为中国创新发展的新标志。③

改革开放迈出重大步伐。改革全面发力、多点突破、纵深推进，重要领域和关键环节改革取得突破性进展，主要领域改革主体框架基本确立。简政放权、放管结合、优化服务等改革推动政府职能发生深刻转变，市场活力和社会创造力明显增强。"一带一路"建设成效显著，对外贸易和利用外资结构优化、规模稳居世界前列。

人民生活持续改善。脱贫攻坚取得决定性进展，贫困人口减少6800多万，易地扶贫搬迁830万人，贫困发生率由10.2%下降到3.1%。居民收入年均增长7.4%，超过经济增速，形成世界上人口最多的中等收入群体。出境旅游人次由8300万人增加到超过1.3亿人。教育事业全面发展。社会养老保险覆盖9亿多

---

①②③ 2018年国务院政府工作报告［EB/OL］. 百度百科，2018年3月5日，https：//baike.baidu.com/item/2018年国务院政府工作报告/22411131？fr=aladdin。

人，基本医疗保险覆盖13.5亿人，织就了世界上最大的社会保障网。人均预期寿命达到76.7岁。棚户区住房改造2600多万套，农村危房改造1700多万户，上亿人喜迁新居。①

生态环境状况逐步好转。制定实施大气、水、土壤污染防治三个"十条"并取得扎实成效。单位国内生产总值能耗、水耗均下降20%以上，主要污染物排放量持续下降，重点城市重污染天数减少一半，森林面积增加1.63亿亩，沙化土地面积年均缩减近2000平方公里，绿色发展呈现可喜局面。②

2017年，经济社会发展主要目标任务全面完成并好于预期。国内生产总值增长6.9%，居民收入增长7.3%，增速均比上年有所加快；城镇新增就业1351万人，失业率为多年来最低；工业增速回升，企业利润增长21%；财政收入增长7.4%，扭转了增速放缓态势；进出口增长14.2%，实际使用外资1363亿美元，创历史新高。经济发展呈现出增长与质量、结构、效益相得益彰的良好局面。这是五年来一系列重大政策效应累积，各方面不懈努力、久久为功的结果。③

过去几年取得的全方位、开创性成就，发生的深层次、根本性变革，再次令世界瞩目，全国各族人民倍感振奋和自豪。

（1）坚持稳中求进工作总基调，着力创新和完善宏观调控，经济运行保持在合理区间、实现稳中向好。这些年，世界经济复苏乏力，国际金融市场跌宕起伏，保护主义明显抬头。我国经济发展中结构性问题和深层次矛盾凸显，经济下行压力持续加大，遇到不少两难多难抉择。面对这种局面，我们保持战略定力，坚持不搞"大水漫灌"式强刺激，而是适应把握引领经济发展新常态，统筹稳增长、促改革、调结构、惠民生、防风险，不断创新和完善宏观调控，确立区间调控的思路和方式，加强定向调控、相机调控、精准调控。明确强调只要经济运行在合理区间，就业增加、收入增长、环境改善，就集中精力促改革、调结构、添动力。采取既利当前更惠长远的举措，着力推进供给侧结构性改革，适度扩大总需求，推动实现更高层次的供需动态平衡。经过艰辛努力，我们顶住了经济下行压力、避免了"硬着陆"，保持了经济中高速增长，促进了结构优化，经济长期向好的基本面不断巩固和发展。

坚持实施积极的财政政策和稳健的货币政策。在财政收支矛盾较大情况下，着眼"放水养鱼"、增强后劲，我国率先大幅减税降费。分步骤全面推开"营改增"，结束了66年的营业税征收历史，累计减税超过2万亿元，加上采取小微企业税收优惠、清理各种收费等措施，共减轻市场主体负担3万多亿元。加强地方政府债务管理，实施地方政府存量债务置换，降低利息负担1.2万亿元。调整财

---

①②③ 2018年国务院政府工作报告［EB/OL］. 百度百科，2018年3月5日，https：//baike.baidu.com/item/2018年国务院政府工作报告/22411131? fr＝aladdin。

政支出结构，盘活沉淀资金，保障基本民生和重点项目。财政赤字率一直控制在3%以内。① 货币政策保持稳健中性，广义货币 M2 增速呈下降趋势，信贷和社会融资规模适度增长。采取定向降准、专项再贷款等差别化政策，加强对重点领域和薄弱环节支持，小微企业贷款增速高于各项贷款平均增速。改革完善汇率市场化形成机制，保持人民币汇率基本稳定，外汇储备转降为升。妥善应对"钱荒"等金融市场异常波动，规范金融市场秩序，防范化解重点领域风险，守住了不发生系统性风险的底线，维护了国家经济金融安全。

（2）坚持以供给侧结构性改革为主线，着力培育壮大新动能，经济结构加快优化升级。紧紧依靠改革破解经济发展和结构失衡难题，大力发展新兴产业，改造提升传统产业，提高供给体系质量和效率。

扎实推进"三去一降一补"。2013 年以来，在淘汰水泥、平板玻璃等落后产能基础上，以钢铁、煤炭等行业为重点加大去产能力度，中央财政安排 1000 亿元专项奖补资金予以支持，用于分流职工安置。退出钢铁产能 1.7 亿吨以上、煤炭产能 8 亿吨，安置分流职工 110 多万人。因城施策分类指导，三四线城市商品住宅去库存取得明显成效，热点城市房价涨势得到控制。积极稳妥去杠杆，控制债务规模，增加股权融资，工业企业资产负债率连续下降，宏观杠杆率涨幅明显收窄、总体趋于稳定。多措并举降成本，压减政府性基金项目 30%，削减中央政府层面设立的涉企收费项目 60% 以上，阶段性降低"五险一金"缴费比例，推动降低用能、物流、电信等成本，突出重点加大补短板力度。

加快新旧发展动能接续转换。深入开展"互联网+"行动，实行包容审慎监管，推动大数据、云计算、物联网广泛应用，新兴产业蓬勃发展，传统产业深刻重塑。出台现代服务业改革发展举措，服务新业态新模式异军突起，促进了各行业融合升级。深化农业供给侧结构性改革，新型经营主体大批涌现，种植业适度规模经营比重从 30% 提升到 40% 以上。采取措施增加中低收入者收入，推动传统消费提档升级、新兴消费快速兴起，网上零售额年均增长 30% 以上，社会消费品零售总额年均增长 11.3%。优化投资结构，鼓励民间投资，发挥政府投资撬动作用，引导更多资金投向强基础、增后劲、惠民生领域。高速铁路运营里程从 9000 多公里增加到 2.5 万公里、占世界 2/3，高速公路里程从 9.6 万公里增加到 13.6 万公里，新建改建农村公路 127 万公里，新建民航机场 46 个，开工重大水利工程 122 项，完成新一轮农村电网改造，建成全球最大的移动宽带网。2013~2018 年来，发展新动能迅速壮大，经济增长实现由主要依靠投资、出口拉动转向依靠消费、投资、出口协同拉动，由主要依靠第二产业带动转向依靠三次产业

---

① 2018 年政府工作报告全文［EB/OL］. 中国政府网，2018 年 3 月 5 日，www.gov.cn.

共同带动。这是我们多年想实现而没有实现的重大结构性变革。①

推进供给侧结构性改革，必须破除要素市场化配置障碍，降低制度性交易成本。针对长期存在的重审批、轻监管、弱服务问题，我们持续深化"放管服"改革，加快转变政府职能，减少微观管理、直接干预，注重加强宏观调控、市场监管和公共服务。五年来，国务院部门行政审批事项削减44%，非行政许可审批彻底终结，中央政府层面核准的企业投资项目减少90%，行政审批中介服务事项压减74%，职业资格许可和认定大幅减少。中央政府定价项目缩减80%，地方政府定价项目缩减50%以上。全面改革工商登记、注册资本等商事制度，企业开办时间缩短1/3以上。② 创新和加强事中事后监管，实行"双随机、一公开"，随机抽取检查人员和检查对象、及时公开查处结果，提高了监管效能和公正性。推行"互联网+政务服务"，实施一站式服务等举措。营商环境持续改善，市场活力明显增强，群众办事更加便利。

（3）坚持创新引领发展，着力激发社会创造力，整体创新能力和效率显著提高。实施创新驱动发展战略，优化创新生态，形成多主体协同、全方位推进的创新局面。扩大科研机构和高校科研自主权，改进科研项目和经费管理，深化科技成果权益管理改革。推进全面创新改革试验，支持北京、上海建设科技创新中心，新设14个国家自主创新示范区，带动形成一批区域创新高地。以企业为主体加强技术创新体系建设，涌现一批具有国际竞争力的创新型企业和新型研发机构。深入开展大众创业、万众创新，实施普惠性支持政策，完善孵化体系。各类市场主体达到9800多万户，五年增加70%以上。国内有效发明专利拥有量增加两倍，技术交易额翻了一番。我国科技创新由跟跑为主转向更多领域并跑、领跑，成为全球瞩目的创新创业热土。

（4）坚持全面深化改革，着力破除体制机制弊端，发展动力不断增强。国资国企改革扎实推进，公司制改革基本完成，兼并重组、压减层级、提质增效取得积极进展。国有企业效益明显好转，2017年利润增长23.5%。深化能源、铁路、盐业等领域改革。放宽非公有制经济市场准入。建立不动产统一登记制度。完善产权保护制度。财税改革取得重大进展，全面推行财政预决算公开，构建以共享税为主的中央和地方收入分配格局，启动中央与地方财政事权和支出责任划分改革，中央对地方一般性转移支付规模大幅增加、专项转移支付项目减少2/3。基本放开利率管制，建立存款保险制度，推动大中型商业银行设立普惠金融事业部，深化政策性、开发性金融机构改革，强化金融监管协调机制。稳步推进教育综合改革，完善城乡义务教育均衡发展促进机制，改革考试招生制度。建立统一的城乡居民基本养老、医疗保险制度，实现机关事业单位和企业养老保险制度并

---

①② 2018年政府工作报告［EB/OL］.中国政府网，2018年3月5日，www.gov.cn。

轨。出台划转部分国有资本充实社保基金方案。实施医疗、医保、医药联动改革，全面推开公立医院综合改革，取消长期实行的药品加成政策，药品医疗器械审批制度改革取得突破。推进农村承包地"三权"分置改革、确权面积超过80%，改革重要农产品收储制度。完善主体功能区制度，建立生态文明绩效考评和责任追究制度，推行河长制、湖长制，开展省级以下环保机构垂直管理制度改革试点。各领域改革的深化，推动了经济社会持续健康发展。

（5）坚持对外开放的基本国策，着力实现合作共赢，开放型经济水平显著提升。倡导和推动共建"一带一路"，发起创办亚投行，设立丝路基金，一批重大互联互通、经贸合作项目落地。在上海等省市设立11个自贸试验区，一批改革试点成果向全国推广。改革出口退税负担机制、退税增量全部由中央财政负担，设立13个跨境电商综合试验区，国际贸易"单一窗口"覆盖全国，货物通关时间平均缩短一半以上，进出口实现回稳向好。外商投资由审批制转向负面清单管理，限制性措施削减2/3。外商投资结构优化，高技术产业占比提高一倍。加大引智力度，来华工作的外国专家增加40%。引导对外投资健康发展。推进国际产能合作，高铁、核电等装备走向世界。新签和升级8个自由贸易协定。沪港通、深港通、债券通相继启动，人民币加入国际货币基金组织特别提款权货币篮子，人民币国际化迈出重要步伐。中国开放的扩大，有力促进了自身发展，给世界带来重大机遇。

（6）坚持实施区域协调发展和新型城镇化战略，着力推动平衡发展，新的增长极增长带加快成长。积极推进京津冀协同发展、长江经济带发展，编制实施相关规划，建设一批重点项目。出台一系列促进西部开发、东北振兴、中部崛起、东部率先发展的改革创新举措。加大对革命老区、民族地区、边疆地区、贫困地区扶持力度，加强援藏援疆援青工作。海洋保护和开发有序推进。实施重点城市群规划，促进大中小城市和小城镇协调发展。绝大多数城市放宽落户限制，居住证制度全面实施，城镇基本公共服务向常住人口覆盖。城乡区域发展协调性显著增强。

（7）坚持以人民为中心的发展思想，着力保障和改善民生，人民群众获得感不断增强。在财力紧张情况下，持续加大民生投入。全面推进精准扶贫、精准脱贫，健全中央统筹、省负总责、市县抓落实的工作机制，中央财政五年投入专项扶贫资金2800多亿元。实施积极的就业政策，重点群体就业得到较好保障。坚持教育优先发展，财政性教育经费占国内生产总值比例持续超过4%。改善农村义务教育薄弱学校办学条件，提高乡村教师待遇，营养改善计划惠及3600多万农村学生。启动世界一流大学和一流学科建设。重点高校专项招收农村和贫困地区学生人数由1万人增加到10万人。加大对各类学校家庭困难学生资助力度，4.3亿人次受益。劳动年龄人口平均受教育年限提高到10.5年。居民基本医保人均财政补助标准由240元提高到450元，大病保险制度基本建立并已有1700多万人次受益，异地就医住院费用实现直接结算，分级诊疗和医联体建设加快推进。持续合理提高退休人员基本养老金。提高低保、优抚等标准，完善社会救助制度，近6000万低保人员和特困群众基本生活得到保障。建立困难和重度残疾人"两项补贴"制度，惠及2100多万人。实施全面"两孩"政策。强化基层公共文化服务，加快发展文化事业，文化产业年均增长13%以上。全民健身广泛开展，体育健儿勇创佳绩。①

（8）坚持人与自然和谐发展，着力治理环境污染，生态文明建设取得明显成效。树立绿水青山就是金山银山理念，以前所未有的决心和力度加强生态环境保护。重拳整治大气污染，重点地区细颗粒物（PM2.5）平均浓度下降30%以上。加强散煤治理，推进重点行业节能减排，71%的煤电机组实现超低排放。优化能源结构，煤炭消费比重下降8.1个百分点，清洁能源消费比重提高6.3个百分点。提高燃油品质，淘汰黄标车和老旧车2000多万辆。② 加强重点流域海域水污染防治，化肥农药使用量实现零增长。推进重大生态保护和修复工程，扩大退耕还林还草还湿，加强荒漠化、石漠化、水土流失综合治理。开展中央环保督察，严肃查处违法案件，强化追责问责。积极推动《巴黎协定》签署生效，我国在应对全球气候变化中发挥了重要作用。

（9）坚持依法全面履行政府职能，着力加强和创新社会治理，社会保持和谐稳定。全国各省、市、县政府部门制定公布权责清单。开展国务院大督查和专项督查，对积极作为、成效突出的给予表彰和政策激励，对不作为的严肃问责。创新城乡基层治理。完善信访工作制度。扩大法律援助范围。促进安全生产领域改革发展，事故总量和重特大事故数量持续下降。改革完善食品药品监管，强化风险全程管控。加强地震、特大洪灾等防灾减灾救灾工作，健全分级负责、相互协同的应急机制，最大限度降低了灾害损失。加强国家安全。健全社会治安防控体系，依法打击各类违法犯罪，有力维护了公共安全。

回顾既往，全国各族人民上下创新进取，砥砺奋进，在全面建成小康社会和迈向中华民族伟大复兴的征程中再创新功，辉煌成就举世瞩目，必将载入光辉史册。展望未来，我国在新的历史起点上开启新征程，改革转型任务依然繁重，前进道路上的挑战前所未有，但拥有的机遇也前所未有，经济长期向好基本面没有改变，结构调整优化前行，新动能发展势头强劲，人和政兴的发展环境难能可贵。我们有信心有能力也有条件经过努力实现全面建成小康社会进而建成富强民主文明和谐的社会主义现代化国家的奋斗目标！让我们更加紧密地团结在以习近平同志为核心的党中央周围，不忘初心，继续前进，立下愚公移山志，一张蓝图绘

---

①② 2018年政府工作报告［EB/OL］. 中国政府网，2018年3月5日，www.gov.cn。

到底，为实现"两个一百年"的奋斗目标和中华民族伟大复兴的中国梦不懈奋斗。

三、在实践中坚持创新发展

（一）勇于实践　敢于创新

"十三五"期间，世界经济仍然处于复苏期，中国经济处于"叠加期"、转型期，有很多发展难题需要破解。面对发展难题，需要大无畏的革命精神，勇于实践，敢于创新，大胆担当。习近平强调："创新是一个民族进步的灵魂，是一个国家兴旺发达的不竭源泉，也是中华民族最深沉的民族禀赋。"①

坚持创新发展，必须把创新摆在国家发展全局的核心位置，不断推进理论创新、制度创新、科技创新、文化创新等各方面创新，让创新贯穿党和国家一切工作，让创新在全社会蔚然成风。"十三五"期间，我们要激发创新创业活力，推动大众创业、万众创新，释放新需求，创造新供给，推动新技术、新产业、新业态蓬勃发展。充分尊重群众的首创精神，着眼于解放和发展生产力，放手支持群众大胆实践，大胆探索，大胆创新，及时发现、总结和推广群众创造的成功经验，把群众的积极性和创业精神引导好、保护好，充分发挥了人民群众在改革开放和现代化建设中的主体作用，为改革发展创造了一个宽松的环境。习近平总书记多次强调："培育和弘扬励志奋进、奔竞不息的'图强'精神。'图强'，就是勇于拼搏、奔竞不息，就是奋发进取、走在前列。要始终保持昂扬向上、奋发有为的精神状态，认清目标不动摇，抓住机遇不放松，坚持发展不停步。"②

离全面建成小康社会只有两年时间，我们要有勇立潮头、敢为天下先的气概，也要有心忧天下、为全国发展大局作贡献的宽广胸襟，积极投身到现代化建设的创新大潮中。

（二）遵循规律　善于创新

党的十九大提出："必须把发展基点放在创新上，形成促进创新的体制架构，塑造更多依靠创新驱动、更多发挥先发优势的引领型发展。"但是创新不是拍脑袋乱想，必须以实践为基础，尊重规律、遵循规律；解放思想，还要实事求是。

---

① 习近平：《在同各界优秀青年代表座谈时的讲话》，新华网，2013年5月4日，http://www.xinhuanet.com//politics/2013-05/04/c_115639203.htm。

② 习近平：《与时俱进的浙江精神》，浙江新闻网，2006年2月5日，http://zjnews.zjol.com.cn/05zjnews/system/2006/02/05/006462724.shtml。

善于创新，首先要在日常工作与生活中善于培养创新意识。要进一步增强创新意识，提高抢抓机遇开拓进取的能力。适应新的形势，坚持与时俱进，增强创新意识，是一个地区加快发展的关键。

善于创新，必须尊重实际。尊重实际，就是要始终坚持从世情、国情、区情出发，从我们面临的形势任务的实际出发，从人民的愿望要求的实际出发。要清醒认识发展中遭遇的新挑战、行动中遇到的新问题，不囿于以往的经验，不照搬别人的做法，作出符合实际的战略决策。

善于创新，必须遵循客观规律。"十三五"期间，既是中国发展的关键期、机遇期，同时又会面临诸多挑战。我们要在改革和发展的实践中，积极探索认知社会经济发展的规律。要培育和弘扬遵循规律、崇尚科学的"求真"精神。求真就是追求真理、遵循规律、崇尚科学。求真，就是求理论之真，坚持不懈地用发展着的马克思主义最新成果武装头脑、指导实践，创造性地开展工作。

遵循规律，就要干在实处。只有实干才能在实际中认知规律，才能在实践中创新，才能将创新的成果发扬光大。注重实干，就是要始终坚持以经济建设为中心不动摇，增强用科学发展观统领全局的自觉性和坚定性，聚精会神搞建设，一心一意谋发展，推动经济社会发展转入科学发展的轨道。要善于抓住机遇、用好机遇。务实求变，务实求新，务实求进，用宽广的眼光、改革的思路、发展的办法解决前进中的问题。

（三）在继承中创新　在创新中发展

我们强调的创新，是在继承上的创新，创新不能脱离历史，不能远离昨天。一方面，对过去既定的目标任务和行之有效的决策部署，都要继续坚持，扎实推进。决不能为了所谓的"政绩"，一件事还没落实，又要朝令夕改。我们现在的所有工作，都是站在前人的肩膀上来进行的。另一方面，要着眼于当今时代的发展变化，运用理论创新的最新成果，不断推进制度创新、科技创新、文化创新以及其他各方面的创新，不断完善已有的东西，不断开创新的局面。朝令夕改是有害的，故步自封也是一种失职。

坚持全面建成小康社会、全面深化改革、全面依法治国、全面从严治党的战略布局，坚持发展是第一要务，以提高发展质量和效益为中心，加快形成引领经济发展新常态的体制机制和发展方式，保持战略定力，坚持稳中求进，统筹推进经济建设、政治建设、文化建设、社会建设、生态文明建设和党的建设，确保如期全面建成小康社会，为实现"第二个百年"奋斗目标、实现中华民族伟大复兴的中国梦奠定更加坚实的基础。

要大力推进理论创新。有正确理论指导才能有科学实践。习近平总书记指出："我们党之所以能够历经考验磨难无往而不胜，关键就在于不断进行实践创新和理论创新。"同时总书记还强调:"实践创新和理论创新永无止境。毛泽东思想、邓小平理论、'三个代表'重要思想、科学发展观都是在实践基础上的理论创新。我们要继续与时俱进,推进马克思主义不断发展。"①

要大力推进制度创新,制度创新是创新发展的保障。五中全会提出:必须把发展基点放在创新上,形成促进创新的体制架构,塑造更多依靠创新驱动、更多发挥先发优势的引领型发展。突出创新,就是要加强体制创新和科技创新。要进一步深化改革、扩大开放,加快体制、机制创新,形成科学合理的管理体制以及多元化的投入机制和市场化的运作机制。从建立健全长效机制着手,推进思路创新、机制创新和方法创新。

要大力推进科技创新,科学技术是推动产业发展的根本动力。谁牵住了科技创新这个牛鼻子,谁走好了科技创新这步先手棋,谁就能占领先机、赢得优势。综合国力竞争说到底是创新的竞争。要深入实施创新驱动发展战略,推动科技创新、产业创新、企业创新、市场创新、产品创新、业态创新、管理创新等,加快形成以创新为主要引领和支撑的经济体系和发展模式。要以只争朝夕的紧迫感,切实把创新抓出成效,强化科技同经济对接、创新成果同产业对接、创新项目同现实生产力对接、研发人员创新劳动同其利益收入对接,形成有利于出创新成果、有利于创新成果产业化的新机制。

要大力推进文化创新,以先进文化巩固党的执政基础,培育共同理想,振奋全民精神,凝聚全民力量,确保实现"十三五"的奋斗目标。必须牢牢把握社会主义文化建设的重要任务,弘扬和培育以爱国主义为核心的民族精神和以改革创新为核心的时代精神。必须牢牢把握社会主义文化建设的基本要求,坚持贴近生活、贴近实际、贴近群众,坚持社会效益与经济效益相统一,坚持一手抓繁荣、一手抓管理,切实增强新形势下文化工作的针对性、实效性和主动性。必须牢牢把握社会主义文化建设的内在动力,以改革创新的精神冲破一切束缚文化发展的思想观念和体制机制,进一步解放和发展文化生产力,不断增强浙江文化的竞争力、吸引力和感召力。历史和现实都证明,中华民族有着强大的文化创造力。每到重大历史关头,文化都能感国运之变化、立时代之潮头、发时代之先声,为亿万人民、为伟大祖国鼓与呼。中华文化既坚守本根又不断与时俱进,使中华民族保持了坚定的民族自信和强大的修复能力,培育了共同的情感和价值、共同的理想和精神。

从某种意义上说,中国共产党的历史就是一部生动的创新史。在今后的实践中,我们要继续写好这部创新史,才能无愧于前人,无愧于后人。因此,我们必

---

① 《习近平在七大会址论党的实践创新和理论创新:永无止境》,新华网,2015年2月15日,http://www.xinhuanet.com//politics/2015-02/15/c_1114372592.htm。

须始终不渝地坚持党的思想路线，解放思想、实事求是、与时俱进，在解放思想中统一思想，以解放思想的新境界，推进各项事业的新发展，做到既保持工作的连续性和稳定性，又体现工作的时代性和创造性。

思想是行动的先导，创新实践需要创新理念作为思想前提和推动力，创新理念形成需要创新文化来熏陶。培育县域创新文化形成优良的创新理念，从而推动创新实践在全社会蔚然成风，应做到"五个结合"。

一是与学习贯彻党的最新理论、方针政策相结合。党的十八大以来，随着"四个全面"战略布局的提出，群众路线教育实践活动和"三严三实"专题教育的广泛开展，习近平总书记系统地阐述了创新思想。十八届三中、四中、五中全会通过的《中共中央关于全面深化改革若干重大问题的决定》以及近三年来的全国两会《政府工作报告》，都对创新发展做了深入论述和具体安排。让创新在全社会蔚然成风，就应把创新文化培育贯穿到学习宣传贯彻落实以上精神当中，采取切实有效、通俗易懂、深入浅出的方式，让习近平总书记关于创新发展的深刻论述，让党和国家关于创新发展的目标任务、决策决议和具体思路，在各级党政干部、人民团体和社会各阶层人群中，开花结果，落地生根。

二是与全面深化改革实践活动相结合。党的十八届三中全会做出的《关于全面深化改革若干重大问题的决定》指出："实践发展永无止境，解放思想永无止境，改革开放永无止境。"创新是永无止境的探索实践，永远是推动一个国家、一个民族向前发展的重要力量。习近平总书记强调："改革是培育和释放市场主体活力、推动经济社会持续健康发展的根本动力。"[①] 面向未来，唯创新者强。面对新形势新任务，全面建成小康社会，进而建成富强民主文明和谐的社会主义现代化国家、实现中华民族伟大复兴的中国梦，必须在新的历史起点上全面深化改革。解放思想、深化改革本身就是一场轰轰烈烈的实质性的创新活动。改革和创新常常并驾齐驱、相提并论。把创新文化培育贯穿到全面深化改革全过程，与深化改革各步骤结伴而行，且永无止境地持续下去，对于贯彻落实好三中全会精神，全面建成小康社会，将起到极大的促进作用。一方面，创新文化的客观要求可以理解为"崇尚创新、宽容失败、支持冒险、鼓励冒尖"，创新文化能为全面深化改革提供持续的精神动力、思想支撑、正能量，鼓舞干部群众大胆地试、大胆地闯、大胆地创；另一方面，由于创新文化带动干部群众的创新意识、改革精神普遍提高，就增强了对深化改革举措频出、改革进入深水期关键期的工作信心，就增强了对社会发展变革加剧的包容度、适应能力和心理预期，就为全面深化改革提供了软支撑，更好地铺了路、保了

---

① 《抓住机遇立足优势积极作为　系统谋划"十三五"经济社会发展——习近平在华东七省市党委主要负责同志座谈会上的讲话》，新华网，2015 年 5 月 28 日，http://www.xinhuanet.com/politics/2015-05/28/c_1115442717.htm。

驾、护了航。

三是与实施创新驱动发展战略相结合。发展是硬道理，以经济建设为中心是兴国之要，发展仍是解决我国所有问题的关键。2015年3月，中共中央、国务院颁布的《关于深化体制机制改革加快实施创新驱动发展战略的若干意见》，顺应时代发展潮流，针对制约发展的突出问题，确立了创新在发展全局中的核心地位，阐明了创新发展的科学内涵，指明了实施创新驱动的方法途径。"创新是推动一个国家和民族向前发展的重要力量，也是推动整个人类社会向前发展的重要力量"。抓创新就是抓发展，谋创新就是谋未来。《关于深化体制机制改革加快实施创新驱动发展战略的若干意见》从国家和民族乃至整个人类社会层面，把实施创新驱动发展战略提到了决定经济社会"向前发展"的前所未有的新高度，并做出安排部署。让创新在全社会蔚然成风，就应把创新文化的培育直接融入创新驱动发展战略实施当中，让科学的创新理论理念在推动经济发展中发挥激励指导作用，让正确的创新思维思路发挥破解关键问题和复杂难题的"钥匙"作用。同时，应用实施创新驱动发展战略积累的实践经验，进一步提升创新发展的理论理念，以便更好地指导创新实践。

四是与实施"大众创业、万众创新"国策相结合。2015年6月中旬，国务院颁布了《关于大力推进大众创业万众创新若干政策措施的意见》，从国家层面对创业创新做出了全面具体的部署。把创新文化培育贯穿到《关于大力推进大众创业万众创新若干政策措施的意见》实施的过程当中，能显著地增强创新文化培育的系统性、整体性和目的性，创新文化培育就不再是零打碎敲，因而有了根本遵循和合理归宿。创新的终极目标在于推动创业，创新是实现创业成功的中间环节和必经手段。"大众创业、万众创新"是创新在全社会蔚然成风的重要体现。创业要实，创新要快。鼓励引导人们在创新中追求创业实效，在创业中加快创新步伐，长此以往、循环往复、不断提升，就能极大地带动"大众创业、万众创新"局面的形成，就能极大地带动经济社会的全面、健康、科学发展。特别是在经济发展处在新常态的当下，通过加快培育创新文化，大力实施创新驱动发展战略，必能汇聚成全民创业促发展的巨大动能，顶住经济下行压力，让经济始终充满勃勃生机。

五是与群众性精神文明创建活动相结合。充分尊重群众的首创精神，着眼于解放和发展生产力，放手支持群众大胆实践，大胆探索，大胆创新。高手在民间，创新的主体在基层、在民间。让创新在全社会蔚然成风，关键是更加注重激发基层群众的热情和活力。"十三五"期间，应像过去抓创业文化那样，把创新文化培育作为一个重要板块，与创业文化联袂，旗帜鲜明地融入、贯穿到群众性精神文明创建活动全过程，与其他创建工作同等重视，同谋划、同部署、同实施、同检查、同表彰。创新文化强调的核心是创新。在载体设计上，更应新颖时尚、不落俗套，要有新思路、新内容、新成效，务实超前、不同以往、不同凡响。在活动主题上，更应围绕中心、突出重点、紧跟形势。比如，"四个全面"、"三严三实"、"五大发展理念"、实施创新驱动发展战略、"大众创业、万众创新"、"互联网＋"、中国特色新型智库建设，等等，都是当前的热门话题。紧紧围绕类似主题设计实施载体，结合群众文明创建开展创新文化培育活动，肯定能达到令人满意的效果。

第二章

唱和如一
——协调奏响全面建成小康交响曲

第一节 统筹兼顾，全方面调动经济社会稳健发展

协调发展理念与其他四大发展理念一样，是我国经济发展新常态背景下具有引领性的重要发展理念，内涵丰富、意义重大。协调发展理念的实质就是要求在发展这个重大问题上，必须正确处理好一系列重大的关系。

协调发展要求发展过程更加体现全面性和整体性。中国作为一个发展中的经济大国，强调协调发展，必须凸显城乡协调发展，促进城镇化与农业现代化同步发展，推动工业化与信息化融合发展，实现城乡全面发展、城乡一体化发展；必须凸显区域之间协调发展，促进东、中和西部地区全面发展，引领各地区共同发展；必须凸显物质文明与精神文明协调发展，不能出现"一条腿长、一条腿短"的问题。

协调发展要求发展的过程更加体现平衡性特点和要求。中国的发展必须立足社会主义初级阶段基本国情，处理好发展中的各类平衡和关系问题。强调协调发展，要求在坚持以经济建设为中心的同时，通过大力发展社会事业，完善社会公共服务体系，努力促进经济增长与社会发展有机统一，防止社会发展的短板制约经济增长；协调发展强调推动经济建设和国防建设融合发展，以强大的国防建设为经济建设提供良好的保障，发挥科技创新的支撑引领作用；协调发展强调经济发展等硬实力，也要凸显文化等软实力的提升，推动硬实力与软实力协调发展。

协调发展要求发展更加体现可持续的目标和要求。中国实现崛起和现代化任务的长期性和艰巨性，从一开始就决定了中国的发展必须强调协调和可持续性。协调发展，也要求必须正确处理好人口、资源与环境保护的问题，确保经济增长与人口协调发展，推动经济增长与自然环境协调发展，加快推动经济发展方式从要素驱动迈向创新驱动发展。唯有如此，中国的发展才能持续迈向新阶段。

在中国经济进入创新驱动发展的关键时刻，提出协调发展理念具有十分重大

的现实意义，主要体现在以下方面：

首先，落实协调发展理念是加快全面建成小康社会的重要保障。协调发展理念是引导我国经济社会健康可持续发展的关键。未来几年，我国要全面建成小康社会，小康社会要确保"一个都不能掉队"，那就必须坚持城乡一体化发展，促进地区协调发展，实现经济社会全面发展，大力提高物质文明与精神文明建设水平，加快经济建设和国防建设融合发展，确保人与自然可持续发展。以协调发展理念为引领，在提高发展的整体性和全面性过程中，真正全面建成小康社会。

其次，坚持协调发展有助于引领经济发展新常态。协调发展理念也是引导我国经济社会发展克服"唯 GDP 论英雄"的指挥棒，推动经济社会的协调发展，本身就有助于我国加快经济结构调整和升级转型，引领创新驱动发展，加快弥补发展短板，积极适应和引领经济新常态。

再次，推动协调发展是构建我国开放型经济发展新优势的重要抓手。中国与世界经济深度融合，相互促进、相互影响。协调发展理念有助于更好地协调国内经济发展与国际经济发展的关系，积极统筹国内国外两个市场、两种资源，既要加快引进外资、优化外资结构和质量，也要推动"走出去"，加快对外投资与"一带一路"建设，引领对内对外双向投资协调发展。与此同时，在内外双向投资协调发展中加快开放型经济发展，以国际化、法治化营商环境倒逼国内体制机制改革。因此，协调发展理念也有助于加快中国构建开放型经济新体制。

最后，践行协调发展有助于克服和应对逆全球化思潮。近年来，全球化发展遭遇了一些挫折，背后的深层次原因则是国际金融危机以后，全球经济增速缓慢、投资贸易趋缓，全球失业问题、收入不平等问题等进一步凸显。逆全球化思潮本身表明全球化失衡。中国提出的协调发展理念，可以有效修复全球化失衡，克服逆全球化思潮，引领全球化朝着更加协调、包容与开放的方向发展，为全球化继续前进注入新动力。

一个社会的持续进步，如鸟之双翼、车之四轮，必须建立在协调发展的基础之上。改革开放 40 年来经济高速增长，迅速增强了国家的硬实力，也使国家软实力的提升成为中国全面持续发展的重要一翼，具有深远的历史意义。人们越来越深刻地认识到，在物质文明飞速发展的同时要加强精神文明建设的同步进行；在经济建设迅猛发展的同时也要注重政治建设、文化建设、社会建设和生态文明建设的全面发展；在全面推进小康建设的同时，也要勇于承担国际社会的责任与义务，树立负责任大国的形象。大到国家，小到个人，都必须协调发展，才能全面持续地进步。

坚持协调发展，从根本上说就是要着力形成平衡发展结构，主要体现为：区域协调发展、城乡协调发展、物质文明和精神文明协调发展、经济建设和国防建设融合发展。在协调发展中拓宽发展空间，在加强薄弱领域中增强发展后劲。

协调发展理念针对的是事物发展的矛盾性。协调的对象，是相互存在矛盾的事物；协调的着眼点，首先就是事物发展中的矛盾关系。协调发展理念，就是事物的矛盾性在中国共产党人发展观上的一个重要反映。

协调发展理念着眼的是事物发展的整体性。协调的出发点，关键在于事物整体间的相互联系。协调的范围是整体，协调的方式是发挥整体效能，协调的目的是增强发展的整体性。协调发展理念的提出，正是从事物发展的整体性出发的，没有整体的协调发展，也就谈不上全面建成小康社会。协调是持续健康发展的内在要求。协调发展的问题，关系经济社会发展的全局，是事物发展的整体性在发展观上的反映。

协调发展理念解决的是事物发展的平衡性。协调的目标任务，就是补齐经济社会发展中的"短板"，也就是要使事物及其矛盾达到一种相对平衡的状态。习近平总书记在谈到"十三五"规划所要解决的突出问题时强调："作为全面建成小康社会的收官规划，必须紧紧扭住全面建成小康社会存在的短板，在补齐短板上多用力。"① 可见，协调与平衡，是在解决不平衡的矛盾关系时共生共进的一对孪生，"协调是发展平衡和不平衡的统一，由平衡到不平衡再到新的平衡是事物发展的基本规律"。② 如果经济发展中存在着突出的不平衡的短板，肯定是不协调的。提出协调发展理念，就是为了解决我国经济社会发展中城乡发展不协调、区域发展不协同、产业结构不合理、经济和社会发展"一条腿长、一条腿短"等突出的短板，解决这些方面平衡发展的问题。

总之，协调发展理念中蕴含的矛盾性、整体性、平衡性问题，充分反映了客观事物发展状态与主观认识之间的相互呼应关系。协调是与和谐、同步、平衡、健康以及一体化、可持续等问题紧密联系在一起的。城乡一体化发展、区域平衡发展、物质生活与精神生活同步发展、人与自然和谐发展、经济与社会健康发展，等等，都体现出协调发展的丰富内涵，都需要解决矛盾性、整体性、平衡性问题。

协调发展，既是解开新发展理念思想内核的一把钥匙，也是我们党认识发展问题和把握发展观的一把重要的钥匙。党的历任领导集体，都善于从马克思主义的立场出发，在唯物辩证法的指导下对这把钥匙有着深刻的把握和独到的运用。

2018年是践行党的十九大报告的第一年，面对一系列复杂的不平衡、不协调的矛盾和问题，面对具有许多新的历史特点的伟大斗争，以习近平同志为核心的党中央对有关协调发展的问题有着更加深刻的思考。新形势下，协调发展具有一些新特点。这些新特点，突出地表现在以下一些方面：协调发展既是发展手段

---

① 习近平：关于《中共中央关于制定国民经济和社会发展第十三个五年规划的建议》的说明［EB/OL］.新华网，2015年11月3日，http：//www.xinhuanet.com//politics/2015－11/03/c_1117029621.htm.

② 习近平：在省部级主要领导干部学习贯彻党的十八届五中全会精神专题研讨班上的讲话［EB/OL］.新华网，2016年1月18日，http：//www.xinhuanet.com//politics/2016－05/10/c_128972667.htm.

又是发展目标,同时还是评价发展的标准和尺度;协调是发展两点论和重点论的统一,既要看到发展优势,又要看到制约因素和短板,要破中有立;协调是短板和潜力的统一,协调发展就是要在找出并补齐短板的基础上挖掘潜力、增强发展后劲;协调是发展平衡和不平衡的统一,协调发展也不是要搞平均主义,而是更加注重机会公平和资源配置均衡。

一、协调发展是符合发展规律的科学理论

协调发展的思想与行动由来已久。自人类有思想史以来,就有协调发展的理想,并一直不断寻求实现这一理想的途径和手段,积累了极为宝贵的理论资源。现代协调发展理论,是人类对文明进程中人与自然关系及发展模式反思和改造的产物。在我国,自可持续发展尤其是科学发展观提出以来,协调与协调发展便为人们所熟知。党的十八届五中全会进一步突出协调发展,并将其提升为发展理念的高度,充分彰显了中国共产党对协调发展的关切更为积极、更为主动和更加高度的自觉,而且更为重要的是,协调发展理念所特有的时代性和科学性得到集中凸显。协调既是发展的手段,又是发展的目标,同时还是评价发展的标准和尺度,而不是把协调仅仅看作是实现目标的手段和经济增长或发展的副产品。我们讲的协调发展是基于代内公平和代际公平,不是基于满足当代人的物质欲望而提出的,是以人的全面发展为出发点和归属点。协调发展强调开放型协调,是从立足于经济系统内部的协调,扩大到在整个人口、社会、经济、科技、环境和资源大系统的协调,而且充分考虑法律、政治、文化、思想等各种社会因素。因为经济活动与其外部条件之间天然地存在协调发展问题。经济系统以外的社会、科技、资源与环境等都是人类经济活动必不可少的外部条件,同样是需要优化配置的稀缺资源。协调是兼具"事物间关系的理想状态"和"实现这种理想状态的过程"两个方面内涵的概念,理想状态意义上"协调"的终极含义,决定了"过程"意义上的"协调"永无终极,协调是全面的、动态的协调,不只是物质的、静态的协调。协调发展强调的是事物间的联系要配合得当,是发展中的对立统一,差异中的趋向一致,是一个"不协调→协调→不协调→协调"不断循环往复螺旋式上升的过程。

链接

促进区域协调发展向更高质量迈进

实施区域协调发展战略是新时代国家重大战略之一,是贯彻新发展理念、建

设现代化经济体系的重要组成部分。《中共中央、国务院关于建立更加有效的区域协调发展新机制的意见》日前发布，为促进区域协调发展向更高水平和更高质量迈进勾勒蓝图。

推动国家重大区域战略融合发展

党的十八大以来，我国推出一系列重大区域战略，经济空间布局更为优化。

意见强调，推动国家重大区域战略融合发展。以"一带一路"建设、京津冀协同发展、长江经济带发展、粤港澳大湾区建设等重大战略为引领，以西部、东北、中部、东部四大板块为基础，促进区域间相互融通补充。

——以"一带一路"建设助推沿海、内陆、沿边地区协同开放，以国际经济合作走廊为主骨架加强重大基础设施互联互通，构建统筹国内国际、协调国内东中西和南北方的区域发展新格局。

——以疏解北京非首都功能为"牛鼻子"推动京津冀协同发展，调整区域经济结构和空间结构，推动河北雄安新区和北京城市副中心建设，探索超大城市、特大城市等人口经济密集地区有序疏解功能、有效治理"大城市病"的优化开发模式。

——充分发挥长江经济带横跨东中西三大板块的区位优势，以共抓大保护、不搞大开发为导向，以生态优先、绿色发展为引领，依托长江黄金水道，推动长江上中下游地区协调发展和沿江地区高质量发展。

——建立以中心城市引领城市群发展、城市群带动区域发展新模式，推动区域板块之间融合互动发展。以北京、天津为中心引领京津冀城市群发展，带动环渤海地区协同发展。以上海为中心引领长三角城市群发展，带动长江经济带发展。以香港、澳门、广州、深圳为中心引领粤港澳大湾区建设，带动珠江—西江经济带创新绿色发展。以重庆、成都、武汉、郑州、西安等为中心，引领成渝、长江中游、中原、关中平原等城市群发展，带动相关板块融合发展。

健全市场一体化发展机制

充分发挥市场在区域协调发展新机制建设中的主导作用，是消除区域市场壁垒、促进要素自由流动的关键。

意见提出，要实施全国统一的市场准入负面清单制度，深入实施公平竞争审查制度，全面放宽城市落户条件，加快深化农村土地制度改革，引导科技资源按照市场需求优化空间配置，促进创新要素充分流动。

在推动区域市场一体化建设方面，意见明确，推动京津冀、长江经济带、粤港澳等区域市场建设，加快探索建立规划制度统一、发展模式共推、治理方式一致、区域市场联动的区域市场一体化发展新机制，促进形成全国统一大市场。

根据意见，建立健全用水权、排污权、碳排放权、用能权初始分配与交易制度，培育发展各类产权交易平台；构建统一的自然资源资产交易平台；促进资本跨区域有序自由流动，完善区域性股权市场。

健全区际利益补偿机制

实现区域协调发展，区域之间利益的平衡和补偿是必须突破的难点。

意见明确了健全区际利益补偿机制的三个重点任务——

完善多元化横向生态补偿机制。鼓励生态受益地区与生态保护地区、流域下游与流域上游通过资金补偿、对口协作、产业转移、人才培训、共建园区等方式建立横向补偿关系。支持在具备重要饮用水功能及生态服务价值、受益主体明确、上下游补偿意愿强烈的跨省流域开展省际横向生态补偿。

建立粮食主产区与主销区之间利益补偿机制。鼓励粮食主销区通过在主产区建设加工园区、建立优质商品粮基地和建立产销区储备合作机制以及提供资金、人才、技术服务支持等方式开展产销协作。加大对粮食主产区的支持力度。

健全资源输出地与输入地之间利益补偿机制。围绕煤炭、石油、天然气、水能、风能、太阳能以及其他矿产等重要资源，加快完善有利于资源集约节约利用和可持续发展的资源价格形成机制。鼓励资源输入地通过共建园区、产业合作、飞地经济等形式支持输出地发展接续产业和替代产业，加快建立支持资源型地区经济转型长效机制。

完善基本公共服务均等化机制

基本公共服务是最基本的民生需求。意见明确了在养老、医疗、教育等领域基本公共服务均等化的重点：

完善企业职工基本养老保险基金中央调剂制度，尽快实现养老保险全国统筹。

完善基本医疗保险制度，不断提高基本医疗保险统筹层级。

巩固完善义务教育管理体制，增加中央财政对义务教育转移支付规模，强化省、市统筹作用，加大对"三区三州"等深度贫困地区和集中连片特困地区支持力度。

意见强调，加快建立医疗卫生、劳动就业等基本公共服务跨城乡跨区域流转衔接制度，研究制定跨省转移接续具体办法和配套措施，强化跨区域基本公共服务统筹合作。

（资料来源：新华社，2018年11月29日，安蓓）

当今中国，处理复杂经济社会关系如同弹钢琴，统筹兼顾各方面发展如同指挥乐队，只有协调，才能奏响全面建成小康社会交响曲、民族伟大复兴进行曲。新发展理念把协调发展放在我国发展全局的重要位置，坚持统筹兼顾、综合平衡，正确处理发展中的重大关系，补齐短板、缩小差距，努力推动形成各区域各领域欣欣向荣、全面发展的景象。协调发展理念是对马克思主义关于协调发展理论的创造性运用，是我们党对经济社会发展规律认识的深化和升华，为理顺发展关系、拓展发展空间、提升发展效能提供了根本遵循。历史必将证明，把握好

"五位一体"总体布局，贯彻落实"四个全面"战略布局，做到协调发展，我国发展之路就会越走越宽广。

二、协调发展是全面建成小康社会的内在要求

2020年全面建成小康社会的愿景没有改变，故要明确全面建成小康社会新的目标要求，即（1）经济保持中高速增长；（2）人民生活水平和质量普遍提高；（3）国民素质和社会文明程度显著提高；（4）生态环境质量总体改善；（5）各方面制度更加成熟、更加定型。这就是说，未来的全面小康社会不仅仅是解决温饱问题，而是一个包括经济建设、政治建设、文化建设、社会建设、生态文明建设在内的"五位一体"的全面发展和进步。全面小康社会的覆盖面，是包括我国13.7亿人口在内的所有人群、所有区域、所有民族。其具体表现主要有三：一是人均收入翻一番。到2020年不仅国内生产总值要比2010年翻一番，城乡居民收入也要比2010年翻上一番，人民生活水平大幅提高。二是人民更加幸福。全面建成小康社会，城乡和区域发展差距将得到明显缩小。三是惠及所有人。全面小康是全体中国人民的小康，特别是包括农村的小康，贫困地区的小康，老少边穷地区的小康，它将使我国现有标准下4000多万贫困人口全部脱贫，592个国家贫困县全部摘帽。不仅如此，全面小康社会还是经济稳中有进，民主法治建设更趋完善，公平正义得到进一步的彰显，人与自然的关系更加和谐的社会。这就要求中国共产党要始终坚持把发展作为第一要务，把经济建设作为中心任务，同时要大力推进"五位一体"建设，促进现代化建设各个方面、各个环节相互协调，既要解决好发展水平的问题，更要解决好发展平衡性、协调性、可持续性的问题。

三、协调发展是解决发展"短板"问题的战略举措

协调发展既是一种发展理念，同时也是推动科学发展的有效方法。协调发展因应发展失衡和不可持续而生，是发展实际倒逼而来。尽管我国新的增长动力正在孕育形成，经济长期向好基本面没有改变，但发展不平衡、不协调、不可持续的问题仍然突出。这些问题正如《中共中央关于制定国民经济和社会发展第十三个五年规划的建议》中所言，主要是：发展方式粗放，创新能力不强，部分行业产能过剩严重，企业效益下滑，重大安全事故频发；城乡区域发展不平衡；资源约束趋紧，生态环境恶化趋势尚未得到根本扭转；基本公共服务供给不足，收入差距较大，人口老龄化加快，消除贫困任务艰巨；人们文明素质和社会文明程度有待提高；法治建设有待加强等。为解决好上述问题，就要在优化结构、增强动

力、化解矛盾、补齐短板上下功夫，并取得突破性的进展。否则，全面建成小康社会的目标就难以如期实现。而协调发展则是有效解决当下发展短板问题的治本之策。在科学把握中国特色社会主义事业总体布局的前提下，通过倡导和坚持协调发展，努力破解城乡二元结构的难题，促进城乡区域协调发展；着力校正"一条腿长、一条腿短"的失衡问题，促进经济社会协调发展；大力推进新型工业化、信息化、城镇化、农业现代化同步运行，促进国家硬实力和软实力比肩提升。从而使单项发展的动能聚合成整体发展的势能，形成有利于解决发展问题的总体之势，增强发展的整体性。

四、协调发展重在寻求多重维度的动态平衡

协调发展的概念很早便已提出，在实践中，贯彻落实这一理念，坚持协调发展，应努力做到两点论和重点论的有机统一。由于各地实际情况不同，其优势和问题也各异，在坚持协调发展上，既要着力破解难题、补齐短板，又要考虑巩固和厚植原有优势。在强调协调发展，着力形成结构平衡的同时，还应清醒地认识到，平衡是相对的，不平衡是绝对的。事物的发展总是由不平衡到平衡，再到新的不平衡，如此循环往复，不断前进。因此，强调协调发展，绝不是平均基础上不允许发展差别的协调，而是发展基础上的协调，是充分尊重、切实遵循现代市场经济的客观规律与游戏规则的科学协调，是不断进行体制创新的协调。实现全面小康并不意味着我国就是高收入的富裕国家，低收入者仍然会占有一定的比重；全面小康也不意味着全国一样的小康，每个人的收入和生活水平都完全一样，每个地区城市和乡村生活水平都完全一样。否则，就是一种平均主义。事实上，在全面建成小康社会的过程中，各地的经济增长速度和发展水平还是会有高低之分，居民生活的改善程度也同样有高低之分。但可以期待的是，未来全面小康社会将更加注重公平和共享，它不仅体现在发展成果的分配更加公平，而且也体现在发展机会更加公平，人人都能够参与发展的过程。坚持协调发展，应善于运用辩证思维指导工作，既统筹兼顾，又突出重点，实事求是、因地制宜地把协调发展理念落到实处，进而取得实实在在的发展成果，进入真真切切的理想发展境界。

第二节 行稳致远，稳步实现中华民族伟大复兴中国梦

新发展理念把协调发展放在我国发展战略全局的重要位置。从实践看，协调发展理念是党中央站在新的历史起点，着眼于解决发展不平衡、不持续的问题，

正确处理发展中的重大关系，破解发展"瓶颈"的应对之策，是着眼未来谋划全局的战略考量，也是习近平同志治国理政的新理念新思想新战略的重要组成部分，具有重大理论意义和实践指导价值。推进全面协调发展，必须全面把握协调发展理念的时代科学内涵、充分认识当前实施协调发展的紧迫性和重要性，把协调发展理念深入全面贯彻到党的十九大后党和国家的各项建设事业之中。

全面建成小康，重在"全面"，体现的就是发展的平衡性、协调性、可持续性。改革开放 40 年以来，我们取得了辉煌的成就，同时也出现了"成长的烦恼"。城乡、区域、经济和社会、物质文明和精神文明等发展不协调问题有所凸显，流光溢彩的都市与偏僻落后的乡村同在，东部沿海的率先发展与西部一些地区的相对滞后并存。全面建成小康社会，必须瞄准薄弱环节和滞后领域，加快把"短板"补上，树立并落实协调理念，促进发展平衡、增强发展后劲。

一、全面把握协调发展的科学内涵和思想精髓

协调发展就是发展要有协调性、均衡性，要求各个方面、各个环节的发展相互适应、相互促进。其思想精髓应该包括发展的平衡性、全面性、包容性和可持续性，也是其他发展理念推进的基础和前提。当前，中国正处在一个转型升级的历史节点，只有补足短板、补强薄弱环节，才能从中拓宽发展空间、寻求发展后劲，实现全方位的均衡协调发展，这是这个时代赋予协调发展理念更加丰富的内涵。

协调发展理念，是我们党认识把握协调发展规律、总结中外经济社会发展经验教训、正视我国发展存在的不平衡问题提出来的科学论断，是对马克思主义关于协调发展理论的创造性运用，是我们党对经济社会发展规律认识的深化和升华，其目的是理顺发展关系、拓展发展空间、提升发展效能，促进我国经济社会行稳致远。协调是与失衡相对立的。从世界各国发展实践看，由于发展失衡落入"陷阱"、陷入灾难的国家并不在少数。习近平总书记指出："协调是发展两点论和重点论的统一，在发展思路上既要着力破解难题、补齐短板，又要考虑巩固和厚植原有优势；强调协调发展不是搞平均主义，而是更注重发展机会公平、更注重资源配置均衡；协调是发展短板和潜力的统一，要通过补齐短板挖掘发展潜力增强发展后劲。"[1]

协调发展是坚持唯物辩证法的基本要求，从历史发展实践看，统筹兼顾、协调推进是一个科学方法论。在社会主义事业建设和发展中，必须坚持联系的普遍

---

[1] 习近平：《在省部级主要领导干部学习贯彻党的十八届五中全会精神专题研讨班上的讲话》，新华网，2016 年 1 月 18 日，http://www.xinhuanet.com//politics/2016-05/10/c_128972667.htm。

性和客观性观点。不注意协调好它们之间的关系，就会顾此失彼，导致发展失衡。必须从客观事物的内在联系去把握事物，去认识问题，去处理问题。从本质上看，协调发展还是一个从不平衡到平衡的动态过程，协调之策就在于补齐短板，补齐不协调中的短板。实际上，越是短板，越具有后发优势；越在薄弱环节上多用力，着力解决突出问题和明显短板，越能起到"四两拨千斤"、结构平衡的良好效果。我们要紧扣解决发展中不平衡、不协调、不可持续问题，把调整比例、补齐短板、优化结构作为一项重要而紧迫的任务，在协调发展中拓宽发展空间，在加强薄弱领域中增强发展后劲。

二、协调发展的紧迫性和重要性

我国经济社会发展中的一些不平衡、不协调的问题没有彻底根除，与人民的发展预期还有一定差距。我国发展不协调是一个长期存在的问题。要有强烈的问题意识，抓住当前我国发展中不平衡、不协调、不可持续的突出问题，进一步研究思考，找出答案，着力推动区域协调发展、城乡协调发展、物质文明和精神文明协调发展，推动经济建设和国防建设融合发展。因此，我们应充分认识党的十九大之后协调发展的重要性和紧迫性。

（一）坚持协调发展，是吸取世界发展经验教训，避免落入"中等收入陷阱"的托底之举

马克思说很多人聚集在一起进行共同劳动就需要协调，只有通过协调才能有一个良性的生产力运行秩序。发展是一个整体、一个系统，需要各方面、各环节、各因素协调联动。需求无限性与供给有限性的矛盾、此消彼长或此强彼弱的矛盾、发展慢与发展快的矛盾长期存在。消弭这些矛盾，既要推进发展，又要搞好协调，实现统筹兼顾、综合平衡。追溯世界经济发展史，可以发现协调好的国家和地区跨过了"中等收入陷阱"，协调不好的国家则落入了"中等收入陷阱"，难以进入高收入发展阶段。拉美一些国家已在"中等收入陷阱"里受困挣扎长达数十年，它们经济发展一直停滞不前。因此，发展均衡与否、协调与否，成为衡量世界各国能否可持续发展的一把标尺、一道横杠。可见，树立协调发展理念，坚持协调发展，是我国跨越"中等收入陷阱"的一大法宝。

（二）坚持协调发展，是增强发展整体性，全面建成小康社会的重要保障

协调是事业成功的一大规律，是全面建成小康社会决胜的一大核心理念。当前我们的中心工作是全面建成小康社会。全面小康，重在"全面"，难在"全面"。这个"全面"，既要城市繁荣，也不让农村凋敝；既要东部率先，也要西

部开发、中部崛起、东北振兴；既要物质丰裕，也要精神丰富；既要金山银山，也要绿水青山。要"全面"，就得协调。"全面"不是自然形成的，而是协调出来的。协调就得统筹兼顾、注重平衡、保持均势，把分散的部分系统化，把发散的局部功能整体化，把薄弱区域、薄弱领域、薄弱环节补起来，形成平衡发展结构，增强发展后劲。只有牢固树立协调发展理念，坚持协调发展，才能解决我国发展中存在的区域、城乡、物质文明和精神文明、经济建设和国防建设不协调问题，促进新型工业化、信息化、城镇化、农业现代化、绿色化同步发展。在增强国家硬实力的同时提升国家软实力，不断增强发展的包容性与和谐性，进而实现全面建成小康社会。

（三）坚持协调发展，是彰显发展规律性、提高把握发展规律能力的根本之策

协调发展是经济社会持续健康发展的内在要求，更是做好经济社会发展工作的重要原则。从发展规律认识上看，马克思主义关于发展的有机整体论、交互作用论、合力论等，是对人类社会发展规律的科学认识。习近平总书记指出，"发展必须是遵循经济规律的科学发展，必须是遵循自然规律的可持续发展，必须是遵循社会规律的包容性发展"，[①] 必须着力提高发展的协调性和平衡性，强调要遵循经济规律、自然规律、社会规律，实现科学发展、可持续发展、包容性发展，提高发展的协调性和平衡性。可见，对人类社会发展规律认识的深刻化和具体化，是促进当代经济社会科学发展的创新理论，是把握事物发展规律的前提，是当代中国切实管用的协调发展观。正确的发展理念从来不是凭空想象，凸显了发展的一般规律性，是发展实践的产物、发展行动的先导，是发展思路、发展方向、发展着力点的集中体现。

三、将协调发展理念全面贯彻于新时代各项事业中

坚定不移地贯彻新发展理念，坚定不移地推进改革攻坚，解决了许多长期想解决而没有解决的难题，办成了许多过去想办而没有办成的大事，改革开放和社会主义现代化建设取得了历史性成就。党的十九大之后，更加坚定了贯彻新发展理念的信念。我们要更加把握好全面"协调发展"战略机遇期，深入推进区域协调发展、城乡协调发展、新四化（新型城镇化、新型工业化、农业现代化和信息化）协调发展，开创党的十九大后各项事业的新局面。

---

① 《习近平主持召开经济形势专家座谈会》，新华网，2016 年 7 月 8 日，http：//www. xinhuanet. com//politics/2016 - 07/08/c_1119189505. htm。

(一) 统筹兼顾，精准施策，继续深入推动区域协调发展

继续深入实施区域发展总体战略。深入实施西部开发、东北振兴、中部崛起和东部率先的区域发展总体战略，创新区域发展政策，完善区域发展机制，促进区域协调、协同、共同发展，努力缩小区域发展差距。健全区域协调发展机制。创新区域合作机制，加强区域间、全流域的协调协作。建立健全生态保护补偿、资源开发补偿等区际利益平衡机制。鼓励国家级新区、国家级综合配套改革试验区、重点开发开放试验区等平台体制机制和运营模式创新。大力推进优势增长极内部协同发展。推动京津冀协同发展。坚持优势互补、互利共赢、区域一体，调整优化经济结构和空间结构，探索人口经济密集地区优化开发新模式，建设以首都为核心的世界级城市群，辐射带动环渤海地区和北方腹地发展。加快雄安新区和北京城市副中心建设，有序疏解北京非首都功能，优化空间格局和功能定位，构建一体化现代交通网络，扩大环境容量和生态空间，推动公共服务共建共享。推进长江经济带发展。推动长江上中下游协同发展、东中西部互动合作，建设成为我国生态文明建设的先行示范带、创新驱动带、协调发展带。扶持特殊类型地区发展，加大对革命老区、民族地区、边疆地区和困难地区的支持力度，实施边远贫困地区、边疆民族地区和革命老区人才支持计划，推动经济加快发展、人民生活明显改善。

(二) 以人为本，平衡公共服务供给，持续推动城乡协调发展

推进以人为核心的新型城镇化。加快农业转移人口市民化，统筹推进户籍制度改革和基本公共服务均等化，健全常住人口市民化激励机制，推动更多人口融入城镇。深化户籍制度改革，推进有能力在城镇稳定就业和生活的农业转移人口举家进城落户，并与城镇居民享有同等权利和义务；健全促进农业转移人口市民化的机制，健全财政转移支付同农业转移人口市民化挂钩机制，建立财政性建设资金对城市基础设施补贴数额与城市吸纳农业转移人口落户数量挂钩机制。发展特色县域经济，培育发展充满活力、特色化、专业化的县域经济，提升承接城市功能转移和辐射带动乡村发展能力。加快建设美丽宜居乡村，推进农村改革和制度创新，增强集体经济组织服务功能，激发农村发展活力。全面改善农村生产生活条件。科学规划村镇建设、农田保护、村落分布、生态涵养等空间布局。加强和改善农村社会治理，完善农村治安防控体系，深入推进平安乡村建设。开展生态文明示范村镇建设行动和农村人居环境综合整治行动。推进城乡基本公共服务均等化。统筹规划城乡基础设施网络，健全农村基础设施投入长效机制，促进水电路气信等基础设施城乡联网、生态环保设施城乡统一布局建设。把社会事业发展重点放在农村和接纳农业转移人口较多的城镇。

（三）综合施策、协同推进，助力新型城镇化与新型工业化、农业现代化和信息化协调发展

实现城镇化与新型工业化、农业现代化和信息化协调发展，关键取决于两个方面：一是补足"四化"短板，主要是加快目前处于滞后状态的农业现代化、人口城镇化的步伐；二是促进"四化"融合发展，着重推动信息化和工业化、城镇化、农业现代化深度融合、工业化和城镇化良性互动、城镇化和农业现代化相互协调。加快推进工业化，要坚持走中国特色新型工业化道路，实施制造强国战略，围绕结构深度调整、振兴实体经济，推进供给侧结构性改革，以提高制造业创新能力和基础能力为重点，推进信息技术与制造技术深度融合，培育壮大新兴产业，改造提升传统产业，加快构建创新能力强、品质服务优、协作紧密、环境友好的现代产业新体系，更好地满足城镇化、农业现代化、信息化的需要。加快推进城镇化，必须从我国社会主义初级阶段基本国情出发，遵循规律，因势利导，使城镇化成为一个顺势而为、水到渠成的发展过程。必须依靠产业支撑。要推动以人为核心的新型城镇化，有效化解各种"城市病"。提升规划水平，增强城市规划的科学性和权威性，促进"多规合一"，全面开展城市设计，完善新时期建筑方针，科学谋划城市"成长坐标"。加快推进农业现代化，加快推进农业结构调整，推进农村第一、第二、第三产业融合发展。构建现代农业经营体系。以发展多种形式适度规模经营为引领，创新农业经营组织方式，构建以农户家庭经营为基础、合作与联合为纽带、社会化服务为支撑的现代农业经营体系，提高农业综合效益。完善农业支持保护制度。以保障主要农产品供给、促进农民增收、实现农业可持续发展为重点，完善强农惠农富农政策等。加快发展信息化要构建高效的信息网络，发展现代互联网产业体系，促进互联网深度广泛应用，带动生产模式和组织方式变革，形成网络化、智能化、服务化、协同化的产业发展新形态。实施国家大数据战略。把大数据作为基础性战略资源，全面实施促进大数据发展行动，加快推动数据资源共享开放和开发应用，助力产业转型升级和社会治理创新。

（四）创新体制，强化治理，促进经济与政治、文化、社会、生态协调发展

促进经济与政治协调发展，发展社会主义民主政治，坚持和完善人民代表大会制度、中国共产党领导的多党合作和政治协商制度、民族区域自治制度以及基层群众自治制度，扩大公民有序政治参与，充分发挥我国社会主义政治制度优越性。尽快完善以宪法为核心的中国特色社会主义法律体系，维护宪法尊严、权威，健全宪法实施和监督制度。加快建设法治政府，促进司法公正，深化司法体制改革，全面推进法治社会建设，推进多层次、多领域依法治理，提高社会治理

法治化水平。深化行政体制改革，要按照建立中国特色行政体制目标，深入推进政企分开、政资分开、政事分开、政社分开，建设职能科学、结构优化、廉洁高效、人民满意的服务型政府。促进经济与文化协调发展，推进文化事业和文化产业双轮驱动，实施重大文化工程和文化名家工程，为全体人民提供昂扬向上、多姿多彩、怡养情怀的精神食粮。要拓展文化交流与合作空间，加强国际传播能力建设，打造符合国际惯例和国别特征、具有我国文化特色的话语体系，运用生动多样的表达方式，增强文化传播亲和力。促进经济与社会协调发展，加强社会治理基础制度建设，构建全民共建共享的社会治理格局，提高社会治理能力和水平，实现社会充满活力、安定和谐。完善社会治理体系，完善党委领导、政府主导、社会协同、公众参与、法治保障的社会治理体制，实现政府治理和社会调节、居民自治良性互动。完善社会信用体系，加快推进政务诚信、商务诚信、社会诚信和司法公信等重点领域信用建设。促进经济与生态协调发展。坚持节约资源和保护环境的基本国策，坚持节约优先、保护优先、自然恢复为主的方针，着力推进绿色发展、循环发展、低碳发展，形成节约资源和保护环境的空间格局。

第三节　纲目举张，谋全局与补短板比翼齐飞

发展要协调，这在任何时候对任何国家都适用。当下中国为什么突出协调发展理念，这是基于中国现实国情。一是中国的大而复杂。对于城市国家，没有城乡差别问题。对于单一民族国家，没有民族差别问题。对于疆域小的国家，地域差别问题也不明显。中国则不同，广大的幅员，众多的民族，复杂的环境，城乡差别、地区差别、民族差别以及这些差别的叠加效应，使得情况千差万别、极其复杂。能否统筹兼顾、协调发展，关系到长治久安的大局。二是中国的发展转型。在协调问题上，动和静不一样，快和慢不一样。很显然，国家处于静和慢的时候，协调比较从容。而当处于动和快的时候，协调问题比较紧迫。当今中国最大的特点就是高速发展、剧烈变化。中国的发展转型中，不断打破既有的平衡，有待建立新的平衡，协调问题就极为紧迫了。

协调发展要注意两个既有关联又有差别的不同层面。一是静态上的均衡。讲协调，就是要在发展水平上追求均衡。要努力缩小城乡、地区之间的差别，要努力实现经济社会发展的协调。基本"木桶效应"，弥补短板往往见效最快。"十三五"注重加快欠发达地区发展，推进城乡发展一体化和城乡基本公共服务均等化，加快社会事业发展、生态环境保护、民生保障等。农村贫困人口脱贫是一个突出短板，"十三五"下决心从总体上解决这个问题，将大大改善发展的均衡状况。二是动态上的协同。讲协调，就是要在各方面工作相互配合。要加强顶层设

计,协调推进"四个全面"战略布局,试制相辅相成、相互促进、相得益彰;协调推进全面深化改革的各项举措,注重改革的关联性和耦合性,把握全局,力争最大综合效益。各地区发展要紧密协同,实现双赢多赢效应。党的十八大以来中央作出并大力推动实施"一带一路"、京津冀协同发展、长江经济带三大战略,正是协调发展的生动体现。

协调发展要有辩证思维。事物是普遍联系的,事物及事物各要素之间相互影响、相互制约,整个世界是相互联系的整体,也是相互作用的系统。这是协调发展的哲学基础。习近平总书记多次强调,"涉及经济、政治、文化、社会发展各个领域,其根本要求是统筹兼顾";"我们要充分认识到,经济发展与政治、文化、社会建设必须协调共进"。[①] 与此同时也要看到,在发展水平上,五个指头不可能一样长,追求绝对均衡是做不到的。发展总是有快有慢,水平总是有高有低,协调是注意将快慢高低的差别控制在一定的范围,注意"适度"。在工作安排上,抓工作既要全面,也要重点。没有重点,就没有政策。弹钢琴平均用力不行,指法的轻重缓急才有音调的抑扬顿挫。中国还是处于大发展、大改革、大变动的时期,我们要坚持协调发展,牢牢把握中国特色社会主义事业总体布局,掌握动态平衡的规律,提升治国理政的能力。

链接

为这个县级市的发展,习近平总结出一份经验

俄罗斯世界杯接近尾声,虽然中国队缺席世界杯,但赛场上的中国品牌广告让人印象深刻。其实,关注体育的观众会发现,在很多比赛直播中,都能见到中国品牌的身影,特别是一些体育运动品牌。安踏、特步……是不是很熟悉?这些都来自晋江。

晋江与体育的缘分不止于此。2017 年,晋江击败多个竞争对手拿下了 2020 年世界中学生运动会举办权,而上一次中国举办这一赛事的城市还是上海(1998 年)。

说到这里,有人心中难免产生疑惑,晋江为啥这么牛?

一座"睡不着"的城市

晋江位于我国东南沿海,是福建省经济最强的县级市。

安踏、361、七匹狼、柒牌、盼盼、雨中鸟、恒安、九牧王……这些中国老百姓耳熟能详的品牌都来自晋江。而打造这些品牌的都是生于斯长于斯的民营

---

① 习近平与"十三五"五大发展理念·协调 [EB/OL]. 中国新闻网,2015 年 11 月 2 日,http://www.chinanews.com/ll/2015/11-02/7599974.shtml。

企业。

事实上，在晋江，90%的企业都是民营企业。这里的民营企业家被称为"睡不着的晋江人"——他们闻"机"起舞，逢时"弄潮"，永不满足，从不言败。

1978年，改革开放大潮涌动，爱拼敢赢的晋江人，商业意识被唤醒，利用"闲人、闲房、闲钱"，靠着"走遍千山万水，穿遍千家万户，说了千言万语，吃过千辛万苦"的拼劲，率先走出一条以股份合作为主要特征的乡镇企业发展之路。1984年，仅晋江的一个镇——陈埭镇的乡镇企业就多达700家，成为福建首个"亿元镇"，被外界称为"乡镇企业一枝花"。1994年，随着纺织、造纸、食品等产业迅速发展，晋江开始领跑福建县域经济。

高速发展后曾一度遭遇"瓶颈"

晋江的快速发展并非一帆风顺。历史的时钟拨到世纪之交，随着国内外市场竞争的加剧，经过一段时间快速发展的乡镇企业开始面临"瓶颈"。

1996~2002年，先后担任福建省委副书记、省长的习近平七下晋江调研。在充分肯定晋江发展的成绩和经验时，他发现晋江发展中存在着一些不足：企业虽不少，有影响力的大企业却不多；产量虽不低，产品的技术含量却不高；鞋帽服装饰品企业多，高精尖技术却稀少；工业化发展热气腾腾，城市化发展却相对滞后……

1996年，习近平考察福建晋江陈埭镇四境村。一些本地的企业家在赚得第一桶金之后，对于未来如何继续发展壮大也很迷茫。

1998年，柒牌集团创始人洪肇设投入全部积蓄700万美元，购买了欧洲最先进的西服生产线。由于品牌在市场上没有影响力，做出的好衣服卖不出。他那段时间十分焦虑："我每天走到车间就像喝醉了酒一样，醉得很厉害，轻轻地就快飘起来。"

习近平总结出"晋江经验"

"面对新形势、新世纪，晋江经济发展下一步该怎么办？"在1999年的一次晋江调研中，习近平提出了这个极具前瞻性的问题。

"面对全国区域经济发展的格局，福建怎么加快发展？学习苏南模式还是学习温州模式、珠三角模式？是完全照搬其他模式还是总结自身模式？这时候理清思路非常重要。"时任福建省政府办公厅处长的李闽榕说。

经过多次调研、问计于民之后，2002年6月，习近平从晋江发展的实践中提炼出"晋江经验"，并于同年8月和10月，分别在《人民日报》和《福建日报》上发表文章，总结了晋江经验对福建经济发展的六个启示，以及要处理好的五大关系。

曾陪同习近平多次调研的李闽榕说："晋江经验的形成是一个过程，不是一蹴而就的，没有一定的实践积累和理论研究高度，是总结不出这样的经验的。当然，晋江经验也不是对过去的简单总结，而是有针对性和前瞻性的。晋江经验不仅对晋江、泉州，对区域经济的发展具有十分重要的指导意义。"

具体来说，"晋江经验"最为鲜明的特色，就是紧紧咬住实体经济发展不放松，核心动力是改革创新，核心内涵是全面发展。在与企业负责人座谈时，习近平多次提醒他们要注重发展品牌，注重创新，走自主发展之路。

"晋江经验"推动晋江实现新跨越

习近平总书记当年的深邃思考、高瞻远瞩，为晋江16年来的发展提供了根本遵循。

——紧咬实体经济

16年来，晋江经济快速发展，晋江的企业家有足够多的机会进入房地产市场。九牧王就曾投资房地产，但到2004年左右，他们决定放弃。九牧王的缔造者林聪颖感言："晋江这个城市里的各种生产要素，更适合做实体经济。一辈子能坚持把一件事情做好，我认为已经很了不起了。"

晋江的民营企业家投身实业链条各个环节，做专做精。仅晋江的体育用品企业，立足运动装备制造的同时，还涉猎足球经济、健身产业、体育媒体、运营体育赛事、电子竞技等领域。

如今的晋江，全市GDP总量中来自实体经济贡献占比达60%以上，由实体经济创造出的产值、税收和就业岗位占比都在95%以上。

——改革创新

坚守实业，坚持创新。面对新形势，晋江的传统产业不断调整和转型，创新成为巩固和发展"晋江经验"的首要方式。

晋江企业不断加大在研发上的投入，有的企业甚至将研发费用从最初占产出的不足1%提升到现在的5.7%，远超同行业的国际巨头。在这样一个县级市里，由企业自己创建的各级技术中心、智能工厂等就达138个。政府先后建成7家国字号科研机构和13家院士工作站。

在看住传统产业的同时，晋江还大力发展高新产业。目前，光伏电子产业正在推进，集成电路产业链条已初步成型，大力推动的"石墨烯＋"技术应用已研发出石墨烯瓷砖、高透气防水膜、鞋底、抗菌鞋垫等系列产品，为传统制造业加上了一份"黑科技"。

——全面发展

晋江的很多企业品牌已经走出晋江，走向全国和世界，但是企业家们却依然留在晋江。不仅如此，人称"创二代"的企业家子女们，从国内外名牌高校毕业后依然选择回归晋江。全国各地的很多人也选择来晋江发展创业。

"进得来、留得住、融得入"，晋江在全国率先开展新型城镇化建设，并成为试点城市。据统计，晋江每2人中，就有1个是来自外地的"新晋江人"。

丁敬堂是"新晋江人"中的普通一员。老家是湖北恩施的他，2005年开始，扎根晋江打拼。他从晋江一家雨伞制造工厂的流水工做起，13年来，光是国家发明专利，他就拿了24项。"在晋江，我非常有成就感和获得感！晋江不叫我们打工的，而是叫我们新晋江人，我就觉得晋江的发展，对于我来说是非常重要的，因为这个城市是我未来的一个依托。"

"本地人留恋，外地人向往，让晋江成为更多人可托付终身的人生选择"，这是晋江政府勾勒出的画面。

在经济快速发展的同时，晋江积极践行共享发展理念，每年65%以上的本级财政都用于民生建设，并在福建省实现七个"率先"。

"晋江变美了，变绿了，变得更加高大上了。"无论是居住在这座城市的人，还是多年前来过晋江的人，在感叹这座城市变化的同时，也深深被这座城市吸引。

"晋江经验"具有现实意义和全国意义

16年来，"晋江经验"为这座城市开启了一条全面发展之路，天蓝水绿、人和业兴，晋江不仅成为经济强县，也是魅力宜居之城。

当前，中国特色社会主义已经进入新时代，打赢三大攻坚战、推动高质量发展的任务繁重。面对新形势、新问题，习近平总书记16年前总结出的"晋江经验"不仅对于发展县域经济具有很强的指导作用，对于今天推动我国的高质量发展也深具现实意义。

习近平总书记多次强调，要做强做优实体经济，"不论经济发展到什么时候，实体经济都是我国经济发展、在国际经济竞争中赢得主动的根基"。他还表示，创新是第一动力，要坚持改革不停步，推动全面发展，将发展的成果惠及人民。

今天重温"晋江经验"，不仅是要追溯历史，更是要着眼于未来。这"六个始终坚持"和"处理好五大关系"为解决今天的问题提供了重要参考和行动指南：唯有发展壮大实体经济，唯有改革创新，中国经济才能真正行稳致远，走上高质量发展之路。

（资料来源：央视新闻，2018年7月13日）

树立落实协调理念，一个重点就是促进城乡、区域协调发展。没有农村的小康，没有欠发达地区的小康，就谈不上全面建成小康社会。实现"十三五"时期发展目标，推动区域协调发展，塑造要素有序自由流动、主体功能约束有效、基本公共服务均等、资源环境可承载的区域协调发展新格局；推动城乡协调发展，健全城乡发展一体化体制机制，健全农村基础设施投入长效机制，推动城镇公共服务向农村延伸，提高社会主义新农村建设水平。

树立落实协调理念，还要促进经济与社会协调发展，推动物质文明和精神文明协调发展。经验和教训告诉我们，如果只盯着经济数据的起伏涨落，忽视社会进步和人民群众真实的幸福感、获得感，就会透支社会发展潜力，发展就难以持续。经济发展一定要与政治、文化、社会和生态文明建设协调共进。"十三五"时期，我们要着力改变经济建设和社会建设"一条腿长、一条腿短"的失衡问题，增加公共服务供给，建立更加公平、更可持续的社会保障制度。要在增强国家硬实力的同时注重提升国家软实力，加快文化改革发展，加强社会主义精神文明建设，建设社会主义文化强国，加强思想道德建设和社会诚信建设，增强国家意识、法治意识、社会责任意识，倡导科学精神，弘扬中华传统美德。

"唱和如一，宫商协调"。下好"十三五"发展的全国一盘棋，协调发展是决战制胜的要诀之一。以协调理念促进发展平衡，在加强薄弱领域中增强发展后劲，使单项发展的动能聚合成推动"十三五"经济社会持续健康发展的强劲势能。

协调发展理念，旨在补齐发展短板，解决发展不平衡问题，体现了目标导向和问题导向的统一，是立足长远、谋划全局的战略考量，具有重大理论意义和实践指导作用。

一、把握全局促进协调发展

"不谋全局者，不足谋一域"，只有各区域、各领域、各部分协调并进，才能最大限度地产生系统性效用。新发展理念把协调发展放在我国发展全局的重要位置。经济社会各个层面、环节构成了一个彼此之间密切联系的整体，协调发展就是牢牢把握中国特色社会主义事业总体布局，正确处理发展中的重大关系，优化发展的质量。

协调发展理念既是准确把握社会发展科学世界观和认识论的结果，也是娴熟运用科学方法论的结晶。它旨在找到"五位一体"的相融点和连接点，理清"四个全面"的内在逻辑；坚持的是统筹兼顾，区域协同、城乡一体、物质文明与精神文明并重、经济建设与国防建设相融合，注重在协调发展中拓宽发展空间，在加强薄弱领域中积蓄发展后劲，在增强国家硬实力的同时提升国家软实力，不断增强发展的协调性和整体性。

协调发展理念体现了平衡与不平衡的辩证统一。协调发展就是一种动态的平衡，是不同部门、不同地区、不同领域之间在发展规模、发展速度、发展程度等方面比例适当、结构合理、相互促进、有序运行、共同发展的状态。

从理论发展逻辑来看，协调发展理念是我国社会主义现代化建设治国理政智慧与历史经验的总结。协调发展是中国共产党治国理政的重要历史经验，是一脉相承的发展方法论。以习近平同志为核心的党中央立足中国基本国情，提出了新发展理念，明确要求着力于形成经济社会平衡发展结构，促进现代化建设各个环节、各个方面相协调，促进生产关系与生产力、上层建筑与经济基础相协调。

协调发展理念是我们党在深刻总结国内外发展经验教训的基础上形成的，是针对我国发展中的突出问题提出来的。改革开放以来，我国经济社会在取得了长足进步的同时，也积累了城乡区域发展不协调、收入差距较大、资源环境压力增大等问题，解决这些问题迫切需要从发展理念、发展思路、发展战略的高度进行顶层设计，发挥好理念对行动的指导作用。

协调发展理念蕴含多重目标。协调发展理念具有五个层面的追求。一是问题导向，尽快解决经济社会发展的不平衡或不协调的问题；二是适应经济新常态，引导经济社会健康可持续发展；三是全面建成小康社会，限期消除障碍性"瓶颈"和短板；四是全面深化改革，经济社会的平衡良性发展可为进一步改革提供宽松环境；五是实现国内经济社会和谐发展，便于掌握开放的主动权、参与国际中高端竞争和全球经济治理。这五点是内在统一、互相促进的。

协调发展的重心仍然是经济建设。在经济高质量发展下，协调经济建设的各领域、各要素，关键在于把对投资需求、消费需求和净出口增长的管理和改革，与对要素供给、结构供给和科技创新的管理和改革，有机高效地结合起来。当下应在适度扩大总需求的同时，着力加强供给侧结构性改革，提高供给体系质量和效率，增强经济持续增长和发展的动力。

物质文明与精神文明的关系，是始终需要协调处理好的一对基本范畴。陈始发说，协调物质文明与精神文明的意义在于，我国在以经济建设为中心的同时，抓好精神文明建设，构建起一个文化软实力强大的社会主义现代化国家，为人类命运共同体的发展提供一种新的参考。①

近年来，我国许多地区、领域更加注重发展的协调性，扬长补短，平衡兼顾，从而使经济社会的发展越来越具全局效应，从"一枝独秀"走向"春色满园"。

区域协调发展进展迅速。目前我国区域协调发展主要有两方面成就：一是具有深厚历史积淀与先发优势的区域协调发展程度提高。京津冀、长三角、珠三角、东北老工业基地等区域间及其各自内部，有着广泛的交互共生的各种联系，近年来在塑造要素有序自由流动、主体功能约束有效、基本公共服务均等、资源环境可承载的区域协调发展新面貌与新格局等方面卓有成效。二是欠发达地区发展水平正在提升，发展潜力得到增强。针对西部地区、革命老区、民族地区、边疆地区、贫困地区，国家已采取一系列强有力的经济、法律、文化和行政手段，通过增加财政转移支付、促进发达省市的对口支援、人才和干部的特殊政策和定期交流等措施，正在较快地缩小这些地区与发达地区的差距。

---

① 治国理政：把握全局促进协调发展，http://news.xtu.edu.cn/html/meitixd/show_9388.html，《中国社会科学报》2016年12月21日。

以城镇化为重点的城乡协调发展进展迅速。促进城乡区域协调发展，难点是农村，关键是农民。农村重在经济发展，农民重在增加收入。目前，在这两个问题上，都有了新的成果。具体表现为，城乡发展一体化体制机制逐步健全，农村基础设施投入长效机制得到强化，城镇公共服务向农村进一步延伸，社会主义新农村建设水平明显提高，以人为核心的新型城镇化在质与量及结构方面都有了同步改善。

二、多项措施并举推进　地区经济平稳协调发展

坚持协调发展，关键是要弥补经济社会发展中的短板。近年来，通过完善宏观调控和不断推动创新，我国经济整体实现了稳中有进、稳中向好的良好局面。从地区经济看，总体保持了平稳、协调的发展状态。东部地区经济结构调整成效明显，增长新动能逐步释放，经济总量占全国的比重稳中有升；中西部地区保持了自2008年以来增速快于东部地区的势头，对抵御经济下行压力、拉动全国经济发展发挥了积极作用；东北地区经济恢复性增长势头显现，触底回升迹象明显。经济下行最为严重的辽宁省也扭转了连续四个季度负增长的状况，上半年实现了2.1%的增长。东部地区、大部分中部地区和部分西部地区构成了支撑我国经济大盘发展的基石和砥柱。

虽然我国区域经济总体上保持了良好的发展势头，但是，也要看到在总体协调平稳发展的状态下存在着一些隐忧，地区经济发展呈现出一些新情况。

区域板块内部分化加快。西南、中部的南方省区、东部沿海地区的增长普遍好于西北、中部北方省区以及东北地区，经济增速"南快北慢"、经济总量占比"南升北降"特征比较明显。

地区经济发展潜力悬殊。主要表现在，经济结构调整转换和新经济、新产业快速发展的环境下，不同地区反应、把控和推进力度不一，形成了未来经济发展支撑能力的可预见悬差，将进一步拉大地区发展差距。

要素支撑在少数地区出现"入不敷出"的状态。由于经济下行及其他因素的连带影响以及在经济下行状态下人们对某些因素关注度、苛责度的凸显，少数经济下行地区出现资金、技术、人才等市场要素的外流，形成生产力外溢。

影响或制约地区经济平稳协调发展的因素很多。一是营商环境。一个好的营商环境是各种相关因素全面优化的结果，对于生产经营主体的能动性、创造性的发挥起着至关重要的作用。二是政策支撑。由战略、规划、方案等形成的国家指导性发展思路、重要政策支持措施、重大先行先试平台，以及对口协作机制等是促进地区发展的特别重要的优势资源。一般地说，谁对此拥有得多、运用得好，谁发展就快、效益就高。三是引领型产业。与新技术、新需求、新载体等联系紧

密的、能够聚集体现时代特征的新要素的引领型产业发展越多、比重越大，地区经济发展就越快，潜力和后劲也就越充足。这不仅包括新型产业的培育和发展，也包括利用新技术、运用新载体等对传统产业的改造与提升。四是空间状态。一方面是自身所处的地理位置，主要包括三个因素：开放度，这涉及是否沿边沿海沿江，还涉及区域一体化发展水平；便利性，这涉及硬软基础设施是否健全优质高效；邻壁态，这涉及周边环境是否存在虹吸、挤压、掣肘等不利状况和被辐射、受扩散、给帮扶等有利状况。五是城乡统筹水平。城乡协调发展是区域协调发展的核心内容，并对区域协调发展起着决定性的促进作用。

解决地区发展分化和不平衡问题，要深入分析准确把握当前影响各大区域板块、各省市区经济发展的主要制约因素，有针对性地采取对策举措。基于当前地区经济发展的新情况新特点，在深入实施"三大战略"和区域发展总体战略、继续运用一些行之有效的办法的基础上，应特别重视采取一些举措：加大对重点地区的规划引领和政策支持。应进一步加强对重点地区特别是困难地区的规划引导，在充分调研的基础上坚持问题导向和目标导向相统一，由上级政府部门主导并会同所在地区联合研究制定相关规划，指导和推进地区发展。并通过规划给予必要的政策支持；优化改革试验平台的空间设置。先行先试是优势政策资源，也是领先一步的发展空间。快半步甚至快一步，就能够抢占先机，获得更多利益。国家批准设立的改革试验平台就赋予了先行一步的机遇，应合理配置。要充分考虑不同地区发展重点和实际需要，统筹国家级新区、自由贸易区、综合配套改革试验区、开发开放示范区、自主创新实验区等的区域布局，重点向困难地区倾斜。与此同时，试验地区要按照国家的要求和区域实际，突出试验特色，防止一般化发展和同质化建设；统筹协调新资源新经济的配置。新经济形态、新产业类型、新创新资源等的发展集聚的速度和规模，直接决定着新时期地区发展的基础和位势。换言之，新时期地区发展的状况，直接受制于新资源的集聚利用情况和新经济的培育发展状态。这几年，地区发展因此已呈现两极分化的格局。因此，统筹协调新资源、新经济的配置对于促进区域协调发展、避免和化解地区分化十分重要。有关部门应通过改革试验平台等途径赋予的优惠政策空间，推动创新要素向落后地区转移集聚；强化财税、金融等政策的区域指向，给予落后地区加快产业、技术、动能等的创新发展提供有力支持；推动重大科技创新平台和重大研发项目布局建设，整体提升落后地区科技支撑能力；通过对口协作等方式，推动先进地区对落后地区创新资源的对接应用与新型经济的联动发展；推动特色小城镇在重点地区加快发展。统筹城乡是实现区域协调发展的关键举措。小城镇各项束缚少，进入门槛低，贴近农民、连接城乡、亦城亦乡，是促进城乡协同发展的重要载体，也是市场机制全面发挥作用的有效平台。应当把特色小城镇的建设作为促进区域协调发展的重要途径，作为落后地区实现加快发展的重要抓手。发展特色小城镇，落后地区有优势，也有能力。要防止政府大包大揽的状况，更多鼓励推动市场主体特别是企业在落后地区开展特色小城镇建设，加快地方特色资源开发转换。同时也要防止特色小城镇建设中重形轻魂、贪大求洋、借镇建城、借建设搞房地产开发的情形出现。

三、坚持谋全局与补短板有机统一

中华人民共和国成立特别是改革开放以来我国发展取得的重大成就基础上，党和国家事业发生历史性变革，我国发展站到了新的历史起点上，中国特色社会主义进入了新的发展阶段。改革呈现全面发力、多点突破、纵深推进的崭新局面，发展不断朝着更高质量、更有效率、更加公平、更可持续的方向前进，全面建成小康社会的目标离我们越来越近。行百里者半九十，越是在决胜决战的阶段，越要敢于啃硬骨头、敢于涉险滩，越要着重于补齐短板、攻克难点。

全面小康不能落下一个困难群众，良好生态环境是最普惠的民生福祉，这些都实实在在关乎人民群众的获得感，关乎全面建成小康社会能否得到人民认可、经得起历史检验。在精准脱贫上，中国平均每年有超过1000万人脱贫，成为世界"减贫英雄"；在污染防治上，法律法规陆续出台、环保督察风劲弓鸣、生态建设加快推进。因此，继续快马加鞭、在这些重点问题上出实招、见实效，才能保障"两个一百年"奋斗目标顺利达成。

推进供给侧结构性改革是我国经济发展进入新常态的必然选择，是经济发展新常态下我国宏观经济管理必须确立的战略思路。在全面建成小康社会的决胜阶段，必须坚定不移深化供给侧结构性改革，从生产端入手，提高供给体系质量和效率，扩大有效和中高端供给，增强供给侧结构对需求变化的适应性，克服破茧成蝶的阵痛、实现凤凰涅槃的效果，真正激发中国经济的内生动力和活力。

"来而不可失者，时也；蹈而不可失者，机也。"处于全面建成小康社会的决胜阶段，处于中华民族伟大复兴征程与世界发展大潮的交汇点上，我们更要紧紧把握机会，处理好稳增长、促改革、调结构、惠民生、防风险的关系，集中力量抓住经济社会发展中的重点、提升短板和弱项，更好推动人的全面发展、社会全面进步，以新的精神状态和奋斗姿态把中国特色社会主义推向前进。

第三章

枝繁叶茂
——绿色发展指明新时期前进方向

第一节 从绿掘金，绿水青山就是金山银山

建设生态文明是中华民族永续发展的千年大计。党的十九大报告强调，必须树立和践行绿水青山就是金山银山的理念，坚持节约资源和保护环境的基本国策，像对待生命一样对待生态环境，形成绿色发展方式和生活方式，坚定走生产发展、生活富裕、生态良好的文明发展道路，建设美丽中国。这一重要论述深刻回答了一系列重大理论和实践问题，为建设美丽中国、实现中华民族永续发展指明了道路和方向。

生态环境保护是功在当代、利在千秋的事业。保护生态环境就是保护生产力。"绿水青山就是金山银山"的提出，植根于我国绿色发展的生动实践。近年来，我国大力推进生态文明建设，践行绿色发展理念，取得了丰富的理论和实践成果。生态文明制度体系加快形成，全面节约资源有效推进，能源资源消耗强度大幅下降，生态环境治理明显加强，环境状况得到改善。特别是越来越多的人践行绿色消费理念和绿色生活方式，保护生态环境、建设美丽中国的共识不断提升，"最大公约数"正在形成。实践充分说明，生态文明建设是中国特色社会主义事业的重要内容，关系人民福祉，关乎民族未来。唯有牢固树立尊重自然、顺应自然、保护自然的理念，坚持绿水青山就是金山银山，动员全党、全社会积极行动、深入持久地推进生态文明建设，才能加快形成人与自然和谐发展的现代化建设新格局，赢得中华民族永续发展的美好未来。

"不谋万世者，不足谋一时"。强调"绿水青山就是金山银山"，彰显了我国生态文明建设的道路自信，必将对我国乃至世界的发展产生深远影响。党的十九大报告提出，我们要建设的现代化是人与自然和谐共生的现代化，既要创造更多物质财富和精神财富以满足人民日益增长的美好生活需要，也要提供更多优质生

态产品以满足人民日益增长的优美生态环境需要。如何实现这一目标？这需要我们深入践行绿色发展理念，坚持节约优先、保护优先、自然恢复为主的方针，形成节约资源和保护环境的空间格局、产业结构、生产方式、生活方式，坚持人与自然和谐共生，还自然以宁静、和谐、美丽。

在全球生态环境日益恶劣的大背景下，习近平总书记对生态文明建设作出一系列重要指示和深刻论述，提出了新论断、新要求。全面认识、系统把握习近平总书记关于生态文明建设重要论述的基本内容、思想方法，是建设美丽中国、实现中华民族伟大复兴中国梦的行动指南。

关于生态就是生产力的科学论断，从思想和理念的高度揭示了生态环境与生产力之间的关系，不仅以生态环境也是生产力的思想传承和发展了"自然生产力也是生产力"的马克思主义观点，以保护和改善生态环境的能力也是生产力丰富了"生产力"概念的内涵。实现执政理念和执政方式的新超越。生态兴则文明兴，生态衰则文明衰，绿水青山就是金山银山，山水林田湖是一个生命共同体，人的命脉在田，田的命脉在水，水的命脉在山，山的命脉在土，土的命脉在树。辩证地阐明了生态环境与经济发展的关系，从生产和消费、供给和需求两端丰富了发展理念、拓宽了发展内涵，对提高发展质量和效益、促进经济持续健康发展意义深远。

理念作为思想理论的"头"，是规律性认识的凝练与升华。绿色发展理念是马克思主义生态文明理论同我国经济社会发展实际相结合的新理念，是深刻体现新阶段我国经济社会发展规律的重大理念。

建设生态文明是关系人民福祉、关乎民族未来的大计，是实现中华民族伟大复兴的中国梦的重要内容。要按照绿色发展理念，树立大局观、长远观、整体观，坚持保护优先，坚持节约资源和保护环境的基本国策，把生态文明建设融入经济建设、政治建设、文化建设、社会建设各方面和全过程，建设美丽中国，努力开创社会主义生态文明新时代。

生态文明建设事关经济社会发展全局和人民群众切身利益，是实现可持续发展的重要基石。近年来，各地区各部门按照党中央、国务院决策部署，采取有效措施，在推动改善生态环境方面做了大量工作，取得积极进展。牢固树立新发展理念，以供给侧结构性改革为主线，坚持把生态文明建设放在更加突出的位置。着力调整优化产业结构，积极发展生态环境友好型的发展新动能，坚决淘汰落后产能。着力通过深化改革完善激励约束制度体系，建立保护生态环境的长效机制。着力依法督察问责，严惩环境违法违规行为。着力推进污染防治，切实抓好大气、水、土壤等重点领域污染治理。依靠全社会的共同努力，促进生态环境质量不断改善，加快建设生态文明的现代化中国。

一、绿水青山具有最广泛而深刻的理论价值

"人心是最大的政治"。我们党要巩固长期执政地位,就必须夯实人心这个最深厚的执政基础。当前,我国生态环境质量不尽如人意,环境污染、生态退化的问题十分严峻,甚至已成了党和政府以及群众的心头大患,成了影响人们生活质量的一块短板。世界上许多国家包括一些发达国家,都走过"先污染、后治理"的老路,在发展过程中把生态环境破坏了,搞了一堆没有价值甚至是破坏性的东西。20世纪发生在西方国家的"世界八大公害事件",对生态环境和公众生活造成巨大影响。有些国家和地区,像重金属污染区,水被污染了,土壤被污染了,到了积重难返的地步。西方传统工业化的迅猛发展在创造巨大物质财富的同时,也付出了十分沉重的生态环境代价。我们要痛下决心走绿色低碳循环发展之路,切实保护、修复好生态环境,尽快消除人民群众的"心头之患",让绿水青山成为我们党长期执政的重要民心资源。

绿水青山作为生态资源、生态环境,本身就具有经济价值或能够直接转化为经济效益。自然生态环境直接就是人类生产活动的"财富之母"。比如,土地、森林、水、矿物、石油等,本身就是人类的生产资料。人类几千年的文明发展史,实际上大多数的生产活动过程,本质上都是在从事将生态环境资源转化为经济发展资源的过程。譬如,我们把生态环境优势转化为生态农业、生态工业、生态旅游等生态经济优势,这样,绿水青山也就直接可以转变成金山银山。此外,金山银山不只是金钱意义上的财富,它还包括诸如审美、文艺创作等精神文化财富。因此,保护生态环境就是保护生产力,改善生态环境就是发展生产力,生态环境优势就是经济社会发展优势。从这个意义上,我们更容易理解"绿水青山就是金山银山"的本质内涵。

绿水青山的文化价值。"绿水青山就是金山银山"包含着深厚的文化价值。这一重要论述,既揭示了自然与人、生态与发展、生态与社会的内在关联性、统一性,又极大丰富和提升了生态文明观,日益成为我们党和广大人民群众自觉的行动准则。生态文化是一种行为准则、一种价值理念,是一种发自心灵深处的醒悟和外化于行的素养。我们衡量生态文化是否在全社会植根,就是要看这种行为准则和价值理念是否自觉体现在社会生产生活的方方面面。今日之中国,生态文化已融入生产、生活、经济、政治、法治、党政建设等各个领域、各个方面,成为人们日常生活的一种意义深远的文化自觉。绿色文化作为一种新的文化自觉,将开启生态文明发展的新时代。毫无疑问,推进绿色发展,既是经济增长方式的转变,更是思想观念的深刻变革。加强生态文化建设,在全社会确立起追求生态优先的价值观,是我们建设美丽中国、追求美好生活的重要前提。

> 链接

韶关市全力做好生态文章　走高质量发展之路

韶关是中国优秀旅游城市、全国双拥模范城、全国卫生城市、国家园林城市、全国金融生态市和生态文明建设试点地区，广东省历史文化名城、文明城市、卫生城市、园林城市、林业生态市和生态发展区。

近年来，韶关市全力践行新发展理念，坚持生态优先、绿色发展，进一步加大生态保护力度，生态环境持续向好。在抓好生态保护的基础上，韶关市努力把生态优势转化为发展优势，狠抓生态农业、生态工业、生态旅游，牢固树立和切实践行"绿水青山就是金山银山"的发展理念，经济发展质量效益明显提升。

在广东省"一核一带一区"的区域发展格局中，韶关是广东省北部生态发展区的中坚力量。新发展理念和广东新的区域发展格局为韶关发展带来新的重大历史机遇，当前，韶关正坚持以习近平新时代中国特色社会主义思想为指引，坚决贯彻落实中央、省委的各项工作部署，全力筑牢粤北生态屏障，打造绿色发展韶关样板，争当北部生态发展区高质量发展排头兵。

一、呵护生态永续优势，努力建设广东绿色生态城市

韶关是华南生物基因库和广东的重要生态屏障，绿色生态是韶关的闪亮名片和核心优势所在。近年来，韶关不断加大环境保护力度，全面完成省下达的节能减排目标任务，坚决打好水、大气、土壤污染防治"三大战役"，建成全国生态文明先行示范区、广东绿色生态第一市，有7个县（市）被列为南岭山地森林生态及生物多样性功能区。

土壤污染综合防治，是韶关加强全域生态保护、坚决打好污染防治攻坚战"三大战役"中的重要一役。目前，该市顺利推进全国土壤污染综合防治先行区建设，一批技术示范项目正在实施，并逐步搭建起区域技术体系，努力为全国土壤污染防治提供韶关经验。

为推进大气污染防治，加强施工扬尘、工业和机动车排污治理，2017年韶关整治"小散乱污"企业51家、关闭25家，2018年以来对韶关发电厂、韶钢、韶冶等一批重点企业实施了"一企一策"监管方案，严格落实污染防治各项工作，空气质量持续改善。

为加强水污染防治，韶关全面落实河长制。目前，全市建立了市、县、镇、村四级河长体系，确立了2521条河流和649座湖库共计2208名河长，实现了市、县、镇、村四级河长全覆盖。2017年以来，全市各级河长开展巡河102075人（次），协调解决河湖问题1205个。

二、重点突破全域推进，坚决筑牢粤北生态屏障

为进一步加大生态保护力度，韶关正以建设粤北生态特别保护区为契机，提高全域生态保护水平。以创建国家公园为目标，高水平推进粤北生态特别保护区建设，坚持先行先试，在保护效果、体制机制上对标最高最好最优，把创建国家公园的过程，变成从韶关样板向国家样板提升的过程。

加强全域生态保护和环境治理，韶关全力以赴打好污染防治攻坚战和生态文明建设持久战。以问题为导向，抓好中央环保督察反馈意见整改及"回头看"案件办理，全面推进和落实好全市水源保护区清理整治、农业污染源整治等10项重点环境整改内容。统筹山水林田湖草治理，筑牢粤北生态屏障，让绿色成为韶关发展的鲜明底色。

持之以恒推进全域生态保护。韶关市要求全面落实领导干部生态文明建设责任制，用最严格的制度、最严密法治保护生态环境，加强生态环保领域立法和法治宣传教育。加快制定生态保护、环境整治和生态产业"三个规划"，严守生态保护红线、环境质量底线、资源利用上线"三条红线"，绝不能为了局部利益、一时利益突破生态环保底线。

此外，韶关市专门制定出台了《韶关市野外用火管理条例》地方性法规，采取疏堵结合的方式，既坚持原则，又尊重客观情况和农业生产习俗，加强管理、规范野外用火行为，该条例将于2019年1月1日起正式实施。

在全域生态修复和建设方面，韶关市以"森林碳汇造林、生态景观林带、森林公园及湿地公园、乡村绿化美化"四大林业重点生态工程为抓手，正全力推进创建"全国绿化模范城市"工作。目前，韶关已通过省级创建"全国绿化模范城市"验收。

三、生态赋能绿色发展，绿水青山引领高质量发展

韶关市立足生态兴市、生态强市，坚持生态赋能，大力发展生态农业、生态工业、生态旅游。积极顺应区域发展战略新变化，不断深化与粤港澳大湾区的共建共融，着力把韶关建设成为珠三角先进装备制造业共建基地、珠三角旅游休闲度假首选地、珠三角优质农产品生产供应基地、高效联通珠三角与内地的商贸物流集散地，实现与粤港澳大湾区差异化协同发展。

围绕推进产业生态化和生态产业化，韶关正加快建设绿色低碳循环产业体系。在质量上坚持绿色发展，坚决淘汰高污染、高耗能、高排放等落后产能，加快传统产业的转型升级。大力推进新兴产业发展，加快打造产值超500亿元的先进装备制造产业集群。在空间上坚持集约发展，把园区作为经济发展的主战场、主平台。在动力上坚持创新发展，加快构建创新引领的现代化经济体系，力争到2020年，实现"一个突破、三个倍增、五个大幅增长"目标。

（资料来源：国是智库发展研究部供稿，2018年11月21日）

自然生态系统是经济发展的资源，也是每个人每天生活其中的环境，在这个意义上，绿水青山就是我们生活的"金山银山"。良好生态环境是最公平的公共产品，是最普惠的民生福祉。生态环境直接关乎人民群众生活质量。保护生态环境就是保障民生，改善生态环境就是改善民生。环境就是民生，青山就是美丽，蓝天就是幸福。小康全面不全面，生态环境质量是关键。人们过去求生存，现在求生态；过去盼温饱，现在盼环保；过去希望尽快富起来，现在不仅希望生活更富足，而且希望生态环境更良好，希望蓝天常在、青山常在、绿水常在，这是中国梦的重要内容。我们要坚持绿色发展，使良好的生态环境成为人民生活质量的重要增长点，自觉把生态纳入民生福祉，拓宽惠民利民富民之道，为人民提供干净的水、清新的空气、安全的食品、优美的环境，为人民提供更多优质的公共生态产品。这就是绿水青山的民生价值。

绿水青山作为金山银山，还表现在社会价值上，体现于社会运行制度、社会体制、社会治理等方面。治理环境污染好比治理一种社会生态病，这种病是一种综合征，病源很复杂，有的来自不合理的经济结构，有的来自传统的生产方式，有的来自不良的生活习惯等，其表现形式也多种多样，既有环境污染带来的"外伤"，又有生态系统被破坏造成的"神经性症状"，还有资源过度开发带来的"体力透支"。需要多管齐下，综合治理，长期努力，精心调养。由此可见，生态病实际上就是社会病，病在生态环境上，病根则在社会机体上，涉及综合的社会体制、社会政策、社会治理等问题。必须牢固树立绿色发展、生态优先、不以GDP论英雄的理念，加快形成有利于绿水青山的经济结构和低碳可循环、可持续的发展方式，切实加大环境保护和环境治理的监管执法力度，不断推进生态文明、美丽中国建设步伐。

建设绿水青山的生态文明，关系人民福祉，关乎民族未来。这是因为，绿水青山是惠民富民之源，资源环境是富国强国之基，绿色发展是新时期富民强国之道，生态安全是国家和民族生存发展的基本安全。善待生态就是善待我们自己，珍惜资源就是珍惜国家和民族的前途。走向生态文明新时代，建设美丽中国，是实现中华民族伟大复兴中国梦的重要内容，是中华民族千秋万代永续发展的必由之路。坚持绿色发展，为当代中国人和我们的子孙后代留下天蓝、地绿、水清的生存发展环境，是新时期我们党执政兴国的重大责任和历史使命。

绿水青山作为金山银山，并不只具有民族价值，还包含着人类普遍的生态价值，内含中国对人类的责任和贡献。人类同住一个地球，共同生活在一个自然生态系统之中，任何一个国家生态环境的好坏都影响着全球生态环境的优劣。与此同时，经济全球化时代，世界各国"你中有我、我中有你"，各国的发展同世界的发展连为一体，一国的绿水青山，间接地具有了全球价值和人类价值。当前，人类共同面临生态环境恶化和全球环境治理的重大课题，走绿色发展、低碳循环、可持续发展之路,是人类共同的发展大势。坚持绿色发展、建设生态文明正逐渐成为越来越多国家和人民的共识,成为当今世界发展的必然趋向。正如习近平总书记在第七十届联合国大会一般性辩论时所指出的,"建设生态文明关乎人类未来。国际社会应该携手同行,共谋全球生态文明建设之路"。中国作为发展中大国、负责任大国,推进绿色发展,保护绿水青山,既是自身发展的内在需要,也是为解决全球性环境危机而承担的应有责任。

一切生命都起源于大自然、从属于大自然;一切合乎自然演化、宇宙运行规律而产生的事物,都是它自身存在和发展的金山银山。也就是说,绿水青山本身就是金山银山,就是大自然赐予的"自然财富"。简单直观地看,自然生态环境似乎用之不竭,但现实生活正反两个方面的事实都反复证明:破坏了绿水青山,就要用真金白银去还债。因此,对"绿水青山就是金山银山"的理解,首先应站在人来自自然、从属于大自然生态系统这一角度去把握,自觉树立人与自然和谐统一的理念,坚持生态优先,不断创造条件让绿水青山源源不断地带来金山银山。

二、绿水青山具有丰富生动的实践价值

党的十九大报告指出,建设美丽中国,为人民创造良好生产生活环境,为全球生态安全作出贡献,并强调:"必须树立和践行绿水青山就是金山银山的理念。"建设生态文明是中华民族永续发展的千年大计,坚持人与自然和谐共生是新时代坚持和发展中国特色社会主义的基本方略之一。树立和践行绿水青山就是金山银山的理念,是指引建设美丽中国的理论明灯。

习近平总书记反复强调:"要正确处理好经济发展同生态环境保护的关系,牢固树立保护生态环境就是保护生产力、改善生态环境就是发展生产力的理念,更加自觉地推动绿色发展、循环发展、低碳发展,决不能以牺牲环境为代价去换取一时的经济增长。"[①] 这一论述将生态环境保护与改善置于保护与发展生产力的突出位置,包含保护生态环境、改善生态环境、建设生态环境以及实现路径和方式等内容,既注重末端治理,又强调源头预防,既不欠新账,又要多还旧账。这一论述科学地阐述了经济发展与环境保护的关系,为生态环境的保护和改善提供了有力的理论支撑,丰富了马克思主义生产力理论,形成了极富中国特色的生态环境生产力理论。如今,生态环境生产力理论得到了越来越多的实践验证、理论认可、民意认同。

---

① 习近平诠释环保与发展:绿水青山就是生产力 [EB/OL]. 人民网,2014 年 8 月 15 日,http://politics.people.com.cn/n/2014/0815/c1001-25472916.html.

关于绿水青山就是金山银山的辩证论是生态环境生产力理论生动、朴实和富含哲理的印证："绿水青山可以源源不断地带来金山银山，绿水青山本身就是金山银山，我们种的常青树就是摇钱树，生态优势变成经济优势。""如果能够把这些生态环境优势转化为生态农业、生态工业、生态旅游等生态经济的优势，那么绿水青山也就变成了金山银山。"① 当然，绿水青山和金山银山之间也有矛盾，绿水青山是真正的金不换，"绿水青山可带来金山银山，但金山银山却买不到绿水青山"。因此，当绿水青山和金山银山之间有不可调和的矛盾时，我们宁要绿水青山，不要金山银山。要像对待生命一样对待生态环境，统筹山水林田湖草系统治理，实行最严格的生态环境保护制度，形成绿色发展方式和生活方式，坚定走生产发展、生活富裕、生态良好的文明发展道路，建设美丽中国。

绿水青山就是金山银山的理念，一头是人类赖以生存的自然环境，另一头牵着财富生产；一头连着生态环境，另一头是人类活动的产物。从人与自然是生命共同体出发，将生态环境内化为生产力的内生变量与价值目标，蕴含着尊重自然、顺应自然、保护自然，谋求人与自然和谐发展的生态理念和价值诉求，揭示了生态环境与生产力之间的辩证统一关系，突破了把保护生态与发展生产力对立起来的僵化思维，内含了保护、改善与建设生态环境和保护与发展生产力的有机统一，鲜活地概括了有中国气派、中国风格和中国话语特色的绿色发展内涵，是中国化马克思主义理论的光辉典范。

遵循"绿水青山就是金山银山的理念"，建设美丽中国，当前的着重点是要在党的十九大报告中提出的几个方面发力，这是"绿水青山就是金山银山"理论的实践价值：

第一，推进绿色发展。党的十九大报告指出："加快建立绿色生产和消费的法律制度和政策导向，建立健全绿色低碳循环发展的经济体系。"建立健全绿色低碳循环发展的经济体系，要坚持产业生态化，生态产业化的发展方向，以供给侧结构性改革为突破口，通过供给侧结构性改革优化产业和产品结构，推进产业生态化改造，开辟生态产业的新路径，将绿色生态科技成果转化作为生态经济发展的重要支撑，在节能环保产业、清洁能源产业、生态环境、社会管理等方面广泛实施生态科技项目，推进能源生产和消费革命；要以融合发展方式，发展生产、生活、生态有机融合的业态。突出绿色金融在推动绿色发展中的血液作用，以资本为纽带、以资产化为方法、以资本化为杠杆，推进绿色低碳循环发展的经济体系建设，实现绿色发展。

第二，解决突出环境问题。今天，中国的环境承载能力已经不容乐观，在很多领域环境问题和矛盾突出，必须构建以政府为主导、企业为主体、社会组织和

---

① 习近平谈治国理政 [M]. 外文出版社，2014.

公众共同参与的环境治理体系，以解决损害群众健康突出环境问题为重点，坚持全民共治，源头防治，综合防治，持续实施大气污染防治行动，加快水污染防治特别是重点流域和区域性水污染防治，强化土壤污染管控和修复，扩大环境容量和优化人民群众的生态生存空间，建设天蓝、地绿、水清的美丽中国。

第三，加大生态系统保护力度。生态修复是生态系统的"康复所"，以生态良知与生态正义为导向，坚持保护优先和自然恢复为主，实施重要生态系统保护和修复重大工程，优化生态安全屏障体系，构建生态廊道和生物多样性保护网络，提升生态系统的质量和稳定性，努力构建健康安全友好的自然生态格局。通过荒漠化、石漠化、水土流失综合治理，着力于天然林保护、城市绿化建设、新农村村寨绿化、退耕还林还草、生态屏障保护等重大领域，健全耕地草原森林河流湖泊休养生息制度，建立市场化、多元化生态补偿机制，在生态保护中培育生态产业，靠山养山，靠水养水，发展生态经济，实现民富地美。

第四，改革生态环境监管体制。生态环境监管是生态文明建设的"保护神"，将生态文明建设纳入法制化的监管轨道，是生态文明建设的重要保障。通过设立国有自然资源资产管理和自然生态监管机构，完善生态环境管理制度，无疑可以提高监管机构的独立性和强化监管的力度，强化党和国家生态文明建设的主体意识，加强对生态文明建设的总体设计和组织领导。监管机构必须通过法律制度的建立健全，形成严格的生态文明监管方式。

三、绿树青山就是脱贫致富的金山银山

党的十九大报告指出，坚持人与自然和谐共生；必须树立和践行绿水青山就是金山银山的理念。新时代必须全面落实党的十九大精神，深学笃用习近平新时代中国特色社会主义思想，坚定不移走"生态优先、绿色发展"之路，严格落实"共抓大保护、不搞大开发"要求。

基于"创新发展、协调发展、绿色发展、开放发展、共享发展"新发展理念在扶贫开发领域的具体运用，贫困地区与重点生态功能区的地理空间重叠、项目实施区域重叠和发展目标一致，脱贫富民与生态建设可以形成一种协同共进的绿色扶贫模式。"我们要建设的现代化是人与自然和谐共生的现代化，既要创造更多物质财富和精神财富以满足人民日益增长的美好生活需要，也要提供更多优质生态产品以满足人民日益增长的优美生态环境需要。必须坚持节约优先、保护优先、自然恢复为主的方针，形成节约资源和保护环境的空间格局、产业结构、生产方式、生活方式，还自然以宁静、和谐、美丽。""生态文明建设功在当代、利在千秋。我们要牢固树立社会主义生态文明观，推动形成人与自然和谐发展现代

化建设新格局,为保护生态环境作出我们这代人的努力!"① ……习近平总书记这些直击人心的精彩论述,为加快生态文明体制改革、建设美丽中国指明了方向。

增强扶贫干部的绿色发展意识和能力。在绿色发展的大背景下,实现脱贫富民,扶贫干部的绿色素质是关键因素。思想是行动的先导,绿色发展理念的秉持,可以实现在精准扶贫项目中彰显绿色价值,加强项目培训和业务指导嵌入和引领生态产业、生态产品、生态价值链、生态设计、生态化处理。增强干部扶贫工作的绿色发展意识与能力,将绿色资源作为脱贫富民的重要资源与生态屏障。放眼未来,将生态与绿色资源打造成为最具有竞争力的核心资源。

唤醒贫困群众的生态财富意识。生活在山清水秀,经济不发达地区的老百姓,靠天吃饭,享受着新鲜的空气,需要各级党委政府不断出台优惠政策,不断塑造绿色价值观、生态财富观,绿色发展建构下的扶贫优惠政策,富了老百姓,美了生态。塑造绿色财富观,可以让老百姓拥有实实在在的绿色收益,通过绿色产业发展、绿色产品生产、绿色收益分配激发老百姓的生态资源的财富意识,集聚生态资源的财富效应可以最大限度实现生态减贫。绿色资源的财富效应是较为单一的、直接的和紧迫的,能够较快地发挥经济上脱贫富民的作用。现阶段需要大力开发与宣传,实现绿色财富效应最大化,真正做到绿水青山就是金山银山,让绿色生态释放发展红利。

培育绿色生产力和绿色竞争力。习近平总书记说:"保护生态环境就是保护生产力,改善生态环境就是发展生产力。"② 这是马克思主义生态观的最新定位,明确了绿色生产力和绿色竞争力的概念、内涵与功能。生态环境好了,曾经的荒山变成了旅游胜地,老百姓通过苗木种植拥有了"绿色银行"和"摇钱树"。统筹好经济发展和生态保护,培育和发展绿色生产力和绿色竞争力,要分析研究绿色要素、绿色机制、绿色系统,规划和建设绿色项目,高度重视绿色产业与绿色产品的生产与营销。绿色产品的供给存在不公平的对立地位,生态产品或绿色资源往往是强者需求,弱者提供,对于弱者来说,对于生态产品和绿色资源通常低估产品价值,也缺乏营销策略,在市场中处于竞争劣势,耗费资源,改变贫困处境收益甚微。同时在生态产品或绿色资源生产与供给分布和消费需求上存在协调不足,市场流通与交易无法自发调解,需要政府运用政策杠杆,通过生态系统的整体性、各种生态流的自然作用以及社会主体的流动性消费(比如旅游度假等)和购买部分产品等方式来实现,各级党委政府应当从长远和整体的角度在促进绿色产品的定价与交易等方面提供制度保障。

创新绿色发展的体制机制。创新脱贫攻坚进程中的绿色长效投入机制、科学

---

①② 习近平谈治国理政(第二卷)[M]. 外文出版社,2017.

决策机制、绩效考核机制、责任追究机制。在精准扶贫工作中，存在较为复杂的多元主体合作关系，这种关系的复杂性，主要源于主体的背景、能力、价值观和利益追求上的差异，以及对待扶贫工作本身的权利差异。坚持绿色追求架构下的脱贫富民硬约束评价，需要制定和实施好具有绿色内涵和特点的考评制度，真正实现脱贫富民的绿色化。一是脱贫富民与生态建设的内容与标准符合的一致性；二是脱贫富民具有符合绿色发展的可持续发展能力，具有永续生机的绿色发展能力；三是责任追究机制要体现牢牢守住生态红线的原则，强化主体责任，强化追责问题，对破坏生态环境与脱贫富民的责任单位和责任人，实行最严格的考核问责机制，着力解决群众关心和影响经济社会可持续发展的突出环保问题。

生态补偿制度建设与运用。生态补偿是发挥拥有良好生态资源的地区财富效应最重要、最有效和最具有长远引导力的手段或机制。生态补偿机制建设、生态补偿制度建设、生态补偿资金筹措等，在绿色脱贫富民中起到支撑作用。2016年5月，国务院出台了《关于健全生态保护补偿机制的意见》，具有法律效力的制度格局在不断探索推进。

第二节 科学布局，扎实推进生态环境保护

党的十九大报告指出，中国特色社会主义进入新时代，社会主要矛盾已经转化为人民日益增长的美好生活需要和不平衡不充分的发展之间的矛盾。满足人民日益增长的美好生活需要是发展的出发点和落脚点，绿色发展就是要解决好人与自然和谐共生的问题，是永续发展的必要条件和人民对美好生活追求的重要体现。当前，生态文明建设虽然成效显著，生态环境治理明显加强，环境状况得到改善，但发展不平衡不充分的一些突出问题尚未解决。实施绿色发展战略需要转变和提升传统的环境保护模式，切实加强绿色治理。党的十九大报告指出，建设生态文明是中华民族永续发展的千年大计。必须树立和践行绿水青山就是金山银山的理念，像对待生命一样对待生态环境，形成绿色发展方式和生活方式，坚定走生产发展、生活富裕、生态良好的文明发展道路，建设美丽中国，为人民创造良好生产生活环境，为全球生态安全作出贡献。

"绿色"作为"十三五"规划五大发展理念之一，将生态环境质量总体改善列入全面建成小康社会的新目标，这与生态文明纳入"五位一体"总体布局一脉相承。表明了中国将通过绿色发展引领生态文明建设新路径，体现了我们党对人民福祉、民族未来的责任担当，也体现了我们党对人类文明发展进步的深邃思考。

在这个过程中，观念的转变至关重要。改革开放以来，我国经济社会发展取得了历史性成就，同时在快速发展中也积累了不少生态环境问题，企业发展中同

样存在着环境保护意识不够的情况。推动形成绿色发展方式和生活方式，是发展观的一场深刻革命。因此，我们要把践行绿色发展理念放在极端重要的位置。观念转变不到位、认识理解不到位，就有可能认为建设和环境是矛盾关系；观念转变到位、认识理解到位，就能理解建设和环境是相辅相成的关系，就能以正确的方法路径实现建设和环境共同提升，就能通过建设网络化布局、智能化管理、一体化服务、绿色化发展的综合交通基础设施，就能有力推动交通基础设施和交通服务低碳智能安全发展，就能不断推进资源节约利用。

践行绿色发展大有可为。党的十九大报告指出，要加强水利、铁路、公路、水运、航空、管道等基础设施网络建设。拓展实施国家重大科技项目，突出关键共性技术、前沿引领技术、现代工程技术、颠覆性技术创新，为建设科技强国、质量强国、交通强国、数字中国、智慧社会提供有力支撑。这充分说明，推进绿色发展，对基础设施建设企业不是没有发展空间，不是限制发展，而是要把拓展基础设施建设空间与培育发展新动力、深入实施创新驱动发展战略、构建产业新体系、形成发展新体制等主要任务一并考虑，与拓展国土发展空间、拓展产业发展空间等统筹起来。绿色发展理念融入生产经营的各方面和全过程，以绿水青山、永续发展为目标追求，通过制度设计、技术进步、结构调整等手段，推进基础设施建设和自然环境的协调发展。例如，国家"十三五"规划中关于发展可持续海洋经济和生态岛礁工程、推动优化空间开发中，蕴含大量新的发展机遇；又如，多部委下发的《关于推进绿色"一带一路"建设的指导意见》，给我们打开了发展新空间。我们需要坚持"转产、转场、转商"理念，既要在基础设施网络建设、现代工程技术、交通强国等领域巩固优势，又要在流域环境、近岸海域综合治理、重要生态系统修复重大工程等领域实现突破。

一、让绿色成为新时代发展的永久底色

绿色，常被喻为生命色、自然色。绿色发展，从根本上说就是要实现人与自然的和谐共生。人类必须尊重自然、顺应自然、保护自然，破坏自然就是搬起石头砸自己的脚，最终伤及的是人类自身。早在 100 多年前，恩格斯就告诫人们："我们不要过分陶醉于我们人类对自然界的胜利。对于每一次这样的胜利，自然界都对我们进行报复。"[1] 一个多世纪以来，无数的环境事件深刻印证了这个警示。

"生态兴则文明兴，生态衰则文明衰。"[2] 党的十八大以来，以习近平同志为

---

[1] 恩格斯.自然辩证法 [M].人民出版社，1984.
[2] 习近平出席全国生态环境保护大会并发表重要讲话 [EB/OL].中央政府网，2018 年 5 月 21 日，http://www.gov.cn/xinwen/2018-05/19/content_5292116.htm.

核心的党中央，推进生态文明建设决心之大、力度之大、成效之大前所未有，坚决向污染宣战，相继实施大气、水、土壤污染防治三大行动计划，解决了一批重大环境问题，重大生态保护和修复工程进展顺利，生态环境治理明显加强，环境状况得到改善，"国家颜值"越来越高，绿色发展按下快进键，美丽中国建设驶入快车道。同时要看到，目前我国环境形势依然严峻，建设生态文明是一个长期的过程，任重而道远。我们要建设的现代化是人与自然和谐共生的现代化。必须牢固树立绿色发展的理念，坚持节约优先、保护优先、自然恢复为主的方针，形成节约资源和保护环境的空间格局、产业结构、生产方式、生活方式，实现经济社会发展和生态环境保护协同推进。以绿色发展理念为指引，我国循环经济获得迅猛发展，资源利用率明显提高，节能降耗取得新成效。环境污染治理全力推进，主要污染物排放总量得到控制，生态系统严重退化势头得到初步遏制，城乡人居环境质量稳步改善。以绿色发展扮靓的美丽中国，渐渐走进现实。

完善绿色经济体系。生态环境问题，归根到底是经济发展方式问题。发展是硬道理，绿色是硬要求。推进绿色发展，必须加快建立绿色生产和消费的法律制度和政策导向，建立健全绿色低碳循环发展的经济体系，切实改变过多依赖增加物质资源消耗、过多依赖规模粗放扩张、过多依赖高能耗高排放产业的发展模式，从源头上推动经济实现绿色转型，走出一条经济发展与生态文明建设相辅相成、相得益彰的新发展道路。

构建绿色创新体系。绿色发展，离不开技术引领、金融支撑，需要绿色技术和绿色金融"双轮创新驱动"。我们将构建以市场导向的绿色技术创新体系，促进科技创新与环境保护深度融合，发展绿色金融，开发绿色信贷、绿色保险、绿色债券、绿色基金等绿色金融产品，加强新材料、新能源、新工艺的开发与利用，发展壮大节能环保产业、清洁生产产业、清洁能源产业，加快形成新型生态产业体系。

建立绿色能源体系。目前，我国可再生能源装机容量占全球总量的24%，已成为世界节能和利用新能源、可再生能源第一大国。今后，国家将继续推进能源生产和消费革命，加快发展风能、太阳能、生物质能、水能、地热能，安全高效发展核电，推进资源全面节约和循环利用，降低能耗、物耗，提高能源利用效率，构建清洁低碳、安全高效的能源体系。

推进绿色发展，需要全社会同呼吸、共奋斗，需要每一个人从自身做起、从小事做起。必须在全社会倡导简约适度、绿色低碳的生活方式，反对奢侈浪费和不合理消费，开展创建节约型机关、绿色家庭、绿色学校、绿色社区和绿色出行等行动……每个人的一小步，都是迈向美丽中国的一大步。

二、着力解决环境突出问题

党的十九大报告指出,中国特色社会主义进入新时代,社会主要矛盾已经转化为人民日益增长的美好生活需要和不平衡不充分的发展之间的矛盾。满足人民日益增长的美好生活需要是发展的出发点和落脚点,绿色发展就是要解决好人与自然和谐共生的问题,是永续发展的必要条件和人民对美好生活追求的重要体现。当前,生态文明建设虽然成效显著,生态环境治理明显加强,环境状况得到改善,但发展不平衡不充分的一些突出问题尚未解决。实施绿色发展战略需要转变和提升传统的环境保护模式,切实加强绿色治理。近年来,我国生态文明建设取得显著成效,进入认识最深、力度最大、举措最实、推进最快,也是成效最好的时期。

一是思想认识程度之深前所未有。全党全国贯彻绿色发展理念的自觉性和主动性显著增强,忽视生态环境保护的状况明显改变。二是污染治理力度之大前所未有。发布实施了三个"十条",即大气、水、土壤污染防治三大行动计划,坚决向污染宣战。污水和垃圾处理等环境基础设施建设加速推进。在这个过程中,还实施燃煤火电机组超低排放改造,到目前为止已经完成了5.7亿千瓦,累计淘汰黄标车和老旧车达到1800多万辆。同时开展农村环境综合整治,有11万多个村庄完成了整治,将近2亿农村人口从中受益。①重大生态保护和修复工程进展顺利。三是制度出台频度之密前所未有。中央全面深化改革领导小组审议通过40多项生态文明和生态环境保护具体改革方案,对推动绿色发展、改善环境质量发挥了强有力的推动作用。四是监管执法尺度之严前所未有。环境保护法、大气污染防治法、水污染防治法、环境影响评价法、环境保护税法、核安全法等多部法律完成制修订,土壤污染防治法进入全国人大常委会立法审议程序。五是环境质量改善速度之快前所未有。其中,2016年,京津冀、长三角、珠三角三个区域细颗粒物(PM2.5)平均浓度与2013年相比都下降30%以上。

我国在解决国内环境问题的同时,也积极参与全球环境治理。迄今,已批准加入30多项与生态环境有关的多边公约或议定书,引导应对气候变化国际合作,成为全球生态文明建设的重要参与者、贡献者、引领者。

改善生态环境与保持经济增长是否矛盾?加强环境保护会对企业产生局部的、微观的影响,但从长远看、从宏观看、从大局看,加强环境保护、推动绿色发展,加强生态文明建设与发展经济是正相关的。

---

① 党的十九大报告[EB/OL]. 人民网, 2017年10月18日, http://cpc.people.com.cn/n1/2017/1028/c64094-29613660.html.

近年来，开展中央无论是环保督察，还是目前正在一些重点地区开展的环境执法专项行动，环境保护并没有影响经济发展。大家可以看到，这两年我国的经济发展势头非常好，各项指标都非常喜人。在中央环保督察的过程中，实际上也紧密跟踪了这些地区的经济数据，中央环保督察的省份，其经济各项指标没有受到任何影响，某种意义上来讲比过去还要好。加强环境保护既要打攻坚战，又要打持久战。在具体实施过程中，一方面对违法违规、污染环境的企业零容忍，依法依规严肃处理；另一方面，按照分类指导原则，一厂一策，具体问题具体分析，得到了各个方面包括地方和企业的支持，实现了环境保护与经济发展相得益彰。

三、完善生态环境监管体制

只有实行最严格的制度、最严明的法治，才能为生态文明建设提供可靠保障。对破坏生态环境的行为，不能手软，不能下不为例。必须按照源头严防、过程严管、后果严惩的思路，构建产权清晰、多元参与、激励约束并重、系统完整的生态文明制度体系，建立有效约束开发行为和促进绿色发展、循环发展、低碳发展的生态文明法律体系，发挥制度和法治的引导、规制等功能，为生态文明建设提供体制机制保障。

近年来，随着《环境保护督察方案（试行）》的实施，督察风暴不断推开，没有最严只有更严。2015年以来，中央环保督察已实现31个省区市全覆盖，问责人数超过1.8万人，地方已办结群众举报信访问题10.2万多件，切实落实地方党委和政府环境保护主体责任，强势震慑了污染企业，解决了一大批群众关注的突出环境问题。

环境保护督察取得的成效，从一个侧面反映了近年来生态环境监管体制改革带来的积极变化。党的十九大对改革生态环境监管作出新部署，进一步理顺环保管理体制，使监管"一竿子插到底"，增强监管的权威性实效性，用硬措施完成硬任务。

生态环境监管是一个系统工程，涉及方方面面，必须在国家层面加强总体设计和组织领导。党的十九大提出，设立国有自然资源资产管理和自然生态监管机构，完善生态环境管理制度，统一行使全民所有自然资源资产所有者职责，统一行使所有国土空间用途管制和生态保护修复职责，统一行使监管城乡各类污染排放和行政执法职责。这一制度安排，着眼生态环境保护监管的系统性和综合性，有效克服了以往政出多门、九龙治水、多头监管的问题，避免出现"谁都在管、谁都不担责"的监管真空。

链接

生态文明建设是新时代的"大政治"

生态文明建设具有引领性、规范性

● 生态文明建设的直接性任务是"刚性目标",就是实质性应对经过近40年经济社会现代化发展之后累积起来的极其严重的生态环境问题或挑战,因而是必须如期完成的"政治任务"。

● 生态环境问题的根本性解决,还有赖于一种全新的符合生态文明原则的新经济、新社会、新政治与新文化,而人与自然是生命共同体和山水林田湖草系统治理的价值理念与行为方式将会构成这种全新社会的认知与实践指针。

● 作为"五位一体"构成性元素的"生态文明建设"的确具有一种整体规范性、引领性的意涵,换言之,"五位一体"视域下的"生态文明建设"更能够彰显一种新政治、新文明的未来指向。

从政治视角或高度来看待与推动我国的生态文明建设,是习近平新时代中国特色社会主义思想的一个重要内容。比如,他在十八届中央政治局常委会会议上关于第一季度经济形势的讲话中就明确指出,我国一些地区的雾霾天气、饮水安全和土壤重金属含量过高等严重污染问题,"既是重大经济问题,也是重大社会和政治问题",并强调,"我们不能把加强生态文明建设、加强生态环境保护、提倡绿色低碳生活方式等仅仅作为经济问题。这里面有很大的政治"。因而,如何从环境政治的视角科学阐明习近平总书记有关论述的理论意涵,进而推进我国的生态文明建设实践,是我们理论界的一个义不容辞的任务。

生态文明建设的直接性任务是"刚性目标",不容任何意义上的政治敷衍或退缩

生态文明及其建设为什么以及在何种意义上是一种环境政治?或者说,生态文明及其建设为什么是一个比生态环境保护涵盖力更强的理论概念?生态文明建设的直接性任务是"刚性目标",就是实质性应对经过近40年经济社会现代化发展之后累积起来的严重的生态环境问题或挑战,因而是必须如期完成的"政治任务"。概言之,生态环境问题已经呈现为一个同时挑战既存经济社会发展模式的可持续性、人民群众生活质量与身心健康、公众对于社会主义现代化及其未来愿景信心等核心性方面的严肃政治问题,以至于中国共产党及其领导的人民政府必须从自己的执政目标与权力基础的政治高度来高调应对。对此,习近平总书记以国内生产总值再翻一番的阶段性发展目标及其实现来做了说明。他指出,依然建立在粗放发展模式上的经济产值翻番,必将会带来更大的自然资源与生态环境压力,也将会导致更大程度上的生态环境破坏,以及老百姓的生活幸福感的大打折扣和不满情绪的上升，那将是一种什么形势？因而，必须明确的是，大力推进生态文明建设的直接性任务，就是尽快做到抑制、减缓和治理依然形势严峻的城乡大气、水域与土壤污染等问题，也就是党的十九大报告所强调的打好、打赢"蓝天保卫战"，确保尽快弥补全面建成小康社会进程中的生态环境这一"短板"。依此而言，实质性应对生态环境难题是以习近平同志为核心的党中央所确定的全面建成小康社会这一政治总目标的关键性支撑元素，不容任何意义上的政治敷衍或退缩。这也就意味着，对全国各地生态文明建设成效的最直接检验，就是生态环境质量的大幅度改善。

生态文明建设的中长期任务是"中位目标"，有着明显的"新政治意蕴"

生态文明建设的中长期任务是"中位目标"，就是按照"五位一体"总体布局要求实现对生态环境问题的系统（整体）性应对和治理，因而有着明显的"新政治意蕴"。生态环境问题从近期或直观的角度看，是非常具体意义上的大气污染、水域污染、土壤污染、生物多样性减少、荒漠化等人为不利现象，但从更根本的层面上说是由于人类社会中经济、社会、政治、文化与生态环境系统之间的不协调、不匹配、不平衡问题。也就是说，生态环境问题的根本性解决，还有赖于一种全新的符合生态文明原则的新经济、新社会、新政治与新文化，而人与自然是生命共同体和山水林田湖草系统治理的价值理念与行为方式将会构成这种全新社会的认知与实践指针。正因为如此，必须明确的是，生态文明及其建设不仅意味着一种综合性的生态环境问题应对思路与模式，即充分利用生态文明建设过程中的经济、社会、政治与文化力量或进路来解决生态环境问题，而且意味着一种综合性的社会重构或转型目标，即逐渐创建起一整套合乎生态文明理念与原则的社会制度体系。因而，显而易见的是，生态环境问题的实质性解决和生态环境质量的根本性改善，远不是单凭经济技术与公共管理政策的革新就能实现的，而是需要一个综合性的社会转型或重构过程，或者说文明革新或转型过程。也正是在这种意义上，作为"五位一体"构成性元素的"生态文明建设"的确具有一种整体规范性、引领性的意涵，换言之，"五位一体"视域下的"生态文明建设"更能够彰显一种新政治、新文明的未来指向。

生态文明建设的根本性任务是"总体目标"凸显的"大政治"

生态文明建设的根本性任务是"总体目标"，就是实现中国特色社会主义生态文明制度的不断完善和环境治理体系与能力的现代化，因而是一种清晰的"新政治愿景或目标"。正如十八届三中全会的全面深化改革决定所指出的，我国新时期全面改革开放的总体目标是实现中国特色社会主义制度的不断完善和治理体系与能力的现代化，而大力推进生态文明建设的总体目标则应是实现中国特色社会主义生态文明制度的不断完善和环境治理体系与能力的现代化，也就是党的十九大报告所说的，"加快生态文明体制改革，建设美丽中国"。而需要强调的是，我们必须同等重视"中国特色社会主义生态文明制度的不断完善"和"环境治理体系与能力的现代化"这两个要素，尤其是第一个方面。这是因为，尽管十八大报告明确提出了"走向社会主义生态文明新时代"，并把"中国共产党领导中国人民建设社会主义生态文明"写入了修改后的《中国共产党党章》，党的十九大报告更是明确强调了"牢固树立社会主义生态文明观"，但社会各界包括学界的许多人似乎仍过分偏执于环境治理体系与能力的现代化（举措），而有意无意地淡化或回避生态文明建设的社会主义指向及其政治要求。而恰恰是这一现象本身进一步凸显了，中国特色社会主义生态文明制度体系的不断完善是我国大力推进生态文明建设的更根本性任务，相比之下，环境治理体系与能力的现代化（举措）只具有进路或手段的意义，尽管也非常重要。

从环境政治的视野与高度，推进我国新时代的生态文明建设

那么，应如何从环境政治的视野与高度来推进我国新时代的生态文明建设呢？笔者认为，党的十九大报告对此已经做了十分明确的阐述。概括起来，它包括如下三个要点或方面：一是着力解决突出环境问题和加大生态系统保护力度。十八大以来，党和政府已经围绕着这一主题出台了包括《大气十条》《水十条》《土十条》以及中央环保督察制度等在内的一系列重大举措，并取得了举国公认的切实成效，而其主要特征则是通过强化党的全面政治领导来推进国家大政方针的贯彻落实。而且，必须承认，要想完成党的十九大报告确定的"打好污染防治攻坚战"的政治任务，目前的这种环境政治高压态势仍是必要的。二是大力推进绿色发展。应该看到，通过贯彻落实绿色发展理念或战略，逐渐建立健全绿色低碳循环发展的经济体系，构建市场导向的绿色技术创新体系，构建清洁低碳、安全高效的能源体系，倡导简约适度、绿色低碳的生活方式，是从经济整体层面上减少（抑制）生态环境问题并为社会文化制度转型提供可选择进路的基础性条件。因而，经济结构的绿色转型升级将长期是我国生态文明建设推进的关键领域或主战场，这也是一种明确的环境政治需要或要求。三是加快改革生态环境监管体制。逐渐创建一个与生态文明理念和要求相适应的全国性生态环境监管体制，或者说"环境国家"，是十八届三中全会所明确提出的生态环境议题领域的改革总要求。国家自然资源部和生态环境部在2018年初的挂牌成立，标志着我国的一个新型生态环境监管体制骨架的初步形成。目前，迫切需要的是在进一步理顺这两个新部委内部、彼此之间以及他们与其他部委之间职权关系的同时，尽快完成各级地方政府层面的相应机构重组。而检验这种机构体系重组成功与否的基本尺度或指标，则是看是不是更好地实现了对我国山水林田湖草作为一个生命共同体的系统性治理。鉴于我国的具体国情，职权分工更合理、职权行使更有效的政府（体系），在很大程度上就意味着更好的环境政治。

综上所述，理解与推进当代中国的生态文明及其建设，必须将其置于新时代中国特色社会主义的宏观背景与整体语境之下。也就是说，它不仅必须要更多地考虑到其中关涉的政治影响因素与政治动力机制，而且它本身也是执政的中国共产党的新时代政治追求和新政治愿景目标的一部分。

（资料来源：《北京日报》，2018 年 7 月 16 日，郇庆治）

生态环境保护，规划先行。国土空间需要按照用途统筹安排，就如同一个家，需要分出客厅、卧室、厨房、卫生间和储藏室等，让不同的区域承载不同的功能。必须构建国土空间开发保护制度，按照主体功能区规划，完善相关的财政、投资、产业、土地、人口、环境、绩效考核等政策，保障主体功能区制度有效落实。建立以国家公园为主体的自然保护地体系，整合目前分头设置的自然保护区、风景名胜区、森林公园、地质公园等，形成中国特色的自然保护地体系。

目前，我国环境污染事件频发，环境保护形势严峻，只有环境监管部门发挥最大效能，依法从重从严治理，才能真正起到警示和震慑作用。据统计，2016 年，全国共立案查处环境违法案件 13.78 万件，下达处罚决定 12.47 万份，罚没 66.33 亿元，分别同比增长 34%、28% 和 56%。[①] 无论是从查处的案件数量还是处罚金额来看，力度都是空前的。必须保持高压态势，坚持铁腕治污，严厉打击、严罚重惩，坚决制止和惩处破坏生态环境行为，形成不敢且不能破坏生态环境的社会氛围，从根本上扭转环境保护不力的局面。

近年来，我国生态环境方面的法律法规日益完善，政府在生态管理包括环境保护、资源合理利用和生物多样性维护方面做了很多工作。尤其是党的十八大以来，忽视生态环境保护的状况明显改变，生态文明制度体系加快形成，已形成了中国特色的生态环境治理模式。环保工作实现了从环保部门的部门责任向党委、政府主导的共同责任转变；在监管对象上，从以监督企业为重点，向监督党委、政府及其有关部门和监督企业并重转变。推进生态治理现代化，要明确治理主体，实现各主体协同共治，共同承担生态治理责任。党的十九大报告中，强调了要加快建立绿色生产和消费的法律制度和政策导向，即政府管理与法律保障要共同发力。立法、执法与行政要共同承担生态治理责任。从立法方面看，需要有专门的生态治理机构来厘清和界定生态治理体系中各治理主体的关系，明确国家生态治理机构设置、职能权限、职责分工、利益分配等事项。需要研究环境司法在国家治理中的定位与落实问题，探索建立生态保护警察和检察官等制度，为生态保护执法工作提供强有力的司法保障。还要进一步规范生态治理中政府与社会、民众的关系。为了发挥社会各方面力量在生态治理中的作用，应建立利益相关方协商机制和全民生态治理的监督机制。

---

① 中华人民共和国生态环境部官网数据，2017 年 4 月 21 日，http://www.mee.gov.cn.

第三节 反腐倡廉，构建绿色政治生态理念

建设政治生态文明是关系人民福祉、关乎民族未来的大计，生态红线是决不能逾越的"雷池"。政治文明化是人类发展的一种历史潮流，社会主义政治文明建设保证了我国的高度社会主义民主，实现最广大人民当家作主的理想目标。社会主义政治文明有三个主要特性：人民性、人民政治性、文明主体性。研究社会主义政治文明需要站在人民群众及文明本质的角度，探索时代赋予政治文明的意义，才能加快社会主义政治文明的建设进程。

建设廉洁政治、坚决反对腐败，是我们党的优良传统和一贯坚持的鲜明政治立场，是马克思主义政党区别于其他政党的重要特征。党的十八大以来，以习近平同志为核心的党中央高度重视并反复强调要保持清正廉洁的政治本色，这是时代的要求、发展的需要、人民的期盼，对于维护最广大人民根本利益，推进中国特色社会主义事业，实现"两个一百年"奋斗目标和中华民族伟大复兴中国梦，具有重大而深远的意义。

保持清正廉洁的政治本色是巩固党的执政基础和执政地位的坚强保证。中国共产党是中国特色社会主义事业的坚强领导核心。在新的历史条件下，党所处的历史方位、执政条件和党员队伍组成结构发生了重大变化，党面临的执政考验、改革开放考验、市场经济考验、外部环境考验和精神懈怠危险、能力不足危险、脱离群众危险、消极腐败危险更加尖锐地摆在全党面前。应对"四大考验"和"四种危险"，关键在于加强执政能力建设，其中很重要的一方面就是建设廉洁政治、坚决反对腐败，有效解决党面临的各种问题，努力实现干部清正、政府清廉、政治清明，不断提高党的领导水平和执政水平，确保党始终成为中国特色社会主义事业的坚强领导核心，始终站在时代前列，引领中国社会前进的正确方向。

保持清正廉洁的政治本色是永葆党的先进性和纯洁性的内在要求。先进性和纯洁性是马克思主义政党的本质属性，清正廉洁是党的先进性的重要标志。习近平总书记指出，"为政清廉才能取信于民，秉公用权才能赢得人心"，[①] 并将"清正廉洁"作为衡量"好干部"的重要标准之一，强调共产党的干部就是要严于律己、廉洁奉公、一身正气、两袖清风，永葆共产党人的浩然正气。无论是在革命战争年代，还是在社会主义建设时期和改革开放新时期，正是因为有广大党员干

[①] 习近平在第十八届中央纪律检查委员会第二次全体会议上的讲话 [EB/OL]. 中国共产党新闻网, 2013年1月22日, http://cpc.people.com.cn/n/2013/0122/c64094-20289660.html.

部的清正廉洁，我们党才得到人民群众的衷心拥护和支持，产生强大凝聚力和战斗力，党才能团结带领人民群众不断从胜利走向新的更大胜利。面对新的形势和任务，必须始终坚持把清正廉洁作为共产党人的精神追求，作为共产党人政治觉悟、道德品质和工作作风的重要体现，着力增强党员干部保持清正廉洁的思想自觉和行动自觉，永葆党的肌体健康和队伍纯洁。

保持清正廉洁的政治本色是适应党风廉政建设和反腐败斗争形势发展的现实需要。始终保持清正廉洁的政治本色是推进反腐倡廉建设、有效抵御腐败的坚固防线和有力武器。习近平总书记强调："必须把反腐倡廉当作政治必修课来认真对待，决不能把权力变成牟取个人或少数人私利的工具，永葆共产党人政治本色。"① 以习近平同志为核心的党中央始终坚持把党风廉政建设和反腐败工作作为重中之重，以踏石留印、抓铁有痕的劲头狠抓作风建设，以零容忍的态度正风肃纪、铁腕反腐，以严明的纪律和规矩坚决维护党的团结统一，使不敢腐的震慑作用充分发挥，不能腐、不想腐的效应初步显现，反腐败斗争压倒性态势正在形成。同时也要看到，当前一些领域消极腐败现象仍然易发多发，一些重大违纪违法案件影响恶劣，党风廉政建设和反腐败斗争形势依然严峻复杂。我们必须充分认识反腐败斗争的长期性复杂性艰巨性，以更坚决的态度、更有力的举措推动党风廉政建设和反腐败斗争不断向深度和广度发展。

一、全面从严治党打造绿色政治生态的重大意义

全面从严治党打造绿色政治生态是我们共产党人的追求，是90多年来一代代共产党人不懈努力奋斗实践的结果，是实现中华民族伟大复兴的中国梦的必要条件和环境支持。新时代条件下如何全面从严治党打造绿色政治生态是一个我们共产党人要迫切回答的课题，要努力实践好的课题，是要向人民作出满意答卷的课题，是引领未来的课题，课题极端重要。

（一）全面从严治党打造绿色政治生态是推进党的建设的重要抓手

党要管党，从严治党，治党面向所有的党组织和所有党员，实现横向纵向全覆盖，实际生活和网络生活全覆盖，全面从严治党打造绿色政治生态，有利于全面推进党的建设，让党在思想、组织、作风、反腐倡廉等方面的面貌焕然一新，实现党的自身革命，成为一个学习型创新型服务型的政党，赢得人民群众的支持，所以是推进党的建设的重要抓手。

---

① 习近平党风廉政建设论述摘编之二：在全社会培育清正廉洁的价值理念［EB/OL］. 新华网，2014年9月29日，http：//www.xinhuanet.com/politics/2014-09/29/c_1112682972.htm.

严惩腐败分子是保持政治生态山清水秀的必然要求。党内如果有腐败分子藏身之地，政治生态必然会受到污染。党的十八届五中全会《公报》指出："要坚持全面从严治党、依规治党，深入推进党风廉政建设和反腐败斗争，巩固反腐败斗争成果，健全改进作风长效机制，着力构建不敢腐、不能腐、不想腐的体制机制，着力解决一些干部不作为、乱作为等问题，积极营造风清气正的政治生态，形成敢于担当、奋发有为的精神状态，努力实现干部清正、政府清廉、政治清明，为经济社会发展提供坚强政治保证。"

讲绿色生态也是生产力，绿色政治生态同样能够极大促进社会生产力的发展，最终实现绿色政治生态的巨大效能。这是一个系统的工程，这个过程急不得、等不得，要统筹推进，踏石留印的去落实，最终才能实现我们党和人民所期待的效果。

（二）全面从严治党打造绿色政治生态是应对执政危机确保长期执政的重要条件

通览中华上下五千年的历史，特别是封建王朝的更替史、兴亡史，科学社会主义 500 年发展史，世界政党执政上台下台的历史，特别是苏联解体、东欧剧变的深刻历史教训，让我们得出了一个历史教训就是作为执政党只有全面从严治党保持自身的先进性和纯洁性，抓好自身建设，打造好绿色的政治生态，形成政治清明，干部清廉，社会清正的环境，才能保持社会的稳定繁荣，人民安康，执政者或者执政党才能长期执政，这是先决条件。反之执政者或者执政党放松了自身建设，无法全面从严治理，对自身要求不严，政治生态环境恶劣，腐败丛生、经济停滞，失去民心，就会导致自身无法执政和长期执政。无论是封建社会的农民起义，还是传统社会主义社会的苏联，东欧社会主义国家丧失政权最根本的一点就是因为放松了对自己的要求，没有从严治理导致的。因为堡垒最容易从内部突破，自身缺乏先进性和纯洁性，自身没有加强建设，就会如此。现代社会现代执政党最容易遭遇的颜色革命，可能一夜之间就会颠覆一个政党的政权，互联网条件下，通过互联网指挥就会搞垮一个执政党政权，就会让一个国家陷入动乱之中。因此，在当今条件下，作为中国执政党所遭遇的执政危机既有来之党内自身存在的问题又有来自国际上的他国对中国的遏制、搞颜色革命的双重危机，特别是互联网条件下的网络颜色革命，更是防不胜防。在此种情况下，中国共产党只有全面从严治党，加强自身建设打造绿色政治生态，与人民群众同呼吸共命运心连心，不断促进经济发展，社会和谐稳定，走向繁荣，才能持续性赢得人民支持，赢得民心，得民心者得天下，才能实现我们中国共产党长期执政。全面从严治党打造绿色政治生态具有先决条件，具有重大意义，关乎党的生死存亡。

二、绿色政治生态理念的内涵与特点

从发展层面看。绿色发展不仅指经济层面的发展,同时也包括政治、文化、社会、生态等层面的发展,是一个多层面、全方位、系统性的综合发展过程。相应的,绿色发展理念也是一个多层面、全方位、系统性的发展理念,其中,绿色政治生态理念就是绿色发展理念的核心内容之一。

绿色政治生态理念是指要牢固树立政治局势和政治面貌正常有序,从政环境优良,政治氛围良好,党群干群关系融洽,社会稳定、和谐、风清气正的政治局面的理念。绿色政治生态这个概念是针对党和国家整个政治体制运作提出的系统性思考,净化政治生态是全面从严治党引申出来的必然含义,是全面从严治党的重要内容和要达到的重要目的之一。

政治生态是相对于自然生态、经济和政治秩序而言的一种社会政治状态,是一个国家或一个地方政治生活现状以及政治发展环境的集中体现,是党风、政风、社会风气的综合反映。绿色政治生态的特点体现在对政治生态的"环保"上,就是说,政治生态环境与自然生态环境一样,也需要进行保护,只有不断加强政治生态的"环保"和修复,才能避免和减少对政治生态环境的各种"污染",使政治生态处于一种良好的状态,形成风清气正的良好局面。为此,习近平总书记强调要"着力营造政治上的绿水青山,自然生态要山清水秀,政治生态也要山清水秀。要着力净化政治生态,营造廉洁从政良好环境"。[①]

净化政治生态,营造风清气正的良好从政环境,必须从两个方面着手。

一是要大力加强党风廉政建设和反腐败斗争,这是保持党的先进性和纯洁性,提高党的战斗力、巩固党的执政基础和执政地位的必然要求。我们党是用马列主义理论武装的政党,先进性是党的根本特征和力量所在。党的性质和宗旨决定了它是一个全心全意为人民服务、为广大人民群众谋利益的政党,党和人民群众的关系是鱼水关系,党一刻也离不开人民群众。而腐败不但与党的性质和宗旨格格不入,而且令人民群众深恶痛绝。只有不断加强党风廉政建设和反腐败斗争,才能始终保持党同人民群众的血肉联系,才能永葆党的先进性和纯洁性,才能不断巩固党的执政基础和执政地位。反对腐败,建设廉洁政治,保持党的肌体健康,始终是我们党一贯坚持的鲜明政治立场。党风廉政建设,是广大干部群众始终关注的重大政治问题。

腐败是绿色政治生态建设的重大障碍和"污染源",因此,"严惩腐败分子

[①] 习近平的两会时间(五):政治生态也要山清水秀 [EB/OL]. 中国共产党新闻网,2015年3月9日,http://cpc.people.com.cn/n/2015/0309/c64094-26658593.html.

是保持政治生态山清水秀的必然要求。党内如果有腐败分子藏身之地,政治生态必然会受到污染"。① 如果说绿色生态也是生产力,那么绿色政治生态同样能够极大地促进社会生产力的发展,最终实现绿色政治生态的巨大效能。这是一个系统的工程,需要统筹推进才能实现党和人民所期待的效果。

二是要加强思想理论建设,用马克思列宁主义、毛泽东思想和习近平新时代中国特色社会主义思想武装和教育全党和全国人民,这是营造绿色政治生态环境的重要思想保障和必要举措,也是加强党风廉政建设和反腐败斗争的思想理论前提和思想战线的"防火墙"。如果弱化思想理论建设,党风廉政建设和反腐败斗争就不可能顺利进行,全党和全国人民的政治理论水平和思想道德素质就不可能提高,也就不可能有效抵御资产阶级腐朽思想和其他形形色色的错误思潮的侵蚀,最终必然会导致在一段时间里曾出现的"一些领域道德失范、诚信缺失;一些干部领导科学发展能力不强,一些基层党组织软弱涣散,少数党员干部理想信念动摇、宗旨意识淡薄,形式主义、官僚主义问题突出,奢侈浪费现象严重;一些领域消极腐败现象易发多发,反腐败斗争形势依然严峻"的状况。党风政风和整个社会风气受到很大影响。"少数党员干部理想信念动摇、宗旨意识淡薄,形式主义、官僚主义问题突出,奢侈浪费现象严重"是造成腐败现象严重、反腐败斗争形势严峻的主要原因之一。② 因此,不断加强思想理论建设,用马克思主义、毛泽东思想和习近平新时代中国特色社会主义思想等科学理论武装和教育全党全国人民,进一步提高全党的政治理论水平和思想道德素质,坚定理想信念,补好精神上的"钙",这是建设绿色政治生态环境的关键性措施。

三、塑造政治生态的"绿水青山"

党的十九大把全面净化党内政治生态作为坚持全面从严治党基本方略的重要内容,彰显了净化党内政治生态对于党和国家事业发展的极端重要性。党内政治生态是全面从严治党的"试金石",是党的建设各方面要素状况的综合体现。组织部门作为管党治党的重要职能部门,在政治生态建设中担负着重要的职责使命,必须坚持以习近平新时代中国特色社会主义思想为根本指针,贯彻落实新时代党的建设总要求,把净化政治生态融入党的组织建设之中,锲而不舍地塑造政治生态的"绿水青山"。

把握根本途径,下大力气加强党的政治建设。党的政治建设是党的根本性建

---

① 习近平:政治生态也要山清水秀[EB/OL]. 人民网,2015 年 3 月 6 日,http://politics.people.com.cn/n/2015/0306/c1024 - 26651686.html.

② 党的十八大报告[EB/OL]. 人民网,2012 年 11 月 18 日. http://cpc.people.com.cn/n/2012/1118/ c64094 - 19612151.html.

设，决定党的建设方向和效果，决定着政治生态建设。要坚决贯彻落实"坚持和加强党的全面领导""以党的政治建设为统领"的要求，抓实理论武装工程，坚持用习近平新时代中国特色社会主义思想武装头脑、指导实践、推动工作，分级分类抓好县处级以上领导干部普遍轮训，教育党员、干部坚定"四个自信"，强化"四个意识"，严明政治纪律和政治规矩，自觉在思想上政治上行动上同以习近平同志为核心的党中央保持高度一致，坚决维护党中央权威和集中统一领导。教育党员、干部严格执行新形势下党内政治生活若干准则，落实"三会一课"、民主生活会、党日、领导干部双重组织生活、民主评议党员、谈心谈话等制度，让党内政治生活的"炉火"更旺，不断增强政治性、时代性、原则性、战斗性，坚决防止和克服忽视政治、淡化政治、削弱政治的倾向。要发展积极健康的党内政治文化，大力倡导和弘扬忠诚老实、公道正派、实事求是、清正廉洁等价值观，坚决防止和反对个人主义、分散主义、自由主义、本位主义、好人主义，坚决防止和反对宗派主义、圈子文化、码头文化，坚决反对搞两面派、做两面人。

抓住关键环节，下大力气匡正选人用人风气。选人用人风气是一个地方政治生态的"晴雨表"。政治生态污浊，就会滋生权欲熏心、阳奉阴违、结党营私、团团伙伙、拉帮结派等一系列问题，侵蚀党的思想道德基础。要坚持德才兼备、以德为先，坚持五湖四海、任人唯贤，坚持事业为上、公道正派，深入整治选人用人不正之风，突出政治标准，提拔重用坚决维护党中央权威、全面贯彻执行党的理论和路线方针政策、忠诚干净担当的干部。坚决不选与党离心离德、阳奉阴违的"两面人"，坚决不选漠视纪律、不守规矩、虚言虚行的人，坚决不选不敢担当、不愿作为、不能作为的人，坚决不选搞"小圈子"、团团伙伙、拉帮结派的人，坚决不选权欲膨胀、利欲熏心、不廉洁的人，真正把忠诚党和人民事业、做人堂堂正正、干事干干净净的干部选拔出来，让不作为的人"坐"不稳，让"忽悠"的人没前途，让跑官要官的人没市场，让买官卖官的人受严惩，切实把正确的选人用人导向在每一批次、每个岗位的干部选拔过程中更加鲜明地树立起来。

坚持从严治吏，下大力气从严教育、管理和监督干部。吏治清明，才能政治清明。要从干部教育、管理、监督等各个环节抓起，以严的标准要求干部、严的措施管理干部、严的纪律约束干部，切实管出好作风、管出好习惯、管出好养成。要坚持教育在前、警示在前，强化党性党风党纪教育，注重运用正反两个方面典型，教育引导广大党员、干部言有所戒、行有所止，知敬畏、守规矩。要坚持抓早抓小抓预防，认真落实干部日常管理监督各项制度机制，织密组织监督之网、拓宽群众监督渠道、不断提升监督效能，切实筑牢监督的堤坝。要聚焦理想信念不坚定、经济数据弄虚作假、破坏投资营商软环境等方面问题，标本兼治、综合施策，以良好党风带动政风民风，用实实在在的行动赢得人民群众信任和拥护，从而凝聚起推动党和人民事业不断从胜利走向胜利的强大力量。

夯实组织基础，下大力气推动全面从严治党向基层延伸。基层党组织坚强有力，党员发挥应有作用，就会固一方"水土"，成为"定海神针"。要突出基层党组织政治功能，以提升组织力为重点，推动基层党建全面进步全面过硬，不造"盆景"，不搞"政绩工程"，推进基层党建各要素、各领域、各层级全面从严。大力加强党支部规范化建设，使党支部担负好直接教育党员、管理党员、监督党员和组织群众、宣传群众、凝聚群众、服务群众的职责。抓实基本教育、基本建设、基本队伍、基本制度、基本保障，把政治功能、组织功能、服务功能、战斗功能发挥出来，使每条战线、每个领域、每个环节的基层党建工作都过硬，成为宣传党的主张、贯彻党的决定、领导基层治理、团结动员群众、推动改革发展的坚强战斗堡垒。

第四章

美美与共
——开放潮流谱写共赢新篇章

第一节 相通则进,开放理念引领对外开放新格局

中国开放的大门不会关闭,只会越开越大。开放带来进步,封闭必然落后。党的十九大报告指出,"要以'一带一路'建设为重点,坚持引进来和走出去并重,遵循共商共建共享原则,加强创新能力开放合作,形成陆海内外联动、东西双向互济的开放格局"。

各国应该坚持开放融通,拓展互利合作空间。国际贸易和投资等经贸往来,植根于各国优势互补、互通有无的需要。纵观国际经贸发展史,深刻验证了"相通则共进,相闭则各退"的规律。各国削减壁垒、扩大开放,国际经贸就能打通血脉;如果以邻为壑、孤立封闭,国际经贸就会气滞血瘀,世界经济也难以健康发展。各国应该坚持开放的政策取向,旗帜鲜明地反对保护主义、单边主义,提升多边和双边开放水平,推动各国经济联动融通,共同建设开放型世界经济。各国应该加强宏观经济政策协调,减少负面外溢效应,合力促进世界经济增长。各国应该推动构建公正、合理、透明的国际经贸规则体系,推进贸易和投资自由化便利化,促进全球经济进一步开放、交流、融合。

|链接|

中国改革开放是这样起步的

改革开放之初,最薄弱的环节在哪里

中国的改革开放是怎样起步的?我们知道,改革要从最薄弱的环节突破。改革开放之初,最薄弱的环节在哪里?根据"实践是检验真理的标准",经过学术

界反复研究，最后认为是农村。因为农村跟城市不同，无论经济怎么困难，票据能够给城市一些优惠，但农民是没有粮票的，一旦粮食短缺就只有挨饿。所以，改革从哪儿开始？就从这儿突破。

十一届三中全会的最大功绩在哪里？就是在改革问题上听从农民的意见，农民希望做什么就尊重他们的意愿。所以，农业承包制出现了，这是农村中最大的变化。从这个时候开始，农民的积极性增加了，除了种田，还养猪、养鸡、养鸭了，农贸市场一天比一天丰富了。粮票、肉票、棉花票，各种票证逐渐地消失，证明改革是有效的。

更重要的方面是，农村劳动力富余了，开始投入到乡镇企业。办乡镇企业的资金最初是农民自己筹集的。没有技术人员，就到城里去聘用已经退休的工人。当时最时髦的方向是建筑材料，经济要发展，各地都想修房子。乡镇企业提供了各种各样的建筑材料，从砖瓦到各式设备乃至一些小五金。乡镇企业发展起来了，农村人的生活也渐渐好转。

就这样，乡镇企业市场慢慢也起来了，农民有了自己投资的地方，经济就开始发生变化了。在计划经济之外，一个竞争性的市场产生了。光有承包制不够，光有乡镇企业不够，必须有乡镇企业市场，这就在计划市场之外多了一个东西，中国改革走上了一条新路。

这些还不够，还在靠近香港的深圳设立了经济特区。在经济特区里完全按照市场规则运行，香港在这里投资，深圳以极快的速度发展起来。

总之，中国经济变了，三个大变化开始了。这就等于给平静的水面上投下了三块大石头，整个波浪就起来了。中国经济再也回不到过去了，这就是20世纪80年代初的情况。

真正的改革要改城市、改国有企业，怎么改

改革还没完，为什么还没完？因为真正的改革要改城市、改国有企业。怎么改？这是摆在20世纪80年代前期的一个大问题，改革的重心转入城市、转入工业，这样中国才能变。

具体怎么改？当时有两种思路：一种是世界银行的意见，放开价格，参照联邦德国的经验。所谓放开价格，就是政府不要管价格，让它在市场上升升降降，经济自己有规律。通过放开价格，联邦德国的经济很快就恢复了。

但是在这个关键时刻，北京大学提出了另一种改革思路：中国学联邦德国是走不通的，要走产权改革的道路。于是围绕学不学联邦德国又开始了一场争论。

1986年4月下旬，北京大学"五四"科学讨论会开始了。在会上我的第一句话就说："中国改革的失败可能是由于价格改革的失败，中国改革的成功必须取决于产权改革的成功。"

这个消息传开后，有领导同志问我，你为什么提出不能放开价格？为什么提出必须走产权改革的道路？我当时的理由有三。第一个理由是，联邦德国放开价格是对的，因为它是私有制社会，私有制社会里不要控制它的价格，价格放开了，它根据市场的波动自己会找到规律，慢慢就改变了。但中国不行。中国是公有制社会，这决定了单纯的放开价格是没有用的，国有企业放开价格以后只会导致价格猛涨，却不能改变企业的地位。

第二个理由是，联邦德国搞价格改革有美国马歇尔计划的援助，放开价格后，物价上涨、粮食短缺，都可以通过进口来帮助它，使经济稳定下来。但中国行吗？哪一个国家能够帮助中国放开价格？没有。价格只能是越涨越高，所以这样是不行的。

第三个理由是，根据马克思主义的观点，内因是变化的根据，外因是变化的条件。只放开价格，但整个体制没有变，内因起不了作用。另外，根据马克思主义理论，生产决定流通，放开价格是流通领域的改革，没用。只有产权改革，才能让企业成为真正的主体，才能够成为真正的市场经济单位。

改革之路充满波折，"中国的改革不是那么容易的"

大概到了1986年下半年，中央决定试试股份制，在一些企业做试点。但后来因为政治形势发生变化，试点停止了，又回到放开价格的主张上。放开价格不能试点，消息一出来，物价猛涨。老太太在街上听说要涨价了，就赶紧买一大包肥皂扛回去，怕涨价。什么东西都抢购，整个经济就乱了。结果到了1988年，又回到了从前，暂不放开价格。当初还有一个计划，价格调整要分开种类调，但价格调整的消息一出来就不是这样了，是卖的就抢。所以，回想过去的经验，中国走放开价格的路是行不通的。

到了20世纪90年代初邓小平南方谈话，中国的改革才走到正常的路上来。所以，中国的改革不是那么容易的，要经过反复的试验，这就是我们经过的历史。

后来，股份制终于被肯定了，但又碰到了一个问题，有些老干部担忧国有企业改制后变成私有企业。这种情况下，包括我在内的经济学界，提出了两个办法：第一，增量先行；第二，存量暂缓。

什么叫增量先行？比如这个国有企业有100亿的财产，增量先行就是先拿20亿出来上市、出卖。存量暂缓，就是还有80亿暂不动，不影响大局。这样一来，这个事情终于可以实行了。但是实行以后又有问题，问题在哪里？董事会虽然建立了，但是没人来参加，增量不是大头，只能做分散的小股东，这样掌握不了董事会的决策权，所以增量先行也就变成了一句空话，行不通了，还得动存量，这才是中国股份制改革真正的开始。

当初增量先行的时候承诺了存量暂不动，可现在要动存量，就违背了当时的承诺，这就是违约，那怎么办？原来买了增量的人，可以再拿钱出来。这样一来，中国的股份制就进入了"二次革命"阶段，就是给原来购买股份制增量的人一定好处，然后就解放了那些原来不让上市的股东。

　　上市怎么补偿呢？按照市场规则来做，效果好的 10 配 4，效果中等的 10 配 3，效果差一点的 10 配 2，这样一来这个难题总算解决了。但这已经到了《证券法》公布以后才做成，所以说，中国的改革不是那么容易的，是一步一步艰难走过来的。

（资料来源：《北京日报》，2018 年 7 月 16 日，厉以宁）

　　开放，不仅是一种发展理念，更是被实践所证明的历史潮流。正如习近平总书记所说："中国发展必将寓于世界发展潮流之中，也将为世界各国共同发展注入更多活力、带来更多机遇。"[①] 诚然，改革开放至今，中国的开放格局已经前所未有的扩大与深入。中国企业所到之处，股市往往随之波动；中国文化所到之处，遍地洒下汉语热的种子；中国领导人所到之处，处处伴随着全世界注视的目光。

　　中国自古以来就懂得"独乐乐不如众乐乐"的道理，开放的理念不断更新，开放的脚步也会不断跟进。正如十八届五中全会公报指出："坚持开放发展，必须顺应我国经济深度融入世界经济的趋势，奉行互利共赢的开放战略，发展更高层次的开放型经济，积极参与全球经济治理和公共产品供给，提高我国在全球经济治理中的制度性话语权，构建广泛的利益共同体。开创对外开放新局面，必须丰富对外开放内涵，提高对外开放水平，协同推进战略互信、经贸合作、人文交流，努力形成深度融合的互利合作格局。"时至今日，中国的发展发生了翻天覆地的变化，开放的程度与层次，也会相应地调整。

　　如果说，过去的开放更注重的是引进来，是接受世界政治经济的秩序，是在国际舞台上展示身姿；那么随着国力的提升，今天的中国更多的是走出去，是参与建设政治经济的新秩序，是搭建国际合作的舞台。中国与周边国家一道，规划出了"一带一路"，形成了一条连接大陆、环绕大洋的"朋友圈"；中国提出建设亚洲基础设施投资银行，有分布于各个大洲的 70 个国家参与进来，可谓海内存知己、天涯若比邻；上海自贸区建设不断提速加码，多地出台自贸区规划，中国的开放格局将迎来新一轮嬗变……种种开放的实践，让中国和世界的连通日益紧密，构筑成了坚实的命运共同体。

链接

改革开放开创社会主义现代化道路

　　建设社会主义现代化国家，是中华人民共和国成立后我们党的不懈追求。改

[①] 习近平：共倡开放包容共促和平发展——在伦敦金融城市长晚宴上的演讲（全文）[EB/OL]. 人民网，2015 年 10 月 22 日，http://politics.people.com.cn/n/2015/1022/c1001-27727382.html.

革开放开创了中国特色社会主义道路。这条道路就其奋斗目标而言，就是建设社会主义现代化国家。改革开放40年来，几代中国共产党人开拓创新、接力攀登，持续探索建设什么样的社会主义现代化国家、怎样建设社会主义现代化国家。从"三步走"战略到"两个一百年"奋斗目标，从全面建设小康社会到全面建设社会主义现代化国家，我国社会主义现代化道路逐步形成、不断完善。新时代，在以习近平同志为核心的党中央带领下，我国社会主义现代化道路必将更加成熟和定型，推动实现中华民族伟大复兴的中国梦。

改革开放40年社会主义现代化积累了宝贵经验

从中华人民共和国成立到改革开放前，我们党就多次提出社会主义现代化的建设目标、主要内容和实现步骤，开始了社会主义现代化道路的艰辛探索。改革开放后，党和国家的工作重心转移到社会主义现代化建设上来。40年来，我们党团结带领人民坚定不移走中国特色社会主义道路、建设社会主义现代化国家，积累了十分宝贵的经验。

坚持把现代化建设作为党和国家的主要任务。经济文化落后的国家实现现代化，是一个长期艰巨的历史任务。在社会主义改造基本完成后，我们党提出了关于我国社会主要矛盾的正确论断，由此决定了必须把建立先进的工业国、改造落后的农业国作为党和国家的主要任务。但在一段时间里，党和国家工作指导方针出现重大偏差。党的十一届三中全会纠正了"以阶级斗争为纲"的错误方针，开始一心一意、聚精会神推进社会主义现代化建设。以经济建设为中心、把发展作为党执政兴国的第一要务、全面建设小康社会等，都是紧紧扭住现代化建设不放松的时代表述和实际步骤。

坚持把改革开放作为实现现代化的强大动力。实现现代化是一场全方位全领域的伟大革命。40年的历程证明，只有改革开放才能发展中国，才能实现现代化。我们在改革开放中解放思想、勇于创新，推进生产力和生产关系、经济基础和上层建筑领域的革命，破除阻碍国家和民族发展的一切思想和体制障碍，中华民族的面貌发生了前所未有的变化。改革开放的实质，就是为社会主义现代化建设开路架桥、提供强大动力。

坚持现代化建设的社会主义方向。我们党坚持走中国特色社会主义道路，这就从根本上规定了当代中国的现代化是社会主义现代化，而不是资本主义现代化。社会主义现代化表明我国实现现代化的道路是社会主义道路，不走西方道路，不照搬西方模式；表明我国现代化建设的成果是具有社会主义本质、内涵、优势、特征的现代化国家。这决定了我国社会主义现代化建设既不走封闭僵化的老路，也不走改旗易帜的邪路。

坚持党对现代化建设的坚强领导。没有中国共产党的领导，我国实现现代化、实现民族复兴必然是空想。我国社会主义现代化道路的最大优势是中国共产党领导。坚持党对现代化建设的全面领导，保证了现代化建设的统筹推进。40年来，在领导现代化建设的进程中，我们党始终成为时代先锋、民族脊梁，自身始终过硬，不断增强政治领导力、思想引领力、群众组织力、社会号召力，从而担当起领导现代化建设的历史使命。

坚持分阶段有步骤的现代化进程。路是一步步走出来的，实现现代化是一个长期的历史过程。我们党把我国长期处于社会主义初级阶段和实现现代化有机统一起来，坚持分阶段有步骤推进现代化，循序渐进、扎实推进、稳中求进。邓小平同志提出"三步走"的发展战略，党的十五大提出"两个一百年"奋斗目标，党的十八大对"两个一百年"奋斗目标作出进一步阐述，党的十九大提出在实现第一个百年奋斗目标基础上分两个阶段全面建成社会主义现代化强国的战略安排。40年来，我们党对实现现代化的进程，认识在逐步深化细化，蓝图愈益明晰。

坚持实现现代化的总体布局。现代化建设是在各个领域同步展开的系统实践，这就需要构建科学的总体布局。从"三位一体""四位一体"到统筹推进经济建设、政治建设、文化建设、社会建设、生态文明建设的"五位一体"总体布局，中国特色社会主义事业总体布局逐步完善。"五位一体"总体布局同时也是现代化建设的总体布局，与现代化建设目标一致、价值统一。富强民主文明和谐美丽，成为经济、政治、文化、社会、生态文明建设的目标，也成为全面建设社会主义现代化强国的价值追求。

新时代拓展社会主义现代化道路新内涵

中国特色社会主义进入新时代，这个新时代是决胜全面建成小康社会、进而全面建设社会主义现代化强国的时代，是我国现代化建设的新阶段。党的十八大以来，以习近平同志为核心的党中央面对"两个一百年"奋斗目标的历史交汇期，赋予我国社会主义现代化道路新的时代内涵。

夯实社会主义现代化道路的坚实基础。实现现代化，需要强基固本。我国社会主义现代化道路的"基"和"本"就是中国特色社会主义。党的十八大以来，习近平同志一再强调坚定"四个自信"。坚定"四个自信"，不仅增强了中国特色社会主义的生命力和创造力，而且扩展和厚植了社会主义现代化道路的根基。特别是文化自信作为更基本、更深沉、更持久的力量融入社会主义现代化道路之中，成为这条道路独特的底蕴和动力。

明确社会主义现代化道路的战略安排。党的十九大作出了从全面建成小康社会到基本实现现代化、再到全面建设社会主义现代化强国的战略安排，确定了新时代中国特色社会主义发展的主要任务。这一战略安排承前启后、继往开来，更加精确地绘制了社会主义现代化建设的时间表和路线图。

完善社会主义现代化道路的基本内涵。现代化包含国家发展各个领域的现代化。党的十八大以来，习近平同志提出了国家治理体系和治理能力现代化、现代化经济体系、人与自然和谐共生的现代化等现代化的新视角、新领域、新内涵，大大丰富和深化了对社会主义现代化道路内涵的认识。特别是推进国家治理体系和治理能力现代化，从制度及其运行的维度拓展了现代化的新空间。

把握社会主义现代化道路的战略布局。"四个全面"战略布局是统筹推进"五位一体"总体布局的主攻方向。全面建成小康社会，是我国社会主义现代化的必经阶段，是全面建设社会主义现代化国家的必要准备。以全面建成小康社会为战略目标，以全面深化改革、全面依法治国、全面从严治党为战略举措的战略布局，也是社会主义现代化道路的战略布局。

提供社会主义现代化道路的精神指引。精神是道路之魂，价值是道路之本。党的十八大以来，习近平同志强调必须坚持马克思主义，牢固树立共产主义远大理想和中国特色社会主义共同理想，培育和践行社会主义核心价值观，始终发扬伟大民族精神等，都是在加强与社会主义现代化相适应相协调的思想指导、价值准则、精神支撑。这些都成为社会主义现代化道路的软实力和鲜明特征。只有更好构筑中国精神、中国价值、中国力量，才能保证全面建设社会主义现代化国家新的进军行稳致远。

塑造社会主义现代化道路的安全环境。习近平新时代中国特色社会主义思想，明确党在新时代的强军目标是建设一支听党指挥、能打胜仗、作风优良的人民军队，把人民军队建设成为世界一流军队；明确中国特色大国外交要推动构建新型国际关系，推动构建人类命运共同体；提出全面贯彻落实总体国家安全观，构建国家安全体系主体框架等。这些都是在着力维护和塑造国家安全、为全面建设社会主义现代化国家提供坚强有力的安全保证，都是社会主义现代化道路不可缺少的基本要素。

在全面建设社会主义现代化国家伟大实践中不断发展社会主义现代化道路

开启全面建设社会主义现代化国家新征程，无疑是一次伟大的历史进军。中华巨轮将继续劈波斩浪、扬帆远航，胜利驶向全面建成富强民主文明和谐美丽社会主义现代化国家的美好明天。社会主义现代化新的征程、新的实践、新的奋进，必将创造新的伟业、产生新的经验、实现新的跃升，不断深化我们党对社会主义现代化建设规律的认识，不断发展社会主义现代化道路。

在发展中国家走向现代化的浪潮中完善社会主义现代化道路。从世界历史的坐标看，我国的社会主义现代化道路是在世界现代化几百年的历程中、在主要资本主义国家现代化进程已经完成的基础上开辟的一条新型现代化道路。充分汲取世界现代化的经验，对其中的教训和代价做到引以为鉴，可以不断拓宽我国社会主义现代化道路的视野和格局。从当代世界的坐标看，我国的社会主义现代化道路是在广大发展中国家追求现代化的艰辛探索中、从中国国情出发开辟的一条新路,从而给世界上那些既希望加快发展又希望保持自身独立性的国家和民族提供了全新选择,贡献了中国智慧和中国方案。在发展中国家走向现代化的浪潮中,我国社会主义现代化道路必将日益完善。

在解决新的社会主要矛盾过程中创新社会主义现代化道路。全面建设社会主义现代化国家,必须解决人民日益增长的美好生活需要和不平衡不充分的发展之间的矛盾,这两项任务是统一的。只有解决新的社会主要矛盾,才能全面建成社会主义现代化国家。我国社会主要矛盾的转化,提出了许多新的重大课题。回答和解决这些课题,就是全面建设社会主义现代化国家的过程,就是创新社会主义现代化道路的过程。

在着力防范各种风险挑战的实践中巩固社会主义现代化道路。风险是现代化进程中难以避免的,社会发展速度越快、社会复杂性越高,社会风险就可能越大。新时代的一个显著特征是光明前景与风险隐患并存。这就要求我们在奋力实现宏伟目标的过程中要着力防范化解各种风险,既包括黑天鹅式的小概率重大风险,也包括灰犀牛式的大概率重大风险,保证光明前景顺利实现。社会主义现代化道路正是在有效应对各种风险挑战内外联动、累积叠加的历练中愈益巩固和坚韧。

在党的自我革命中保障社会主义现代化道路。全面建设社会主义现代化国家,对我们党提出了前所未有的挑战和要求,"赶考"永远在路上。必须勇于进行党的自我革命,把党自身建设好、建设强,成为全面建设社会主义现代化国家的最高政治领导力量。党始终总揽全局、协调各方,提高领导全面建设社会主义现代化国家的能力和水平,社会主义现代化道路就会越走越宽广。

(来源:《人民日报》,2018 年 7 月 24 日,颜晓峰)

不可否认的是,随着国力的提升,世界对中国的期待更高,目光也会更挑剔。有人以为,中国的壮大,会与一些国际秩序发生龃龉,在国际社会中会跌跌撞撞,甚至可能与其他大国陷入"修昔底德陷阱"。这显然是对中国的历史不够了解,对中国的方向判断失误。近代中国饱尝辛酸,深切体会过强权的痛苦,不会让历史的悲剧重演;中国的未来,必将走和平发展道路,这是早已反复重申的承诺,也是被中国发展事实所验证的。"君子以义交",公理与正义,团结与互惠,是中国开放的主旋律。

从成功主办亚太经济合作组织领导人峰会到共同应对全球性挑战,从倡导"一带一路"到中韩、中澳自贸协定落地生效,从人民币纳入国际货币基金组织特别提款权货币篮子到亚洲基础设施投资银行正式投入运转……我国开放发展新理念开花结果,在国际舞台上越来越多地发出"中国声音"。

开创对外开放新局面,必须丰富对外开放内涵,提高对外开放水平,协同推进战略互信、经贸合作、人文交流,努力形成深度融合的互利合作格局,完善对外开放战略布局，推进双向开放，支持沿海地区全面参与全球经济合作和竞争，培育有全球影响力的先进制造基地和经济区，提高边境经济合作区、跨境经济合作区发展水平。

改革开放 40 年来，中国人民自力更生、发愤图强、砥砺前行，依靠自己的辛勤和汗水书写了国家和民族发展的壮丽史诗。同时，中国坚持打开国门搞建设，实现了从封闭半封闭到全方位开放的伟大历史转折。开放已经成为当代中国的鲜明标识。中国不断扩大对外开放，不仅发展了自己，也造福了世界。

一、开放理念是引领我国对外开放领域深刻变革的科学理念

开放发展理念准确把握当今世界和我国发展大势，直面我国对外开放中的突出矛盾和问题，体现了我们党对经济社会发展规律认识的深化、对外开放思想的丰富和发展。

开放发展是准确把握国际国内发展大势的先进理念。近年来，我国对外开放的基础和条件发生深刻变化，对外开放面临新的国际国内形势。从国际看，世界经济进入深度调整期，国际经济合作和竞争格局发生深刻变化，各国既需要携手应对发展问题和经济全球化进程中的各种挑战，又存在抢占科技制高点、整合全球价值链、重构国际经贸规则的激烈竞争。我国已成为世界第二大经济体和世界经济增长重要引擎，肩负更多的国际责任和期待。同我国在世界经济中扮演的新角色相比，我国对外开放水平总体不够高的矛盾非常突出。只有发展更高层次的开放型经济，才能更好顺应和平、发展、合作、共赢的世界潮流，才能有效应对发达国家再工业化以及 TPP、TTIP 等高标准区域贸易协定谈判带来的挑战。从国内看，我国经济发展进入新常态，表现出速度变化、结构优化、动力转换三大特点，加快经济发展方式转变和提高发展质量效益的任务更加紧迫。引领经济发展新常态，用好内涵发生深刻变化的重要战略机遇期，必须用高水平开放推动高质量发展。开放发展理念正是在深入把握国际国内发展大势的基础上提出来的。它所倡导的对外开放，不是对过去做法的简单重复，而是要以新思路、新举措发展更高水平、更高层次的开放型经济；既立足国内，充分发挥我国资源、市场、制度等优势，又更好利用国际国内两个市场、两种资源，以开放促改革、促发展、促创新，与世界各国互利共赢、共享发展成果。

开放发展是深化认识发展规律的科学理念。习近平总书记指出："各国经济，相通则共进，相闭则各退。"[①] 一语道破世界经济发展规律。开放带来进步、封

[①] 习近平：共建创新包容的开放型世界经济——在首届中国国际进口博览会开幕式上的主旨演讲（全文）[EB/OL]. 中国全国人大网，2018 年 11 月 5 日，http://www.npc.gov.cn/npc/xinwen/syxw/2018-11/05/content_2065627.htm.

闭导致落后，这已为古今中外的发展实践所证明。这一发展规律在经济全球化时代表现得尤为明显。第二次世界大战结束后，经济全球化浪潮风起云涌，生产的国际化程度空前提高，各国经济联系日益紧密。根据世界银行2008年发布的一份报告，全球有13个经济体实现了持续25年以上的高速增长，它们的共同特征就是实行对外开放。我国同样是开放发展的受益者。通过深化改革、扩大开放，我国顺利实现了从贫穷落后大国到世界第二大经济体、第一大货物贸易国的飞跃。开放之所以有如此巨大的威力，是因为它符合以扩大市场、深化分工、发挥优势推动经济发展的规律。特别是在经济全球化深入发展、各国经济加速融合的当今时代，只有打开国门搞建设，把一国发展置于广阔的国际空间来谋划，才能获得推动发展所必需的资金、技术、资源、市场、人才乃至机遇和理念，才能充分发挥比较优势，创造更多社会财富。开放发展理念深刻总结国内外发展经验教训，抓住经济全球化时代发展的关键，是对经济社会发展规律认识的深化。

开放发展理念引领对外开放领域深刻变革。理念是行动的先导。习近平总书记提出的开放发展理念，赋予开放发展以富有当今时代特色、顺应世界发展潮流、符合我国发展要求的深刻内涵，必将引发对外开放领域的深刻变革。开放发展带动创新、推动改革、促进发展，是其他四大发展的重要支撑，是连通国内国际的纽带桥梁，是全面深化改革和全面依法治国的动力源和试验场。只有坚持开放发展，才能在国际比较和竞争中推进创新、培养人才，使创新发展获得新动能；才能在开拓国际市场中发挥国内国际经济联动效应，使协调发展获得新空间；才能在主动参与全球可持续发展中促进我国生态文明建设，使绿色发展获得新活力；才能在不断扩大同各国互利合作中实现我国更好发展，使共享发展获得新基础。贯彻落实开放发展理念，我国对外开放必将实现质的提升，迈出建设开放型经济强国的新步伐。开放发展是观念、是体制、是格局，不仅将引领我国外向型经济发展的深刻变革，也将推动我国同世界各国的合作共赢事业。

二、推动内外联动，全方位升级开放型经济

开放发展理念，核心是解决发展内外联动问题，目标是提高对外开放质量、发展更高层次的开放型经济。开放发展理念包含主动开放、双向开放、公平开放、全面开放、共赢开放等重要思想，将全方位升级我国开放型经济。

（1）主动开放，把开放作为发展的内在要求，更加积极主动地扩大对外开放。对外开放不是权宜之计，而是国家繁荣发展的必由之路。中国越发展，就越开放。坚持主动开放，就要统筹国内国际两个大局，把既符合我国利益又能促进共同发展作为处理与各国经贸关系的基本准则；以开放促改革，健全有利于合作

共赢并同国际贸易投资规则相适应的体制机制；积极参与全球治理，提高我国在全球经济治理中的制度性话语权；努力实现对外开放与维护经济安全的有机统一，在扩大开放中动态地谋求更高层次的总体安全。近年来，我国着力推动二十国集团加强合作，推进"一带一路"建设，建设亚投行等，迈出主动开放的稳健步伐。

（2）双向开放，坚持引进来和走出去并重。坚持引进来和走出去并重，是开放型经济发展到较高阶段的重要特征，也是更好统筹国际国内两个市场、两种资源、两类规则的有效途径。在引进来方面，适应我国加快转变经济发展方式的要求，着力提高引资的质量，注重吸收国际投资搭载的技术创新能力、先进管理经验以及高素质人才。在走出去方面，适应我国对外开放从贸易大国迈向贸易强国、投资大国以及市场、能源资源、投资"三头"对外深度融合的新局面，支持我国企业扩大对外投资，推动装备、技术、标准、服务走出去，提升在全球价值链中的位置。推进双向开放，要求促进国内国际要素有序流动、资源高效配置、市场深度融合。

（3）公平开放，构建公平竞争的内外资发展环境。公平开放要求改变过去依靠土地、税收等优惠政策招商引资的做法，通过加强法治建设，为外资企业提供公平、透明、可预期的市场环境，实现各类企业依法平等使用生产要素、公平参与市场竞争、同等受到法律保护。推进公平开放，表明中国利用外资的政策不会变，对外商投资企业合法权益的保护不会变，为各国企业在华投资兴业提供更好服务的方向不会变，必将进一步增强外资企业长期在华发展的信心。

（4）全面开放，全面布局开放举措、开放内容、开放空间，打造陆海内外联动、东西双向开放的全面开放新格局。追求全面是提高开放水平的必然。全面开放体现在开放举措上，就是坚持自主开放与对等开放，加强走出去战略谋划，统筹多双边和区域开放合作，加快实施自由贸易区战略，推进"一带一路"建设，推动陆海内外联动、东西双向开放；体现在开放内容上，就是进一步放开一般制造业，有序扩大服务业对外开放，扩大金融业双向开放，促进基础设施互联互通；体现在开放空间上，就是改变我国对外开放东快西慢、沿海强内陆弱的区域格局，逐步形成沿海内陆沿边分工协作、互动发展的全方位开放新格局。推进全面开放，要求协同推进战略互信、经贸合作、人文交流。

（5）共赢开放，加强国际交流合作，推动经济全球化朝着普惠共赢的方向发展。当前，全球产业链、供应链、价值链加速整合，各国发展联动、机遇共享、命运与共的利益交融关系日益凸显。共赢开放反对保护主义，主张构建开放型世界经济，维护和加强多边贸易体制，为世界各国发展提供充足空间；主张区域自由贸易安排对多边贸易体制形成有益补充，而不是造成新的障碍或藩篱，推动经济全球化朝着普惠共赢的方向发展；以开放发展为各国创造更广阔的市场和发展空间，促进形成各国增长相互促进、相得益彰的合作共赢新格局。推进共赢开放，要求发展全方位、多层次国际合作，扩大同各国各地区的利益汇合，实现互利共赢。

三、贯彻开放发展理念，推动互利共赢

推进"一带一路"建设。今日之世界已成为一个你中有我、我中有你的命运共同体。"一带一路"建设顺应时代潮流，秉持共商、共建、共享原则，致力于实现各国在发展机遇上的共创共享，促进中国与世界在发展机遇相互转化中实现合作共赢，是我国扩大对外开放的重大战略举措。推进"一带一路"建设，应弘扬开放包容、互学互鉴的精神，坚持互利共赢、共同发展的目标，奉行以人为本、造福于民的宗旨，完善双边和多边合作机制，推进同相关国家和地区多领域互利共赢的务实合作。积极推进政策沟通、设施联通、贸易畅通、资金融通、民心相通，广泛开展教育、科技、文化、旅游、卫生、环保等领域合作，共建开放多元共赢的金融合作平台，为世界可持续发展提供新动力，给沿线各国人民带来实实在在的利益。

培育国际经济合作和竞争新优势。形成对外开放新体制，是培育国际经济合作和竞争新优势的关键。为此，上海、广东、天津、福建、海南12个自由贸易试验区正在进行积极探索。今后，应进一步加大制度改革力度，在形成对外开放新体制上迈出新步伐。建立贸易便利化体制机制，全面实施单一窗口和通关一体化；提高自由贸易试验区建设质量，在更大范围推广复制；创新外商投资管理体制，全面实行准入前国民待遇加负面清单管理制度；完善境外投资管理体制，清理取消束缚对外投资的各种不合理限制；加快构建开放安全的金融体系，完善涉外法律法规体系，建立健全风险防控体系；等等。通过全面深化改革，大力营造竞争有序的市场环境、透明高效的政务环境、公平正义的法治环境、合作共赢的人文环境、法治化国际化便利化的营商环境，加快形成有利于培育新的比较优势和竞争优势的制度安排。

形成对外开放战略新布局。完善对外开放区域布局、对外贸易布局、双向投资布局，是形成对外开放战略新布局的重要内容和标志。完善对外开放区域布局，应贯彻开放型经济发展与区域协调发展相结合的思路，支持沿海地区全面参与全球经济合作和竞争，加快内陆沿边地区开放步伐，形成各有侧重的对外开放基地。完善对外贸易布局，加快对外贸易优化升级，推动外贸由大进大出向优质优价、优进优出转变，着力建设贸易强国。完善双向投资布局，在大力引进境外资金和先进技术的同时，支持我国企业扩大对外投资，积极搭建金融服务平台，为国际产能和装备制造合作提供更好的金融服务。同时，注重深化内地和港澳、

大陆和台湾地区合作发展。

推动全球经济治理体系改革完善。近年来，中国努力推动互利共赢的国际发展合作，成为推动构建平等公正、合作共赢国际经济新秩序的中坚力量。今后，中国将继续推动全球经济治理体系改革完善，积极承担与自身能力和地位相适应的国际责任和义务，努力使全球治理体制更加平衡地反映大多数国家的意愿和利益。加强宏观经济政策国际协调，维护多边贸易体制，加快实施自由贸易区战略，促进形成各国发展创新、增长联动、利益融合的世界经济。

开放的中国造福世界。中国努力在扩大开放中同世界各国形成深度融合的互利合作格局，构建广泛的利益共同体，使中国梦同世界各国人民的美好梦想紧紧相连、息息相通。

第二节　包罗万象，把开放作为国家发展的内在要求

开放，是推动人类社会发展的基本动力，也是世界各国共同的社会基因。以习近平同志为核心的党中央，深刻把握人类社会开放的基本规律，主动顺应国内外发展大势，创新发展马克思对外开放理论，提出了开放发展这一重要新理念，开展了一系列开放发展的重要实践，为推进我国全方位高水平对外开放指明了方向，为解决全球性发展难题开出了药方。

基于实现"两个一百年"奋斗目标和中华民族伟大复兴的中国梦的开放发展目标论。开放发展，开放是手段、路径，发展是目标、归宿。实现"两个一百年"奋斗目标和中华民族伟大复兴为开放发展指明了方向、明确了目标，这是继承但又高于"发展是硬道理"的开放发展目标论，基于合作共赢的开放发展价值论。

和平、发展、合作、共赢是当今世界的主题。中国始终主张把本国利益同各国共同利益结合起来，努力扩大各方共同利益的汇合点，积极树立双赢、多赢、共赢的国际合作新理念，并多次向世界宣示"中国将坚持奉行互利共赢的开放战略，坚持正确义利观"，积极倡导"构建以合作共赢为核心的新型国际关系，打造人类命运共同体"。

开放发展不是毫无原则、没有底线的开放。维护国家总体安全，是开放发展的最基本底线，也是最根本保障。国家总体安全，就是集政治安全、国土安全、军事安全、经济安全、文化安全、社会安全、科技安全、信息安全、生态安全、资源安全、核安全等于一体的国家安全体系。开放发展理念追求的是开放、发展与安全之间的良性循环、互促互进，即在开放中促进发展、提高安全，又在安全的基础上提高开放层次、拓展发展空间。

坚持中国共产党的领导，是中国开放发展实践的灵魂主线。在新的历史条件下，开放发展的水平更高、内涵更深、外延更广，这就对党领导开放发展的能力提出了更高要求。全面贯彻开放发展理念的过程，也必然是以全面提高党领导开放发展能力为核心的社会实践过程。

一、开放发展是科学把握时代主题的必然选择

当今世界正在发生着深刻的变化。党中央清醒地认识到我们所处的时代正处在大发展大变革大调整的时期：世界多极化更趋明朗，经济全球化深入发展，文化多样化持续推进，社会信息化加速发展，国际安全挑战复杂多样，霸权主义、强权政治仍在阻碍世界的和平发展进程，有时甚至很激烈，蕴含着冲突加剧的危机。世界局势呈现"总体和平、局部战乱；总体缓和、局部紧张；总体稳定、局部动荡"的基本特点。

同时，国内经济下行压力的挑战和艰巨繁重的改革发展稳定的任务，也为我们发展的时代背景加大了难度系数，改革已经进入攻坚期和深水区，要求当代共产党人最大限度集中全党全社会智慧，最大限度调动一切积极因素，敢于啃硬骨头，敢于涉险滩，以更大决心冲破思想观念的束缚、突破利益固化的藩篱，推动中国特色社会主义制度自我完善和发展。

在这样的时代背景下，谁偏离了时代主题，谁就会被时代抛弃，在历史发展中被淘汰。第二次世界大战结束后，全球有13个经济体实现25年多的高速增长，其共同特征就是采取开放政策。我们要顺应时代潮流，维护自由、开放、非歧视的多边贸易体制。可以说，顺应时代潮流、把握时代主题，走改革开放、和平发展、合作共赢道路是我党正确认识和把握时代主题之后的必然选择。

经济全球化是不可阻挡的历史潮流。2008年国际金融危机爆发后，一些发达国家为了摆脱经济社会困局，错误地认为从经济全球化进程中急流勇退是制胜法宝，有的贸易大国甚至举起了以邻为壑的贸易保护主义大旗。这些不同程度的逆全球化行为是不符合历史潮流的。历史已经证明，开放带来进步，封闭导致落后；经济全球化为世界经济增长提供了强劲动力，促进了商品和资本流动、科技和文明进步、各国人民交往。困扰世界的很多问题，如国际金融危机、难民潮、网络安全与治理等，根源并不是经济全球化；解决这些问题，恰恰需要推进经济全球化，构建国际政治经济新秩序，促进各国合作共赢、共同发展。经济全球化的历史潮流不可阻挡。正确的选择是：充分利用一切机遇，合作应对一切挑战，持续推进贸易投资自由化和便利化，引导好经济全球化走向。

中国坚持开放发展，为经济全球化深入发展作出了巨大贡献。改革开放以来，中国坚持对外开放的基本国策，积极推动自由贸易，支持开放、透明、包

容、非歧视性的多边贸易体制，构建互利共赢的全球价值链，培育全球大市场，对全球经济、贸易、投资的带动作用不断增大，成为经济全球化的重要引擎。2016年，中国对世界经济增长的贡献率越过30%。中国已连续数年稳居世界第一大货物贸易国地位，成为120多个国家和地区的最大贸易伙伴。1982~2015年，中国对外直接投资年均增长达到28.83%，为同期全球外国直接投资增速的近3倍。[①] 中国对外开放为世界各国提供了广阔的市场、大量的资本、丰富的产品、宝贵的合作机会，为全球贸易、投资增长提供了重要动力。

中国积极推动更高层次的对外开放，促进经济全球化更可持续。经济全球化是一把"双刃剑"，既有积极作用，也存在一些不足。要想让经济全球化的正面效应更多释放出来，消解其负面影响，必须顺应大势、主动作为，推动更高层次的开放。开放是中国经济繁荣发展的必由之路，也是世界经济繁荣发展的必然选择。中国顺应历史潮流，实行更高层次的对外开放，努力引导经济全球化持续健康发展。为此，中国不断丰富对外开放的内涵，主动提高服务业和制造业开放水平，拓宽开放广度与深度；扩大内陆地区对外开放，构建沿边地区开放新平台，优化对外开放区域布局；全面推进双向开放，促进国内国际要素有序流动、资源高效配置，大力发展更高水平的开放型经济。

二、开放发展推进"一带一路"建设

"十三五"规划专门论述了"推进'一带一路'建设"，可见"一带一路"倡议在"开放发展"中的重要性，可以说，"一带一路"是"开放发展"中的亮点。同时规划还提到了"推进互联互通建设"。其实，"一带一路"的关键就是互联互通。习近平总书记说过，"一带一路"和互联互通是相融相近、相辅相成的。如果将"一带一路"比喻为亚洲腾飞的两只翅膀，那么互联互通就是两只翅膀的血脉经络。[②] 文化方面的互联互通更是血脉经络的社会根基。今天，我们要建设的互联互通，不仅是修路架桥，而更应该是政策沟通、设施联通、贸易畅通、资金融通、民心相通五大领域的"相通"。文化方面的互联互通就是要拉近人民思想交流、文明互鉴的距离，实现经济共荣、贸易互补、民心相通。摒弃文化思维中的"大国沙文主义"和"妄自菲薄思维"，坚持平等互信、包容互鉴、文化自信、文明互鉴。只有这样，才能"各美其美，美人之美，美美与共，天下

---

① 学习习近平重要思想：以开放发展引领经济全球化步入新时代 [EB/OL]. 央视网, 2017年3月9日, http://news.cctv.com/2017/03/09/ARTIvmM32IW5vJZRpnNsxQrZ170309.shtml.
② 习近平：联通引领发展 伙伴聚焦合作——在"加强互联互通伙伴关系"东道主伙伴对话会上的讲话（全文）[EB/OL]. 新华网, 2014年11月8日, http://www.xinhuanet.com/world/2014-11/08/c_127192119.htm.

大同"。

"一带一路"在现实空间中存在，同时也在网络的虚拟空间中纵横。网络空间是人类共同的活动空间，习近平总书记指出："网络的本质在于互联，信息的价值在于互通"①，作为互联互通的"一带一路"建设当然也离不开网络的助力。网络信息资源日益成为重要的生产要素和社会财富，信息流引领着技术流、资金流、人才流，网络建设水平和信息掌握的多寡成为国家软实力和竞争力的重要标志。应该着重在网络基础建设、网上共享平台、网络经济创新、网络安全保障、网络空间治理等方面助力"一带一路"。

当前中国的开放不再是面向西方发达国家的单向开放，而是面向全世界的双向开放，不仅要引进来、留得住，还要走出去、扎下根。"一带一路"倡议的提出，就是在新时期、新形势下中国全新开放理念的体现。

通过"一带一路"建设，一方面，在国内打造陆海并举、东西共进、内外联动、面向全球的全新开放格局，在开放中建设开放型经济，在开放中构建开放型经济体制，实现开放发展。另一方面，推进同有关国家和地区多领域互利共赢的务实合作，推进国际产能和装备制造合作，以开放实现沿带沿路国家的共同发展和可持续发展。"一带一路"倡议，标志着中国推进开放性区域合作架构的努力。中国的发展得益于地区和世界的开放，中国也将为打造一个更加开放、包容、均衡、普惠的地区合作平台贡献自己的力量。中国不会将自己的规则强加给沿带沿路国家。共建、共赢、共享永远是"一带一路"倡议的内在精神，它体现了中国40年来对开放理念的升华。

开创对外开放新格局，完善对外开放战略布局，形成对外开放新体制，推进"一带一路"建设，深化内地和港澳、大陆和台湾地区合作发展，积极参与全球经济治理，积极承担国际责任和义务。可以说，"一带一路"建设已成为中国新时期开放战略的一个重要标志，它承载着新时期中国打造全新对外开放格局的重任，也集中体现着开放发展理念在中国及其周边地区的具体实践。

持续发展的重要动力源自开放型经济体制的构建。"一带一路"建设将构筑起中国新一轮对外开放的全新格局，中西部地区第一次在中国的对外开放布局中处于和东部沿海地区并列的位置，也由此迎来构建开放型经济体系的历史性机遇。中西部地区的资源禀赋、人力资源、后发优势将在这一轮的对外开放进程为本地区打造新区位优势奠定扎实的基础。

生产要素流动的转变是开放格局升级的重要标志。在中国对外开放40年的大部分历程中，开放格局的一个重要表现就是西方资本、技术、管理经验和管理

---

① 习近平：在第二届世界互联网大会开幕式上的讲话（全文）[EB/OL]. 新华网，2015年12月16日，http://www.xinhuanet.com/politics/2015-12/16/c_1117481089.htm.

人才等生产要素引入，呈现出要素单向度流动的态势。"一带一路"建设注重基础设施、制度规章、人员交流三位一体，推动政策沟通、设施联通、贸易畅通、资金融通、民心相通，沿带沿路国家的生产要素由此拥有了一个互通有无的平台。随着生产要素沿着"一带一路"的扩散，中国对外开放格局的升级也将因为单向度开放格局的彻底改变而加快步伐。

开放对象的转变为提高开放型经济水平带来机遇。随着生产要素的走出去，中国对外开放的对象正经历着由发达国家向发展中国家，由全球合作平台向区域合作平台的转变。"一带一路"建设联通了亚太经济圈和欧洲经济圈两大经济板块，所经之地多为发展中国家和地区，它们正面临着中国早期开放时相似的问题，这就构成中国生产要素走向沿带沿路发展中国家，实现合作共赢、共同发展的现实基础。"一带一路"建设重在打造更大范围、更高水平、更深层次的区域合作，这个包容、开放的区域合作平台就成为中国对外开放的重要对象。随着这个区域合作框架的推进和完善，中国开放型经济不仅拥有了走出去的平台，而且提升开放型经济合作的制度性话语权因之而有了具体抓手。

三、开放发展要坚守底线

开放发展不是毫无原则、没有底线的开放。维护国家总体安全，是开放发展的最基本底线，也是最根本保障。国家总体安全，就是集政治安全、国土安全、军事安全、经济安全、文化安全、社会安全、科技安全、信息安全、生态安全、资源安全、核安全等于一体的国家安全体系。开放发展理念追求的是开放、发展与安全之间的良性循环、互促互进，即在开放中促进发展、提高安全，又在安全的基础上提高开放层次、拓展发展空间，基于全面提高党领导开放发展能力的开放发展实践论。坚持中国共产党的领导，是中国开放发展实践的灵魂主线。

在新的历史条件下，开放发展的水平更高、内涵更深、外延更广，这就对党领导开放发展的能力提出了更高要求。全面贯彻开放发展理念的过程，也必然是以全面提高党领导开放发展能力为核心的社会实践过程。

"十三五"规划指出"积极参与全球经济治理和公共产品供给，提高我国在全球经济治理中的制度性话语权，构建广泛的利益共同体"。"制度性话语权"其实就是制度要求，要求正确看待改革开放，在开放中不是一味西化，唯西方马首是瞻，而是要充分展现社会主义制度的优越性，通过提高"制度性话语权"，讲好中国故事，传播中国好声音，丰富和发展中国乃至世界治国理政的理念和经验。

总之，坚持开放发展，着力实现合作共赢。开创对外开放新局面，必须丰富对外开放内涵，提高对外开放水平，协同推进战略互信、经贸合作、人文交流，努力形成深度融合的互利合作格局开放合作，命运共同体互利共赢的开放战略。开放发展，就是要顺应求和平、谋发展、促合作、图共赢的时代潮流，在这个你中有我、我中有你的地球村里，相互依存、休戚与共，谋求共治、实现共赢，坚持独立自主、坚持公平正义，努力打造人类命运共同体。

第三节 海纳百川，促进全球经济体系更加开放

参与和推动经济全球化，发展开放型经济是我国经济发展取得成功的重要经验。党的十九大报告中指出，中国特色社会主义进入新时代，而中国共产党经过艰辛理论探索形成的中国特色的社会主义思想是指引我国建设中国特色的社会主义，实现中国梦和中华民族伟大复兴的纲领和指南。在报告中，习近平总书记对于新时代给予了全面的阐述，他指出，新时代的发展主题之一是主动参与和推动经济全球化进程，发展更高层次的开放型经济，不断壮大我国经济实力和综合国力。习近平总书记的这一论断总结了我国对外开放基本国策启动40年来的成功经验，为我国进一步经济发展和体制改革指出了方向。在中国共产党领导下，我国经济从一定程度上的闭关锁国走向全面开放，利用自身的比较优势，积极加入国际分工，成为经济全球化的最大受益者之一。

目前中国是世界上最大的贸易国、第二大外资引进国以及最大的外汇储备国，中国进出口占世界贸易总额约13.8%，累计引入外资超过17600亿美元。近年来中国的对外开放向全方位发展，2016年中国对外直接投资的数额第一次超过了中国吸引外资的数额。1980～2011年中国国内生产总值年平均增长率约10%，人均国民收入增长了26倍。而这一时期中国经济的对外依存度最高为76%，最低也有47%，对外经济对于中国国内生产总值的增长和居民收入的提高作出了巨大的贡献，为2020年实现全面小康奠定了坚实的物质基础。① 2012年以后，我国经济进入"新常态"，我们不再片面追求进出口在量上的扩张，而是努力提高对外开放的质量，实现中国经济协调、平衡、可持续的发展。但是中国主动参与和推动经济全球化的决心不会动摇。开放带来进步，封闭必然落后。中国开放的大门不会关闭，只会越开越大。

一、新形势下更要贯彻开放发展理念

党的十九大宣告了中国特色社会主义进入新时代，最具开创性；确立了习近平

---

① 笔者根据国家统计局官网信息汇总所得。

新时代中国特色社会主义思想，最具标志性；制定了新时代坚持和发展中国特色社会主义的基本方略，最具指导性；勾画了全面建设社会主义现代化国家的崭新蓝图，最具战略性；提出了以"六大建设"推进党的建设新的伟大工程，最具革命性。党的十九大报告站位新时代，对统筹推进"五位一体"总体布局、协调推进"四个全面"战略布局，提出了许多新思想、新观点、新论断。新时代，带来发展新要求、新课题，要求我们交出发展新答卷。当前，我国仍处于并将长期处于社会主义初级阶段的基本国情没有变，同时，我国社会生产力水平总体上显著提高，社会生产能力在很多方面进入世界前列，我国社会主要矛盾已经转化为人民日益增长的美好生活需要和不平衡不充分的发展之间的矛盾。人民不仅对物质文化生活提出了更高要求，而且在民主、法治、公平、正义、安全、环境等方面的要求日益增长。这一变化，是关系全局的历史性变化，对党和国家工作提出了许多新要求。"人民对美好生活的向往，就是我们的奋斗目标。"在继续推动发展的基础上，着力解决好发展不平衡不充分问题，大力提升发展质量和效益，才能更好满足人民各方面日益增长的需要，更好推动人的全面发展、社会全面进步。

中国特色社会主义进入了新时代，这是我国发展新的历史方位。在新时代提升对外开放水平，推动形成全面开放新格局，对于实现"两个一百年"奋斗目标、实现中华民族伟大复兴的中国梦、推动构建人类命运共同体具有重大意义。

贯彻落实新发展理念的重要实践。理念是行动的先导。发展理念从根本上决定着发展的方向和成效。以习近平同志为核心的党中央，把开放确立为新发展理念之一，将开放在发展中的作用、地位提升到了全新的层次和水平。贯彻落实开放发展理念，要求我们准确把握国际国内发展大势，明确新时代的开放布局、开放方式、开放重点，加强发展的内外联动，实施更加积极主动的开放战略，坚定不移提高开放型经济水平，坚定不移完善对外开放体制机制，增强发展活力、拓展发展空间。

满足人民日益增长的美好生活需要的客观要求。我国社会主要矛盾已经转化为"人民日益增长的美好生活需要和不平衡不充分的发展之间的矛盾"。这是关系全局的历史性变化，对新时代扩大开放提出了新要求。当前，我国部分中低端产品过剩和中高端产品供给不足并存，服务短板现象突出。这就要求我们扩大服务业对外开放，优化服务供给，提高服务质量；增加高品质消费品和优质服务进口，丰富国内消费品市场，更好地满足人民群众个性化、多元化、差异化需求。

建设开放型世界经济的主动作为。近年来，世界经济发展动力不足，保护主义和内顾倾向抬头，经济全球化遇到挑战。经济全球化是不可逆转的时代潮流，但形式和内容上面临新的调整。这就要求我们维护多边贸易体制主渠道地位，坚持开放的区域主义，努力打造平等协商、广泛参与、普遍受益的区域合作框架；促进自由贸易区建设，提升贸易投资自由化便利化水平；主动参与和推动经济全球化进程，引导经济全球化朝着更加开放、包容、普惠、平衡、共赢的方向发展，为建设开放型世界经济增添动力。

构建人类命运共同体的重大贡献。当前全球发展失衡、治理困境、数字鸿沟、公平赤字等问题突出。我国日益走近世界舞台中央，如何在加快自身发展的同时，应对全球挑战、谋求共同发展，是新时代扩大对外开放的重要课题。这就要求我们更好统筹国内国际两个大局，奉行互利共赢的开放战略，鼓励和支持其他国家搭乘我国发展的"顺风车"，帮助广大发展中国家参与并融入全球价值链，促进包容性增长和共享型发展，为构建人类命运共同体作出中国贡献。

进一步扩大对外开放，为中国经济和全球经济注入新动力。从国内看，改革开放的历史经验告诉我们，大开放带来大发展。从国际看，我国作为占全球人口近1/5的最大发展中国家，每年为全球带来近2万亿美元的货物出口和5000亿美元的服务出口，对外开放大门多打开一点，就会为全球市场带来巨大增量。我们要加快构建开放型经济新体制，推动形成全面开放新格局，加快实现由贸易大国迈向贸易强国。在区域上，要加快内陆地区的开放步伐，借鉴东部沿海地区的开放经验，优化中西部地区的投资环境，吸引外来资本，打造更加均衡的开放布局，推动中国经济保持在中高速增长平台上平稳运行。在行业上，重点扩大服务业开放领域，逐步放开金融、保险、电信、文化、教育、医疗等领域的准入限制，大力发展服务贸易，增强服务业国际竞争力，推动开放从制造业单一动能向制造业与服务业双轮驱动转变。在方式上，要发挥自由贸易试验区的作用，推动自贸试验区在更大范围、更多领域开展先行先试，把成熟可行的经验在区外复制推广，赋予自贸试验区更大改革自主权，探索自由贸易港建设，进一步推动贸易和投资自由化便利化。

二、以开放理念打造人类命运共同体

当前，我们面对的是世界经济长期低迷、贫富差距和南北差距拉大等世界性发展难题，面对的是全球增长动能不足、全球经济治理滞后和全球发展失衡等经济社会发展困境。在这样的背景下，唯有创新发展理念，转变发展方式，才有可能使世界经济和社会发展获得根本性的转变和突破。"创新、协调、绿色、开放、共享"的新发展理念，作为中国改革开放40年的经验与启示，必将对人类命运共同体的构建起到引领作用。

习近平总书记在一系列双边和多边重要外交场合多次强调树立人类命运共同体意识，提出共建中国—东盟命运共同体、中国巴基斯坦命运共同体、亚洲命运共同体、中拉命运共同体、中非命运共同体等，表明同世界各国共同致力于促进世界的和平、稳定、繁荣与进步。

中国一直强调要建立平等相待、互商互谅的伙伴关系，营造公道正义、共建共享的安全格局，谋求开放创新、包容互惠的发展前景，促进和而不同、兼收并蓄的文明交流，构筑尊崇自然、绿色发展的生态体系——"五位一体"，打造人类命运共同体的总布局和总路径，出于中国对世界前途和自身道路的一种战略判断和战略选择，成为中国对世界发展的重要贡献。

中国主张为未来国际关系提供了很好的发展路径，为创建和维持一个更美好、更和平的世界勾画了蓝图。中国正在扮演推动世界发展的主角，未来中国一定能够为世界发展贡献更多理念，为国际关系注入精彩的中国元素……打造人类命运共同体的中国主张，在世界各地引起强烈共鸣，成为新时期中国外交的一面高高飘扬的旗帜。

"打造人类命运共同体"这一核心理念的提出，是基于对当今世界格局的深刻认识。唯物辩证法认为，矛盾各方共处于一个统一体之中，以相互依存为前提。全世界人民处于"地球村"这个共同体中，在全球化和互联网时代，"蝴蝶效应"频频发生，各国人民相互依存、休戚与共达到空前的程度。损人利己的举动，可能很快就会带来"城门失火殃及池鱼"甚至"搬起石头砸自己的脚"的后果。气候变暖、环境污染、金融危机、难民大潮等一再证明这一点。"人类命运共同体"理念，正是对这一基本事实的如实反映。

这一核心理念的形成，也是深刻总结两次世界大战惨痛历史教训的结果。在20世纪，人类经历了惨烈的两次世界大战，付出了几千万人的空前牺牲，世界各国人民在战争中遭受了深重的苦难。反对战争、保卫和平成为全世界人民的共同愿望。正是人心所向，使和平成为时代主题，和平力量超过战争力量。两次世界大战也证明，用战争手段争夺资源和资源的控制权，必然造成资源的极大破坏和浪费。唯有发展，才能消除冲突的根源，保障人民的基本权利，满足人民对美好生活的热切向往。只有共同发展才能使资源得到合理高效的利用，实现互利共赢。共同发展也成为时代主题。

这些共识得以形成的主观条件，是全人类有着基于共同利益的共同价值。联合国并没有强大的武装力量，更没有掌握任何战略武器，却能在解决国际问题特别是全球性问题中发挥重要作用。这说明，谁高扬全人类的共同价值的旗帜，占领道义上的制高点，谁就能在世界范围内赢得人心，发挥领导力。人民群众是历史的创造者，得人心者得天下，迷信武力者必然像德日意法西斯一样自取灭亡。

三、聚焦开放发展理念，推动互利共赢的国际发展合作

在全球化进程日益深化的时代背景下，对外开放是一项引领中华民族走向复兴的基本国策，是中国共产党在科学总结社会主义现代化建设经验和深刻认识世

界发展大势的基础上作出的重大战略决策。改革开放40年来，我国社会从封闭走向开放，对外开放战略也在实践探索中不断发展。党的十六届五中全会明确提出实施互利共赢的开放战略，意味着我国对外开放由适应性、学习性开放向战略性、制度性开放转变。党的十七大又全面阐述了坚持互利共赢对外开放战略的新思维和新蓝图，党的十八大更是强调我国将始终不渝奉行互利共赢的开放战略，使这一战略更加完善。实施这一战略，既是对过去一系列对外开放基本方针政策的继承和发展，又显示出我国进一步扩大全方位主动开放、实现与各国长期合作的战略意志。

互利共赢就是要倡导人类命运共同体意识，在追求本国利益时兼顾他国合理关切，在谋求本国发展中促进各国共同发展，建立更加平等均衡的新型全球发展伙伴关系，同舟共济，权责共担，增进人类的共同利益。互利共赢的开放战略要求中国随着开放的扩大和自身综合实力的增强，主动承担国际责任，统筹国内改革与对外开放，兼顾本国利益与伙伴国利益，在国际社会共同利益的基础上，通过国际合作实现国家间协调发展。

互利共赢是经济全球化背景下我国主动承担国际责任的大国开放战略，是改革开放过程中协调国内改革与对外开放的统筹开放战略，也是国际交往中兼顾本国利益与伙伴国利益的互利共赢战略。这是互利共赢开放战略的内在要求。

一是主动承担国际责任。互利共赢理念标志着我国顺应全球化发展趋势，积极参与全球经济竞争，与世界各国合作应对全球性挑战，共同实现世界经济可持续发展。随着经济迅速发展和综合实力不断增强，我国已经成为影响世界经济格局的重要大国，肩负的国际责任也日益增强。作为我国发展战略的重要组成部分，互利共赢开放战略是我国实现和谐世界与和平发展的重要经济手段，也是打破西方"中国威胁论"的政策实践，必须服务于负责任大国形象建设的需要。对此，我们不仅要积极推进地区自由贸易区建设，推动东亚区域经济合作发展，使我国开放发展的成果惠及周边地区，还要主动承担大国责任，积极参与全球经济规则制定和完善，推动贸易谈判的发展。

二是统筹国内改革与对外开放。国内改革为对外开放奠定了基础，特别是1992年确立的社会主义市场经济体制，推动了对外开放的深化发展。同时，对外开放的深化也促进了国内经济改革，加入WTO后为履行相关承诺加速了国内经济改革进程。互利共赢战略明确强调我国在对外开放过程中要"内外联动"。内外联动突出国内经济改革与对外开放的协调均衡，对外开放的速度不能超过国内改革所能承受的限度，国内改革也应充分利用对外开放所带来的机遇与经验。这一战略要求把国家整体利益放在首位，以实现国家利益为基础，在保证国内经济改革稳定进行的前提下，发展开放型经济，以改革促开放，以开放促改革，推动实现国内与国际统筹发展。

三是兼顾本国利益和伙伴国利益。互利共赢开放战略的主体包括三个层面：本国利益、伙伴国利益以及世界经济繁荣与政治秩序稳定。首先，国家利益是对外交往的前提，是这一战略的核心。国家作为理性行为体，其决策的依据是对收益与代价的核算，追求成本最小化和利益最大化。我国实施互利共赢开放战略主要是为了实现国家经济发展目标，营造和平与稳定的国际环境，实现国家利益。其次，伙伴国利益的实现是维系合作的关键。这一战略要求在实现本国利益的基础上，兼顾伙伴国利益，国家之间通过谈判协商与长期合作，实现共同利益。互利共赢则是稳定国际经济关系的重要手段，它强调我国经济发展得益于对外开放，在深化对外开放时也要回馈国际社会，促进世界可持续发展。最后，这一战略的外溢效应是实现世界整体收益，即全球经济体系的持续繁荣与世界政治局势的和平稳定。实践表明，中国对外开放的发展，不仅着眼于国家利益的实现，也注意平衡伙伴国收益，并以大国身份承担国际责任，积极参与全球治理。

第五章

同 心 同 德
——共享趋势顺应时代潮流

第一节 不忘初心,深入践行共享发展理念

新发展新理念中共享是中国特色社会主义的本质要求。必须坚持发展为了人民、发展依靠人民、发展成果由人民共享,作出更有效的制度安排,使全体人民在共建共享发展中有更多获得感,增强发展动力,增进人民团结,朝着共同富裕方向稳步前进。

共享发展的内涵十分丰富:一是发展成果要惠及全体人民。要让全体城乡居民、各区域的居民,都能享受到改革红利和发展果实,不让一个民众在共同富裕奔小康的途中落下,这是共享理念的本质也是最核心的要求。二是要让多代人共享而不仅仅是当代人。当代的发展要持续永久的发展,发展方式要优,要重视环境保护,坚持节能减排,大力发展战略性新兴产业,为子孙创造美好家园,不能以损害后代人的发展为代价。三是要确保人们享受到多种需求。在全面小康的征途中,人民群众的需求是多样化的,不仅需要丰厚的物质生活条件,还有文化、教育、医疗等精神、健康和生命安全等方面的追求,以及更好地参与社会生活、政治生活方面的需求,也应得到满足和支持。四是人人共享、人人参与。人人共享的理念是让全体人民获得,但幸福殷实的生活也要求全体人民的参与。只有广大人民群众的主动参与才能把社会的事办好,共享发展成果。

在创新、协调、绿色、开放、共享的新发展理念中,"共享"发展处在终端,是创新、协调、绿色、开放发展的终极目标。共享发展切合社会心理、公众期盼,集中反映了习近平总书记关于以人民为中心的发展思想,揭示出当代中国发展的根本出发点和落脚点。但是,当前有个值得注意的倾向是,有些人对共享发展理念存在认识误区,把共享发展片面理解为人人均享,过度强调实现个人权利,对政策和社会要求过高,不利于共享发展理念的贯彻落实。因此,对共享发

展理念还需要从其内在本质上正确理解，准确把握，防止片面性。

共享发展是制度本质，而非政策表象。实现共同富裕，是社会主义的本质要求。共享发展将这个根本的理想目标落实为可操作的阶段性目标，体现了过程与目标的统一。毫无疑问，共享发展必须有政策支撑，靠政策贯彻，但政策都是在一定时间内制定施行的，在合理与时效方面表现出一定的局限性，特别是在利益多元复杂的社会环境中，政策需要不断更新完善。如果拘泥于政策层面，局限于一时一事，缺乏根本原则的贯穿，往往会事与愿违。政策应当因地制宜调整，但共享的根本价值取向永远不能变，这就是制度的本质。

共享发展是共建共享，而非片面均享。"公与平者，即国之基址也。"公平均衡是我们始终传承的基因，共建共享是我们始终追求的目标，共享发展要消灭两极分化，使全体人民共同享有人生出彩和梦想成真的机会。但消灭两极分化不是抹杀一切差别，不是搞平均主义，更不是吃大锅饭，走进"均贫富"的历史怪圈。每个人的幸福都需要依靠辛勤的劳动来创造、来获得，共享发展不是不劳而获，好吃懒做，而是共同劳动，共同建设。没有共同劳动，没有共同建设，公平共享、公正共享、全民共享、全体共享就会成为一句空话。

共享发展是系统生成，而非线性升级。当今时代，随着社会财富的不断增加，人民群众的满足感和获得感的范围也不断扩大，共享目标空前多样，共享发展必然成为全方位系统生成的过程。全面落实新发展理念，通过创新发展、协调发展、绿色发展、开放发展的协同推进，实现共享发展。

共享发展是发展动力，而非权利阻力。实现基本公共服务均等化，是共享发展的题中应有之义，也是社会公平、公正的内在要求。但是，强调基本公共服务均等化并不意味着一定要损害其他利益群体的合理权利，造成新的不公，弱化发展的动力。共享发展既要沿着有利于增添发展新动力的方向推进，也要沿着有利于维护社会公平正义的方向推进；既要提升全体人民基本生存和尊严的社会底线，也要不断拓展社会各利益群体自由发展的空间，激发每个人的活力和创造力，促进社会和谐整合，增加社会财富，有效推动社会发展。

共享发展理念把实现人民幸福作为发展的目的和归宿，倡导发展过程人人参与、发展成果人人享有，注重解决社会公平正义问题，是有利于实现好维护好发展好最广大人民根本利益的发展理念。这一理念既体现了探索把握规律的要求，又体现了为广大人民谋福祉的旨归，是合规律性与合目的性的统一。

共享发展理念是对发展规律的自觉运用。发展理念不是凭空产生的，而是源自对发展实践的总结和反思。世界各国在共享发展方面既积累了有益经验，也有过深刻教训。从教训看，一些国家在发展过程中不注重共享，少数人的"获得感"建立在大多数人的"失落感"甚至"被剥夺感"之上，造成纷争不止、内斗不断、社会撕裂。从经验看，随着对经济增长没有带来贫困人口减少这一现象的反思，国际上提出了"基础广泛的增长""分享型增长""亲穷人的增长""包容性增长"等理念。共享发展理念立足我国发展实践，是对这些经验教训的借鉴与超越，是对发展规律的深刻认识与自觉运用。

共享发展理念注重并坚持渐进共享。共享发展是一个渐进过程，共享的内容是随着生产力不断发展和财富不断增加而不断丰富的。我国社会主义会经历不同的发展阶段，各阶段生产力发展的状况和共享的状况是不同的。目前，我国仍处于并将长期处于社会主义初级阶段，实现共享发展是一个从低级到高级、从不均衡到均衡的过程。因此，必须把目标的一贯性与发展的阶段性、主观预期与现实可能、尽力而为与量力而行有机统一起来，既不能裹足不前、舍不得民生投入，也不能好高骛远、口惠而实不至。一方面，要防止过度福利化，将收入增长建立在劳动生产率提高的基础上，将福利水平提高建立在经济和财力可持续增长的基础上；另一方面，要持续不断地推进共享发展，把能办的事尽最大努力办好，集腋成裘，积小胜为大胜。当前，既要摒弃那些不切实际的平均主义主张，又要防止出现贫富两极分化现象，在公平与效率之间把握好合理张力；既要大力维护权利公平、机会公平、规则公平、结果公平，又要尊重因人们付出的劳动和才能不同而出现的合理合法收入差距。

共享发展理念体现党的根本宗旨。坚持共享发展是中国特色社会主义的本质要求。发展为了谁、发展依靠谁、发展成果由谁享有，是人类社会发展面临的根本问题，不同社会有着不同回答。坚持以人为本，实现好维护好发展好最广大人民根本利益，是我们党的基本立场，也是我国社会主义建设的出发点和落脚点。落实到发展问题上，就是坚持以人民为中心的发展思想，把人民利益放在最高位置，尊重人民主体地位，发扬人民首创精神，想群众之所想、急群众之所急、谋群众之所需，坚持发展为了人民、发展依靠人民、发展成果由人民共享。当前，只有坚持共享发展，才能全面建成小康社会。全面小康是人人共享、不让一个人掉队的小康，这正是全面建成小康社会的难点所在、攻坚所指。决胜全面建成小康社会，必须按照共享发展理念谋篇布局，实现人民生活水平普遍提高，尤其要让贫困地区和贫困人口甩掉贫困帽子。展望第二个百年目标和中华民族伟大复兴的中国梦，坚持共享发展，让人人都有获得感、人人增强幸福感依然是基本要求。让13亿多中国人共享改革发展成果，是我们党努力奋斗的核心要义、立场情怀，也是评判奋斗目标实现与否的第一标尺。

一、共享发展是新发展理念的价值要义

理念是行动的先导。新发展理念中共享是重要内容，注重的是解决社会公平正义问题，体现了以人民为中心的发展思想，是中国特色社会主义的本质要求。

树立共享发展理念,就必须坚持发展为了人民、发展依靠人民、发展成果由人民共享,做出更有效的制度安排,使全体人民在发展中有更多获得感。

深入践行共享发展理念要求更加关注增进老百姓的获得感。一是在设计和制定促进共享发展的各项政策时,要高度重视精准识别人民群众的客观需求,注重瞄准机制建设,突出政策的精准化。我国幅员辽阔,人口规模巨大,不同社会群体的需求有着很大差异。即便是同样一群人,在不同时间、不同方面和不同情境下,往往也表现出差异化的需求。我们制定政策需要充分考虑到社会需求的差异化、多样化,努力避免简单施策。一方面,我们在制定政策时要充分开展调查研究,特别是发展和利用大数据技术,建立国家人口基础信息库,促进技术融合、业务融合、数据融合,为深入分析和精准识别差异化的社会需求创造条件;另一方面,我们要重视政策组合,提供多样化的政策菜单,将粗放单一的政策转换成精细化政策包,以适应和满足多样化的社会需求。

二是在制定和实施各项政策时,要特别注意政策之间的协同和配套,要打出组合拳,提高政策之间的耦合度,织密政策之间的耦合网。实践证明,单项突进的政策往往难以取得预期的效果,甚至会走向政策目标的反面。比如说,我们在居民最低生活保障制度设计时,如果没有配套的激励保障对象参与社会、劳动自立的政策设计,最低生活保障就有可能导致保障对象的制度依赖,出现所谓"养懒汉"的情况;如果没有经济发展和收入分配政策的调整,最低生活保障制度最终也将不堪重负。

三是要高度关注政策资源传递的体制和机制因素,关注其递送过程,努力做到顶层设计与落地生根的统一。一项政策只有很好地落地,将资源有效地传递到需求者那里,才能增进需求者的获得感。目前,我们已经出台了大量的促进共享发展、保障改善民生的政策。深入践行共享发展理念,要求我们关注各种"肠梗阻"现象,深化政策执行过程的体制机制改革与建设,减少政策代理的层级和扭曲的空间,促进人民群众对政策信息的精准了解,真正发挥政策的正能量,把好事做好。

四是要高度重视发展专业化的政策效果评估。共享发展不是口头说说,关键要看政策效果,要看老百姓的获得感如何。只有老百姓看得到、拿到手的红利,才是真实可感的红利。大体而言,施政是一个从政策设计、执行、反馈到改进的持续过程,其中科学评估和正确反馈是促进政策不断完善、改进政策效果的关键环节。从社会学的角度看,任何一项政策,除了其预期达到的功能之外,还都存在没有预期到的潜功能,其中甚至有与政策预期功能相悖的反功能。对政策实施效果进行全面的功能评估和分析,是扩大政策正功能、识别政策潜功能、纠正政策反功能的重要方法,也是评估老百姓获得感的必要之举。

> 链接

战旗飘飘，名副其实——战旗村乡村振兴"八字"经验

2018年2月12日，习近平总书记视察战旗村时称赞"战旗飘飘，名副其实"，要求战旗村在实施乡村振兴战略中继续"走在前列，起好示范"。成都市郫都区唐昌街道战旗村原名集凤大队，1965年在兴修水利、改土改田活动中成为一面旗帜，取名战旗大队，后为战旗村。调研归纳战旗村发展历程，形成了"领、创、改、治、富、美、育、文"八字经验，可作为推动乡村产业、人才、文化、生态、组织全面振兴，建设乡村振兴示范区的参照。

一、聚焦"领"字，抓好党组织建设

坚持村党总支"核心引领"作用，大胆创新改革，推动产业升级，带领群众增收致富，充分发挥基层党组织战斗堡垒作用。

一是创新基层党组织设置方式。秉承"组织建在产业上、党员聚在产业中，农民富在产业里"的理念，在村党总支的领导下，在中延榕珍等企业设置4个党支部。充分发挥党组织"产业富民、改革兴村、服务便民、生态宜居、乡风文明"的引领作用，筑造"一强五引领"的坚强基层战斗堡垒。战旗村党支部先后获得"全省创先争优先进基层党组织""全市先进基层党组织"、成都市"双强六好"基层示范党组织等荣誉称号，并于2018年2月，得到习近平总书记"这里的'火车头'作用，做得很好"的高度评价。

二是创新基层党员管理。创新推行"三问三亮"党建工作机制，全村83名党员对照反思"入党为什么？作为党员做了什么？作为合格党员示范带动了什么？"，共查找出宗旨意识、党性修养、理论学习等方面问题表现171条，每名党员因问施策，主动联系服务3~10户农户，将服务群众的过程转化为推动整改落实的过程；狠抓党员"亮身份、亮承诺、亮实绩"，通过悬挂"党员户"醒目标牌、设立党员示范岗等亮身份的方式，发挥党员的模范带头作用，组织全体党员开展政策宣讲等"六项党员公开承诺"，推行"群众点评、党员互评、组织总评"工作制度，将守诺践行情况作为党员民主评议重要内容和提拔任用重要参考。

三是提升基层党员服务能力。战旗村党总支着力提升党员"政治素质"和"服务素质"，扎实开展党小组"三会一课"教育学习、网络党校学习。实行"党员夜校"每周一小讲、每月一大讲、每季一测试、年终一考评，全年举办党员夜校12期，创新设立"健康操、书法"等文化素养课程和"布鞋、蜀绣"等地方特色产品制作等实用课程，培育学员800余人次。建立健全并严格执行《村社干部管理办法》和《村社干部联系群众办法》，用制度规范村社干部行为，督

促引导全村党员不断提升党性修养和工作能力。

二、聚焦"创"字，抓好产业兴旺

坚持以构建产业生态圈、创新生态链的理念组织经济工作，大力推动农业转型升级、创新发展，夯实乡村振兴物质基础。

一是创新"孵化链"。发挥国家双创示范基地品牌效应，通过平台孵化、科技孵化，不断催生新产业新业态新模式。引入有甲骨文从业经验的创客秦强，搭建"人人耘"种养平台，通过一端连城市高端消费群体，一端连农场，以绿色高端农业和体验农业推动农业经营模式创新，从2017年6月上线，短短半年时间，消费用户达到3万余人，营业收入破1000万元。发挥新技术对高端产业的支撑作用，汇菇源通过与四川省农科院合作，采用技术融合的方式培育出川西平原特色的黄色金针菇等优质菌种，产品进军海底捞火锅，实现包揽销售，年产值上亿元。

二是创新"加工链"。运用新技术、新设备提升加工生产效率，植入新元素丰富加工生产外延，不断提升生产加工品质。聚集中延榕珍菌业、浪大爷等农产品生产加工企业6家，建立自动出菇车间等多条自动化生产线，实现标准化、智能化、高效化生产，年产值3亿元。建设乡村十八坊体验中心和郫县豆瓣非遗制作展示基地，将创意、科普、体验等元素融入其中，拓展酒醋、豆瓣酿造等传统工艺价值空间。

三是创新"营销链"。坚持以消费需求为导向，做大做强天府水源地公共品牌，运用大数据、物联网等新技术，实现线上线下精准营销。与"猪八戒网""天下星农"等知名品牌营销公司合作，对云桥圆根萝卜、唐元韭黄、新民场生菜等绿色有机农产品进行包装设计和精准营销，云桥圆根萝卜卖到了北京盒马生鲜超市，并与日本BFP株式会社签约，成功出口日本。利用京东云创对先锋萝卜干、即食香菇等系列产品进行"梳妆打扮"，按众筹方式，利用大数据为消费者"画像"，根据消费者需求进行精准生产、精准投放，同时倒逼建立食品质量安全追溯体系。先锋萝卜干卖出了猪肉价，15元一斤的价格是以前的3倍。

三、聚焦"改"字，抓好农业农村改革

战旗以农村改革为突破口，全面盘活沉睡资产，着力推动农村资源入市、城市资本下乡，激发转型发展的动力，初步实现了产业得发展、农村得治理、农民得利益。

一是深化农村土地制度改革盘活沉睡资源。2015年，战旗村抓住郫都区被列为全国土地制度改革试点契机，将原属村集体所办复合肥厂、预制厂和村委会老办公楼的13.447亩闲置集体经营性建设用地，以每亩52.5万元的价格出让给四川迈高旅游公司，全村收益超过700万元，成功敲响全省农村集体经营性建设用地入市"第一槌"。截至目前，全村共清理出集体建设用地近200亩，集体资

产估值超过2亿元，通过入股经营、自主开发、直接挂牌等方式建设乡村振兴学院、乡村十八坊等项目，其中，由迈高公司投资7000万元建设的川西文化旅游综合体已建成开街。统筹集约用好承包地，在民议民决的基础上，依托战旗土地股份合作社，将全村的耕地进行集中，统一对外招商、统一竞价谈判、统一管控形态，引进妈妈农庄、蓝彩虹蓝莓基地，实现1930亩土地规模化、景观化打造，成功打造3A级景区，打通了农业内外，连通了城乡两头。

二是深化农村金融改革激发农村发展活力。搭建村级"农贷通"金融服务平台，有效畅通农户、企业、银行对接渠道，利用土地承包权、建设用地使用权、生产设施所有权等各类产权抵押融资6000余万元。其中"第一槌"入市项目用集体建设用地抵押，获得成都农商银行贷款授信1500万元，实际贷款410万元；村民朱建勇将其173平方米农房进行抵押融资，获得贷款15万元。

三是深化农村集体产权制度改革保障村民财产权利。2011年战旗村完成资源、资产、资金清理，2015年民主议定1704名经济组织成员，将集体资产股份量化到每名成员，并形成长久不变的决议，真正实现集体经济组织成员和集体资产股权"双固化"，彻底解决农民进城的后顾之忧。村民肖静宜因读书将户籍迁移到成都市区，仍然保留集体经济组织成员身份，享受到成员待遇，有效地保障了农民财产权利。

四、聚焦"治"字，抓好治理有效

战旗村将依法以德治理贯穿到乡村振兴的全过程，使农村经济发展和社会治理成为相融互动、平衡推进的自然过程，推动治理体系和治理能力现代化在基层落地生根。

一是构建产村相融的基层治理体系。坚持"先说断后不乱"，先依法制定规则，再推行资源、资产、资金依规盘活流通，构建村"两委"、集体经济组织、农业合作社、专业协会多元共治＋村民自治工作格局。为管理好村集体资产，维护全体村民的合法权益，战旗村组建村集体资产管理公司，制定严格的管理制度，用利益链接的办法调动入股村民人人参与管理、监督，保障村集体资产管理安全平稳高效。探索建立起了与现行政权结构、社会结构、经济结构和组织体系相适应的产村相融的基层治理体系。

二是自治法治德治相融互动推进基层治理。战旗村创新"民事民议、民事民管、民事民办"制度，规范议决公示、社会评价等六个民主议事程序，组建新型社区业主委员会和物业管理自治组织，制定符合村情的村规民约并坚决执行，推进基层自治。试点推行村级小微权力清单制度，通过"清权""晒权""束权"，细化明确村（社区）干部权力"边界"及决策程序，与村警务室、法律援助室、党员工作室共建法治信访中心，推进基层法治。广泛开展乡村道德评议、心理辅导引导、"善行义举"推荐等工作，以群众纠纷评理团、村级心理辅导站推动社会共治，推进基层德治。近两年来，全村未发生一起治安案件，无一例越级群体上访，群众满意度达到95%以上，村民的安全感显著提升。

三是智慧管理服务提升公共服务水平。着力优化服务设施，提升社区管理服务能力，战旗村及其周边已配套区第二人民医院、小学、幼儿园等功能性设施，辐射周边西北、火花等区域。设立战旗便民服务中心，村民足不出村可办理社保等116项服务内容，搭建"一核三站"（党群服务中心、卫生服务站、便民服务站、金融服务站）综合服务体，实现"一门式办理""一站式服务"。探索开展了"点对点"居家养老、托幼托老等个性化服务，通过15分钟公共服务圈推动村民共享优质高效服务。

五、聚焦"富"字，抓好生活富裕

历届村两委将发展壮大村集体经济、提高村民收入作为首要任务，以总量带增量、以集体带个体，积极拓宽增收渠道、精准施策帮扶，实现全体村民增收致富。

一是坚持发展壮大集体经济。改革开放以来战旗村先后创办了机砖厂、酒厂、豆瓣厂等12家村办集体企业，因所有权、经营权混乱导致资产流失的情况日益严重。2004年，为改变这个局面，战旗村通过联合、兼并、出售以及资产重组、破产清算、购买小股东股份等方式对企业进行改制，成立"成都集凤实业总公司"，理顺了产权关系，避免了集体资产流失，当年实现集体收入50万元。2015年，又在全村清产核资股份量化的基础上，组建"战旗集体资产管理公司"对集体资产进行管理运营，同时完善企业产权制度和法人治理结构，建立现代企业管理体制，采取入股、租赁、承包、托管等方式，实现多种形式经营。2017年底，全村集体资产达4600万元，实现集体经营性纯收入462余万元，村民通过集体经济获得分红达到500元。

二是积极拓展增收渠道。坚持产业联动促增收。大力推进土地规模化经营，引进的蓝彩虹等农业企业5家，培育专业大户30余户，500余名村民在家门口实现就业，全村有劳动能力的劳动力转移就业率达98%以上，总体就业率达99%以上，实现了劳动力从自耕自种向产业工人转变。鼓励农民创业促增收，依托农民夜校等载体，有针对性地开展农村创业人才、服务人才培训，开展培训7期1500余人，480多户办理了工商营业执照，利用12套闲置的农房办起了农家客栈，走出一条以创业促就业、以就业带增收的发展道路。努力促进财产性增收，着力盘活农村土地、集体资产和闲置农房，组建战旗现代农业股份合作社，农户每亩每年保底租金收入720元，并与合作社实行利润对半分红。试点宅基地制度改革，以前无价无市的农村闲置房屋一下变成了"香饽饽"，房屋价格从每平方米2000元上涨到每平方米5000多元。

三是因户施策精准增收。参照"精准扶贫"模式，通过对全村农户每年的收入总量、收入来源、收入构成、增收途径、增收举措、增收目标等进行按户精准分析，逐户制定精准增收方案，建立工作台账，将增收工作落实到每户，落实到每个人。按照"不落下一个，实现户户高标准奔小康"的目标，落实"一户一策一帮扶"的措施，加大困难群体的帮扶力度，全村低保户7人，残疾32人，院外五保户1人全部纳入村干部一对一帮扶范围。2017年，战旗村人均可支配收入达26053元，高于全区平均水平1993元，计划2018年人均可支配收入增长10%。

六、聚焦"美"字，抓好生态宜居

牢固树立"绿水青山就是金山银山"理念，坚定不移走好绿色生态发展之路，让战旗生态底色更亮丽、生态经济更蓬勃、生活环境更宜居。

一是优化规划建设理念。与中国建筑设计院、同济大学研究规划院等合作，按照"一村一风格、一片区一特色"思路，以战旗为核心，将周边火花、金星、横山、西北4村进行"一盘棋"统筹规划。在编制规划中，将乡村总体发展规划、土地利用规划与产业、生态、基础设施、公共服务等进行多规合一，"一张蓝图绘到底"。与深圳上启艺术合作，在坚守耕地保护、生态环境等"刚性红线"基础上，柔性植入时尚、艺术等元素，让战旗规划建设有灵魂、有活力。

二是发展绿色高端产业。"宁要绿水青山，不要金山银山"，战旗村原铸铁厂，年税收接近千万，但污染严重，群众意见很大。2016年村集体商议后，以壮士断腕的决心对其进行了关闭，同时还关闭化肥厂、规模养殖场8家。这是村集体经济转型发展过程中遭遇的一次阵痛，但为第五季香境、乡村振兴学院等三产项目的建设腾出了空间，实现资产增值裂变。目前战旗村正在与山东寿光蔬菜产业集团、中铁建昆仑投资公司洽谈，加紧创建AAAA级景区，打造"两线一团精彩连连"乡村振兴体验精品路线，建设800余亩绿色有机蔬菜基地，加快推动村集体经济转型升级。

三是营造优美宜居环境。制定出台"五个不"（不砍一棵树、不采一粒沙、不填一座塘、不断一条渠、不损一栋古建）管理办法，守住生态底线，发展"美丽经济"。坚持公园城市建设理念，再造大地景观，通过锦江绿道、战旗绿道、横山绿道将周边火花村、西北村特色林盘、柏条河、柏木河湿地、横山村、战旗村田园综合体有机串联起来，建设1000亩高标准农田，实行水旱轮作稻鱼共生，打造5000亩大田景观，塑造"田成方、树成簇、水成网"的乡村田园锦绣画卷。

七、聚焦"育"字，抓好人才振兴

坚持乡村振兴人才内育外引，实施四新联培活动，引进一批新乡贤、"土专家"，形成战旗人才"聚宝盆"效应。

一是重"培植"建"梯队"，育好激活本土能人。以四川战旗乡村振兴学院、新时代乡村振兴讲习所、农民夜校等平台开展群众喜闻乐见的活动，分类培育布鞋匠人、竹编艺人、蜀绣达人等"土专家""田秀才""农能人",并纳入"战旗乡土人才库",形成本土人才梯队,已通过平台培训7期1500余人。组建由本村老党员、本土企业法人、外来投资人才、乡村志愿者等组成的战旗乡贤理事会,积极为战旗发展建言献策。

二是筑"凤巢"搭"舞台",引进留住优秀人才。构建柔性人才招引机制,瞄准战旗乡村规划、特色产业发展、品牌打造等领域,制定出台人才引进补贴、住房、医疗、子女教育等精准的吸引能人政策,为新乡贤等优秀人才营造自然舒适的创业置业环境和无微不至的服务,吸引一批优质外来人才,引育成为新村民、新乡贤。从甲骨文公司返乡创业的秦强,看好郫都区乡村发展的良好机遇,带领20多名大学生创建全国"互联网+共享农业"互动种养平台。打好"乡情牌",架设"连心桥",留住一批本地优秀人才扎根战旗投资创业。曾在红原创业的"金针菇种植能手"李宗堂,看到了家乡创业的良好环境和美好前景,怀揣着对家乡养育感恩之情,毅然选择回乡创业,先后创办远近闻名的"中延榕珍""汇菇源"两个食用菌工厂化生产企业。

三是聚"合力"强"融合",盘活人才"一盘棋"。构建"战旗需求"对接专业人才资源匹配平台,坚持"引、育、用、管"原则,推进"四新联培",充分发挥战旗新型职业农民、新型农业职业经理人、新乡贤、新村民的作用,常态化开展农民实用技术、实践技能操作等培训教育,培养出职业经理人5名、本土专家8名。通过因材施教,"面对面""手把手"指导,打通农村人力资源开发"最后一公里"。

八、聚焦"文"字,抓好乡风文明

认真贯彻习近平总书记"农村精神文明、文化生活也要搞好"重要指示,狠抓农村文化建设,大力涵养乡文明,不断增强乡村软实力。

一是注入时尚文化。每年利用暑期与西华大学、西南交大等高校共同开展"高校+支部+农户"结对共建活动,连续11年共计组织500余名大学生开展"1位大学生+1户农户"进村入户活动,以新知识、新理念引领战旗村民开拓创新。引入深圳上启文化,定期开展艺术乡村系列文化活动,建成战旗飘飘等一批文化服务设施,不断丰富村民文化生活。邀请万山河、李伯清等知名艺术家在战旗创办工作室,注入"新乡贤"独特的文化内涵,引导村民向上向善。

二是弘扬耕读文化。建好战旗文化礼堂、新时代农民讲习所,持续开展"家风家教家训""大健康"等培训活动。实施乡村民风廊、文化廊、文化院坝打造工程,自发组建工团、老年歌舞队、腰鼓队,常态化开展"传承巴蜀文明发展天府文化"百姓大舞台巡演活动。与同行社工合作,推广"村+社会组织+社工+志愿者"模式,让国学教育进村入户,村民家家都有《三字经》《增广贤文》等国学经典。积极评选推举道德、文化明星,评选出"新乡贤"12名,文明户50户，2018年还将开展"好公婆、好儿媳、好邻居"、道德之星、文明之星评选活动，让耕读传家、父慈子孝的良好乡风、家风、民风得到传承弘扬。

三是树立文明新风。推动德治与"共治共建共享"相融互动，制定《战旗·村规民约十条》，将社会主义核心价值观、传统优秀文化、法治文化融会成心口相传的"战旗快板"。健全乡村道德评议机制，实施乡风文明"十破十树"行动，以家风培养、乡贤回归等共建诚信重礼、尚法守制等良好风尚，以村规民约共治大操大办、重殓厚葬、封建迷信、聚众赌博等陈规陋习，共同营造与邻为善、以邻为伴、守望相助的良好风气。村支部书记高德敏带头摒弃大操大办陋习，其母亲过世时，自觉控制操办规模，全村丧礼操办费用明显降低，有效遏制农村陈规陋习的蔓延态势。

（资料来源：《天府早报》，2018年6月2日，李玥林）

深入践行共享发展理念要求抓紧补齐民生短板。一是要抓紧消灭贫困这块短板，实现绝对贫困人口的全部脱贫。目前我国还有几千万贫困人口，这些贫困人口具有非常明显的特殊性，脱贫难度非常大。虽然我们可以借鉴此前积累的工作经验，但是，我们更需要创新扶贫模式，实施更加精准的脱贫攻坚工程，因人因地施策，提高扶贫实效。特别是要加大和优化投入，落实脱贫责任制，将发展生产脱贫一批、易地搬迁脱贫一批、生态补偿脱贫一批、发展教育脱贫一批、社会保障兜底一批的"五个一批"工程落到实处，务必到2020年稳定实现农村贫困人口不愁吃、不愁穿，义务教育、基本医疗、住房安全有保障。同时，实现贫困地区农民人均可支配收入增长幅度高于全国平均水平、基本公共服务主要领域指标接近全国平均水平。二是要织密织牢最基础的社会安全网，补齐基本公共服务这块短板。特别是要进一步改革和完善面向全体居民的以最低生活保障制度为核心的社会救助制度，发展社会救助体系；要加快实施全民参保计划，有效防范人民群众的疾病、年老和各种意外风险；要抓紧落实《"十三五"推进基本公共服务均等化规划》，坚持普惠性、保基本、均等化、可持续方向，健全国家基本公共服务制度，以涵盖教育、劳动就业创业、社会保险、医疗卫生、社会服务、住房保障、文化体育等领域的基本公共服务清单为核心，强化公共资源投入保障，努力到2020年，使我国基本公共服务体系更加完善，体制机制更加健全，在学有所教、劳有所得、病有所医、老有所养、住有所居等方面持续取得新进展，总体上实现基本公共服务均等化的目标。三是要着力优化社会结构，缩小贫富差距，明显增加低收入劳动者收入，扩大中等收入者比重，补齐社会结构失衡的短板。我们要采取切实有效措施，持续增加城乡居民收入。特别是，要进一步调整国民收入分配格局，规范初次分配，加大再分配调节力度；要有效执行有利于缩小收入差距的政策，保护合法收入，规范隐性收入，遏制以权力、行政垄断等非市场因素获取收入，取缔非法收入，调节过高收入，稳步推进橄榄型社会结构的形成。

发展目的是发展理念的首要问题,发展目的以影响价值选择的方式决定着发展方式、发展过程和发展结果。发展目的如果不明确,发展就会失去目标、迷失方向。在封建社会,封建统治者为了维护其利益,把民生作为手段,颠倒社会发展目的和发展手段,致使历代王朝都难以跳出历史的周而复始性。在资本主义社会,社会发展目的是追求私人资本利益的最大化,大部分社会发展成果为资本家独享,劳动者所得仅够维持其劳动力再生产,根本谈不上共享社会发展成果。因此,这一发展模式最终造成社会越发展,贫富差距越大、劳动者越贫困的社会现实。19世纪中叶,马克思、恩格斯深入考察资本主义经济、政治、社会状况,把社会主义思想置于唯物史观和剩余价值学说这两大理论基石之上,实现了社会主义从空想走向科学,指出社会主义"生产将以所有人的富裕为目的"。应该说,发展目的不同是社会主义制度区别于其他社会制度的重要标志。

共享发展要求发展受益者是包括各个行业、各个阶层、各个地区、各个民族的全体人民,发展成果是包括经济、政治、文化、社会和生态在内的所有发展成果,发展成果分配的依据是人人参与、人人尽力的共建,发展目的实现过程是长期、持续、渐进、动态的历史进程。这一系列新思想明确回答了发展为了谁、发展成果如何分配的时代课题,丰富了发展目的理论,推进了发展目的理论的创新,指明了发展的目标和方向。

二、共享是中国特色社会主义的本质要求

把共享作为一种发展理念,纳入中国特色社会主义的本质要求,这是对邓小平共同富裕思想的升华。1992年邓小平南方谈话,对社会主义本质做了经典概括,即解放生产力,发展生产力,消灭剥削,消除两极分化,最终达到共同富裕。邓小平的社会主义本质论提出后,国内学界对社会主义本质内涵的研究纷繁众多。如:"三层次"观,认为它包括生产力(解放和发展生产力)、生产关系(消灭剥削、消除两极分化)以及根本目的(共同富裕)或上层建筑(共同富裕)三个层次。再如"三级本质"观,认为它分为一级本质(解放和发展生产力)、二级本质(消灭剥削、消除两极分化)和三级本质(共同富裕)。

有学者指出,"邓小平对社会主义本质的这五点概括,既有生产力也有生产关系,但无疑生产力是关键"。值得关注的是,习近平总书记在党的十八届四中全会上指出:"党的领导是中国特色社会主义最本质的特征,这是对社会主义本质前所未有的新概括。那么,社会主义的本质特征究竟在生产力还是生产关系?在经济基础还是上层建筑?这是非常值得研究的理论问题。在新的历史条件下,对社会主义的判断标准,可以是一个复合结构,但要研究有没有决定性因素,以

及哪一个是决定性因素。"

把共享作为中国特色社会主义的本质要求，既强调了生产力的基础性地位，也要求从生产力与生产关系统一的角度来认识社会主义的本质，同时共享推崇的社会主义价值取向与目标追求更是对邓小平共同富裕思想的继承与发展。

1. 共享强调生产力具有基础性地位

共享包含了对生产力的要求，如果离开生产力这一基础，共享就是空想。生产力生产和提供的财富是共享之源。共享是全体人民对经济社会发展成果的共同享有，多样性结构的生产力创造多样性的成果。其中，物质生产力是物质财富共享之源，文化生产力是精神财富共享之源，人类自身生产力是共享主体之源。

2. 共享从生产力与生产关系统一的角度来体现社会主义的本质

(1) 共享体现了社会主义生产力与生产关系的统一。

第一，生产力是共享的基础性因素，但以生产关系性质为先决性条件。生产力是共享的基础性因素，只说明生产力为共享创造了财富等基础性条件。创造了财富，并不意味着财富能共享，财富能不能共享取决于生产资料的所有制形式。生产资料公有制是广大劳动者共同平等占有生产资料，决定了全部剩余劳动（剩余价值）由社会统一占有和支配，并根据等量劳动领取等量报酬的原则分配个人消费品。生产资料和劳动产品共同占有和支配，就意味着共享。同时，生产资料公有制决定了发展生产力是为了不断满足人民日益增长的物质文化生活需要。因此，在生产资料公有制条件下，不仅生产力创造的财富能共享，而且发展生产力的目的也是为了共享。

第二，生产关系的性质是共享的决定性因素，但要受生产力发展水平的制约。共享（关系）的决定因素及共享自身是受我国现阶段生产力发展水平的具体条件所制约的。如果离开生产力发展水平抽象谈共享，共享可能演变为平均财富的共享，即平均主义意义上"削高平低"的享有，或者成为脱离现实的空想。

(2) 在生产力与生产关系统一下实现共享。

第一，将发展型共享和补偿型共享相统一。发展型共享重在生产力的发展，意指以经济建设为中心，进一步解放生产力，以信息化带动工业化，以信息化实现工业化，推动生产力跨越式发展，扩大资源、财富的供给总量，在总体发展水平提高的同时，使广大人民群众普遍受益，人人享有的数量和质量得到提高，生活水平得到改善。发展型共享是我们首要追求的共享形式，因为它是通过供给总量的增加，又不减损部分人的利益，而使所有人的利益增加，这是一种真正的共赢，最符合社会公平正义的要求。补偿型共享重在分配的调节，这种共享的实质是对由经济社会体制转型和政策偏向造成的利益失衡进行适当调节。补短板是当前实现补偿型共享的一个重点工作。总之，发展型共享和补偿型共享是共享的两种形式，两者要有机统一。

第二，从差异共享到均衡共享。我国现阶段生产力发展水平低，并呈现出多层次和不平衡状态，这决定了生产资料所有制结构不是单一的，而是以生产资料公有制为主体、多种所有制经济共同发展。这种情况必然要求我们要确立将按劳分配（主体）与按要素分配相结合的分配方式，即劳动、技术、管理、资本等生产要素按贡献大小参与分配。一部分人、一部分地区先富起来的制度性安排，决定了现阶段的共享具有差异化、非均衡的特征。为了更好地促进共享，实现共同富裕的目标，在现有的生产力与生产关系下，我们既要承认差距，但又把差距控制在合理的范围之内，以推进社会公平正义为前提，以推进扶贫脱贫、缩小收入差距为抓手，以推进区域、城乡基本公共服务均等化为保障，逐步促进由差异共享到均衡共享的不断发展。

3. 共享反映了社会主义的价值取向与目标追求

公平正义是人类社会永恒追求的理想和目标。社会主义的价值取向与目标追求就是消灭资本主义制度下存在的剥削与两极分化，建设一个公平正义的社会。马克思、恩格斯第一次指出了实现公平正义的基本条件。中国共产党自成立之日起，就把实现和维护社会公平正义作为始终不渝的奋斗目标。当前实现公平正义成为中国特色社会主义的核心内容和首要目标。

共享的制度设计能促进社会主义公平正义价值取向及目标追求的实现。社会主义初级阶段，要围绕共享的三个层次来进行制度设计。第一层次是补短板，确保"底线平等"，逐步缩小收入差距。在基本民生切实得到保障和改善的基础上，乘势而上，不断做大"蛋糕"，改善收入分配格局，以不断缩小居民收入差距。第二层次是使中等收入者逐渐成为社会的主体。这是中长期目标，这一层次的重要标志就是中等收入者的比重不断增加，形成"两头小、中间大"的橄榄形财富分配格局，发展成果惠及绝大多数人。第三层次是享有的结果均等。这一层次的重要标志就是共同富裕，使"先富带后富、最终实现共同富裕"的目标最终实现。

总之，共享是"全体人民共同享有改革发展成果"，其要旨是要让"先富"的和"未富"的平等地享有改革发展成果，不仅机会平等，而且结果大体相等（差距控制在人们可以承受的范围内）。随着共建共享的逐步推进，最终实现共富。

第二节 兼善天下，使共享成果惠及全体人民

人人共建、人人共享，是经济社会发展的理想状态。新发展理念把共享作为发展的出发点和落脚点，指明发展价值取向，把握科学发展规律，顺应时代发展

潮流，是充分体现中国共产党宗旨和社会主义本质、科学谋划国家长治久安和人民福祉的重要发展理念。以共享发展理念引领我国发展，维护社会公平正义，保障发展为了人民、发展依靠人民、发展成果由人民共享，这为实现更高质量更高水平的发展提出了目标要求和行动准则，必将为全面建成小康社会、实现中华民族伟大复兴的中国梦凝聚最深厚的伟力。

能否实现发展成果由全体人民共享，关系执政党性质和命运。习近平总书记提出的共享发展理念，坚持以人为本、以民为本，突出人民至上，致力于解决我国发展中共享性不够、受益不平衡问题，彰显了中国化的马克思主义发展观。

环顾当今世界，只有推进共享发展，才能促进国家安定、民族团结，引领时代发展。共享发展理念不是凭空产生的，而是源自对发展实践的总结、反思和超越。长期以来，世界各国在共享发展方面既积累了有益经验，也有过深刻教训。从教训看，一些国家在发展中不注重共享，一部分人的"获得感"建立在另一部分人的"失落感"甚至"被剥夺感"基础上，造成不同社会群体对立，甚至社会撕裂，内斗不断，民族纷争不止，内耗效应使这些国家的发展步履异常沉重。从经验看，随着对经济增长没能带来贫困人口减少这一现象的反思，国际上提出了"基础广泛的增长""分享型增长""亲穷人的增长""包容性增长"等理念。这些理念及其实践，在提高人民生活水平、促进社会公平正义方面取得一定成效。共享发展理念，正是对这些经验教训的借鉴和超越。习近平总书记指出："国家建设是全体人民共同的事业，国家发展过程也是全体人民共享成果的过程。"① "中国执政者的首要使命就是集中力量提高人民生活水平，逐步实现共同富裕。"② 这便是人民至上、共建共享的科学发展理念。坚持共享发展，我们的国家就会安定、民族就会团结、人民就会满意；我国发展就能顺应时代发展潮流、引领时代发展潮流。

坚持共享发展，必须坚持发展为了人民、发展依靠人民、发展成果由人民共享，作出更有效的制度安排，使全体人民在共建共享发展中有更多获得感，增强发展动力，增进人民团结，朝着共同富裕方向稳步前进。

中华人民共和国成立以来，尤其是改革开放至今，发展中国特色社会主义，确立和完善社会主义市场经济，其最终目的就是实现共同富裕。共同富裕必然要求共享发展，没有共享发展也就谈不上共同富裕。共享发展理念回答了"发展目标是什么和发展成果如何共享"的问题，再次指明了共同富裕这一社会主义本质

---

① 习近平：在庆祝"五一"国际劳动节暨表彰全国劳动模范和先进工作者大会上的讲话（全文）[EB/OL]．中国共产党新闻网，2015 年 4 月 29 日，http：//cpc.people.com.cn/n/2015/0429/c64094 - 26921006.html.

② 习近平：在华盛顿州当地政府和美国友好团体联合欢迎宴会上的演讲（全文）[EB/OL]．新华网，2015 年 9 月 22 日，http：//www.xinhuanet.com/world/2015 - 09/23/c_1116656143.htm.

要求。可以说，共享发展理念的提出，在中国特色社会主义建设过程中具有必然性。历经几十年艰苦奋斗，今日之中国已是全球第二大经济体，综合国力大幅提升，人民生活水平、居民收入水平、社会保障水平持续提高。同时也要看到，处于全面建成小康社会决胜阶段的中国，依然面临贫富差距较大、区域发展不平衡、公共产品供给不均、部分群众生活比较困难等各类问题。

源于此，共享作为新发展理念之一，宣示着中国现在和未来将更加着眼于解决这些问题、矛盾，将更加注重实现人人共享中国改革和发展成果，更加强调人民的获得感。现在，面对"十三五"规划即将徐徐展开，共享理念的贯彻执行，关键就在于抓好公共服务、脱贫攻坚、收入分配等重点难点，以此强化共享理念在经济社会发展中的践行落实。

一、提高公共服务能力

公共服务问题事关老百姓的切身利益，对于国民经济和社会发展具有重要意义。"十三五"规划实施至今，我国公共服务的发展取得了很大成绩。首先，公共服务被看作是执政理念在实践中的体现，定位日趋合理化。中国梦把宏大叙事和微观生活很好地结合起来。中国梦不是仅仅停留在国家、民族的层面，而是紧密联系了老百姓的生活和梦想，紧密联系了公共服务。其次，对公共服务的财政投入呈现出不断增加的趋势。在财政压力非常大的情况下，中央和地方大幅度压缩了行政开支，增加了有关民生的投入。最后，对于公共服务公平问题的重视程度不断增强，基本公共服务均等化的观念逐步深入人心，并在实践中采取了一些相应举措。

社会公众目前对于公共服务发展提出了更高的要求。既关注公共服务供给效率的提高，也关注公共服务供给公平的落实；既注重公共服务供给的普惠性，也注重公共服务供给的精细化。全面小康是全民共享的小康。全体人民是"命运共同体"，也应该共同享受全面深化改革带来的成果。所以，十八届五中全会强调指出，按照人人参与、人人尽力、人人享有的要求，坚守底线、突出重点、完善制度、引导预期，注重机会公平，保障基本民生，实现全体人民共同迈入全面小康社会。

共享发展，就要缩短公共服务的城乡差距。"十三五"期间，要进一步缩小城乡居民收入差距，进一步提高居民收入占国民经济初次分配的比重，坚持居民收入增长和经济增长同步、劳动报酬提高和劳动生产率提高同步。要推进健康中国建设，进一步缩小城乡居民健康差异，显著提高医疗卫生服务可及性、服务质量、服务效率和群众满意度。深化医药卫生体制改革，理顺药品价格，实行医疗、医保、医药联动，建立覆盖城乡的基本医疗卫生制度和现代医院管理制度。

共享发展，就要减少公共服务的区域差距。五中全会提出，要提高公共服务共建能力和共享水平，加大对革命老区、民族地区、边疆地区、贫困地区的转移支付。共享发展，就要消减公共服务的人群差距。我国还有大约7000多万贫困人口，其中相当一部分生活在农村。"十三五"时期，要精准扶贫，解决最后一公里的问题。实施脱贫攻坚工程，实施精准扶贫、精准脱贫，分类扶持贫困家庭，探索对贫困人口实行资产收益扶持制度，建立健全农村留守儿童和妇女、老人关爱服务体系。要提高教育质量，推动义务教育均衡发展，普及高中阶段教育，逐步分类推进中等职业教育免除学杂费，率先从建档立卡的家庭经济困难学生实施普通高中免除学杂费，实现家庭经济困难学生资助全覆盖。建立更加公平更可持续的社会保障制度，实施全民参保计划，实现职工基础养老金全国统筹，划转部分国有资本充实社保基金，全面实施城乡居民大病保险制度。

实现共享发展，是发展理念的创新，是公共服务大发展的重要机遇。"明者因时而变，知者随时而制"，要把这一新的发展理念贯彻到发展实践中，就要设计"聪明的"制度，提高制度执行力，让广大人民群众有实实在在的更多的幸福感，同心同德，共同步入全面小康社会。

公共服务均衡、普惠是"共享"的前提，均衡、普惠有利于消除百姓的"患不均"心理。改善公共服务的分布格局，要求加大对革命老区、少数民族地区、边疆地区、贫困地区的转移支付，弥补这些地区公共服务的不足和短板；要求统筹城乡基础设施建设和社区建设，推进城乡基本公共服务均等化，缩小农村地区与城市之间的基本公共服务差距。

较之传统的"患不均"心理，如今人们"患寡"的心理也很突出，如果公共服务供给不足，"蛋糕"太小，即便能够做到均衡、普惠分布，百姓享受到的公共服务也是分量稀薄，而且提高服务水平的空间相当有限。所以，必须通过多层次、多渠道的协力共建，有效增加公共服务供给，不断做大公共服务"蛋糕"。先"做蛋糕"而后才能"分蛋糕"，只有公共服务的"蛋糕"越做越大，均衡分布、普惠式切分到每个百姓手中的公共服务"蛋糕"，才能有更充足的分量和成色。

公共服务共建的第一责任主体是各级政府，加强和优化公共服务是政府的一项重要职能。为此，需要加大公共财政对基础教育、公共卫生、保障性住房等公共服务的投入，提高公共服务投入在财政支出中的比重。

公共服务共建共享关乎民生福祉，这决定了公共服务共建要向社会和百姓开放，其主要形式就是政府购买服务。党的十八届三中全会即有明确要求，"推广政府购买服务，凡属事务性管理服务，原则上都要引入竞争机制，通过合同、委托等方式向社会购买"。这有利于政府从大量非核心、非优势的公共服务中"抽身"出来，推动自身改革和职能转变，遏制个别部门从公共服务中牟取利益，减少公共服务中的腐败交易；有利于打破公共服务领域的垄断，推动公共服务强化竞争、提高效率、改善服务；有利于非公机构和非公企业的发展壮大，为民间社会注入更多生机与活力。

作为 21 世纪公共行政和政府改革的核心理念，公共服务旨在通过加强城乡公共设施建设，发展教育、科技、文化、卫生、体育等公共事业，为社会公众参与社会经济、政治、文化活动等提供保障，与人民群众关系密切。自 2005 年 10 月党的十六届五中全会提出促进基本公共服务均等化战略构想以来，中国在基本公共服务体系建设领域进行了大量的理论探索和实践创新。

目前来看，中国基本公共服务体系建设仍处于政策推进和制度完善中，基本公共服务制度框架已形成，但依然存在不少突出问题。比如，公共服务产品的供给（如教育、医疗）存在分配不均；东中西部之间、城市与农村之间基本公共服务水平差距较大。目前，中国公共设施的存量约为西欧国家的 38%、北美国家的 23%，服务业水平比同等发展中国家还要低 10 个百分点，而城镇化率则比发达国家低 20 多个百分点。①

基于此，共享发展应将公共服务放在首位：要坚持普惠性、保基本、均等化、可持续方向，从解决人民最关心最直接最现实的利益问题入手，增强政府职责，提高公共服务共建能力和共享水平。

重视公共服务建设，是全面建成小康社会的客观需要，更是践行共享发展理念的必由之路。在公共服务的共建共享中，至少需要注重三方面的推进落实。

首先，加快基本民生保障体制机制、人才队伍等配套措施建设，构建一套高水平、全覆盖、管理规范、运转顺畅的基本公共服务体系提高基本民生服务能力和共享水平。

其次，需要着力推进民生公共服务供给均等化，完善民生公共品供给与经济发展水平脱钩机制，突破民生公共品供给与地方财政挂钩的恶性循环，建立全国统一的民生公共品供给平台，使民生公共品供给不因地理位置、财政收入、经济发展水平的差异而不同。

最后，要调控发展成果共享的地区不均衡，尤其要完善对老、少、边、穷地区的转移支付，提高政策资金利用效率。

二、打赢脱贫攻坚战

共享发展是激发人民干事创业活力的现实需要。人民是推动发展的根本力

---

① 共享发展的时代深意 [EB/OL]. 新华网，2016 年 3 月 1 日，http：//www.xinhuanet.com//politics/2016－03/01/c_128763962.htm.

量，只有让人民群众共同享有人生出彩的机会，共同享有梦想成真的机会，人民群众的主人翁精神和创新创造活力才能得到充分激发和释放，国家发展才会有最深厚的力量源泉。

共享发展的关键在"共同"，核心在"享有"，基础在"发展"。所谓"共同"，就不是只让部分人过上好日子，而是要着眼全体人民、普惠全体人民，归根结底是把实现全体人民的幸福作为我们一切工作的准绳。所谓"享有"，就是要让人民群众在改革发展中有更多获得感。享有不是抽象的，而是具体的，不是片面的，而是全面的。

打赢脱贫攻坚战，关键是要坚持共享的理念、思路和方法，深入分析面临的矛盾问题，准确把握目标任务和总体要求，找准脱贫攻坚的主要路径和工作方法，把思想和行动统一到习近平总书记关于脱贫攻坚系列重要讲话精神上来，统一到中央决策部署上来。

改革开放 40 年，经济呈现快速发展的同时，中国实现了 7 亿多人口脱贫，贫困发生率从 20 世纪 80 年代的 80% 以上下降到 2014 年的 7.2%，扶贫开发事业成绩显著。然而特困地区，贫困人口数量多、分布广，减贫形势不容小觑。[1]

（一）共享发展是增进人民福祉的科学发展理念

理念彰显新境界，新境界体现新要求。共享发展理念是促进社会公平正义实现共同富裕的理论创新成果。共享发展理念坚持以人为本，突出人民至上，是充分体现中国共产党宗旨、服务伟大奋斗目标、科学谋划人民福祉的重要发展理念。我们党从诞生之日起，就把为人民谋利益写在自己的旗帜上，作为自己的根本追求。习近平总书记反复强调，"我们追求的发展是造福人民的发展，我们追求的富裕是全体人民共同富裕"[2]。共享发展理念，体现了我们党对人民利益的一贯坚持和对根本宗旨的始终坚守。共享发展是全面建成小康社会的必然要求。到 2020 年全面建成小康社会，是我们党对人民立下的庄严承诺，是各级党委政府肩负的重大政治责任。只有按照共享发展理念谋篇布局，实现人民生活水平和质量普遍提高，才能如期实现"中国梦"的第一个百年目标。共享发展是激发人民干事创业活力的现实需要。人民是推动发展的根本力量，只有让人民群众共同享有人生出彩的机会，共同享有梦想成真的机会，人民群众的主人翁精神和创新创造活力才能得到充分激发和释放，国家发展才会有最深厚的力量源泉。

共享发展理念体现了着眼全体普惠人民的科学内涵。共享发展的关键在"共

---

[1] 共享发展的时代深意［EB/OL］.新华网，2016 年 3 月 1 日，http：//www.xinhuanet.com//politics/2016-03/01/c_128763962.htm.

[2] 中共中央召开党外人士座谈会 习近平主持并讲话［EB/OL］.人民网，2016 年 12 月 9 日，http：//cpc.people.com.cn/n1/2016/1209/c64094-28938875.html.

同"，核心在"享有"，基础在"发展"。所谓"共同"，就不是只让部分人过上好日子，而是要着眼全体人民、普惠全体人民，归根结底是把实现全体人民的幸福作为我们一切工作的准绳。所谓"享有"，就是要让人民群众在改革发展中有更多获得感。享有不是抽象的，而是具体的，不是片面的，而是全面的。享有，既体现在不断提升人民物质生活水平上，也体现在不断满足人民精神文化需求上，要保障人民平等享有各项权利，让广大人民群众日子越过越好。所谓"发展"，就是要夯实共享的物质基础。发展是共享的基础，共享是发展的目的。

共享发展是一个系统工程，涉及就业、增收、社保、医疗、教育等方方面面。当前践行共享发展理念最紧迫、最艰巨的任务是推进革命老区、贫困山区人口的脱贫攻坚。只有立下愚公移山志，动员一切力量、排除一切困难，才能打赢脱贫攻坚这场硬仗，实现一个不漏、一个不缺的全面小康。

（二）坚持把共享发展贯穿于脱贫攻坚全过程

打赢脱贫攻坚战，关键是要坚持共享的理念、思路和方法，深入分析面临的矛盾问题，准确把握目标任务和总体要求，找准脱贫攻坚的主要路径和工作方法，把思想和行动统一到习近平总书记关于脱贫攻坚系列重要讲话精神上来，统一到中央决策部署上来。

一是牢牢把握国家脱贫攻坚的总体目标。到2020年"确保农村贫困人口实现脱贫，确保贫困县全部脱贫摘帽"。这"两个确保"，与全面建成小康社会目标相一致，为消除贫困、改善民生、逐步实现共同富裕划定了时间表、确定了路线图。

二是牢牢把握脱贫攻坚的体制机制。中央扶贫开发工作会议提出，加快形成"中央统筹、省（自治区、直辖市）负总责、市（地）县抓落实"的扶贫开发工作机制，对从中央到地方的各级职责任务作出明确分工和清晰界定。中央与脱贫攻坚重点省份签订《责任书》，建立年度脱贫攻坚报告、督察、工作考核和责任追究等制度，对层层压实责任、传导压力、最大限度地保证脱贫攻坚成效具有重要意义。中央扶贫开发工作会议还提出"设定时间表、留出缓冲期、严格评估、逐户销号"的退出机制。这一机制，改变了过去只扶不脱、脱后又贫的工作状况，为扎扎实实、不带水分地推进脱贫攻坚打下坚实基础。

三是牢牢把握脱贫攻坚的正确方向。习近平总书记围绕脱贫攻坚经常遇到的重点、难点问题，特别强调要解决好"扶持谁""谁来扶""怎么扶"的问题，指明了脱贫攻坚的正确方向。"精准扶贫、精准脱贫"，要求实现对象、项目、资金、措施、帮扶人员、脱贫成效"六个精准"，并在此基础上提出实施"发展生产脱贫一批、易地搬迁脱贫一批、生态补偿脱贫一批、发展教育脱贫一批、社会保障兜底一批"等"五个一批"工程，这是对十八大以来我国扶贫工作实践的全面总结和凝练概括，为彻底拔掉穷根开出了良方，是打赢脱贫攻坚战的有力武器。

四是牢牢把握脱贫攻坚的坚强领导。要充分发挥党委总揽全局、协调各方的领导核心作用，发挥各级党组织战斗堡垒和党员先锋模范作用，协调动员社会组织、企业和社会成员各尽所能、广泛参与，引导支持贫困群众自力更生、艰苦奋斗，同舟共济取得脱贫攻坚的胜利。

（三）精准发力确保脱贫攻坚落在实处

坚定不移实施易地搬迁工程。继续按照"搬得出、稳得住、能致富"要求，遵循移民搬迁、新型城镇化和现代农业同步推进的思路，统筹搞好搬迁工作。一是注重精准施策。完善移民搬迁规划，稳定移民搬迁补助政策，坚持省级财政投入每年增长，用好中央支持的地方债券和建设基金，建立省级扶贫开发投融资平台，拓宽融资渠道。二是突出集中安置。坚持把集中安置率80%以上和每个安置点30户以上作为硬指标，同步规划和建设好各种基础设施，配齐基本公共服务设施。三是尊重和引导群众意愿。充分征求搬迁群众意见，由群众自主选择搬迁时间、安置地点、安置方式及房屋面积，最大限度地保障群众权益、减轻群众负担。

切实加大产业扶贫力度。坚持短平快项目与长效项目相结合，确保贫困地区有主导产业、贫困村贫困户有增收项目、贫困劳动力有就业岗位。一是大力发展特色产业。立足当地资源禀赋、产业基础和市场需求，宜工则工、宜农则农、宜商则商、宜游则游。二是积极发展劳务经济。支持家政服务、物流配送、养老服务等产业发展，拓宽劳动力外出就业空间。加大对贫困地区农民工返乡创业政策扶持力度，帮助零就业贫困家庭实现就业、稳定脱贫。三是探索资产收益脱贫。推行"政府+龙头企业+合作社+贫困户"模式，带动贫困户增收。赋予土地被占用的村集体矿产资源开发股权，探索将财政资金和其他涉农资金投资形成的资产折股量化给贫困村和贫困户。

积极实施生态保护脱贫行动。正确处理生产发展与生态保护关系，牢固树立绿水青山就是金山银山理念，让贫困人口从生态建设修复中得到更多实惠。一方面，加大生态补偿增加直接收益。优先在贫困地区加快深化生态综合补偿试点改革，利用生态补偿和生态保护工程资金，使当地有劳动能力的贫困人口就地转成生态保护人员。另一方面，加强生态保护释放绿色富民效益。统筹推进美丽乡村建设，发展森林度假、疗养等森林康养产业，加快发展林下经济，让贫困人口获取多重收益。

强力推进教育脱贫。坚持治贫先治愚、扶贫先扶智，大力发展贫困地区教育事业，阻断贫困代际传递。一是建立"一条龙"帮困包扶机制。对贫困家庭学生从学前到大学阶段实施不同程度的帮扶，对政府提供的公益性就业岗位，优先安排贫困家庭学生就业。二是加强职业技能培训。实施贫困户教育培训工程，开展有针对性的订单培训、定向培训。对未考上大学的贫困家庭学生免费培训，确保贫困家庭劳动力至少掌握一门致富技能。

运用社会保障进行全员兜底，确保脱贫攻坚不留"锅底"，确保每一个贫困群众都不落下。一是分类落实社会保障政策，实施农村扶贫标准和低保标准"两线合一"，对确无劳动能力的贫困人口做到应保尽保，对农村贫困老年人实现逐步集中供养。二是开展医疗救助脱贫，对无劳动能力的贫困人口，全部纳入重特大疾病救助范围，由政府全额出资参加新型合作医疗。

贫困是世界性难题，而脱贫是全面建成小康社会的"最后一公里"。努力实现脱贫致富，让人民共享更多改革红利，把各个地区、民族、群体都纳入发展框架中，共同付出，共同受益，是落实共享发展的具体体现。

当前中国脱贫工作已经到了啃"硬骨头"、攻坚拔寨的决胜阶段，从此前的经验教训来看，不能再继续依靠"灌水式""输血式"的传统扶贫模式，因此，必须明确精准识贫、精准施策、精准落实、精准脱贫的精细化扶贫思想，致力于促使贫困地区整体脱贫、全面脱贫，如期脱贫，杜绝返贫。

总体来讲，中国全面精准扶贫的实践起步时间不长，需要进一步完善制度以加快解决。在精准扶贫的实际推进中，一方面需真正将发展生产脱贫一批、易地搬迁脱贫一批、生态补偿脱贫一批、发展教育脱贫一批、社会保障兜底一批的"五个一批"工程落到实处；另一方面还需扩大贫困地区基础设施覆盖面，因地制宜解决通路、通水、通电、通网络等问题，用更大的决心、超常规的力度完成脱贫目标，实现共享发展成果。

此外，众人拾柴火焰高，扶贫脱贫是全社会的事业，需要动员各方面的力量积极参与进来。因此，有必要完善东西部协作和党政机关、部队、人民团体、国有企业定点扶贫机制，激励各类企业、社会组织、个人自愿参与扶贫，在扶贫攻坚中踏踏实实践行人人参与的共享发展理念。

三、推进社会民生改善

共享发展把保障和改善民生纳入发展的体系之中、框架之下，明确了发展的民生导向。今后，应不断改善和优化共享发展的内外部环境，把理念意义上的共享发展不断付诸实践，在共享发展中实现民生改善。

第一，改善共享发展的生态环境，释放民生红利。找到一条先进的发展理念不易，把先进发展理念付诸实践更为不易。推进共享发展必须以改善共享发展的生态环境为基础和前提。在宏观方面，要全面深化共享发展体制机制改革，坚持系统的思维和理念，从改革发展的全局进行顶层设计，让共享发展理念贯穿于政治建设、经济建设、社会建设、文化建设和生态建设的全过程；在微观方面，要发挥政府推动共享发展的政策导向作用和功能，构建共享发展的政策、法规支持体系，搭建企业、社会和政府共享发展平台，营造共享发展的良好人文氛围，规范和约束企业的行为和边界，强化企业的共享发展职责。

第二，推进发展机会共享，增强民生改善的自生能力。共享发展首先表现为发展机会共享。在市场经济体制中，发展机会共享是衡量市场健康水平的重要因素，它关系到发展成果分配这一根本问题。个人只有参与到发展的进程中去，才能享有发展成果，反之则失去了在初次分配中分享发展成果的机会。从民生视角看，发展机会共享是市场主体通过劳动和努力改善自身生活水平的重要途径，是增进民生福祉、推进民生改善的首要条件。当前，发展中国特色社会主义民生事业就是要充分释放民生改善的自生能力，走内生性民生发展道路。一方面，推进国家治理体系和治理能力现代化，切实转变政府职能，加快简政放权建设，减少行政审批事项，激发社会活力，重构利益关系，让更多市场主体参与到发展进程中来；另一方面，加快社会主义市场经济体制改革，降低行业和部门的市场准入门槛，构建公平的市场准入环境，确保"人人参与、人人尽力、人人享有"。

第三，保障发展成果共享，夯实基本民生。发展成果共享是共享发展的重要方面，是发展中国特色社会主义民生事业的主旋律。发展成果共享主要体现在二次分配中，是对初次分配结果的系统性纠偏和调整，属于政府"兜底行为"，主要用以保障基本民生需求。基本民生是民生的最大公约数，是人民群众最关心、最直接、最现实的民生福祉，也是民生保障的底限阈值和最低标准。经过60多年的发展，中国在发展成果再分配、满足基本民生需求方面的运行机制相对成熟，也取得了一定的成绩和进展，但尚存在保障不公平、体系不健全等问题，需要进一步改进。首先，要调控发展成果共享的地区不均衡，完善对革命老区、民族地区、边疆地区、贫困地区转移支付机制，使发展成果切实用于民生改善事业，杜绝政策资金"空载""回流"等现象发生；其次，要大力推进民生公共品供给均等化，进一步完善民生公共品供给与经济发展水平脱钩机制，突破民生公共品供给与地方财政挂钩的恶性循环，建立全国统一的民生公共品供给平台，使民生公共品供给不因地理位置、财政收入、经济发展水平的差异而不同；再次，要提高基本民生服务能力和共享水平，加快基本民生保障体制、制度、人才队伍等配套措施建设，构建一套高水平、全覆盖、管理规范、运转顺畅的基本民生保障体系。

第四，培育共享发展的新业态，大力发展民生产业。共享发展本身不能独立存在和实现，必须借助于市场中的企业等微观主体以及产业、行业等中观载体。不同的产业、行业，共享发展的实现机制和效果是有差异的。有些行业、产业有利于共享发展的实现,有些则不然;有些产业、行业是直接作用于民生改善上,有些则是间接推进民生改善。一方面,要跳出传统产业的局限和壁垒,顺应产业技术革命发展趋势,把互联网、物联网、云计算、大数据等新一代信息技术与行业产业紧密结合,开展"互联网+"行动计划,把互联网与教育、医疗、养老、住房、就业等民生事项紧密结合起来,不断开拓基于互联网的民生新产品、新服务、新业态、新模式,创新并丰富产业、行业发展空间,推动大众创业、万众创新。另一方面,完善政府购买民生公共品服务机制,大力推进民生产业化。民生产业作为近年来为解决民生问题而诞生的新业态,是最有利于共享发展和民生改善的产业。由于民生产业具有公共品或准公共品的特征和性质,这就需要发挥财政、税收等方面的政策导向作用,做好民生产业大数据库、民生产业智库、民生金融、民生工程、民生项目等民生产业服务体系建设,引导民生产业发展。与此同时,要完善项目中投标、运行、监督、验收等制度体系,规范民生产业有序、健康发展,防范民生产业发展中的寻租问题。

共享发展不仅是经济的发展,更是民生与经济的协同发展,其最终落脚点是实现人的自由全面发展。推进共享发展,"要坚持以人民为中心的发展思想,坚持把增进人民福祉、促进人的全面发展、朝着共同富裕方向稳步前进作为经济发展的出发点和落脚点"。用共享发展破解民生发展难题,引领和推动中国特色社会主义民生事业发展,不断开创民生发展的新天地、新局面。

第三节 砥砺前行,共建共治共享美丽新中国

党的十九大科学总结社会治理实践和理论创新成果,回应人民关切和期盼,举旗定向,谋篇布局,对社会治理制度以及重点领域的工作作出部署,提出五个层次的重点任务,致力于打造共建共治共享的社会治理格局,推动形成有效的社会治理、良好的社会秩序。

第一,加强社会治理制度建设。有效的社会治理需要多方面多层次的制度保障,其中最重要的制度有两个方面:一是完善党委领导、政府负责、社会协同、公众参与、法治保障的社会治理体制。这是社会治理坚持系统治理的内在要求。与此同时,社会治理体制内涵的表述也有了细微的变化,"政府负责"被修改为"政府主导"。经过几年的实践探索,从全面加强党的领导和更为科学合理的制度安排角度出发,党的十九大把"政府主导"重新改为"政府负责"。二是提高社会治理的社会化、法治化、智能化、专业化水平。

第二,加强重点领域的机制和体系建设。首先,加强预防和化解社会矛盾机制建设,正确处理人民内部矛盾。当前,我国改革发展过程仍然存在大量不和谐

因素，社会矛盾和问题交织叠加。大量社会矛盾和问题属于人民内部矛盾，要从维护群众合法权益的角度，构建起有序有效的诉求表达机制、利益协调机制、重大决策风险评估机制和权益保障机制，从源头上防范和化解社会矛盾。其次，健全公共安全体系。随着经济社会的发展和人民生活水平的提高，人们对公共安全提出了更高的要求。党的十九大报告要求树立安全发展理念，弘扬生命至上、安全第一的思想，改革完善安全生产管理、防灾减灾救灾体制机制，坚决遏制重特大安全事故，提高防灾减灾救灾能力。安全发展第一次写入党的代表大会的政治报告，是全新的发展理念，是坚持以人民为中心的发展理念的生动体现。

第三，加强社会心理服务体系建设。现代社会工作和生活节奏越来越快，工作压力、学习压力、竞争压力、生活压力越来越大，传统的家庭、熟人社会的支持网络却日益变小，新的社会支持网络又很不稳定，难以满足人们的情感、心理的需要，心理健康问题日益浮出水面，成为一个不可回避也无法回避的现实问题。加强和创新社会治理，核心是人，只有人与人和谐相处，社会才会安定有序。因此，无论是出于保障人权，还是维护社会平安和谐，心理服务都必须得到重视，心理服务体系建设完善刻不容缓。党的十九大提出"培育自尊自信、理性平和、积极向上的社会心态"，使得心理服务变得更为积极主动、明确具体。

第四，加强社区治理体系建设。由于在计划经济时期形成的"单位制"的解体和城乡社会结构的深刻变化，随着社会治理实践的不断推进，人们越来越强烈地意识到，城乡社区是社会治理的基本单元，是社会治理的重心所在。城乡社区治理事关党和国家大政方针贯彻落实，事关居民群众切身利益，事关城乡基层和谐稳定。为全面提升城乡社区治理法治化、科学化、精细化水平和组织化程度，促进城乡社区治理体系和治理能力现代化，2017年6月，中共中央、国务院颁布了《关于加强和完善城乡社区治理的意见》。正是在这种背景下，党的十九大提出，加强社区治理体系建设，推动社会治理重心向基层下移，发挥社会组织作用，实现政府治理和社会调节、居民自治良性互动。

第五，有效维护国家安全。党的十九大突出强调维护国家安全的地位和作用，用了一个段落论述和部署，极大丰富了党对国家安全的认识和安排。在对近年来国家安全工作的经验和面临的形势系统梳理的基础上，报告提出，一要完善国家安全战略和国家安全政策，二要健全国家安全体系，三要严密防范和坚决打击各种渗透颠覆破坏活动、暴力恐怖活动、民族分裂活动、宗教极端活动，四要加强国家安全教育。

一、共享发展是中国特色的发展理念

立足于新阶段新形势新起点，党中央提出创新、协调、绿色、开放、共享新发展理念，并将"共享"作为中国社会发展的目标和归宿，要求将我国经济发展的物质文明成果和精神文明成果与全民共享。由此，"发展"与"共享"成为关系人民现实利益和民生福祉的重大现实问题。发展不够，人民生活无法富足；共享不足，人民生活无法和谐。可见，"发展"与"共享"是社会进步的车之两轮、鸟之两翼，缺一不可。它们分别关涉社会现代进程中的理性与价值两大维度，但无论是理性维度还是价值维度都必须辩证统一于发展实践当中。实际上，共享理念本身就蕴含在马克思构建的未来自由人联合体中，蕴含在从"我"迈向"我们"的伦理追求中。"由社会全体成员组成的共同联合体来共同地和有计划地利用生产力；把生产发展到能够满足所有人的需要的规模；结束牺牲一些人的利益来满足另一些人的需要的状况……所有人共同享受大家创造出来的福利，通过城乡的融合，使社会全体成员的才能得到全面发展。"马克思主张建立在生产力高度发达和物质极大充裕基础上个体的自由和解放，由于那时消灭了剥削和阶级对立，人们摒弃了彼此相互竞争和敌对的关系，限制和支配他人的物质和社会权力被彻底消除，每个人的自由发展依赖于他人的自由发展，自身的自由发展又为他人的自由发展创造了条件，其最终结果是每个人都能在平等和谐的共同体中实现自由而全面的发展。

从社会发展的主体视角看，社会发展的最终目的就在于为人们创设良好的条件，过一种有意义的幸福生活。因此，共享理念为发展注入了更多的人文关怀，它超越了传统唯 GDP "见物不见人"的狭隘发展观，强调人自身的内在目的和价值，将经济增长视为实现幸福生活的外在工具，使经济社会发展最终落脚于人们实实在在的生活和真真切切的感受。"共享意识的历史脉络体现在当代具体的社会发展实践中，则吁求着共享发展理念的出场与实现。这一理念是对发展伦理所要面对的两大古老的哲学问题，即'什么是好的生活'与'我们应当如何生活'的深刻关切，是对其所要探讨的两大核心问题，即'如何取得发展'与'发展之后获取了什么利益'的当代回答。"发展的目标在于实现人民幸福体面的生活，共享为这一目标提供了正确的伦理规范和价值导向，缺乏这一规范和导向，经济社会发展将以部分人的牺牲和被剥夺为代价，造成经济增长而民生滞后的局面，结果将导致经济社会发展偏离正确方向。

共享发展理念体现着对人的尊严的伦理关怀，人的尊严作为发展伦理的逻辑起点和最高价值，也是共享发展理念应有的规范性目标。社会各成员都期盼过上尊严而体面的生活，经济社会的发展要为实现人的尊严生活创造条件。在现实社会中，个体所能实现的有尊严的生活与其所获得的资源休戚相关，例如，充分的收入、教育、医疗、居所都是人实现尊严的必要条件。公共政策必须保障这些资源在各成员间公平分配，任何人无法获得足够的资源都应被视为必须消除的不公正情形，这就要求政府通过不断完善收入分配制度，调整收入分配格局，完善以税收、社会保障、转移支付等为主要手段的再分配调节机制，维护社会公平正义，使发展成果更多更公平地惠及全体人民，真正实现"发展依靠人民、发展为了人民、发展成果由人民共享"的中国特色社会主义发展观。

当然，公平地获得足够的物质资源仅仅是实现主体尊严的基本前提。人作为社会性的存在，其尊严是在和谐的人际交往和普遍联系中不断实现的。因此，享有共同发展的权利和机会，是获得与自我实现相关的尊严价值的必要手段。"从人的发展层面来看，全部社会成员享有平等的发展权利和发展机会是实现其发展的基本条件。"就此而论，社会的公平正义归根结底必须保障公民能够平等参与到社会生活中来，社会制度必须为社会成员营造一个"人人参与、人人尽力、人人共享"的社会环境，使公民作为社会关系的参与者充分享有"自我实现发展"和"参与发展决策"的基本能力。基于此，共享理念启示我们，共享不仅仅是物质财富的共享，更是发展权利和发展机会的共享，比较而言，后者更重要。

二、共享发展为世界发展难题提供"中国解决方案"

发展是世界的主题，也是世界的难题。作为世界的主题，发展是世界各国面临的共同任务，如何在和平的环境下谋发展、在合作的前提下谋发展、在共赢的前提下谋发展，需要各国集思广益。作为世界性的难题，世界各新兴国家都在探索破解发展瓶颈的本土方案，实现共建、共享、共赢，需要各国寻求合作"最大公约数"。

在中国由大国迈向强国进程中，如何为人类对更美好社会制度的探索提供"中国方案"，是摆在中国共产党面前的现实任务。共享发展不能停留在口头上、止步于思想环节，而要体现在经济社会发展过程中的各个方面和环节。在新发展理念下的共享发展，强调全民共享、全面共享、共建共享、渐进共享。例如，针对城乡发展的不平衡，要更加注重城乡基本公共服务均等化，提出到 2020 年要全面建成小康社会。比较而言，全民共享强调的是共享的主体"一个都不能少"，人民在共享中获得认同感；全面共享强调的是共享内容的整体性和全面性，人民在共享中获得满足感；共建共享强调的是既要做中国发展的"积极参与者"，又要成为中国发展的"真正受益者"，使人民在共享中获得成就感；渐进共享强调的是既要合理满足人民新需要，又要量力而行，注重共享的阶段性特征，使人民在共享中获得安全感，最终在实现全面建成小康社会中获得幸福感。共享发展蕴含着"中国智慧"，是针对发展难题提供的"中国方案"。

毛泽东同志曾经提出，"中国应当对于人类有较大的贡献"。中国特色社会主义的实践及其成就，证明了中国有条件有能力为探索以人为本的新型文明作出贡献。当下中国所倡行的创新、协调、绿色、开放、共享新发展理念，正是贯彻以人为本的有益探索，本质上是人类探索更美好社会制度的一种"中国方案"，这对于人类开启新型的文明，是值得期待的。毫无疑问，中国在发展过程中要处理好中国与世界的关系，为此我们提出"一带一路"倡议。"一带一路"建设是构建人类命运共同体的伟大探索和实践。虽然"一带一路"倡议来自中国，但成效惠及世界；"一带一路"倡议是伟大的构想，"一带一路"建设是伟大的事业。虽然此前很多构想和实践是由世界发达国家率先提出来，但是为什么首先由作为最大发展中国家的中国提出"一带一路"倡议？这在一定程度上反映了中国作为负责任大国的价值追求。

新发展理念是针对我国发展中的突出矛盾和问题提出来的，具有鲜明的问题导向和问题意识。具体而言，共享发展注重解决"社会公平正义"问题。在改革开放初期，我国整体上处于普遍贫困阶段，当时需要充分调动和释放全体成员的一切积极因素以解放和发展生产力，从而解决生存难题。到了21世纪的今天，我国已经告别当初物质短缺的阶段，时代的任务已从满足"生存性需要"转入满足"发展性需要"。此时，各种影响发展的不稳定不确定因素不断涌现，社会公平正义的问题也凸显出来，一个重要的原因是，"中国的社会发展明显滞后于经济发展，社会与经济之间出现了明显的不平衡不协调状况。其中的关键症结在于，社会公正问题已经成为一个影响中国社会经济发展全局、影响中国社会各个阶层的大问题"。因此，可以说共享理念的提出不仅仅是党在社会发展客观规律下的顺势而为，也是破解我国现实发展困境问题倒逼的抉择。共享理念蕴含着公平正义的价值导向，它要求通过更有效的制度安排，为人们提供平等参与现代化进程的权利和机会，激励社会各成员能够"各尽其能"；同时建立合理公正的分配制度，保障社会各成员能够"各得其所"；还要建立完善社会保障和福利机制，协调和整合成员间的利益关系，保证社会各成员能够"和谐相处"。

面对中国发展成就，西方总是说三道四。西方对中国发展的曲解和误解，充分显现了西方有些人对中国的傲慢与偏见。中国坚持公有制的主体地位和国有经济的主导地位为各民族的共建、共享提供了根本的制度保障，这与当代西方国家生产资料私人占有前提下的分配调节具有本质的不同。我国社会主义公有制决定了劳动资料和劳动成果共享的必然性，以及共享主体的全面性和普惠性。说到底，中国的"共享发展与生产关系的性质、所有制性质，基本经济制度本质上是一致的，表现为一种内生性关系，共享发展所涉及的不仅仅是再分配问题，而是整个生产与分配两个领域，而且生产领域是共享发展推进的起点和基础"。虽然中国还处于社会主义初级阶段的基本国情没有变，需要借助资本的力量发展经济和实现现代化。但是，我们始终将共建、共享作为中国特色社会主义制度的本质要求和基本原则，其目标是实现共同富裕和公平正义，这超越了西方国家重效率轻公平、先发展后调节的发展模式，克服了资本主义社会贫富两极分化的趋势。

三、以人民为中心，以共享造福全体人民

奋力夺取全面建成小康社会的伟大胜利，必须确立新的发展理念，用新的理念来引领新的发展。坚持共享发展，必须坚持发展为了人民、发展依靠人民、发展成果由人民共享，使全体人民在共建共享发展中有更多获得感。

160多年前，马克思在《共产党宣言》中就明确指出："过去的一切运动都是少数人的，或者为少数人谋利益的运动。无产阶级的运动是绝大多数人的，为绝大多数人谋利益的独立的运动。"马克思主义认为，评价一个社会是否进步并不是简单地看是否推动了生产力发展，关键要看"生产力是否归人民所有"。近年来，以习近平同志为核心的党中央提出："人民对美好生活的向往，就是我们的奋斗目标"，①用朴实、生动、真切的语言表达了我们党全心全意为人民服务的宗旨和发展为了人民的目的，丰富和发展了马克思主义社会发展理论，党的十八届五中全会进一步强调，必须坚持以人民为中心的发展思想，坚持共享发展，使全体人民在共建共享发展中有更多获得感。

坚持以人民为中心的发展理念是新时期中国共产党人的责任担当。当前，国内外环境发生广泛而深刻的变化，我国发展面临一系列突出矛盾和挑战，呈现出短期矛盾和长期矛盾叠加、结构性因素和周期性因素并存等特点，发展中不平衡、不协调、不可持续的问题依然突出，制约科学发展的体制机制障碍依然较多。要解决这些突出矛盾和问题，迫切需要新时期的中国共产党人以直面困难的勇气、履职尽责的意识、敢于担当的精神，增强忧患意识、责任意识、担当意识，保持战略定力，坚持奋发有为，牢牢把握以人民为中心的发展思想导向，深化改革，锐意创新，着力在优化结构、增强动力、化解矛盾、补齐短板上取得突破性进展，不断提高发展的平衡性、协调性和可持续性，确保全面建成小康社会的宏伟目标如期实现，为第二个百年奋斗目标的实现打下坚实基础。

坚持以人民为中心的发展是全面建成小康社会的客观需要。坚持以人民为中心的发展，实现共享发展，关键是充分发挥政治优势和制度优势，提高公共服务共建能力和共享水平，加大对革命老区、民族地区、边疆地区、贫困地区的转移支付，实施精准扶贫、精准脱贫。要加大中央和省级财政扶贫投入力度，整合各级各类扶贫资源，开辟扶贫开发新的资金渠道，坚决打赢脱贫攻坚战，绝不让任何一个人在全面建成小康社会的路上"掉队"。坚持以人民为中心的发展，必须把市场机制可以突出效率与社会主义制度注重社会公平这两方面紧密地结合起

---

① 习近平在十八届中央政治局第七次集体学习时的讲话［EB/OL］.中国共产党新闻网，2013年6月26日，http：//cpc.people.com.cn/n/2013/0626/c64094-21981531.html.

来，更加鲜明地体现出全面小康社会的中国特色，使全体人民都能真真切切地感受到全面小康给我们带来的实惠和福利。

坚持以人民为中心的发展是实现中华民族伟大复兴中国梦的必然要求。21世纪是充满竞争和挑战的世纪，要实现中华民族伟大复兴的中国梦，一定要坚持以人民为中心的发展理念不动摇。只有坚持以人民为中心的发展，保证人人享有发展机遇、享有发展成果，全体人民推动发展的积极性、主动性、创造性才能充分调动起来，才能凝聚广大人民群众建设中国特色社会主义事业的信心和勇气。我们必须按照习近平总书记关于坚持共享发展的要求，从"四个全面"战略布局高度出发，破解发展难题、增强发展动力、厚植发展优势，以促进社会公平正义、增进人民福祉、促进人的全面发展为出发点和落脚点，从人民群众利益出发谋划改革思路、制定改革举措，把人民群众过上更好生活的期待和向往放在首位，实现人民愿望、满足人民需要、维护人民利益。

共享发展就是以人民为中心的发展思想的真实展示，是给人民以幸福欢乐的发展。相信随着共享经济的快速发展，随着共享发展理念的逐步落实，我们将全面消除贫困，全面建成小康社会，让每一个人都享受到改革开放的红利，享受到中国特色社会主义的发展成果，体验到切实的"获得感"和"幸福感"，进而实现共同富裕，充分体现中国特色社会主义优越性。

第六章

中国发展指数指标体系

第一节 发展指数指标体系的构建

一、发展指数的基本概念与研究意义

指数在统计学里的概念是一种表明社会经济现象动态的相对数，运用指数可以测定不能直接相加和不能直接对比的社会经济现象的总动态；可以分析社会经济现象总变动中各因素变动的影响程度；可以研究总平均指标变动中各组指标水平和总体结构变动的作用。

指数和一般的相对数的区别在于：一般的相对数是两个有联系的现象数值之比，而指数却是说明复杂社会现象经济的发展情况，并可分析各种构成因素的影响程度。

（一）发展指数的基本概念

发展指数是衡量某一领域发展程度的一种数据标准。如果以某一具体时期为基准，以 1 或 100 为基数，使该领域在基准时期产生的原始数据与基数相对应，则基数与基准时期原始数据之比乘以考察时期产生的原始数据即为该领域在考察时期的发展指数。目前，国际上有一些具有重要影响的指数，如人类发展指数、全球竞争力指数、转变经济发展方式评价指数等。流行的评价方法有综合指数法和标杆分析法。综合指数法，即将一组相同或不同指数值通过统计学处理，使不同计量单位、性质的指标值标准化，最后转化成一个综合指数，以准确地评价打造经济升级版的综合水平。综合指数法分为线性加权模型、乘法评价模型、加乘混合评价模型等几种形式。标杆分析法，即洛桑国际竞争力评价采用的方法。标杆分析法是目前国际上广泛应用的一种评价方法，其原理是：对被评价的对象给出一个基准值，并以此标准法去衡量所有被评价的对象，从而发现彼此之间的差

距，给出排序结果。

（二）发展指数的研究意义

坚持创新发展、协调发展、绿色发展、开放发展、共享发展，是关系我国发展全局的一场深刻变革。无论从理论层面来讲，还是现实层面来讲，本报告都具有重要的意义。

从理论层面讲，中国发展指数指标体系顺应中国的发展形势，丰富了区域研究的研究内容，为各级政府对创新、协调、绿色、开放、共享的政策支持、规制模式等相关研究提供了多样化的支撑。

从现实层面讲，中国发展指数指标体系具有重要经济意义。一方面可以为中央政府提供决策方面的参考，协调区域及城乡发展，另一方面有助于地方政府更好地定位自身发展的优势与不足，明确发展的主攻方向，有助于优化各地资源配置，为国家制定经济层面的战略政策提供可靠数据。

（三）发展指数的国际通用算法

为了保证不同量纲指标之间能够进行有效合成，必须对各个评价指标进行处理，对于数值与发展指数呈正相关的指标，我们称之为正指标，即该项指标的数值越大，效用值越高，如人均GDP。对于数值与发展指数呈负相关的指标，我们称之为逆指标，即该项指标的数值越大，效用越低，如失业率。本报告中，我们将对所有测算指标进行相应处理，以期测度中国发展指数在国家、省际和市级等三大层面的水平，并对各省和城市间发展指数水平进行比较，分析不同地区的特点。以下是国家、省际及市级发展指数的算法。

中国发展指数的算法参照国家GDP增幅算法，利用2014~2015年指标数据，以2014年为基年，分别计算正指标值和逆指标值。在本报告中，

正指标 =（2015年指标值 - 2014年指标值）/2014年指标值×100%
逆指标 =（2014年指标值 - 2015年指标值）/2014年指标值×100%

然后通过等权重加权运算，得到创新、协调、绿色、开放、共享五大指标在国家层面的发展指数。

省际、城市发展指数的算法采用综合指数法，基础指标无量纲化后，通过等权重加权运算，最后得出每个省（城市）的发展指数值。

单一指标采用直接获取的数据来表示，在无量纲化处理时采用效用值法，效用值规定的值域为[0, 100]，即该指标下最优值的效用值为100，最差值的效用值为0，计算方法如下：

1. 正指标

如设i表示第i项指标，j表示第j个区域；x_{ij}表示i指标j区域的指标获取

值；y_{ij} 表示 i 指标 j 区域的指标效用值；$x_{i\max}$ 表示该指标的最大值，$x_{i\min}$ 表示该指标的最小值。

$$y_{ij} = \frac{x_{ij} - x_{i\min}}{x_{i\max} - x_{i\min}} \times 100$$

2. 逆指标

对这类指标的处理则采用如下方法：

$$y_{ij} = \frac{x_{i\max} - x_{ij}}{x_{i\max} - x_{i\min}} \times 100$$

3. 等权重加权运算

采用等权重计算出各指标得分 $\overline{y_{ik}}$

$$y_{ik} = \sum_{j=1}^{5} \beta_i y_{i(j+5k-5)} \quad y_{i5} = \sum_{j=1}^{10} \beta_i y_{ij}$$

$$\overline{y_{ik}} = 100 \times y_{ik}/\max(\overline{y_{ik}})$$

式子中 β_i 为权重，对于省际指数而言，$i = 1 \sim 31$；$k = 1 \sim 5$。对于地级以上城市指数而言，$i = 1 \sim 290$；$k = 1 \sim 5$。对于县级市指数而言，$i = 1 \sim 369$；$k = 1 \sim 4$。

4. 发展指数计算

采用等权重计算出省际（城市）发展指数 $\overline{y_i}$，并据此得出省际（城市）排名。

$$y_i = \sum_{k=1}^{5} \omega_k \overline{y_{ik}}$$

$$\overline{y_i} = y_i/\max(y_i)$$

式子中 ω_k 为权重，对于省际指数而言，$i = 1 \sim 31$。对于地级以上城市指数而言，$i = 1 \sim 290$。对于县级市指数而言，$i = 1 \sim 369$。

此外，我们聘请了国内相关领域的知名专家，针对个别城市指标或数据缺失的情况，结合实际对城市层面的指标进行了微调，使本报告更契合五大发展理念，同时也与现实情况相符合。

二、本报告的理念、原则与成果

（一）本报告的理念

如同古人用金木水火土"五行"来说明和解释事物之间的相互联系和变化，并且强调整体概念一样，蕴含中国传统文化的"新发展理念"也是一个整体，"新发展理念"一个不能少，一个不能游离，在新时代中国的背景下坚持和发展中国特色社会主义，体现"四个全面"战略布局和"五位一体"总体布局，构成了一个完整的理论系统。西方系统论提出者，美籍奥地利人、理论生物学家 L. V. 贝塔朗菲也强调，任何系统都是一个有机的整体，它不是各个部分的机械组合或简单相加，系统的整体功能是各要素在孤立状态下所没有的性质，系统中各要素不是孤立地存在着，要素之间相互关联，构成了一个不可分割的整体，每个要素在系统中都处于一定的位置上，起着特定的作用，要素是整体中的要素，如果将要素从系统整体中割离出来，它将失去要素的作用。"新发展理念"作为理论系统推动中国在新的历史时期下从高速发展转变为高质量发展，其中，创新是引领发展的第一动力，协调是持续健康发展的内在要求，绿色是永续发展的必要条件，开放是国家繁荣发展的必由之路，共享是中国特色社会主义的本质要求。

本报告以"新发展理念"为指导，结合国内外公认的评价方法，构建中国发展指数，以下为指数指标体系框架的主体思路：

1. 突出水平与进度的比较

中国发展指数指标体系重点研究我国在"新发展"领域的增长幅度，省际和市级指数指标体系侧重比较各个省份及城市在"五大发展"领域的发展水平。两者结合，对"新发展理念"进行评估。

2. 强调数据来源的公开性和权威性

为保障数据科学、准确、及时，本报告采用的基础数据全部来源于国家及各省市公布的官方数据库和出版物，具有公开性和权威性。

（二）指标设计原则

客观、系统、科学地设计一套能充分反映我国在"创新、协调、绿色、开放、共享"五个维度的发展水平及存在问题的评价体系是一个复杂的过程，涉及指标体系构建、指标数据处理、评价指数计算等多个方面。中国发展指数的设计原则包括科学性、系统性、可操作性、可比性及可量化性五个方面。

1. 科学性

基于五个维度的中国发展指数指标体系必须从发展本质出发，体现"创新、协调、绿色、开放、共享"五个维度的发展普遍规律与特征。要注意体系中各指标内涵准确、内容完备，同时又要避免指标间的重叠，使评价目标和评价指标有机地联系起来，组成一个层次分明、协调统一的整体。

2. 系统性

中国发展指数指标体系须覆盖广泛，能客观、科学、全面地反映相关各重要方面。科学、合理的中国发展指数指标体系并不是各方面指标的简单集合体，指标之间必须相辅相成，多角度衡量和评价五个维度的发展水平。

3. 可操作性

建立中国发展指数指标体系必须考虑其可操作性。涉及的指标必须具有可取性和可采集性。指标内容不能存在歧义，这样指标体系才能很好地应用于实践。

4. 可比性

设计中国发展指数指标体系需准确理解各指标的内涵和外延，采用的指标必须是国际通用或相对成熟的指标，这样才能有效地评价五个维度的发展水平。

5. 可量化性

中国发展指数指标体系侧重对五个维度发展水平的数量特点进行评价。如果一些指标在理论上有较好解释力，但其在实际统计中无法取得或暂时尚未统计，则其暂不纳入评价体系。

（三）本报告的主要成果

本报告依托党的十八届五中全会提出的新发展理念，构建了中国发展指数指标体系，对国家、省际和城市发展状态与进度水平进行了测度与比较。参照上面所述算法，分别得出国家、省际和城市层面的"创新、协调、绿色、开放、共享"新发展指数，并进一步得出2017~2018年国家层面的五大发展指数增幅，省际和城市层面的综合发展指数及排名，以期为各级政府、企业、群众提供相应的参考。

第二节　中国发展指数指标体系构成

习近平总书记在党的十九大报告中指出：发展是解决我国一切问题的基础和关键，发展必须是科学发展，为实现"十三五"时期发展目标，破解发展难题，厚植发展优势，必须坚定不移贯彻创新、协调、绿色、开放、共享的发展理念。以新发展理念引领发展，实现更平衡、更充分的科学发展，促进人的全面发展、社会全面进步。深入贯彻落实新发展理念，必将全面创新我国发展战略、发展模式、发展体制机制，提升我国发展动力、发展质量效益、发展创新力和竞争力，为如期实现"两个一百年"奋斗目标、全面建成社会主义现代化强国布阵筑基，开启新时代中国特色社会主义更为广阔的发展前景。

创新是引领发展的第一动力。坚持创新发展，必须把创新摆在国家发展全局的核心位置，不断推进理论创新、制度创新、科技创新、文化创新等各方面创新，让创新贯穿党和国家一切工作，让创新在全社会蔚然成风。

协调是持续健康发展的内在要求。坚持协调发展，必须牢牢把握中国特色社会主义事业总体布局，正确处理发展中的重大关系，重点促进城乡区域协调发展，促进经济社会协调发展，促进新型工业化、信息化、城镇化、农业现代化同步发展，在增强国家硬实力的同时注重提升国家软实力，不断增强发展整体性。

绿色是永续发展的必要条件和人民对美好生活追求的重要体现。坚持绿色发展，必须坚持节约资源和保护环境的基本国策，坚持可持续发展，坚定走生产发展、生活富裕、生态良好的文明发展道路，加快建设资源节约型、环境友好型社会，形成人与自然和谐发展现代化建设新格局，推进美丽中国建设，为全球生态安全作出新贡献。

开放是国家繁荣发展的必由之路。坚持开放发展，必须顺应我国经济深度融入世界经济的趋势，奉行互利共赢的开放战略，发展更高层次的开放型经济，积极参与全球经济治理和公共产品供给，提高我国在全球经济治理中的制度性话语权，构建广泛的利益共同体。

共享是中国特色社会主义的本质要求。坚持共享发展，必须坚持发展为了人民、发展依靠人民、发展成果由人民共享，作出更有效的制度安排，使全体人民在共建共享发展中有更多获得感，增强发展动力，增进人民团结，朝着共同富裕方向稳步前进。

在国家层面对新发展理念进行测度是认识我国基本国情的重要资料。然而除了这五大理念指标外，指标划分还参考了《中国发展报告2017》《中国资源型城市转型指数2017》《2017中国绿色发展指数报告》等资料，力求指标划分科学合理。这样，本报告将中国新发展理念指数指标体系做了如下划分。

一、中国创新发展指数指标体系

习近平总书记指出，"纵观人类发展历史，创新始终是推动一个国家、一个民族向前发展的重要力量，也是推动整个人类社会向前发展的重要力量"。[1] 在早期的原始社会中，人类实践的水平极其低下，只有简单、自发的常规性实践。进入到农业社会后，生产力得到提高，但经济形态仍是以消耗天然资源和人力劳动为主的自给自足式的自然经济，创新性实践是偶然的、局部的。工业社会以大机器的使用、能源资源的大规模消耗和专业化分工下的技术工人的劳动投入为主要生产模式，维系工业化大生产所需的常规性实践与持续涌现的科技创新、制度创新等创新性实践交相辉映、相互促进，产生出前所未有的强大生产力。进入新世纪后，在快速的信息化、全球化浪潮中，新一轮科技和产业革命正在迸发出巨大创造力，互联网＋、智能制造、生物技术、材料技术的突飞猛进不仅改变着经

---

[1] 创新是引领发展的第一动力——习近平关于科技创新论述摘编［EB/OL］. 新华网，2016年2月25日，http：//www.xinhuanet.com//politics/2016 – 02/25/c_128743949.htm.

济生产形态和市场格局，也重塑着人们的生活方式、交往模式、价值观念等。创新正从科技和经济领域向社会各个领域延伸，成为驱动社会发展的主要动力。

（一）创新战略

习近平在参加 2017 年第十二届全国人大五次会议上海代表团审议时表示："适应和引领经济发展新常态，推进供给侧结构性改革，根本要靠创新。要以全球视野、国际标准提升科学中心集中度和显示度，在基础科技领域作出大的创新、在关键核心技术领域取得大的突破。要突破制约产学研相结合的体制机制瓶颈，让机构、人才、装置、资金、项目都充分活跃起来，使科技成果更快推广应用、转移转化。"①

2018 年第十三届全国人大第一次会议期间，习近平在参加广东代表团审议时强调："要全面推进体制机制创新，提高资源配置效率效能，推动资源向优质企业和产品集中，推动创新要素自由流动和聚集，使创新成为高质量发展的强大动能。"②

自十八大以来，在习近平总书记的公开讲话和报道中，"创新"一词出现超过千次，可见其受重视程度。这些论述，涵盖了创新的方方面面，包括科技、人才、文艺、军事等方面的创新，以及在理论、制度、实践上如何创新。坚持创新发展，就是要把创新摆在国家发展全局的核心位置，让创新贯穿国家一切工作，让创新在全社会蔚然成风。

（二）中国创新发展指标体系

本报告根据《2016 中国统计年鉴》《2017 年中国统计年鉴》《2016 年中国科技统计年鉴》《2017 年中国科技统计年鉴》《2016 年中国高技术产业统计年鉴》《2017 年中国高技术产业统计年鉴》《2016 年中国工业统计年鉴》《2017 年中国工业统计年鉴》，进行指标选取、指标数量、权重选取，由此得出中国创新发展指标体系。其包括 3 个二级指标，105 个三级指标。中国创新发展指标体系中二级指标包括创新环境、创新绩效和创新企业（见表 6 – 1）。其中，创新环境反映国家创新活动所依赖的外部软硬件环境，是衡量国家创新投入的重要依据；创新绩效反映国家开展创新活动所产生的效果和影响，是衡量国家创新发展程度的重要内容；创新企业反映企业创新活动的强度、效率和产业技术水平，是衡量国家营造创新环境能力的重要指标。

---

① 习近平总书记在参加上海代表团审议时的重要讲话引起热烈反响［EB/OL］. 新华网，2017 年 3 月 6 日，http://www.xinhuanet.com/politics/2017 – 03/06/c_129501835.htm.

② 以新的更大作为开创广东工作新局面［N］. 21 世纪经济报道，2018 – 3 – 8.

表 6－1　　　　　　　　中国创新发展指标体系框架（部分）

二级指标	三级指标	权重
创新环境	研究与试验发展经费支出	1/105
	R&D 经费支出与国内生产总值之比	1/105
	科学研究和技术服务业注册资本	1/105
	研究与试验发展经费支出（基础研究）	1/105
	研究与试验发展经费支出（应用研究）	1/105
	研究与试验发展经费支出（试验研究）	1/105
	科学技术支出	1/105
	科学研究和技术服务业新增固定资产	1/105
	研究和试验发展投资额	1/105
	专业技术服务业新增固定资产	1/105
创新绩效	科学研究和技术服务业施工项目	1/105
	研究与试验发展经费内部支出与国内生产总值之比	1/105
	专业技术服务业施工项目	1/105
	科技推广和应用服务业施工项目	1/105
	SCI 收录我国科技论文篇数	1/105
	EI 收录我国科技论文篇数	1/105
	发明专利授权数总量指标	1/105
	技术市场成交额总量指标	1/105
	专利申请授权数	1/105
	发表科技论文	1/105
	出版科学著作	1/105
创新主体	大型企业新产品开发项目数	1/105
	大型企业新产品开发经费支出	1/105
	中型企业新产品开发项目数	1/105
	中型企业新产品开发经费支出	1/105
	外商投资企业新产品开发和生产	1/105
	中外合资经营企业新产品开发和生产	1/105
	中外合作经营新产品开发和生产	1/105
	外资企业新产品开发和生产	1/105
	外商投资股份新产品开发和生产	1/105
	外商投资企业申请专利	1/105
	中外合资经营企业申请专利	1/105
	中外合作经营申请专利	1/105

（三）中国创新发展指标体系的意义

中国创新发展指标体系在丰富创新系统理论体系的同时，它还具有自身的重要意义。首先，中国创新发展指标体系拓展了创新体系研究的维度，丰富了国家创新体系的研究内容；其次，国家创新发展指标体系有助于优化各地创新资源配置，为国家创新能力发展提供动力；最后，中国创新发展指标体系为各级政府对创新的政策支持、规制模式等提供了多样性支持，更加突出创新驱动发展战略的地位。以改革创新的思想推进发展、深化发展，是我们党在新形势下应对各种新情况、解决新问题、不断开创良好新局面的一大利器。在新的历史条件下，我们要解决在发展中遇到的问题，就必须要有改革创新的勇气和魄力，才能以新视野、新思路、新方法将其解决，才能更好地推动社会发展。

二、中国协调发展指数指标体系

当今中国，经济社会关系错综复杂，统筹兼顾各方面发展如同指挥乐队，只有协调，才能奏响全面建成小康社会交响曲、民族伟大复兴进行曲。"新发展理念"把协调发展放在我国发展全局的重要位置，坚持统筹兼顾、综合平衡，正确处理发展中的重大关系，补齐短板、缩小差距，努力推动形成各区域各领域欣欣向荣、全面发展的景象。有了它，就能补短板、强整体、破制约，增强发展的平衡性、包容性、可持续性，促进各区域各领域各方面协同配合、均衡一体发展，为实现"两个一百年"奋斗目标和中华民族伟大复兴的中国梦铺路架桥。

（一）协调战略

党的十九大报告指出当前和今后五年，我们的中心工作是全面建成小康社会。全面小康，重在"全面"，难在"全面"。这个"全面"，既要城市繁荣，也不让农村凋敝；既要东部率先，也要西部开发、中部崛起、东北振兴；既要物质丰裕，也要精神丰富；既要金山银山，也要绿水青山。"全面"不是自然形成的，而是协调出来的。只有牢固树立协调发展理念，坚持协调发展，才能解决我国发展中存在的区域、城乡、物质文明和精神文明、经济建设和国防建设不协调问题，促进新型工业化、信息化、城镇化、农业现代化、绿色化同步发展，重点是推进"区域协调"发展和"乡村振兴战略"发展，在增强国家硬实力的同时提升国家软实力，不断增强发展的整体效能，进而全面建成让人民满意的小康社会。

习近平总书记在党的十九大报告中提出有关"实施区域协调发展战略"时说道：加大力度支持革命老区、民族地区、边疆地区、贫困地区加快发展，强化举措推进西部大开发形成新格局，深化改革加快东北等老工业基地振兴，发挥优势推动中部地区崛起，创新引领率先实现东部地区优化发展，建立更加有效的区域协调发展新机制。以城市群为主体构建大中小城市和小城镇协调发展的城镇格局，加快农业转移人口市民化。以疏解北京非首都功能为"牛鼻子"推动京津冀协同发展，高起点规划、高标准建设雄安新区。以共抓大保护、不搞大开发为导向推动长江经济带发展。支持资源型地区经济转型发展。加快边疆发展，确保边疆巩固、边境安全。坚持陆海统筹，加快建设海洋强国。

2017年中央经济工作会议提出关于"乡村振兴战略"的发展目标：要科学制定乡村振兴战略规划。健全城乡融合发展体制机制，清除阻碍要素下乡各种障碍。推进农业供给侧结构性改革，坚持质量兴农、绿色兴农，农业政策从增产导向转向提质导向。深化粮食收储制度改革，让收储价格更好反映市场供求，扩大轮作休耕制度试点。

（二）中国协调指标体系

根据《2016中国统计年鉴》等统计年鉴推出2017~2018年度国家协调指标体系。中国协调指标体系由协调环境、协调产出及企业协调3个二级指标及330个三级指标构成（见表6-2），可较为全面地反映我国协调发展的状况。

表6-2　　　　　中国协调发展指标体系框架（部分）

二级指标	三级指标	权重
协调环境	人均国内生产总值	1/330
	人口密度	1/330
	城乡低保资金支出	1/330
	城乡低保救助人口数	1/330
	农村五保供养人口数量	1/330
	农村五保供养资金支出	1/330
	恩格尔系数	1/330
	工业总资产贡献率	1/330
	工业流动资产周转次数	1/330
	流动人口	1/330
	人户分离人口	1/330
	少儿抚养比	1/330
	老年抚养比	1/330
	全国个体户数	1/330
	全国居民东部地区人均可支配收入	1/330
	中部地区人均可支配收入	1/330
	西部地区人均可支配收入	1/330
	东北地区人均可支配收入	1/330

续表

二级指标	三级指标	权重
协调环境	人民法院知识产权案件与总收案案件审理比重	1/330
	国内知识产权合同公证业务比重	1/330
	固定资产投资额	1/330
协调产出	新增固定资产	1/330
	第一产业占国内生产总值比例	1/330
	第二产业占国内生产总值比例	1/330
	第三产业占国内生产总值比例	1/330
	科技成果登记数比上年增长率	1/330
	全国总计利润总额	1/330
	房屋竣工面积	1/330
	初级形态塑料生产能力	1/330
	化学纤维生产能力	1/330
	水泥生产能力	1/330
	原铝（电解铝）生产能力	1/330
	基本型乘用车（轿车）生产能力	1/330
	家用电冰箱生产能力	1/330
企业协调	国有控股工业企业和生产单位数	1/330
	国有控股主营业务收入	1/330
	国有控股利润总额	1/330
	私营工业企业和生产单位数	1/330
	私营主营业务收入	1/330
	私营利润总额	1/330

（三）中国协调指标体系的意义

指标体系的建立是进行预测或评价研究的前提和基础，它是将抽象的研究对象按照其本质属性和特征中的某一方面的标识分解成为具有行为化、可操作化的结构，并对指标体系中每一构成元素（即指标）赋予相应权重的过程。国家级协调指标体系从一个宏观、整体角度描述了我国协调活动的现状，是国家计划今后协调发展计划的基石。协调既是发展的目标，也是发展的手段，它深刻体现了我们党对建设中国特色社会主义认识的不断深化，也深刻体现了马克思主义唯物辩证法在解决我国发展问题上的科学运用。我们不仅将协调发展定位为目标要求，而且在实现这样的发展目标过程中，始终运用协调的方法来实现协调发展的目标。能否成功实现协调发展，直接关系到"两个一百年"奋斗目标能否顺利实现。

三、中国绿色发展指数指标体系

生态环境优势转化为生态农业、生态工业、生态旅游等生态经济的优势，那么绿水青山也就变成了金山银山。发展绿色经济强调科技含量高、资源消耗低、环境污染少的生产方式，强调勤俭节约、绿色低碳、文明健康的消费生活方式。绿色发展是在传统发展基础上的一种模式创新，是建立在生态环境容量和资源承载力的约束条件下，将环境保护作为实现可持续发展重要支柱的一种新型发展模式。具体来说包括以下几个要点：一是要将环境资源作为社会经济发展的内在要素；二是要把实现经济、社会和环境的可持续发展作为绿色发展的目标；三是要把经济活动过程和结果的"绿色化""生态化"作为绿色发展的主要内容和途径。

（一）绿色战略

绿色是生命的象征、大自然的底色。今天，绿色更代表了美好生活的希望、人民群众的期盼。民有所呼，党有所应。在党的十八届五中全会上，习近平同志提出创新、协调、绿色、开放、共享"新发展理念"，将绿色发展作为关系我国发展全局的一个重要理念，作为"十三五"乃至更长时期我国经济社会发展的一个基本理念，体现了我们党对经济社会发展规律认识的深化，将指引我们更好实现人民富裕、国家富强、中国美丽、人与自然和谐，实现中华民族永续发展。

习近平在党的十九大报告中系统阐述了绿色发展理念：

（1）推进绿色发展。加快建立绿色生产和消费的法律制度和政策导向，建立健全绿色低碳循环发展的经济体系。构建市场导向的绿色技术创新体系，发展绿色金融，壮大节能环保产业、清洁生产产业、清洁能源产业。推进能源生产和消费革命，构建清洁低碳、安全高效的能源体系。推进资源全面节约和循环利用，实施国家节水行动，降低能耗、物耗，实现生产系统和生活系统循环链接。倡导简约适度、绿色低碳的生活方式，反对奢侈浪费和不合理消费，开展创建节约型机关、绿色家庭、绿色学校、绿色社区和绿色出行等行动。

（2）着力解决突出环境问题。坚持全民共治、源头防治，持续实施大气污染防治行动，打赢蓝天保卫战。加快水污染防治，实施流域环境和近岸海域综合治理。强化土壤污染管控和修复，加强农业面源污染防治，开展农村人居环境整治行动。加强固体废弃物和垃圾处置。提高污染排放标准，强化排污者责任，健全环保信用评价、信息强制性披露、严惩重罚等制度。构建政府为主导、企业为主体、社会组织和公众共同参与的环境治理体系。积极参与全球环境治理，落实减排承诺。

（3）加大生态系统保护力度。实施重要生态系统保护和修复重大工程，优化生态安全屏障体系，构建生态廊道和生物多样性保护网络，提升生态系统质量和稳定性。完成生态保护红线、永久基本农田、城镇开发边界三条控制线划定工作。开展国土绿化行动，推进荒漠化、石漠化、水土流失综合治理，强化湿地保护和恢复，加强地质灾害防治。完善天然林保护制度，扩大退耕还林还草。严格保护耕地，扩大轮作休耕试点，健全耕地草原森林河流湖泊休养生息制度，建立市场化、多元化生态补偿机制。

（4）改革生态环境监管体制。加强对生态文明建设的总体设计和组织领导，设立国有自然资源资产管理和自然生态监管机构，完善生态环境管理制度，统一行使全民所有自然资源资产所有者职责，统一行使所有国土空间用途管制和生态保护修复职责，统一行使监管城乡各类污染排放和行政执法职责。构建国土空间开发保护制度，完善主体功能区配套政策，建立以国家公园为主体的自然保护地体系。坚决制止和惩处破坏生态环境行为。

我们要建设的现代化是人与自然和谐共生的现代化，既要创造更多物质财富和精神财富以满足人民日益增长的美好生活需要，也要提供更多优质生态产品以满足人民日益增长的优美生态环境需要。必须坚持节约优先、保护优先、自然恢复为主的方针，形成节约资源和保护环境的空间格局、产业结构、生产方式、生活方式，还自然以宁静、和谐、美丽。

（二）中国绿色指标体系

中国绿色指标体系是通过计算绿色总指数来反映我国绿色总体发展情况，通过计算分领域指数充分体现我国在政府政策支持度、经济增长绿化度和资源环境承载潜力等三个领域的发展情况，最终反映构成绿色能力各方面的具体发展情况。报告根据《2016中国统计年鉴》推出2017~2018年度国家绿色指标体系。

根据现有统计制度规定的调差参量和数据可得性，我们选取了3项二级指标和96项三级指标（见表6-3）。

表6-3 中国绿色发展指标体系框架（部分）

二级指标	三级指标	权重
政府政策支持度	工业污染治理完成投资	1/96
	环境污染治理投资总额	1/96
	治理噪声投资	1/96
	当年完成环保验收项目环保投资	1/96
	环境污染治理投资总额占国内生产总值比重	1/96
	生态保护和环境治理业投资额	1/96

续表

二级指标	三级指标	权重
政府政策支持度	工业固体废物综合利用率	1/96
	城市污水处理率	1/96
	国家重点基础研究发展计划（973 计划）中央财政拨款资源环境项目	1/96
	自然保护区面积	1/96
经济增长绿化度	第一产业劳动生产率	1/96
	土地产出率	1/96
	第二产业劳动生产率	1/96
	节灌率	1/96
	造林总面积	1/96
	人均地区生产总值	1/96
	单位地区生产总值能耗	1/96
	第二产业劳动生产率	1/96
	工业固体废料综合利用率	1/96
	第三产业劳动生产率	1/96
	第三产业增加值比重	1/96
	人均城镇生活消费用电	1/96
	有效灌溉面积占耕地面积比重	1/96
	规模以上增加值能耗	1/96
资源环境承载潜力	人均水资源量	1/96
	湿地面积	1/96
	森林覆盖率	1/96
	自然保护区面积占辖区面积比重	1/96
	湿地面积占国土面积比重	1/96
	单位耕地面积农药使用量	1/96
	单位耕地面积化肥施用量	1/96
	平均每人生活消费能源	1/96
	人均二氧化碳排放量	1/96
	单位土地面积二氧化硫排放量	1/96
	人均氮氧化物排放量	1/96
	人均公路交通氮氧化物排放量	1/96
	人均氨氮排放量	1/96
	人均化学需氧量排放量	1/96

（三）中国绿色指标体系的意义

在正确评价现有发展状况的基础上，构建中国绿色转型发展评价的指标体系，并进行科学合理的排名，有助于我国的绿色转型发展。经济社会发展一定要保住"清新"，决不能盲目追求金山银山到头来毁了绿水青山。丢了绿水青山，金山银山也不会长久，最终也会丢掉。经济发展新常态下，企业务必要转变发展理念，再不能走先破坏后修补的老路。一定要有"生态底线"就是"生命底线"的意识，秉承"先生态、后生意"的理念，哪怕发展慢一些，周期长一些，也一定要守住生态红线，为子孙后代留一些绿色的、生态的、长远的财富。

中国梦，不仅是富强中国梦，也是美丽中国梦。而且从我国的国情来看，没有美丽中国，就很难有富强中国。生态环境一头连着人民群众生活质量，一头连着社会和谐稳定，建设生态文明，关系人民福祉，关乎民族未来。

四、中国开放发展指数指标体系

开放中发展，合作中共赢，这是当今时代的特征，也是未来长远的大势。开放或是封闭，必须作出抉择。谁能在世界纷乱中掌稳舵，谁才能作出正确抉择，并最终走向光明的未来。2018 年的全国两会标注了中国坚持开放的新的里程碑——"坚持互利共赢开放战略"被写入宪法修正案，彰显中国扩大对外开放的坚定决心和长远智慧。"要以更宽广的视野、更高的目标要求、更有力的举措推动全面开放",[①] 习近平总书记的铿锵话语，昭示了世界第二大经济体在重要历史关头的明智抉择。选择开放，中国坚定不移。中国 40 年来的实践充分表明，开放推动了改革，促进了发展，带来了进步。

（一）开放战略

习近平在党的十九大报告中对对外开放是这样表述的，中国坚持对外开放的基本国策，坚持打开国门搞建设，积极促进"一带一路"国际合作，努力实现政策沟通、设施联通、贸易畅通、资金融通、民心相通，打造国际合作新平台，增添共同发展新动力。加大对发展中国家特别是最不发达国家援助力度，促进缩小南北发展差距。中国支持多边贸易体制，促进自由贸易区建设，推动建设开放型世界经济。

中国秉持共商共建共享的全球治理观，倡导国际关系民主化，坚持国家不分大小、强弱、贫富一律平等，支持联合国发挥积极作用，支持扩大发展中国家在国际事务中的代表性和发言权。中国将继续发挥负责任大国作用，积极参与全球治理体系改革和建设，不断贡献中国智慧和力量。

[①] 当好新时代改革开放排头兵——习近平总书记在参加广东代表团审议时的重要讲话引起热烈反响［EB/OL］. 中国共产党新闻网，2018 年 3 月 8 日，http：//cpc.people.com.cn/n1/2018/0308/c64387 - 29855586.html.

2017 年的中央经济工作会议对推动形成全面开放新格局，促进中外经济互利共赢发展是这样要求的，要在开放的范围和层次上进一步拓展，更要在开放的思想观念、结构布局、体制机制上进一步拓展。有序放宽市场准入，全面实行准入前国民待遇加负面清单管理模式，继续精简负面清单，抓紧完善外资相关法律，加强知识产权保护。促进贸易平衡，更加注重提升出口质量和附加值，积极扩大进口，下调部分产品进口关税。大力发展服务贸易。继续推进自由贸易试验区改革试点。有效引导支持对外投资。

（二）中国开放指标体系

根据《2016 中国统计年鉴》《2017 年中国统计年鉴》《2016 年中国科技统计年鉴》《2017 年中国科技统计年鉴》《2016 年中国高技术产业统计年鉴》《2017 年中国高技术产业统计年鉴》《2016 年中国工业统计年鉴》《2017 年中国工业统计年鉴》，进行指标选取、指标数量、权重的选取，由此得出中国开放发展指标体系。

中国开放发展指标体系包括 3 个二级指标，78 个三级指标。中国开放发展指标体系中二级指标包括开放环境、开放绩效和开放企业（见表 6 – 4）。其中，开放环境反映中国开放活动所依赖的外部软硬件环境，是衡量国家开放投入的重要依据；开放绩效反映国家开展开放活动所产生的效果和影响，是衡量中国开放发展程度的重要内容；开放企业反映企业开放活动的强度、效率和产业技术水平，是衡量中国营造开放环境能力的重要指标。

表 6 – 4　　　　　　中国开放发展指标体系框架（部分）

二级指标	三级指标	权重
开放环境	出口商品价格指数	1/78
	货物和服务净出口	1/78
	利用外资总量	1/78
	旅客运输平均运距	1/78
	外商投资企业从业人员	1/78
	国际商业贷款	1/78
	货物运输平均运距	1/78
	外商直接投资	1/78
开放绩效	外资企业年底登记户数	1/78
	外资企业投资总额	1/78
	外资企业注册资本	1/78
	高技术产品进出口贸易	1/78

续表

二级指标	三级指标	权重
开放绩效	服务进出口总额	1/78
	外资企业项目	1/78
	对外承包工程完成营业额	1/78
	外资企业实际使用金额	1/78
	科学研究和技术服务业对外直接投资净额	1/78
	派出劳务人数	1/78
	外商控股企业法人单位数	1/78
	外商投资企业数	1/78
	外商投资和港澳台商投资工业企业和生产单位数	1/78
	对外承包工程合同金额	1/78
	入境游客	1/78
	国际旅游外汇收入	1/78
	与国外机构合作 R&D 课题数	1/78
	中外合资经营企业 R&D 项目数	1/78
	中外合作经营 R&D 项目数	1/78
	中外合资经营企业研发机构数	1/78
	中外合作经营研发机构数	1/78
	对外承包工程合同数	1/78
	每百家企业拥有网站数	1/78
开放企业	中外合作经营 R&D 经费外部支出	1/78
	外资企业 R&D 经费外部支出	1/78
	外商投资和港澳台商投资利润总额	1/78
	外商投资和港澳台商投资流动资产合计	1/78
	外商投资和港澳台商投资固定资产原价	1/78
	外商投资和港澳台商投资负债合计	1/78
	外商投资和港澳台商投资所有者权益	1/78
	外商投资和港澳台商投资主营业务收入	1/78
	外商投资和港澳台商投资主营业务税金及附加	1/78

（三）中国开放指标体系的意义

"坚持开放发展"这一理念不仅强调了中国继续奉行互利共赢的开放战略，还进一步明确了实施该战略的路径：发展更高层次的开放型经济、积极参与全球经济治理和公共产品供给。无疑，这一理念为"十三五"乃至更长时期内构建中国开放发展新格局指明了方向、思路和着力点。

开放是世界经济社会发展的必然趋势。开放理念的一个重要内涵就是奉行互利共赢的开放战略，发展更高层次的开放型经济，以顺应中国经济深度融入世界经济的趋势。这是总结历史经验和认识现实矛盾作出的重大决策。美国在 20 世纪 20 年代奉行孤立主义，实行严格的关税制度和贸易壁垒，这被公认为后来大萧条、大危机的一大诱因。在世界经济深度互动的新阶段，一个国家的发展离不开世界，离不开在全球价值链竞争中充分发挥比较优势，离不开互利互惠、合作共赢的格局，这是历史的必然，也是现实的需要。

五、中国共享发展指数指标体系

党的十八大以来，以习近平同志为核心的党中央坚持"以人民为中心"的发展思想，旗帜鲜明地提出了"创新、协调、绿色、开放、共享"的发展理念。共享发展注重的是解决社会公平正义问题，要求全民共享、全面共享、共建共享、渐进共享。共享发展的提出，是对改革开放以来我国发展的经验总结，是中国特色社会主义的本质要求，表明了我国经济社会发展的必然趋势。我们党从改革开放之初提出让一部分地区先发展起来、让一部分人先富起来的政策，同时也指明了从差距发展到共同发展、从先富到共富的发展战略。进入新时代，这是全体人民共同富裕迈出坚实步伐，逐步实现全体人民共同富裕的时代，共享发展成为新时代的显著标志。共享发展作为新时代的激励机制，不是平均发展的激励机制，不是否定差距发展的激励机制，而是将差距发展纳入其中，使其在一定范围、一定条件下发挥积极作用，是将共享发展作为更加包容、更加有效、更加公正的发展准则、分配原则、激励通则，发挥着更为根本、持久、强劲的激励作用。

（一）共享战略

《中共中央关于制定国民经济和社会发展第十三个五年规划的建议》提出，"坚持共享发展，必须坚持发展为了人民、发展依靠人民、发展成果由人民共享，作出更有效的制度安排，使全体人民在共建共享发展中有更多获得感，增强发展动力，增进人民团结，朝着共同富裕方向稳步前进。"

党的十九大报告同样提出坚持在发展中保障和改善民生。增进民生福祉是发展的根本目的。必须多谋民生之利、多解民生之忧，在发展中补齐民生短板、促进社会公平正义，在幼有所育、学有所教、劳有所得、病有所医、老有所养、住有所居、弱有所扶上不断取得新进展，深入开展脱贫攻坚，保证全体人民在共建共享发展中有更多获得感，不断促进人的全面发展、全体人民共同富裕。建设平安中国，加强和创新社会治理，维护社会和谐稳定，确保国家长治久安、人民安居乐业。

习近平总书记在十三届全国人大一次会议闭幕会上发表重要讲话时指出，我们必须始终坚持人民立场，坚持人民主体地位，虚心向人民学习，倾听人民呼声，汲取人民智慧，把人民拥护不拥护、赞成不赞成、高兴不高兴、答应不答应作为衡量一切工作得失的根本标准，着力解决好人民最关心最直接最现实的利益问题，让全体中国人民和中华儿女在实现中华民族伟大复兴的历史进程中共享幸福和荣光！

（二）中国共享指标体系

根据《2015 中国统计年鉴》《2016 年中国统计年鉴》《2015 年中国科技统计年鉴》《2016 年中国科技统计年鉴》《2015 年中国高技术产业统计年鉴》《2016 年中国高技术产业统计年鉴》《2015 年中国工业统计年鉴》《2016 年中国工业统计年鉴》得出 2016 年中国共享发展指标体系。

中国共享发展指标体系分成三个层次。第一个层次用以反映我国共享总体发展情况，通过计算共享总指数实现；第二个层次反映我国在共享环境、共享绩效、和知识共享三个领域的发展情况，通过计算分领域指数实现；第三个层次用以反映构成共享能力各方面的具体发展情况，通过上述 3 个领域所选取的 96 个评价指标实现（见表 6-5）。中国共享发展指标体系由共享环境、共享绩效和知识共享这 3 个二级指标和 96 个三级指标组成。

表 6-5　　　　　中国共享发展指标体系框架（部分）

二级指标	三级指标	权重
共享环境	每万人口医疗卫生机构床位数	1/96
	参加城镇职工基本养老保险人数	1/96
	年末参加城镇职工基本医疗保险人数	1/96
	城市建设用地面积	1/96
	城市用水普及率	1/96
	城市燃气普及率	1/96
	社区服务机构覆盖率	1/96
	人均粮食产量	1/96
	全年发放失业保险金人数	1/96
	互联网普及率	1/96
共享绩效	社会保险基金支出	1/96
	政府卫生支出占卫生总费用百分比	1/96
	社会卫生支出占卫生总费用百分比	1/96
	全国居民人均可支配收入	1/96
	全社会住宅投资	1/96
	公共管理、社会保障和社会组织投资额	1/96

续表

二级指标	三级指标	权重
共享绩效	基层群众自治组织投资额	1/96
	人均卫生费用	1/96
	卫生总费用占 GDP 比重	1/96
	每千老年人口养老床位数	1/96
	卫生、社会保障和社会福利业外商直接投资实际使用金额	1/96
	水利、环境和公共设施管理业外商直接投资实际使用金额	1/96
	公共管理和社会组织外商直接投资实际使用金额	1/96
	公共设施管理业投资额	1/96
	教育经费占 GDP 比重	1/96
	文化艺术投资额占 GDP 比重	1/96
	中央单位行政经费支出占 GDP 比重	1/96
	城市污水日处理能力	1/96
	每万人拥有道路长度	1/96
	人均拥有道路面积	1/96
	人均慈善资金	1/96
	博物馆数量	1/96
	公共图书馆数	1/96
	民用汽车拥有量	1/96
	私人汽车拥有量	1/96
	公共设施管理业施工项目	1/96
	水利、环境和公共设施管理业施工项目	1/96
	卫生、社会保障和社会福利业合同项目	1/96
知识共享	普通高校生师比	1/96
	普通高中生师比	1/96
	普通小学生师比	1/96
	每十万人口中高等教育平均在校生	1/96
	每十万人口中高中阶段平均在校生	1/96
	每十万人口中初中阶段平均在校生	1/96
	每十万人口中小学平均在校生数	1/96
	每十万人口中学前教育平均在校生	1/96
	国家财政性教育经费	1/96
	公共财政教育经费	1/96

（三）中国共享指标体系的意义

通过共享发展指数指标体系，可以充分彰显国家改革开放 40 年来的发展成果是如何惠及全国 13 亿人民的，不同的指标指数反映了公共建设、公共服务、公共事业等各个方面的惠民成果，体现了社会的公平正义和共同富裕的发展情况，通过数字、表格的直观表现使人民更能感受到祖国的腾飞，使全体人民在发展中有更多的获得感、更强的幸福感。

国家高度重视共享环境均等化问题，把其作为促进社会公平正义、促进共同富裕的重要手段，有助于推进共同富裕目标逐步实现，是落实共享理念的关键之一，有利于解决我国发展中的共享问题。通过这些，使人民更能感受到祖国的腾飞，使全体人民在发展中有更多的获得感、更强幸福感。

能否实现发展成果由全体人民共享，关系执政党性质和命运。习近平总书记提出的共享发展理念，坚持以人为本、以民为本，突出人民至上，致力于解决我国发展中共享性不够、受益不平衡问题，彰显了中国化当代化大众化的马克思主义发展观。"新发展理念"围绕人民作为根本出发点和落脚点，充分调动人民谋发展的积极性、主动性和创造性，改革成果不断惠及人民，人民群众的获得感和幸福感也日益提升。坚持新发展理念是新时代坚持和发展中国特色社会主义的基本方略，共享发展是新发展理念的灵魂。把"共享"作为新发展理念之一，不仅体现了我们党全心全意为人民服务的根本宗旨和推动经济社会发展的根本目的，同时也非常鲜明地体现了社会主义的本质要求、发展目的和发展目标。

第三节　中国省际发展指数指标体系构成

省级政府单位是贯彻落实国家战略方针、执行国家宏观经济政策、提高省级经济、促进区域发展的执行者，具有维护市场的正常运行，行使公平合理配置资源的职责。进入新时代后，面对我国社会主要矛盾的转变，我国各省级人民政府转变发展思路和政府职能，为建设人民满意的服务型政府，通过新发展理念实现高质量发展，落实推进"四个全面"实现"五位一体"的总体布局。所以省际发展一定程度上代表了国家的发展水平，以省为单位对发展指数进行测算与比较，可以很好地测度省级地区的发展指数水平，为各级政府提供相应的决策依据。

中国省际发展指数指标体系包括 5 个一级指标，即创新发展指数、协调发展指数、绿色发展指数、开放发展指数、共享发展指数。其中，创新发展指数下设 3 个二级指标、48 个三级指标，协调发展指数下设 3 个二级指标、487 个三级指标，绿色发展指数下设 3 个二级指标、60 个三级指标，开放发展指数下设 3 个二级指标、131 个三级指标，共享发展指数下设 3 个二级指标、476 个三级指标，共计 15 个二级指标、1202 个三级指标。

一、省际创新发展指数指标体系

(一) 创新战略

唯创新者进,唯创新者强,唯创新者胜。"中国如果不走创新驱动发展道路,新旧动能不能顺利转换,就不能真正强大起来。"习近平总书记在 2018 年全国两会参加广东代表团审议时,再次强调创新的"第一动力"作用,充分体现了以习近平同志为核心的党中央重创新、谋创新、抓创新的坚强决心。

坚定不移走创新发展道路,必须切实加强党的领导,提高把方向、谋大局、定政策、促改革的能力和定力。其中,最根本的就是要坚持以习近平新时代中国特色社会主义思想和总书记重要讲话精神指导各省创新发展实践,不折不扣落实以习近平同志为核心的党中央在创新驱动发展方面作出的决策部署和重大改革,面向世界科技前沿、面向经济主战场、面向国家重大需求,加快各领域科技创新。

站在新时代新的起点上,我们要继续把创新摆在发展全局的核心位置,作为实现经济高质量发展、加快新旧动能转换、在国际竞争中赢得主动的根本之策。国家强,经济体系必须强。坚定不移走创新发展道路,必须聚焦建设现代化产业体系,牢牢把握重大问题,扎扎实实推动科技创新强省建设。创新驱动实质上是人才驱动,谁拥有一流人才,谁就拥有科技创新的优势和主导权。发动创新驱动"引擎",需要友好的创新环境,通过改变环境提升对人才的吸引力、凝聚力、向心力,环境好,则人才聚、事业兴;环境不好,则人才散、事业衰。

(二) 省际创新发展指标体系

评价各省的创新能力,需要一套较好的指标。因此,在指标选取方面,借鉴了《2016 中国统计年鉴》《2017 年中国统计年鉴》《2016 年中国科技统计年鉴》《2017 年中国科技统计年鉴》《2016 年中国高技术产业统计年鉴》《2017 年中国高技术产业统计年鉴》《2016 年中国工业统计年鉴》《2017 年中国工业统计年鉴》,并由此得出省际创新发展指标体系。

省际创新发展指标体系包括 3 个二级指标,48 个三级指标。二级指标中包括创新环境、创新绩效和创新主体(见表 6-6)。其中,创新环境反映各省产业创新生态系统中诸多环境要素满足创新主体的需求程度,用以衡量各省对创新发展的投入力度;创新绩效反映各省的创新成果,用以衡量各省创新发展程度及创新产出能力;创新主体反映各省的企业创新成果,用以衡量各省企业应用创新环境的能力以及创新发展程度。

表 6-6　　　　　　　　　　省际创新发展指标体系框架

二级指标	三级指标	权重
创新环境	科学研究、技术服务和地质勘查业法人单位数占总法人单位数比重	1/48
	科学研究、技术服务和地质勘查业城镇单位就业人员占城镇单位总就业人员比重	1/48
	信息传输、计算机服务和软件业城镇单位就业人员工资总额占城镇单位就业人员工资总额比重	1/48
	科学研究、技术服务和地质勘查业城镇单位就业人员工资总额占当地城镇单位就业人员工资总额比重	1/48
	科学研究、技术服务和地质勘查业城镇单位就业人员平均工资占当地城镇单位就业人员平均工资比重	1/48
	科学研究、技术服务和地质勘查业城镇私营单位就业人员平均工资占当地就业人员平均工资比重	1/48
	科学研究、技术服务和地质勘查业全社会固定资产投资占全社会固定资产总投资比重	1/48
	科学研究、技术服务和地质勘查业固定资产投资（不含农户）占固定资产总投资比重	1/48
	科学研究、技术服务和地质勘查业新增固定资产投资（不含农户）占总新增固定资产投资比重	1/48
	地方财政科学技术支出占地方财政总支出比重	1/48
	科技馆数量增长率	1/48
	科技馆当年参观人数增长率	1/48
	生态与农业气象试验业务站点个数增加值	1/48
	互联网普及率	1/48
	人均拥有公共图书馆藏量	1/48
	公共图书馆累计发放有效借书证数增加值	1/48
	公共图书馆总流通人次增加值	1/48
	公共图书馆书刊文献外借人次增加值	1/48
	公共图书馆书刊文献外借册次占公共图书馆书刊文献总册次比重	1/48
	每万人拥有公共图书馆建筑面积	1/48
创新绩效	国内专利申请受理增加量	1/48
	国内发明专利申请受理增加量	1/48
	国内实用新型专利申请受理量占国内专利申请受理量比重	1/48
	国内外观设计专利申请受理量占国内专利申请受理量比重	1/48
	国内专利申请授权增加量	1/48
	国内发明专利申请授权量占国内专利申请授权量比重	1/48
	国内实用新型专利申请授权量占国内专利申请授权量比重	1/48
	国内外观设计专利申请授权量占国内专利申请授权量比重	1/48

续表

二级指标	三级指标	权重
创新绩效	技术市场成交额占当地 GDP 比重	1/48
	国际论文数量增长率	1/48
	国内论文数量增长率	1/48
	信息产业主营业务收入占 GDP 的比重	1/48
	高技术产业就业人数增长率	1/48
	每十万人口幼儿园平均在校生数	1/48
	每十万人口小学平均在校生数	1/48
	每十万人口初中阶段平均在校生数	1/48
	每十万人口高中阶段平均在校生数	1/48
	每十万人口高等学校平均在校生数	1/48
创新主体	规模以上工业企业 R&D 人员全时当量	1/48
	规模以上工业企业 R&D 经费占规模以上工业企业总经费比重	1/48
	规模以上工业企业 R&D 项目数占规模以上工业企业总项目数比重	1/48
	规模以上工业企业新产品项目数占规模以上工业企业总产品项目数比重	1/48
	规模以上工业企业开发新产品经费占规模以上工业企业产品总经费比重	1/48
	规模以上工业企业新产品销售收入占规模以上工业企业产品销售总收入比重	1/48
	规模以上工业企业新产品出口销售收入占规模以上工业企业产品出口销售总收入比重	1/48
	规模以上工业企业专利申请数占当地总专利申请数比重	1/48
	规模以上工业企业发明专利申请数占当地总发明专利申请数比重	1/48
	规模以上工业企业有效发明专利数占当地有效发明专利数比重	1/48

（三）省际创新发展指标体系的意义

实施创新驱动发展战略，对各省形成竞争新优势、增强发展的长期动力具有战略意义。与低成本优势相比，技术创新具有不易模仿、附加值高等突出特点，由此建立的创新优势持续时间长、竞争力强。省级人民政府实施创新驱动发展战略，加快实现由低成本优势向创新优势的转换，通过创新发展指标体系可以为其提供直观数据，通过各省比较，以便提供新思路、新方法，对提高经济增长的质量和效益、加快转变经济发展方式具有现实意义。

二、省际协调发展指数指标体系

(一) 协调战略

中华人民共和国成立以来的工业化追赶和现代化进程,从速度上看非常快。中国在积累了比较雄厚的物质基础的同时,也需要在一个世纪甚至更短的时间里,应对和处理好类似西方国家两个多世纪中渐次出现的矛盾和问题。当前中国经济进入新常态,正处于经济转型、发展方式转变的关键时期,世情、国情、民情发生着广泛、深刻而快速的变化,虽然仍然处在可以大有作为的重要战略机遇期,但也面临着诸多矛盾叠加、风险隐患增多的严峻挑战。可以预料,在世界面临巨大变化的大背景下,中国未来的发展进程中也必然出现新矛盾、新问题。于此,协调发展的重要意义将更加突出。

统筹兼顾是中国共产党的一个科学方法论。它的哲学内涵就是马克思主义辩证法。协调既是发展手段又是发展目标,同时还是评价发展的标准和尺度,是发展两点论和重点论的统一,是发展平衡和不平衡的统一,是发展短板和潜力的统一。省际协调发展中要重点促进区域协调发展,从而促进各省区经济的高效运行。当前,我国正处于经济社会高速发展的时期,其发展方式并非完全均衡,长期存在的城市偏向政策导致城乡居民在经济、社会利益关系上并不协调。我国是以生产资料公有制为主体的社会主义国家,城乡利益关系不协调并非由于生产资料私有制引起的,属于非对抗性质,是根本利益一致基础上的利益差别,可以通过利益协调手段来解决。而政府是凌驾于社会个体和群体之上的组织形式,具有国家和人民赋予的行政权力,代表着社会的整体利益,承担着维护社会稳定和推动社会发展的巨大责任。同时,政府制定和实施的政策具有协调社会利益关系的重要功能。因此,政府要通过政策手段来协调城乡利益关系具有较强的可行性和可操作性。

(二) 省际协调指标体系

评价各省的协调能力,需要一套较好的指标。因此,在指标选取方面,借鉴了《2016 中国统计年鉴》《2017 年中国统计年鉴》《2016 年中国科技统计年鉴》《2017 年中国科技统计年鉴》《2016 年中国高技术产业统计年鉴》《2017 年中国高技术产业统计年鉴》《2016 年中国工业统计年鉴》《2017 年中国工业统计年鉴》,由此得出省际协调指标体系。

省际协调发展指标体系包括 3 个二级指标,487 个三级指标。二级指标中包括协调环境、协调产出和企业协调(见表 6-7)。其中,协调环境通过诸多三级指标切实反映我国各省目前在各领域存在的优势与不足，运用直观的数据反映各省在协调投入方面取得的成果；协调产出反映各省现阶段在协调方面的产出情况，用以衡量各省在协调方面的投入力度；企业协调反映各省的企业协调成果，用以衡量各省企业在协调方面所做出的努力与应对。

表 6-7　　　　　　　　省际协调发展指标体系框架（部分）

二级指标	三级指标	权重
协调环境	农村居民消费水平指数（上年=100）	1/487
	城镇单位就业人员占地区总人口比重	1/487
	私营企业和个体就业人员占地区总人口比重	1/487
	私营企业户数增幅	1/487
	城镇居民消费水平指数（上年=100）	1/487
	石油及炼焦加工业固定资产投资（不含农户）占能源工业固定资产投资（不含农户）比重	1/487
	国有城镇单位就业人员工资总额增幅	1/487
	城市建设用地面积占城区面积比重	1/487
	城镇人均用水量增幅	1/487
	人均天然气管道长度	1/487
	第三产业法人单位数占产业法人单位数比重	1/487
	居民消费占最终消费比重	1/487
	城镇人口占年末常住人口比重	1/487
	天然气用气人口占总人口的比重	1/487
	参加失业保险人数增长率	1/487
	省级监督抽查企业增加数	1/487
	城镇居民消费占最终消费比重	1/487
	农村居民消费水平占居民消费水平比重	1/487
	城镇居民消费水平占居民消费水平比重	1/487
协调产出	固定资产投资（不含农户）新开工项目占全部建成投产项目比重	1/487
	房地产开发企业营业利润增长率	1/487
	地方财政一般预算收入增幅	1/487
	人均天然气供气量增长量	1/487
	建筑业企业自有施工机械设备年末总功率增幅	1/487
	建设工程监理企业单位增加数	1/487
	铁路旅客周转量增长率	1/487
	公路旅客周转量增长率	1/487
	光缆线路增加长度	1/487
	农业气象观测业务站点增加数	1/487

续表

二级指标	三级指标	权重
协调产出	铁路货运量增长率	1/487
	公路货运量增长率	1/487
	自动气象站站点增加数	1/487
	公路货物周转量增长率	1/487
	第三产业增加值	1/487
	房地产开发企业主营业务收入占房地产开发企业总收入比重	1/487
	地方财政税收收入占地方财政总收入比重	1/487
	地方财政专项收入占地方财政总收入比重	1/487
	地方财政国有资源（资产）有偿使用收入占地方财政总收入比重	1/487
	固定资产投资（不含农户）施工项目占全部建成投产项目比重	1/487
企业协调	股份合作企业法人单位数占总法人单位数比重	1/487
	规模以上工业企业单位数占企业单位总数比重	1/487
	房地产开发企业资产负债率	1/487
	工业用水量占供水总量比重	1/487
	规模以上工业企业亏损企业单位数占企业单位总数比重	1/487
	规模以上工业企业实收资本率	1/487
	规模以上工业企业国家资本金占总资本金比重	1/487
	国有控股工业企业国家资本金占总资本金比重	1/487
	企业法人增长单位数占产业法人单位数比重	1/487
	事业法人单位数占产业法人单位数比重	1/487
	其他类型机构法人单位数占产业法人单位数比重	1/487
	国有控股企业法人单位数占总法人单位数比重	1/487
	私人控股企业法人单位数占总法人单位数比重	1/487
	内资企业法人单位数占总法人单位数比重	1/487
	国有企业法人单位数占总法人单位数比重	1/487
	集体控股企业法人单位数占总法人单位数比重	1/487

（三）省际协调指标体系的意义

协调，是经济社会持续健康发展的内在要求。不谋全局者，不足谋一域。历经改革开放 40 年的高速发展，中国正面临着一系列不平衡、不协调、不可持续的问题。协调发展是应发展失衡和不可持续而生，是发展实际倒逼而来，也是因时而动、应势而为，发挥主观能动性的自觉选择。省际协调指标体系，既可以为各省推动协调发展提供参考指标和协调发展新模式，也可以为各省提高协调能力提供新思路，突出协调在各省发展中的地位，发挥各省在营造协调环境、提高协调绩效方面的能动作用，促进省际新型工业化、信息化、城镇化、农业现代化同步发展，进一步增强区域发展整体性和平衡性，为新时代的中国高质量发展、"四个伟大"的行动纲领给予全方位的保证。

三、省际绿色发展指数指标体系

（一）绿色战略

党的十九大报告明确指出，构建政府为主导、企业为主体、社会组织和公众共同参与的环境治理体系。体现了我们党对经济社会发展规律认识的深化，将指引我们更好实现人民富裕、国家富强、中国美丽、人与自然和谐，实现中华民族永续发展。为全面贯彻党的十九大精神，以习近平新时代中国特色社会主义思想为指导，统筹推进"五位一体"总体布局和协调推进"四个全面"战略布局，坚持新发展理念，按照高质量发展要求，抓住当前世界"第四次工业革命"机遇，乘势而上，将绿色工业革命视为新的经济发展引擎，把环境约束转化为绿色机遇，加快制定绿色发展战略，用以指导经济转型升级并促进新兴产业发展，在节能产业、资源综合利用产业、新能源产业、环保产业以及电子技术、生物、航空航天、新材料、海洋等战略性绿色新兴产业形成新的经济增长点，切实转变经济发展方式，实现产业结构升级，抢占未来世界市场竞争的制高点。

（二）省际绿色指标体系

省际绿色指标体系用以反映各省在绿色发展方面所作出的努力以及相关情况。根据中华人民共和国国家统计局 2016 年数据以及现有统计制度规定的调差参量和数据可得性，我们选取了 3 项二级指标和 60 项三级指标（见表 6-8）。

表 6-8　　　　　　　省际绿色发展指标体系框架

二级指标	三级指标	权重
经济增长绿化度	人均地区生产总值	1/60
	单位地区生产总值能耗	1/60
	单位地区生产总值二氧化碳排放量	1/60
	单位地区生产总值二氧化硫排放量	1/60
	单位地区生产总值化学需氧量排放量	1/60
	单位地区生产总值氮氧化物排放量	1/60
	单位地区生产总值氨氮排放量	1/60
	人均城镇生活消费用电	1/60
	第一产业劳动生产率	1/60
	第二产业劳动生产率	1/60

续表

二级指标	三级指标	权重
经济增长绿化度	单位工业增加值水耗	1/60
	规模以上单位工业增加值能耗	1/60
	工业固体废料综合利用率	1/60
	工业用水重复利用率	1/60
	第三产业劳动生产率	1/60
	第三产业增加值比重	1/60
	第三产业从业人员比重	1/60
	有效灌溉面积占耕地面积比重	1/60
	节灌率	1/60
	土地产出率	1/60
	六大高载能行业产值占工业总产值比重	1/60
	非化石能源消费量占能源消费量的比重	1/60
资源环境承载潜力	人均水资源量	1/60
	人均森林面积	1/60
	森林覆盖率	1/60
	自然保护区面积占辖区面积比重	1/60
	湿地面积占国土面积比重	1/60
	人均活立木总蓄积量	1/60
	单位土地面积烟（粉）尘排放量	1/60
	人均烟（粉）尘排放量	1/60
	单位土地面积二氧化硫排放量	1/60
	人均二氧化硫排放量	1/60
	单位土地面积化学需氧量排放量	1/60
	人均化学需氧量排放量	1/60
	单位土地面积氮氧化物排放量	1/60
	人均氮氧化物排放量	1/60
	单位土地面积氨氮排放量	1/60
	人均氨氮排放量	1/60
	人均公路交通氮氧化物排放量	1/60
	单位耕地面积化肥使用量	1/60
	单位耕地面积农药使用量	1/60
政府政策支持度	环境保护支出占财政支出比重	1/60
	环境污染治理投资总额占地区生产总值比重	1/60
	农村人均改水、改厕的政府投资	1/60
	单位耕地面积退耕还林投资完成额	1/60
	科教文卫支出占财政支出比重	1/60
	城市人均绿地面积	1/60

续表

二级指标	三级指标	权重
政府政策支持度	城市用水普及率	1/60
	城市污水处理率	1/60
	城市生活垃圾无害化处理率	1/60
	城市每万人拥有公交车辆	1/60
	建成区绿化覆盖率	1/60
	人均当年新增造林面积	1/60
	工业二氧化硫去除率	1/60
	工业废水化学需氧量去除率	1/60
	工业氮氧化物去除率	1/60
	工业废水氨氮去除率	1/60
	人均城市公共交通运营线路网长度	1/60
	农村累计已改水受益人口占农村总人口比重	1/60
	突发环境事件次数	1/60

国家级绿色指标体系由政府政策支持度、经济增长绿化度和资源环境承载潜力3个二级指标和60个三级指标组成。

政府政策支持度：反映出国家政府为治理环境污染而进行的相关投入。

经济增长绿化度：反映出整个国家的绿化面积以及相关基础设施的建设。

资源环境承载潜力：反映出各类资源的总产量。

（三）省际绿色指标体系的意义

省际绿色的全面推进，实施绿色发展战略，树立优秀典型，促进共同发展，对全国五大发展理念的贯彻落实具有重要的现实意义。正确认识及评价各省市自治区绿色发展的现状，量化各地绿色发展水平，可以帮助针对各地区的绿色发展中出现的不足和偏差进行分析，从而理清思路，找出差距，解决问题。省级生态文明制度建设，以绿色指标体系为指导，旨在解决自身问题的同时，探索构建以改善生态环境质量为导向的环境治理体系和生态保护机制，为国家开辟实现绿色惠民新路径，做出突破性贡献，以利于推动全面节约资源的有效推进，能源资源消耗强度的大幅下降。并促进各省重大生态保护和修复工程的顺利进展，森林覆盖率的持续提高，走出一条经济发展和生态文明相辅相成、相得益彰的新发展道路。

四、省际开放发展指数指标体系

（一）开放战略

在改革开放40周年之际，2018年的政府工作报告再次提出"推动形成全面开放新格局"。中国开放的决心坚定，未来还将进一步拓宽开放范围和层次，完善开放结构布局和机制，以高水平开放推动高质量发展。

习近平总书记在党的十九大报告中指出："要以'一带一路'建设为重点，坚持引进来和走出去并重，遵循共商共建共享原则，加强创新能力开放合作，形成陆海内外联动、东西双向互济的开放格局。"以此为指引，秉承丝路精神，推动"一带一路"真正成为一条和平之路、繁荣之路、开放之路、创新之路和文明之路。这标志着"一带一路"建设将在新时代继续发挥开放引领作用，为实现"两个一百年"奋斗目标和中华民族伟大复兴的中国梦作出新贡献。

党的十八大以来，中国开放取得亮眼的成果，经济总量世界第二，外汇储备世界第一，中国的综合国力、国家竞争力、国际影响力显著增强，创造了令世人惊叹的"中国奇迹"，这也表明了"中国开放的大门不会关闭，只会越开越大"的承诺。中国的开放之路，不仅惠及自身，也给世界带来共同发展的机遇。中国市场大门敞开，助力一大批外资企业成长和壮大。中国产品走出国门，为全球消费者提供价廉质优的全新选择。中国经济持续快速增长，成为全球经济增长的稳定器和助推器。正是在中国走向世界、世界走进中国的过程中，中国与世界各国实现了共赢。

（二）省际开放指标体系

评价各省的开放能力，需要一套较好的指标。因此，在指标选取方面，借鉴了《中国统计年鉴2017》由此得出省际开放指标体系。

省际开放指标体系包括3个二级指标，131个三级指标。二级指标中包括开放环境、开放绩效与开放企业（见表6-9）。其中，开放环境反映各省在开放活动中所依赖的各项设施；开放企业主要反映省际企业开放活动的强度、效率和产业发展水平；开放绩效反映各省的开放活动所产生的效果和影响。

表6-9　　　　　　省际开放发展指标体系框架（部分）

二级指标	三级指标	权重
开放环境	港、澳、台商投资企业法人单位数占企业法人单位数总数比重	1/131
	外商投资企业单位法人单位数占企业法人单位数总数比重	1/131
	港、澳、台商投资单位就业人员平均工资占当地平均工资比重	1/131
	港、澳、台投资房地产开发企业数占房地产开发企业总数比重	1/131
	外商控股企业法人单位数占企业法人总数比重	1/131
	外商投资单位就业人员平均工资占当地平均工资比重	1/131
	外商投资房地产开发企业数占房地产开发企业总数比重	1/131
	房地产开发企业外商直接投资占房地产开发企业总投资比重	1/131
	外资在房地产开发企业总投资中所占比重	1/131

续表

二级指标	三级指标	权重
开放环境	规模以上工业企业出口交货值占当地出口交货值比重	1/131
	经营单位所在地进出口总额占 GDP 比重	1/131
	外商及港澳台商投资工业企业数占工业企业数比重	1/131
	外商及港澳台商投资工业企业资产总计占总体工业企业资产总计比重	1/131
	港、澳、台商投资全社会固定资产投资占全社会固定资产总投资比重	1/131
	大中型工业企业外商资本金占大中型工业企业总资本金比重	1/131
开放企业	外商及港澳台商投资工业企业应交所得税占外商及港澳台商投资工业企业收入比重	1/131
	外商及港澳台商投资工业企业工业销售产值（现价）增加额	1/131
	外商及港澳台商投资工业企业应交所得税占外商及港澳台商投资工业企业收入比重	1/131
	港澳台商投资企业建筑业总产值占建筑业总产值比重	1/131
	港澳台商投资建筑业企业工程结算利润占建筑业企业工程结算利润比重	1/131
	外商投资建筑业企业利润总额占建筑业企业利润总额比重	1/131
	外商及港澳台商投资工业企业法人资本金占外商及港澳台商投资工业企业总资本金比重	1/131
	外商及港澳台商投资工业企业本年应交增值税占工业企业本年应交增值税总额比重	1/131
	外商及港澳台商投资工业企业营业利润增加值	1/131
	港澳台商独资企业建筑业总产值占建筑业总产值比重	1/131
	外商投资企业建筑业总产值占建筑业总产值比重	1/131
	港澳台商投资建筑业企业资产占建筑业企业总资产比重	1/131
	港澳台商独资建筑业企业资产占建筑业企业总资产比重	1/131
开放绩效	经营单位所在地进出口总额占 GDP 比重	1/131
	外商投资企业出口总额增长率	1/131
	外商投资企业数占总企业数比重	1/131
	外方外商投资企业注册资本增幅	1/131
	港澳台商独资建筑业企业从业人员占建筑业企业总从业人数比重	1/131
	私营工业企业外商资本金占私营工业企业总资本金比重	1/131
	国际旅游外汇收入增加值	1/131
	外商投资建筑业企业从业人员占建筑业企业总从业人数比重	1/131
	外商独资建筑业企业从业人员占建筑业企业总从业人数比重	1/131
	接待外国人游客数量增加率	1/131
	接待国际游客数量增长率	1/131
	国有控股工业企业外商资本金占国有控股工业企业总资本金比重	1/131
	外商投资企业注册资本占企业注册总资本比重	1/131

(三) 省际开放指标体系的意义

省际开放指标体系的建立能积极反应各省的开放程度及发展程度，在某种程度上可反映国家的开放程度，并对各省市的发展作出指导意义。世事如棋局，善弈者谋势。想下好对外开放这盘大棋，就要善于审时度势，对开放区域、对外贸易、投资这些"棋子"进行科学排兵布阵，物尽其用，发挥最大效能。目前，国内消费难以推进，我们的传统贸易伙伴因为经济危机还尚未复苏或者没有完全复苏，特别是经过这些年，我们跟这些国家的贸易可以拓展的空间也基本上非常有限了。在这种情况下，通过新发展理念的开放发展战略指导思想和"一带一路"来开辟新的进出口市场、互通有无形成新的对外合作发展思路，借鉴省际开放指标体系，可以把中国各省巨大的产品制造能力和沿途发展中国家巨大的市场需求结合起来，真正做到互利互惠。

五、省际共享发展指数指标体系

(一) 共享战略

民惟邦本，本固邦宁。共享发展理念包涵了习近平总书记践行公平、保障民生的拳拳决心。《中共中央关于制定国民经济和社会发展第十三个五年规划的建议》中提出："坚持共享发展，必须坚持发展为了人民、发展依靠人民、发展成果由人民共享，作出更有效的制度安排，使全体人民在共建共享发展中有更多获得感，增强发展动力，增进人民团结，朝着共同富裕方向稳步前进。"

党的十八大以来，以习近平同志为核心的党中央坚持"以人民为中心"的发展思想，旗帜鲜明地提出了"创新、协调、绿色、开放、共享"的发展理念。"新发展理念"围绕人民作为根本出发点和落脚点，充分调动人民谋发展的积极性、主动性和创造性，改革成果不断惠及人民，人民群众的获得感和幸福感也日益提升。

"治国有常，而利民为本。"[①] 共享发展瞄准社会公平正义，要建设体现效率、促进公平的收入分配体系，实现全体人民共同富裕，体现了中国特色社会主义的本质要求。必须坚持发展为了人民、发展依靠人民、发展成果由人民共享，作出更有效的制度安排，在"为民"理念的指引下，各项接地气的"共享"措施正在中华大地上全面铺开。

---

① 习近平:《在省部级主要领导干部学习贯彻党的十八届五中全会精神专题研讨班上的讲话》，新华网，2016年1月18日，http://www.xinhuanet.com//politics/2016 - 05/10/c_128972667.htm。

（二）省际共享指标体系

为了更好地对各省共享发展进行比较，省际共享指标体系借鉴了中华人民共和国国家统计局的数据。省际共享指标体系包括3个二级指标，476个三级指标。二级指标中包括共享环境、共享绩效和知识共享（见表6-10）。其中，共享环境反映各省在共享活动中所依赖的各项设施；共享绩效反映各省的共享活动所产生的效果和影响；知识共享反映各省在知识领域的知识传播能力以及所投经费。

表6-10　　　　　　　　省际共享发展指标体系框架（部分）

二级指标	三级指标	权重
共享环境	全社会固定资产投资占当地投资总额比重	1/476
	政府办医院平均住院日	1/476
	全社会住宅投资同比增长	1/476
	电话普及率（包括移动电话）	1/476
	城镇登记失业率	1/476
	国有全社会固定资产投资同比增长	1/476
	集体全社会固定资产投资同比增长	1/476
	股份合作全社会固定资产投资同比增长	1/476
	联营全社会固定资产投资同比增长	1/476
	有限责任公司全社会固定资产投资同比增长	1/476
	互联网上网人数同比增长	1/476
	社区卫生服务中心（站）数同比增长	1/476
	每万人拥有注册护士数	1/476
	村卫生室个数同比增长	1/476
共享绩效	新型农村合作医疗本年度筹资总额同比增长	1/476
	接收军队离退休人员人数同比增长	1/476
	社会捐赠款同比增长	1/476
	城镇单位在岗职工平均工资	1/476
	国有城镇单位就业人员平均货币工资指数（上年=100）	1/476
	城镇集体单位就业人员平均货币工资指数（上年=100）	1/476
	其他城镇单位就业人员平均货币工资指数（上年=100）	1/476
	股份合作单位就业人员平均工资	1/476
	农村医疗救助资助参加合作医疗人数同比增长	1/476
	农、林、牧、渔业城镇单位就业人员工资增加额	1/476
	采矿业城镇单位就业人员工资增加额	1/476
	制造业城镇单位就业人员工资增加额	1/476

续表

二级指标	三级指标	权重
共享绩效	农、林、牧、渔业城镇私营单位就业人员平均工资	1/476
	新型农村合作医疗补偿受益人次同比增长	1/476
	社会福利企业机构数同比增长	1/476
	有效灌溉面积占灌溉总面积比重	1/476
	农村用电量同比增长	1/476
知识共享	特殊教育专任教师数同比增长	1/476
	普通高等学校招生数同比增长	1/476
	普通高校生师比（教师人数＝1）	1/476
	普通高中生师比（教师人数＝1）	1/476
	普通高中教职工数同比增长	1/476
	公共图书馆书刊文献外借人次同比增长	1/476
	图书总印数同比增长	1/476
	文化教育广电邮政系统数同比增长	1/476
	新华书店系统外批发网点数同比增长	1/476
	博物馆机构数同比增长	1/476
	初中毕业生数占初中学生总数比重	1/476
	普通小学学校数同比增长	1/476

（三）省际共享指标体系的意义

把共享作为发展的出发点和落脚点，指明发展价值取向，把握科学发展规律，顺应时代发展潮流，是充分体现社会主义本质和共产党宗旨、科学谋划人民福祉和国家长治久安的重要发展理念。省际共享指标体系对各省推动共享发展和提高共享产出能力尤为重要。省际共享指标体系，既可以为各省推动共享发展提供参考指标和共享发展新模式，也可以为各省提高共享能力提供新思路，突出共享在各省发展中的地位，发挥各省在营造共享环境、提高共享绩效方面的能动作用。同时举措力度很大、针对性强，为省际与全国一道建成小康社会提供了强大支撑，通过共享发展实现社会主义的本质要求：消除两极分化，实现共同富裕。我们一定要结合省际发展的实际状况，做好对接衔接工作，抓好贯彻落实，扎扎实实把美好蓝图变为现实。以共享发展理念引领我国发展，维护社会公平正义，保障发展为了人民、发展依靠人民、发展成果由人民共享，这对实现更高质量更高水平的发展提出了目标要求和行动准则，必将为全面建成小康社会、实现中华民族伟大复兴的中国梦凝聚最深厚的伟力。

第四节　中国城市发展指数指标体系构成

城市，投射人类文明之光。尊重城市发展规律，坚持以人民为中心的发展思想，建设和谐宜居、富有活力、各具特色的现代化城市，事关国家未来和人民福祉。城市是国家发展的基础，是全面建成小康社会的主要阵地，是经济高质量发展之本源，城市的发展是创新化发展、协调化发展、绿色化发展、开放化发展、共享化发展，在城市层面对发展指数进行测度，有利于进一步推动城市的高速发展，为全面实现两个一百年目标提供坚实的发展动力。通过十八届五中全会提出的新发展理念实现我国各城市高质量发展，通过系统性、长远性、前瞻性的规划，实现我国新型化城镇发展，真正实现不仅要有"人口的城镇化"，更应是产业、人口、土地、社会、农村五位一体的城镇化。以城市发展指数指标体系构建新时代中国城市发展战略指导思想，推动产业发展的政策与可持续发展的政策相配套，是关于现代城市发展目标和实现目标的方针、政策、途径、措施和步骤；是城市管理中具有全局性、方向性的根本大计；对城市发展具有方向性、长远性、总体性的指导作用；是城市各项工作的指南和纲领。

我国现有34个省级行政区域，包括23个省，5个自治区，4个直辖市以及香港、澳门2个特别行政区，市级城市更是数不胜数。如此众多的城市成为一类特殊的受评主体，因此与省际排名不一样，课题组采取了更为直观的评级体系来对城市的发展进行描述，以期可以更加直观地展示各城市这一年来的发展状况。限于篇幅我们选取了150个地级城市做评比，位于同一等级的城市排名不分先后。评级与排名只是评价方法输出表达方式的不同，内在逻辑并无二致。最终展现形式为A、B、C、D的方式。

一、评级的基本概念

评级是指通过对影响某一事物发展的各种变量因素进行分析研究，通过某种判断方法给出综合评价，并且用简单明了的符号表示出来，通过直观的形式来展现其发展成果。所以一般流行的评级体系通过简单的字母评级符号（比如"AAA"至"C"）来表达。

二、评级的设计原则

评级时必须坚持一定的原则，这样才能保证评级的客观、公正以及权威。可以这样说，评级原则是开展评级工作的纲领。地级城市的评级原则包括独立性和客观性、一致性与可比性、合理审慎三个方面。

1. "独立性和客观性"

评级活动及评级结果应与受评主体及其他利益团体保持独立，并在独立性基础上客观公正地对评级结果揭示与评价。

2. "一致性与可比性"

保持评级标准的一致性与可比性，同一时期不同评级对象同样的评级结果应大致相当，同一对象的评级结果都应有较强的可比性；同一评级指标不同时期的评级结果应有很强的可比性。

3. "合理审慎"

在对评级指标的分析和判断过程中应持合理谨慎的态度。在分析受评对象基础资料时，应慎重考虑影响评级对象的影响因素；对没有明确数据的指标应谨慎判断，考虑变量因素对受评对象的影响。

三、评级方法与符号含义

1. 评级方法

中国城市发展评级体系包括6个方面的评级，即综合发展评级、创新发展评级、协调发展评级、绿色发展评级、开放发展评级、共享发展评级。其中，综合发展评级下设5个一级评级，创新发展评级下设3个二级评级、33个三级评级，协调发展评级下设3个二级评级、47个三级评级，绿色发展评级下设3个二级评级、33个三级评级，开放发展评级下设3个二级评级、6个三级评级，共享发展评级下设3个二级评级、27个三级评级，共计5个一级评级，15个二级评级、146个三级评级。

2. 评级符号

这是一套简单、直观的等级符号系统，用以反映对受评对象的评级结果，从而使读者直观的了解受评对象的发展程度。本报告中，我们将对所有测算指标进行相应处理，以期测度中国发展在市级层面的水平，并对各等级城市间的发展水平进行比较，分析不同地区的特点。

评级符号包括四级，分别为A、B、C、D四级，地级以上城市发展评级的等级符号含义如表6-11所示。

表6-11　　　　　　　　　评级符号的含义

等级符号	含义
A	在某一发展领域达到了极高的水平
B	在某一发展领域达到了很高的水平

续表

等级符号	含义
C	在某一发展领域达到了较高的水平
D	在某一发展领域达到了一般的水平

回顾符号含义如表 6 – 12 所示。

表 6 – 12　　　　　　　　　　回顾符号的含义

回顾符号	含义
"↑"	表示相比去年，今年的发展表现提升
"↓"	表示相比去年，今年的发展表现下降
"—"	表示相比去年，今年的发展表现稳定
"○"	表示因去年数据缺失，今年不做比较

四、评级的研究意义

通过评级结果，我们可以从中了解当地城市经济发展的基础条件、发展水平、增长潜力、发展战略可行性等，为城市在落实通过新发展理念推动高质量发展提供指导性意见。

1. 经济发展的基础条件

地区经济发展的基础条件是通过区域地理位置、资源禀赋、基础设施等几个方面决定地区经济增长速度、经济结构和经济增长潜力等基础性因素。其中区域地理位置是决定区域发展状况主要因素，不同的地理位置形成了不同的区域规划特征，一般而言，地理位置优越的地区，可以借助经济中心的辐射作用，使得地区经济快速增长；反之，地区地理位置偏僻，则经济相对落后。

区域资源禀赋包括矿产资源、水资源、土地、旅游等自然资源以及劳动力、科教等人文资源，是区域经济发展的重要基础性要素，影响着地区经济结构和经济增长潜力等。人文资源情况包括人口数量、地区拥有的教育资源、科研机构、劳动力素质等软实力对地区经济的影响越来越大。

基础设施是保证区域社会经济活动正常进行的公共服务系统，是区域经济发展的重要物质条件。基础设施完备性好，人均占有量高，则区域经济发展潜力较好，反之，地区基础设施落后，则不利于地区经济发展。

2. 经济发展水平

地区经济发展水平是创造和产生税收收入的基础，直接影响着地方政府财政收入规模和财政收入稳定性。我们主要通过经济规模和经济结构来分析和衡量目前地区经济发展水平。

一般来说，经济规模大、人均收入水平高的区域税基也相对较大，财政收入相对较高，经济增长速度快的区域，其财政收入增长速度也相对较快；反之，地区经济规模小和增速慢，则地区财政收入规模也较小、增速也较慢。

合理的经济结构是区域经济和政府财政收入保持稳定增长的重要条件，是影响地区经济和财政收入稳定性的重要因素。

此外，投资、消费和出口是拉动经济增长的"三驾马车"，不同的因素对经济增长拉动作用不同。完全依靠投资拉动的增长模式，可能带来技术进步慢、投入产出低、能源消耗高、环境污染重等问题，使得经济增长不可持续。主要依靠出口拉动的经济结构对外依存度较高，地区经济往往易受外部经济波动影响。

3. 经济增长潜力

地区经济增长潜力直接影响着地区未来经济实力的提升或下降，从而影响着地方政府财政收入的未来增长速度。地区经济增长潜力不仅与地区经济增长内在拉动因素（包括经济发展基础条件、经济结构、技术创新等）有关，还与地区的经济发展阶段、地方政府治理水平、国家产业支持政策和区域规划等因素有关。

4. 地方政府发展战略可行性

地方政府是否确立具有明确目的性、前瞻性、综合性和可行性的区域发展战略决定了区域经济能否实现长期稳定增长，同时也影响地方政府债务的变化趋势。地方政府发展战略的可行性。地方政府发展战略的可行性越强，则越有利于地区经济快速发展和财政实力的增强。

五、城市创新发展指数指标体系

（一）创新战略

推进"大众创业、万众创新"，是发展的动力之源，也是富民之道、公平之计、强国之策。自 2014 年李克强总理首次提出"双创"以来，中国平均每天新增市场主体超过 4 万家，这一令许多外国领导人惊讶的数字，相当于不少中等经济体中小微企业的总量。随着这一发展战略的实施，"大众创业、万众创新"已经掀起了一股新浪潮。其中新登记企业近 1.4 万户，企业活跃度保持在 70% 左右，2017 年 5 月份每天新登记企业更是达到 1.8 万户。①

"日新之谓盛德"，改革创新始终是城市发展的不竭动力。党的十八大以来，习近平总书记在治国理政新的实践中，以一系列富有创见的新思想新观点升华了

---

① 根据李克强总理在 2017 年夏季达沃斯论坛上的致辞得来。

我们党对经济社会发展规律的认识。创新发展理念的提出就是其中一个蕴含着哲学智慧和理论自信的最大亮点。我们党对创新的理解愈发系统科学，深刻认识到创新对于人类社会发展的根本意义，不断推进理论创新、制度创新、科技创新、文化创新等各方面创新，明确了要坚持走中国特色自主创新道路、大力建设创新型国家。有目共睹，中国政府不断鼓励"双创"，强化"双创"政策资金的扶持，而且政府已经探索出"双创"的成熟路径，创新创业正成为中国经济增长的新引擎，创业创新型中小微企业正发展壮大。

（二）城市创新发展指标体系

创新发展指标对于评价各城市的创新能力具有重要作用。根据《中国城市统计年鉴2016》进行指标、指标数量、权重的选取与统计计算，从创新环境、创新绩效和创新主体三个维度来构建城市创新发展指标体系。

城市创新发展指标体系包括3个二级指标，33个三级指标。城市创新发展指标体系中二级指标包括创新环境、创新绩效和创新主体（见表6－13）。其中，创新环境反映各市对创新活动的投入力度以及创新主体的需求程度，是城市创新建设和发展的基石；创新绩效反映各市的创新成果及影响，是城市创新发展程度的最集中体现；创新主体反映各市营造创新环境的能力以及创新产出能力，是城市吸引外来投资的重要支撑。

表6－13　　　　　　　地级以上城市创新发展指标体系框架

二级指标	三级指标	权重
创新环境	教育支出占当地生产总值比重	1/33
	科学技术支出占当地生产总值比重	1/33
	第三企业科学研究、技术服务和地质勘查业单位从业人员占从业人员期末人数比重	1/33
	第三企业科学研究、技术服务和地质勘查业单位从业人员占当地单位从业人员比重	1/33
	电信业务收入占GDP比重	1/33
	第三产业教育单位从业人员占当地单位从业人员比重	1/33
	固定电话年末用户增长数	1/33
	移动电话年末用户增长数	1/33
	互联网宽带接入用户增长数	1/33
	普通高等学校数增长率	1/33
	中等职业教育学校数增长率	1/33
	每万人在校大学生数	1/33
	每万人在校中等职业学生数	1/33

续表

二级指标	三级指标	权重
创新环境	剧场、影剧院数	1/33
	公共图书馆图书总藏量增长值	1/33
	每百人公共图书馆藏书	1/33
	成人高等学校在校学生数	1/33
	每万人在校大学生数	1/33
	每万人在校中等职业学生数	1/33
	第三产业信息传输、计算机服务和软件业 单位从业人员	1/33
	第三企业科学研究、技术服务和地质勘查业 单位从业人员	1/33
创新绩效	电信业务收入占GDP比重	1/33
	普通高等学校在校学生数增长率	1/33
	高中阶段在校学生数增长率	1/33
	中等职业教育学校在校学生数增长率	1/33
	普通中学在校学生数增长率	1/33
	小学在校学生数增长率	1/33
	成人高等学校在校学生数增长率	1/33
	每万人在校大学生数	1/33
	每万人在校中等职业学生数	1/33
创新主体	每万人工业企业数	1/33
	每万人外商投资企业工业总产值	1/33
	规模以上工业人均总产值（当年价格）	1/33

（三）城市创新发展指标体系的意义

面对新时代形势下的我国各城市高质量发展，城市创新发展指标体系对于我国城市发展具有现实指导意义，从宏观层面讲，立足全局，把创新发展放在城市发展全局的核心位置，才能实现认识把握创新规律的新飞跃，促进各项事业向更高层次迈进；从微观层面讲，从多维度认识和理解城市创新发展，给发展全局带来根本变化、整体变化、长远变化。具体来讲，一是可以为城市创新驱动发展提供新思路，创造新的生产要素、形成新的要素组合；二是明确各市各自的优劣点，优化创新投入和创新资源配置，利用优势补齐短板；三是了解城市转型升级后的新产业结构需要什么样的人才，把人才作为支撑创新发展的第一资源，为持续发展提供源源不断的内生动力。

我国仍处于并将长期处于社会主义初级阶段，发展是硬道理。要坚持发展是第一要务，就要坚持科学发展，以提高质量和效益为中心，破解发展难题，加快形成新的体制机制和发展方式。这样的发展，一定是以创新为核心、为动力、为先导的发展。相应的，我们所要求的创新发展，也一定是符合社会发展规律的、必须长期坚持的创新发展，是系统性的、整体性的、贯穿于各项工作的创新发展，是能促进发展平衡性、包容性、可持续性的创新发展，是与协调发展、绿色发展、开放发展、共享发展相互贯通、相互促进并形成不可分割的有机统一整体的创新发展。

六、城市协调发展指数指标体系

（一）协调战略

习近平总书记指出："新常态是一个客观状态，是我国经济发展到今天这个阶段必然会出现的一种状态，是一种内在必然性，我们要因势而谋、因势而动、因势而进。"[①] 适应和引领经济新常态，解决经济社会发展中长期存在的不协调难题，坚持以人民为中心的发展思路，就必然要提出和落实协调发展的新理念。协调发展理念作为贯彻党的十八届五中全会的精神和灵魂，深刻把握了我国社会发展特点与规律，突出反映了新常态下，各方发展的不平衡、不全面、不可持续的矛盾依然存在。城镇化速度过快，农业现代化、新型工业化发展与城镇化发展不协调问题尚未解决，区域发展、城乡发展和人口结构仍不平衡，资源紧缺和生态恶化趋势仍存在，基础供给能力和人口素质仍不高，经济结构和经济发展方式仍需调整，解决"如何协调好发展中的重大关系"问题仍是首要问题。

千钧将一羽，轻重在平衡。当前，我国东、中、西部区域发展明显不平衡，城乡二元结构矛盾突出，产业结构不合理，经济和社会发展"一条腿长、一条腿短"，社会财富分布不均，阶层固化趋势显著等问题已经成为发展面临的瓶颈问题，势必会影响全面建成小康社会目标的如期实现，进而影响中国特色社会主义事业的大局。协调发展作为全面建成小康社会的前提，要求我们要始终坚持把发展作为第一要务，大力推进"五位一体"建设，加快全面深化改革，通过一系列有序制度创新和体制机制改革，真正确保实现协调发展，为全面建成小康社会奠定坚实的制度环境和体制条件。在促进现代化建设各个方面、各个环节相互协调，提高发展水平的同时，进而解决好发展平衡性、协调性、可持续性的问题。判天地之美，析万物之理，城市建设贵在尊重规律、协调发展。

（二）市级协调指标体系

评价各市的协调能力，需要一套较好的指标。因此，在指标选取方面借鉴了《中国城市统计年鉴2016》，由此得出市级协调指标体系（见表6-14）。

[①] 习近平：《在省部级主要领导干部学习贯彻党的十八届五中全会精神专题研讨班上的讲话》，新华网，2016年1月18日，http://www.xinhuanet.com//politics/2016-05/10/c_128972667.htm.

表 6–14　　地级以上城市协调指标体系框架

二级指标	三级指标	权重
协调产出	地区生产总值增幅	1/48
	人均地区生产总值	1/48
	地区生产总值增长率	1/48
	规模以上工业总产值占当地工业总产值比重	1/48
	内资企业工业总产值占当地工业总产值比重	1/48
协调环境	年末总人口增长率	1/48
	年平均人口	1/48
	自然增长率	1/48
	从业人员期末人数增长率	1/48
	城镇私营和个体从业人员增长率	1/48
	第二产业年末单位从业人员增长率	1/48
	第三产业年末单位从业人员增长率	1/48
	第一产业从业人员比重	1/48
	第二产业从业人员比重	1/48
	第三产业从业人员比重	1/48
	第二产业采矿业单位从业人员占第二产业单位从业人员比重	1/48
	第二产业制造业单位从业人员占第二产业单位从业人员比重	1/48
	第二产业电力、燃气及水的生产和供应业单位从业人员占第二产业单位从业人员比重	1/48
	第二产业建筑业单位从业人员占第二产业单位从业人员比重	1/48
	第三产业交通运输、仓储和邮政业单位从业人员占第三产业单位从业人员比重	1/48
	第三产业批发和零售业单位从业人员占第三产业单位从业人员比重	1/48
	第三产业住宿、餐饮业单位从业人员占第三产业单位从业人员比重	1/48
	第三产业金融业单位从业人员占第三产业单位从业人员比重	1/48
	第三产业房地产单位从业人员占第三产业单位从业人员比重	1/48
	第三产业租赁和商业服务业单位从业人员占第三产业单位从业人员比重	1/48
	第三产业居民服务、修理和其他服务业单位从业人员占第三产业单位从业人员比重	1/48
	人口密度	1/48
	第一产业占 GDP 的比重	1/48
	第二产业占 GDP 的比重	1/48
	第三产业占 GDP 的比重	1/48
	公共财政收入占 GDP 比重	1/48
	工业企业数增长率	1/48
	内资企业数增长率	1/48

续表

二级指标	三级指标	权重
协调环境	客运总量增长值	1/48
	年末邮政局（所）数量增长率	1/48
	邮政业务收入占 GDP 比重	1/48
	电信业务收入占 GDP 比重	1/48
	限额以上批发零售贸易企业数增长率	1/48
	固定资产投资增幅	1/48
	房地产开发投资占全社会总投资比重	1/48
	住宅投资占全社会总投资比重	1/48
	在岗职工平均人数	1/48
协调企业	规模以上工业企业流动资产增长率	1/48
	规模以上工业企业固定资产增长额	1/48
	规模以上工业企业主营业务税金及附加占规模以上工业企业主营业务收入比重	1/48
	规模以上工业企业本年应交增值税占当地本年应交增值税比重	1/48
	规模以上工业企业利润总额占当地工业企业利润总额比重	1/48
	限额以上批发零售贸易业商品销售总额增长率	1/48

（三）城市协调指标体系的意义

市级协调指标体系对各市推动协调发展和提高协调产出能力具有指导意义。城市协调指标体系可以反映中国各城市协调发展的现状，依据固有联系来改善其状态，建立新的最佳联系，有利于缩小我国城乡发展差距，推动智慧城市的建设。我国社会主要矛盾中，最大的发展不平衡是城乡发展不平衡，最大的发展不充分是农业农村发展不充分。所以通过城市协调指标体系发现短板，明确薄弱环节，做到有针对性的资源配置和政策倾斜，因为越是短板，越具有后发优势；越在薄弱环节上多用力，着力解决突出问题和明显短板，越能起到"四两拨千斤"的良好效果，从而破解发展难题，增强发展动力，厚植发展优势，不断开拓发展新境界。

七、城市绿色发展指数指标体系

（一）绿色战略

当今中国，多年经济高速增长铸就了世界第二大经济体的"中国奇迹"，也积累了一系列深层次矛盾和问题。其中，一个突出矛盾和问题是：资源环境承载力逼近极限，高投入、高消耗、高污染的传统发展方式已不可持续。习近平总书记强调:"单纯依靠刺激政策和政府对经济大规模直接干预的增长,只治标、不治本,而建立在大量资源消耗、环境污染基础上的增长则更难以持久。"① 粗放型发展方式不但使我国能源、资源不堪重负,而且造成大范围雾霾、水体污染、土壤重金属超标等突出环境问题。种种情况表明:全面建成小康社会,最大瓶颈制约是资源环境,最大"心头之患"也是资源环境。绿色发展理念以人与自然和谐为价值取向,以绿色低碳循环为主要原则,以生态文明建设为基本抓手。绿色发展理念的提出,体现了我们党对我国经济社会发展阶段性特征的科学把握。走绿色低碳循环发展之路,是突破资源环境瓶颈制约、消除党和人民"心头之患"的必然要求,是调整经济结构、转变发展方式、实现可持续发展的必然选择。

绿色是春天的颜色,也是希望的颜色。绿色是城市永续发展的必要条件和人民对美好生活追求的重要体现。党的十九大报告明确指出,我们要建设的现代化是人与自然和谐共生的现代化,既要创造更多物质财富和精神财富以满足人民日益增长的美好生活需要,也要提供更多优质生态产品以满足人民日益增长的优美生态环境需要。绿色发展理念正全面融入城市发展的全过程,让市民"慢下脚步、静下心来,亲近自然、享受生活"的场景正一步步从蓝图变为身边触手可及的现实。

(二) 城市绿色指标体系

我国不同区域城市绿色发展水平存在较大差异,城市绿色发展需要充分考虑各城市的发展基础和特色。根据《中国城市统计年鉴2016》以及现有统计制度规定的调差参量和数据可得性,我们选取了3项二级指标以及33项地级市三级指标(见表6-15)。

表6-15　　　　　　　　地级以上城市绿色指标体系框架

二级指标	三级指标	权重
经济增长绿化度	人均地区生产总值	1/33
	单位地区生产总值能耗	1/33
	人均城镇生活消费用电	1/33
	单位地区生产总值烟(粉)尘排放量	1/33
	工业固体废物综合利用率	1/33
	人均地区生产总值	1/33
	第三产业就业人员比重	1/33

---

① 习近平:《共同维护和发展开放型世界经济——在二十国集团领导人峰会第一阶段会议上关于世界经济形势的发言(全文)》,中国共产党新闻网,2013年9月6日,http://cpc.people.com.cn/n/2013/0906/c64094-22826347.html, http://cpc.people.com.cn/n/2013/0906/c64094-22826347.html。

续表

二级指标	三级指标	权重
经济增长绿化度	单位工业增加值水耗	1/33
	单位工业增加值能耗	1/33
	工业用水重复利用率	1/33
	第三产业劳动生产率	1/33
	第三产业增加值比重	1/33
	第一产业劳动生产率	1/33
	第二产业劳动生产率	1/33
	单位地区生产总值工业二氧化硫排放量	1/33
	单位地区生产总值氨氮排放量	1/33
资源环境承载潜力	单位土地面积工业烟（粉）尘排放量	1/33
	人均工业烟（粉）尘排放量	1/33
	单位土地面积氨氮排放量	1/33
	人均氨氮排放量	1/33
	单位土地面积工业二氧化硫排放量	1/33
	人均工业二氧化硫排放量	1/33
	人均水资源量	1/33
	可吸入细颗粒物浓度（PM2.5）年均值	1/33
政府政策支持度	工业烟（粉）尘去除率	1/33
	城市生活污水处理率	1/33
	生活垃圾无害化处理率	1/33
	建成区绿化覆盖率	1/33
	每万人拥有公共汽车（辆）	1/33
	城市环境基础设施建设投资占全市固定资产投资比重	1/33
	科教文卫支出占财政支出比重	1/33
	人均绿地面积	1/33
	用水普及率	1/33

城市绿色指标体系由政府政策支持度、经济增长绿化度和资源环境承载潜力3个二级指标以及共33项三级指标组成。政府政策支持度反映出国家政府为治理环境污染而进行的相关投入。经济增长绿化度反映出整个国家的绿化面积以及相关基础设施的建设。资源环境承载潜力反映出各类资源的总产量。

（三）城市绿色指标体系的意义

绿色发展，人人有责、人人共享，要求我们在价值取向、思维方式、生活方式上实现全面刷新和深刻变革，在身体力行中走向生态文明新时代。城市绿色指标体系量化了我国城市在落实绿色发展理念时的生态文明建设成果和不足之处，从中明了各城市应在保持现有成绩的基础上，继续加大绿色发展，全面推进生态文明建设，提高城市宜居环境程度，为构建与自然和谐的城市文明指明了方向。

保护环境是每一位社会公民的责任和义务，也是各级政府和社会团体工作的重要内容和社会职责。和谐优美自然风光是大自然赐予人类的瑰宝，特别是在城市发展中，良好的城市绿色文明给予我们以无限的神奇魅力和大自然的美好享受，无不令人如痴如醉，又留连往返。因此必须立足我国仍处在城镇化加速阶段和人民生活质量需要改善的实情，坚持绿色发展，建设美丽城市，提高环保意识，增强环保观念，落实环保行动，并依靠广大市民群众切实保护好生态环境，努力在全社会营造人人参与节约资源、保护环境的良好氛围，为全面建设美丽中国做出积极贡献。

八、城市开放发展指数指标体系

（一）城市开放战略

选择开放，中国坚定不移。中国40年来的实践充分表明，开放推动了改革，促进了发展，带来了进步。实行对外开放，是我国一项长期的基本国策。不断扩大对外开放、提高对外开放水平，以开放促改革、促发展，是我国发展不断取得新成就的重要法宝。以世界眼光审时度势，在全球范围谋篇布局，是中国走上世界大舞台的必然选择。开放发展理念，是要着力实现合作共赢，注重的是解决发展内外联动的问题，必将丰富对外开放内涵、提升对外开放水平，为发展注入新动力、增添新活力、拓展新空间。

开放是建设全面体现新发展理念的国家中心城市的必由之路。城市开放水平体现城市价值，决定城市在全球竞争格局中的影响力、辐射力和集聚力。建设全面体现新发展理念的新型化城市，每一个城市都肩负国家使命、体现国家意志、代表国家形象、引领区域发展，必须实施更加积极主动的开放战略，牢固树立"更全面、更深入、更务实"的新开放观，坚持以新开放观服务"一带一路"倡议、西部大开发。

"风物长宜放眼量"，我国各城市应以更加开放的态度，更加积极的行动，抢抓机遇，奋发有为，全力夺取加快建设全面体现新发展理念的新型现代化城市而努力奋斗。

（二）城市开放发展指标体系

评价城市的开放能力，需要一套较好的指标。因此，在指标选取方面，根据《2016年中国统计年鉴》《2017年中国统计年鉴》《2016中国各市统计年鉴》得出 2017～2018 年度城市开放发展指标体系。

城市开放指标体系包括 3 个二级指标，6 个三级指标。二级指标中包括开放环境、开放绩效与开放企业（见表 6-16）。其中开放环境主要反映城市开放活动所依赖的外部软硬件环境；开放绩效反映城市开展开放活动所产生的效果和影响；开放企业主要反映市级企业开放活动的强度、效率和产业发展水平。

表 6-16　　　　　　　地级以上城市开放指标体系框架

二级指标	三级指标	权重
开放环境	港、澳、台商投资企业数占当地企业总数比重	1/6
	外商投资企业数占当地企业总数比重	1/6
开放绩效	外商直接投资合同项目数增长率	1/6
	当年实际使用外资金额增长率	1/6
开放企业	港、澳、台商投资企业工业总产值占企业工业总产值比重	1/6
	外商投资企业工业总产值占当地企业工业总产值比重	1/6

（三）城市开放指标体系的意义

开放，要成为一种内生动力。一个地方生生不息的动力，来自不断地接受新生事物，不断地汲取新的能量。当前，我国经济发展已经进入新常态，发展条件和发展环境都发生了深刻变化，对区域协同发展也提出了更高的要求。加快推进国际城市建设，有助于打造数个具有国际影响力的城市群和经济合作区，并通过协同发展，形成更大的集聚辐射效应，实现共同发展。因此城市开放指标体系的建立，有助于进一步掌握各城市的开放程度，以凸显各市的开放优势，在新时代的开放观下找准方位，确立新的发展坐标，在提升城市能级上积极作为，促进发展模式、发展动力的转型，在更高层次、更大空间、更深领域寻求新的突破，成为各市开放发展的借鉴意义。对城市而言，开放不仅仅是一种精神追求，更是一种实实在在的操作体系，一种推动发展的外在力量。

九、城市共享发展指数指标体系

（一）共享战略

中华人民共和国成立以来，中国共产党选择了中国现代化发展的社会主义道路，把"最大限度满足人民群众的物质和文化的需要"作为社会发展目的。在经济社会快速发展的同时，一些地区把发展本身误当发展目的，为发展而发展，片面追求经济发展总量和经济发展速度，忽视了发展的真正目的是满足人民群众的物质和文化需要，导致收入差距不断拉大、社会阶层快速分化、民生工程进展缓慢、政府形象受到损害，一些困难群体的生活长期得不到明显改善，个别地区、个别群众在改革开放近40年后的今天依然处于深度贫困状态……这些问题的存在与社会主义制度的本质要求不符。

小康不小康、关键看老乡。习近平总书记2017年7月26日在省部级主要领导干部专题研讨班上的重要讲话中强调，到2020年全面建成小康社会，是我们党向人民、向历史作出的庄严承诺。

"城，所以盛民也。"人民城市为人民，是城市工作的出发点和落脚点。城市的核心是人。以创造优良人居环境作为城市工作的中心目标，持续改善城市民生，加快建设宜业宜商宜居的城市环境，努力把城市建设成为人与人、人与自然和谐共处的美丽家园。把"共享"作为五大发展理念之一，不仅体现了我们党全心全意为人民服务的根本宗旨和推动经济社会发展的根本目的，同时也非常鲜明地体现了社会主义的本质要求、发展目的和发展目标。强化尊重自然、绿色低碳理念，引导培育绿色生活方式。实施最严格产业准入和环境保护制度，坚决打赢大气、水、土壤污染防治攻坚战，构建生态文明制度体系。

共享发展的理念寄寓了习近平总书记胸怀苍生、兼济天下的殷殷深情。《中共中央关于制定国民经济和社会发展第十三个五年规划的建议》提出："坚持共享发展，必须坚持发展为了人民、发展依靠人民、发展成果由人民共享，作出更有效的制度安排，使全体人民在共建共享发展中有更多获得感，增强发展动力，增进人民团结，朝着共同富裕方向稳步前进。"人民有信心，国家才有未来，国家才有力量。

（二）城市共享指标体系

评价各市的共享能力，需要一套较好的指标。因此，在指标选取方面，借鉴了《中国城市统计年鉴2016》由此得出市际共享指标体系。市际共享指标体系包括3个二级指标，27个三级指标。二级指标中包括共享环境、共享绩效和知识共享（见表6-17）。其中，共享环境反映各市在共享活动中所依赖的各项设施；共享绩效反映各市的共享活动所产生的效果和影响；知识共享反映各市在知识领域知识传播能力以及所投经费。

表6-17　　　　　　　　地级以上城市共享指标体系框架

二级指标	三级指标	权重
共享环境	城镇登记失业人员数占城镇从业人员总数比重	1/27
	公共财政支出占GDP比重	1/27
	年末金融机构人民币各项存款余额增长率	1/27

续表

二级指标	三级指标	权重
共享环境	居民人民币储蓄存款余额增长率	1/27
	年末金融机构人民币各项贷款余额增长率	1/27
	公路客运量增长率	1/27
	货运总量增长率	1/27
	公路货运量增长率	1/27
	固定电话年末用户数增长率	1/27
	移动电话年末用户数增长率	1/27
	医院、卫生院数增长率	1/27
	医院、卫生院床位数增长率	1/27
	医生数（执业医师+执业助理医师）增长率	1/27
	在岗职工工资总额增长率	1/27
	职工平均工资增长率	1/27
	城镇职工基本养老保险参保人数增长率	1/27
	城镇基本医疗保险参保人数增长率	1/27
	失业保险参保人数增长率	1/27
共享绩效	第三产业教育单位从业人员占第三产业单位从业人数比重	1/27
	第三产业卫生、社会保障和社会福利单位从业人员占第三产业单位从业人数比重	1/27
	第三产业文化、体育、娱乐用房屋单位从业人员占第三产业单位从业人数比重	1/27
	第三产业公共管理和社会组织单位从业人员占第三产业单位从业人数比重	1/27
	社会消费品零售总额增长率	1/27
知识共享	公共图书馆图书总藏量增长率	1/27
	剧场、影剧院数增加值	1/27
	互联网宽带接入用户数增长率	1/27
	教育支出占 GDP 比重	1/27

（三）城市共享指标体系的意义

城市共享指标体系对各市推动共享发展和提高共享产出能力具有指导意义。城市共享指标体系是各市评判其共享发展成果的一把标尺，可以投射出各市在公共服务、公共建设、公共事业等方面的投入力度和建设成果，为各市今后的共享发展提供了方向，为提升人民"获得感""幸福感"提供了切实可行的操作方法，也为各市对于共享活动提供了借鉴。

当前，我国经济发展步入新常态，经济增长速度降低，经济发展压力增大。

造成经济压力的原因很多，其中一个重要原因是内需不足。深入分析内需不旺的根源可以发现，收入分配不公是一个重要方面。高收入群体由于基本需求早已满足不想消费，低收入群体有消费需求但是缺乏收入可供消费。共享发展要求让更多人民群众分享改革发展成果，通过提高居民收入在国民收入分配中的比重，最终提高人民群众的整体消费能力，发挥消费对经济增长的拉动效应，以解决当前面临的经济发展难题。

我国人民生活水平、居民收入水平、社会保障水平持续提高，但仍存在收入差距较大、社会矛盾较多、部分群众生活比较困难等问题，全面建成小康社会还有不少"短板"要补。市际共享指标体系能够促使各市不断加强和优化公共服务，解决人民群众最关心、最直接、最现实的利益问题，推动"两个一百年"奋斗目标的实现。我们必须坚持发展为了人民、发展依靠人民、发展成果由人民共享，维护社会公平正义，作出更有效的制度安排，保证人民平等参与、平等发展权利，使全体人民在共建共享中有更多获得感，增强发展动力，增进人民团结，朝着共同富裕方向稳步前进。

第七章

中国发展指数测算结果及排名

第一节 中国发展指数测算结果及排名

新时代开启新征程，新目标呼唤新作为。党的十八大以来，习近平同志以马克思主义政治家、理论家的深刻洞察力、敏锐判断力和强烈的历史担当精神，深刻回答了新时代中国经济怎么看和经济工作怎么干等重大问题，形成了以新发展理念为主要内容的习近平新时代中国特色社会主义经济思想。这一立足国情、放眼世界、引领未来的经济思想，闪耀着马克思主义真理光芒，是中国特色社会主义政治经济学的最新成果，是对改革开放以来特别是新时代中国经济建设实践经验的深刻总结，是做好新时代经济工作的根本遵循，也为解决人类发展问题贡献了中国智慧和中国方案。

理念是行动的先导。党的十八大以来，以习近平同志为核心的党中央提出创新、协调、绿色、开放、共享的新发展理念，把我们党关于发展的理论提升到新境界。新发展理念相互贯通、相互促进，是具有内在联系的集合体。其中，创新解决的是发展动力问题，协调解决的是发展不平衡问题，绿色解决的是人与自然和谐问题，开放解决的是内外联动问题，共享解决的是社会公平正义问题。从适应、把握、引领经济发展新常态到以新发展理念引领高质量发展，集中体现了以习近平同志为核心的党中央对经济社会发展规律的新认识。

新发展理念是习近平新时代中国特色社会主义经济思想的主要内容，是新时代推动高质量发展的战略指引和根本遵循，是中国在全球发展舞台上发出的中国声音。而在新发展理念中提倡的高质量发展，就是能够很好满足人民日益增长的美好生活需要的发展，是体现新发展理念的发展，是创新成为第一动力、协调成为内生特点、绿色成为普遍形态、开放成为必由之路、共享成为根本目的的发展。推动高质量发展，必将有力推动我国成功跨越"中等收入陷阱"，必将有力推动我国进一步走进世界舞台中央，必将极大丰富世界发展思想宝库中的中国元素。

做好经济工作，首先要对所处发展阶段有正确判断，对发展规律有准确把握。党的十八大以来，习近平同志准确把握我国经济社会发展规律，深刻洞察经济发展阶段演进和经济运行走势，作出了我国经济发展进入新常态的重大判断。当前，我国经济发展呈现速度变化、结构优化、动力转换三大特点。适应新常态、把握新常态、引领新常态，是当前和今后一个时期我国经济发展的大逻辑。要适应和把握我国经济发展进入新常态的趋势性特征，彻底抛弃用旧的思维逻辑和方式方法再现高增长的想法，坚持变中求新、变中求进、变中突破，走出一条质量更高、效益更好、结构更优、优势充分释放的发展新路。

经济发展进入新常态的重大判断，科学回答了我国经济所处的发展阶段和历史方位，揭示了新阶段经济运行的客观规律，对于我们科学应对国际金融危机，顶住经济下行压力，确保经济始终运行在合理区间，发挥了重大作用。在此基础上，2017年的中央经济工作会议作出"中国特色社会主义进入了新时代，我国经济发展也进入了新时代，基本特征就是我国经济已由高速增长阶段转向高质量发展阶段"的重大判断，进一步深化了对经济社会发展规律的认识，明确了推动高质量发展是当前和今后一个时期确定发展思路、制定经济政策、实施宏观调控的基本要求。

2017年我国新发展理念指数在2016年经济快速发展的基础上整体呈上升趋势，其中绿色发展指数增幅最大，增幅达到49.71%，表明我国在生态环境建设方面取得了卓越成效，创新发展指数较之上年增幅依然强劲，增幅达到13.45%，其次为共享发展指数、协调发展指数，两者增长率分别为4.87%和3.18%，紧随其后的是开放发展指数，增幅指数为2.01%，但涨势良好（见表7-1）。

表7-1　　　　　　　　中国国家新发展 2016~2017 年增幅

新发展指数	增幅（%）
创新发展指数	13.45
协调发展指数	3.18
绿色发展指数	49.71
开放发展指数	2.01
共享发展指数	4.87

一、中国创新发展指数测算结果及排名

在2018年的全国两会李克强总理所作的政府工作报告中，对创新创业的关注依然热度不减。报告既肯定了五年来创新创业的丰硕成果，也对2018年的政

府工作提出了加快建设创新型国家，促进大众创业、万众创新上水平的建议。创新引领发展，创业成就未来，新的时代呼唤敢为人先的创新者，需要担当有为的创业家。

近年来，大众创业、万众创新蓬勃发展，科技创新由跟跑为主转向更多领域的并跑、领跑。载人航天、深海探测、量子通信、大飞机等重大创新成果不断涌现；高铁网络、电子商务、移动支付、共享经济等引领世界潮流……创新的中国，已然是一片全球瞩目的创业热土。在创新发展指数前十的排名中，排名第一的指标是国家技术发明奖一等奖，涨幅高达200.00%，取得骄人成绩。其他排名在前十的指标依次还有技术推广和应用服务业新增固定资产、科学研究及技术服务和地质勘查业实际使用金额、科技推广和应用服务业施工项目、技术推广和应用服务业投资额、科学研究和技术服务业注册资本、农业植物新品种权申请、与国外机构合作高等学校R&D课题、医药制造业有R&D活动的企业数、航空航天器及设备制造业有R&D活动的企业数。

当下，我国经济由高速增长阶段转向高质量发展阶段，新一轮科技革命和产业变革方兴未艾，敢于创新，善于创新，正是贯彻新发展理念、推动高质量发展的根本要求，是迈向美好生活、实现伟大梦想的坚实基础。

创造精神是国家活力的源泉，创新能力是国家实力的基石，实现中国梦必须弘扬创造精神。今日中国，经济发展由高速增长转入高质量发展阶段，能否创造性地实现创新驱动，建设现代化经济体系，直接决定着中国发展能否突破"高精尖缺"人才困局，实现更高水平的现代化。新时代新征程，没有创新创造不行，创新创造慢了也不行。党中央把"创新"置于新发展理念之首，党的十九大报告50多次提到"创新"，强调到2035年使我国跻身创新型国家前列，就是要急起直追、锐意创新，以创造精神承载时代之盛、把握发展之机、开辟未来之路。2017年的创新发展指数负增长比例相对而言占比比上年有所降低，其中靠近0%的增长幅度的仍然较多，例如研究与试验发展经费内部支出与国内生产总值之比还有很大差距。

党中央将创新摆在国家发展全局的核心位置，深入实施创新驱动发展战略，各地区各部门认真贯彻落实新发展理念，大力推进创业创新，积极推动"中国制造2025""互联网+"行动计划，不断优化创新生态，形成多主体协同、全方位推进的创新创造格局，为经济稳中有进、稳中向好注入了新的强劲动力。数据指标中总计2/3的指标增幅超过10%，其中技术推广和应用服务业新增固定资产达到了53.65%，科学研究及技术服务和地质勘查业实际使用金额达到了43.95%，科技推广和应用服务业施工项目达到了41.62%（见图7-1）。创新是国家发展全局的核心任务，在国家发展中，要不断推进理论创新、制度创新、科技创新、文化创新等各方面创新，让创新贯穿党和国家的一切工作，引领中国发展的新航向。

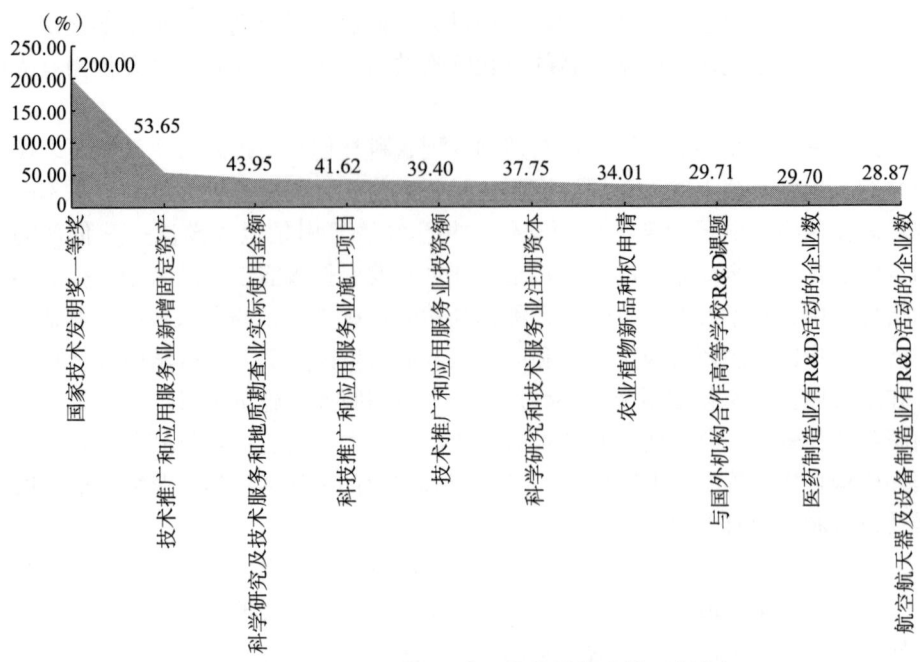

图 7-1　2017 年中国创新发展指数增幅比较（部分）

在本次数据分析中，课题组为了更好地反映国家在 2016 年与 2017 年的创新增幅的情况，特选取了 10 个指标进行增幅对比，更好地反映出中国在该方面的增幅表现（见图 7-2）。

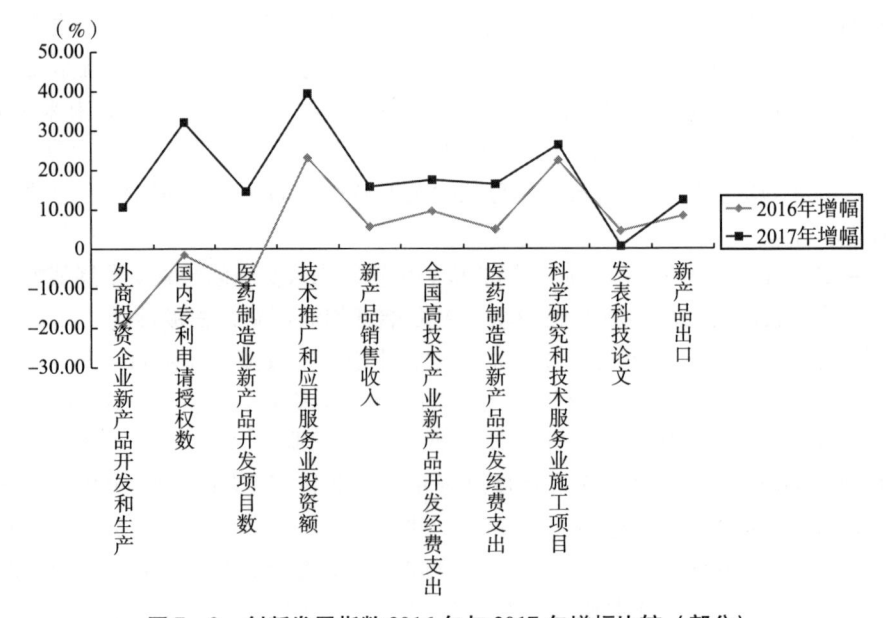

图 7-2　创新发展指数 2016 年与 2017 年增幅比较（部分）

在创新发展指数中,2017 年基本增幅在 2016 年的基础上继续持续走高,10 项指标数据中全部超过了上年的增幅,其中外商投资企业新产品开发和生产、国内专利申请授权数、医药制造业新产品开发项目数这三项比之上年有了极大的增幅提升,增幅比率分别为 30.11%、33.6% 和 23.99%。这也充分表现出国家在创新方面的投入力度在不断加强。创新创业是引领发展的第一动力。站在新时代的起跑线上,我们更应以时不我待的创新精神,舍我其谁的责任担当,集众智汇众力,为实现更高质量、更有效率、更可持续的发展,跑出"加速度",干出新未来。

二、中国协调发展指数测算结果及排名

当今中国,处理复杂经济社会关系如同弹钢琴,统筹兼顾各方面发展如同指挥乐队,只有协调,才能奏响全面建成小康社会交响曲、民族伟大复兴进行曲。新发展理念把协调发展放在我国发展全局的重要位置,坚持统筹兼顾、综合平衡,正确处理发展中的重大关系,补齐短板、缩小差距,努力推动形成各区域各领域欣欣向荣、全面发展的景象。协调发展理念是对马克思主义关于协调发展理论的创造性运用,是我们党对经济社会发展规律认识的深化和升华,为理顺发展关系、拓展发展空间、提升发展效能提供了根本遵循。历史必将证明,把握好"五位一体"总体布局,贯彻落实"四个全面"战略布局,做到协调发展,我国发展之路就会越走越宽广。贯彻协调发展理念,应注重解决突出问题和薄弱环节,着力补齐短板,着力提升社会治理与社会发展的能力和水平。多年来,我国经济社会发展不协调,突出表现在社会发展、基层社会治理和公共安全建设滞后等方面。社会治理应更好地服务于促进社会与经济协调发展、城乡区域协调发展、物质文明和精神文明协调发展,更好加强城乡基层社会治理和公共安全建设,着力加强社会治理基础建设,提升社会治理整体效能。相比于 2016 年的数据,提升幅度最高的是运动型多用途乘用车产量(SUV),增幅达到 51.78%;科技成果登记数比上年增长率仍然保持较大势头,达到了 50.00%(见图 7-3)。其次,协调发展指数中热轧薄板产量、水泥生产能力、钢材产量、风机产量、初级形态塑料生产能力、印刷专用设备产量、初级形态塑料产量、平板玻璃产量、电视接收机顶盒产量、国有控股主营业务收入、集成电路产量、挖掘机产量、城乡低保资金支出均处于 20% 以上的增幅,分别为 46.68%、46.36%、34.99%、30.17%、29.08%、28.05%、27.15%、26.20%、23.39%、21.83%、21.22%、20.31%、20.08%。

坚持协调发展,必须牢牢把握中国特色社会主义事业总体布局,正确处理发展中的重大关系,重点促进城乡区域协调发展,促进经济社会协调发展,促进新

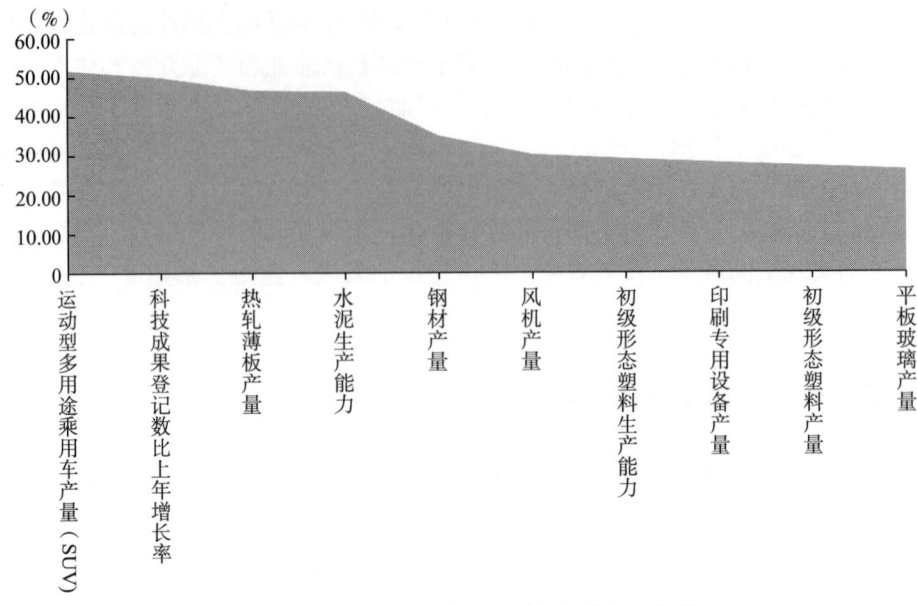

图 7–3 2017 年中国协调发展指数增幅（部分）

型工业化、信息化、城镇化、农业现代化同步发展，在增强国家硬实力的同时注重提升国家软实力，不断增强发展整体性。增强发展协调性，必须在协调发展中拓宽发展空间，在加强薄弱领域中增强发展后劲。推动区域协调发展，塑造要素有序自由流动、主体功能约束有效、基本公共服务均等、资源环境可承载的区域协调发展新格局。推动城乡协调发展，健全城乡发展一体化体制机制，健全农村基础设施投入长效机制，推动城镇公共服务向农村延伸，提高社会主义新农村建设水平。推动物质文明和精神文明协调发展，加快文化改革发展，加强社会主义精神文明建设，建设社会主义文化强国，加强思想道德建设和社会诚信建设，增强国家意识、法治意识、社会责任意识，倡导科学精神，弘扬中华传统美德。推动经济建设和国防建设融合发展，坚持发展和安全兼顾、富国和强军统一，实施军民融合发展战略，形成全要素、多领域、高效益的军民深度融合发展格局。协调发展指数中，增幅处于 10% 以下的正增长数据占比达到了所有数据的 3/5 以上，例如西部地区人均可支配收入增幅达到 9.12%，西部地区农村居民人均可支配收入增幅 9.07%。从中可以看出我国西部农民人均可支配收入与西部地区人均可支配收入增长幅度相近，表明当地农民收入增长势态良好。而和东部地区人均可支配收入的增幅 8.61%，东部地区农村居民人均可支配收入的增幅 8.40% 这两项相比，西部整体收入和农民人均收入增幅都超过东部整体收入和农民人均收入增幅，这表明国家在协调发展这方面有了极大的发展和成果。

党的十九大报告指出，发展是解决我国一切问题的基础和关键，发展必须是科学发展，必须坚定不移贯彻创新、协调、绿色、开放、共享的发展理念。协调是持续健康发展的内在要求，必须牢牢把握中国特色社会主义事业总体布局，正确处理发展中的重大关系，重点促进城乡区域协调发展，促进经济社会协调发展，促进新型工业化、信息化、城镇化、农业现代化同步发展，在增强国家硬实力的同时注重提升国家软实力，不断增强发展整体性。在负增长指标中，增长幅度最大的是城乡低保救助人口数这一项，从2017年的6654.9万人下降至2016年的4115.5万人，增幅高达-40.00%，由此可知，国家在精准扶贫工作中获得了极大的成果，向实现2020年全面小康社会又迈出了一大步。

在本次数据分析中，课题组为了更好地表现国家在2016年与2017年创新发展方面的情况，特选取了10个指标进行增幅对比（见图7-4）。

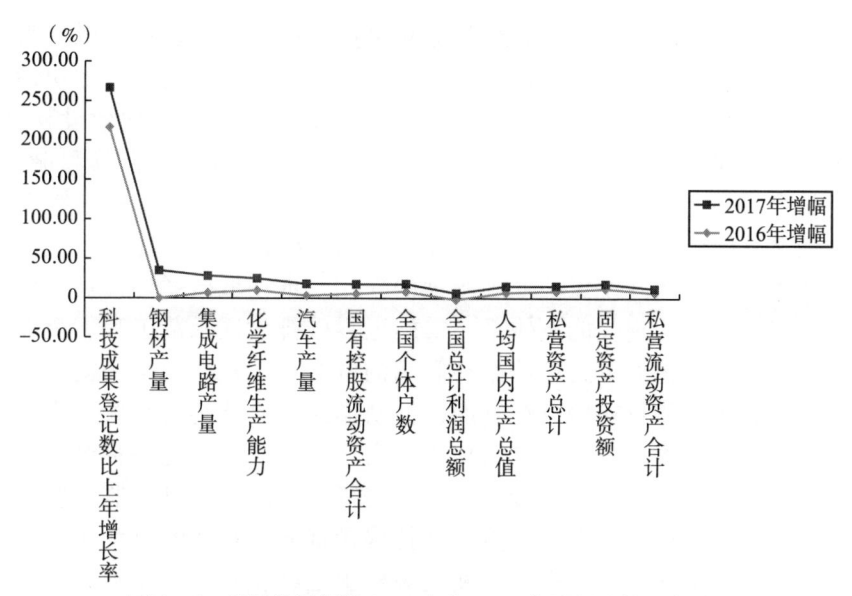

图7-4　创新发展指数2016年与2017年增幅比较（部分）

在协调发展指数中，2017年的10项选取数据都在2016年的基础上有不同的增幅，这也充分地表现了国家在协调上更加注重多方面的发展，以更好推进中华民族伟大复兴的中国梦进程。

三、中国绿色发展指数测算结果及排名

环境就是民生，青山就是美丽，蓝天也是幸福。各地区各部门牢固树立绿色发展理念，加大环境治理力度，打响了大气、水、土壤污染治理攻坚

战，实施史上最严格的环境保护法，开展最严格的环境保护督察，推进"厕所革命"，着力解决危害群众健康和影响可持续发展的突出环境问题，环境质量明显改善。节能减排成绩突出。2017年，全国万元国内生产总值能耗比上年下降3.7%，完成全年目标任务，万元国内生产总值二氧化碳排放下降5.1%。资源利用效率提高。新增高效节水灌溉面积144万公顷。全国万元国内生产总值用水量比上年下降5.6%，万元工业增加值用水量下降5.9%。清洁能源消费占比上升。在能源消费总量中，天然气、水电、核电、风电等清洁能源所占比重为20.8%，比上年上升1.3个百分点。全年完成造林面积736万公顷，新增水土流失治理面积5.6万平方公里。环境质量持续改善。在监测的338个地级及以上城市中，城市空气质量达标的城市占29.3%，比上年提高4.4个百分点。细颗粒物（PM2.5）未达标城市年平均浓度48微克/立方米，比上年下降5.9%。

坚持绿色发展，必须坚持节约资源和保护环境的基本国策，坚持可持续发展，坚定走生产发展、生活富裕、生态良好的文明发展道路，加快建设资源节约型、环境友好型社会，形成人与自然和谐发展的现代化建设新格局，推进美丽中国建设，为全球生态安全作出新贡献。促进人与自然和谐共生，构建科学合理的城市化格局、农业发展格局、生态安全格局、自然岸线格局，推动建立绿色低碳循环发展产业体系。加快建设主体功能区，发挥主体功能区作为国土空间开发保护基础制度的作用。推动低碳循环发展，建设清洁低碳、安全高效的现代能源体系，实施近零碳排放区示范工程。全面节约和高效利用资源，树立节约集约循环利用的资源观，建立健全用能权、用水权、排污权、碳排放权初始分配制度，推动形成勤俭节约的社会风尚。加大环境治理力度，以提高环境质量为核心，实行最严格的环境保护制度，深入实施大气、水、土壤污染防治行动计划，实行省以下环保机构监测监察执法垂直管理制度。筑牢生态安全屏障，坚持保护优先、自然恢复为主，实施山水林田湖生态保护和修复工程，开展大规模国土绿化行动，完善天然林保护制度，开展蓝色海湾整治行动。

在本次数据分析中，课题组为了更好地反映国家在2016年与2017年的绿色发展方面的情况，特选取了10个指标进行增幅对比，更好地反映出中国在该方面的增幅表现（见图7-5）。

在绿色发展指数中，2017年的10项数据6项增幅高于2016年增幅，其余几项在增幅上基本与2016年持平，多方面的数据分析更好地表现出了中国在实现"绿水青山与金山银山并举"中绿色经济发挥的巨大动力（见图7-6）。

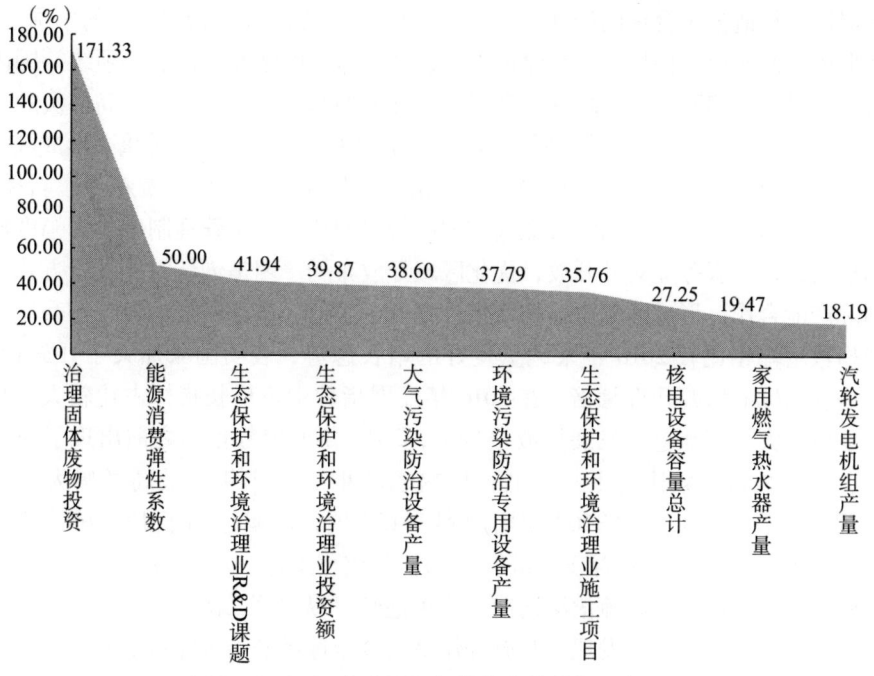

图 7-5 2017 年中国绿色发展指数增幅（部分）

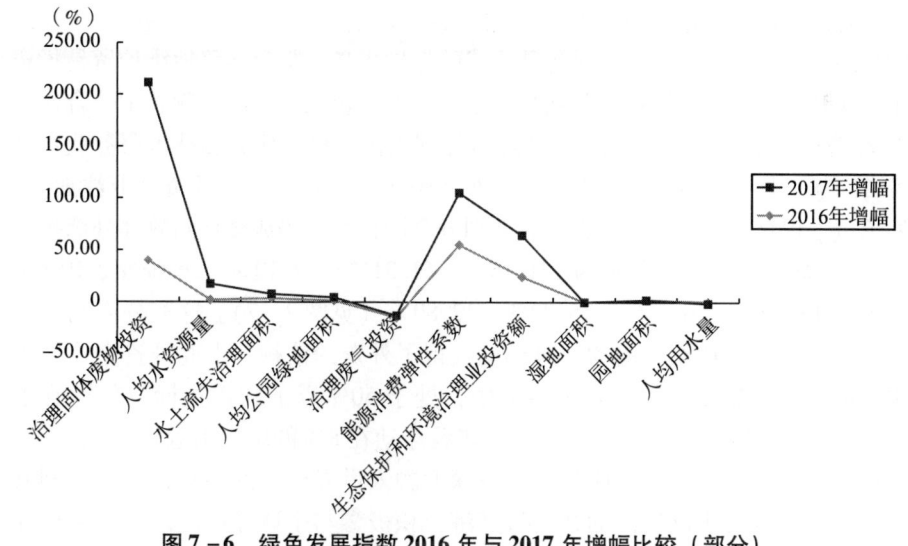

图 7-6 绿色发展指数 2016 年与 2017 年增幅比较（部分）

四、中国开放发展指数测算结果及排名

习近平总书记在世界经济论坛 2017 年年会开幕式上的主旨演讲中强调"坚持

与时俱进，打造公正合理的治理模式"，提出了完善全球经济治理体系的中国主张。推动形成全面开放新格局，这是建设现代化经济体系的必要条件。必须统筹国内国际两个大局，贯彻开放发展理念，坚持对外开放的基本国策，发展更高层次的开放型经济。一是以"一带一路"建设为重点，坚持引进来和走出去并重，形成陆海内外联动、东西双向互济的开放格局。二是拓展对外贸易，培育外贸新业态新模式，优化进出口结构。三是全面实行准入前国民待遇加负面清单管理制度，大幅度放宽市场准入，扩大服务业对外开放，优化区域开放布局。四是创新对外投资方式，促进国际产能合作，形成面向全球的贸易、投资、生产、服务网络。2017年我国开放发展指数增幅相比较2016年来说呈良好的增长态势，表明国家加大了开放程度，最高一项指标的增幅几近翻倍，在2016年发展指数中负增长指标占比较大，且增长幅度也较大，但在这本发展指数报告中，2017年发展数据与之前出现了很大的进步，负增长指标数比之上年降低，增幅也较小。2017年的最高增幅为对外承包工程合同数，由上年的8662项增加到19157项，增幅达到了121.16%的翻倍增长，表明我国同国外的合作在继续加深，开放程度进一步提高。

经济全球化的时代潮流滚滚向前，不可逆转。纵观第二次世界大战后全球经济治理体系的演进历史可以发现，开放合作是当今全球经济治理体系的基调，贸易投资自由化、便利化是其基本价值取向，国际规则旨在推动、维护和规范跨境经贸活动的发展。因此，变革全球经济治理体系不是要推倒重来、另起炉灶，而是要不断完善现有治理体系。近年来，中国与国际社会加强合作，坚持合作共赢，维护经济全球化的大局，旗帜鲜明地反对各种形式的保护主义，坚定不移地维护贸易投资自由化、便利化。开放发展指标各项数据中，对外承包工程合同金额、中外合作经营R&D经费外部支出、外资企业R&D经费外部支出、科学研究和技术服务业对外直接投资净额、外资企业R&D项目数、外资企业研发机构数、外资企业注册资本、对外承包工程合同金额、按卖方构成类别分全国技术市场成交合同数（外商投资企业）、外资企业投资总额分别为121.16%、51.31%、32.10%、26.68%、19.68%、18.44%、17.09%、16.16%、15.72%、12.89%（见图7-7）。这充分表明国外资本对中国的看好，说明中国的开放环境赢得了外资的信赖，由此外资企业加大了在中国的投资和研发力度，其余指标中，处于50%以下的正指标数额达到了所有指标的1/2，但增幅水平不是很大，多数浮动在8%的增幅附近。

坚持开放发展，必须顺应我国经济深度融入世界经济的趋势，奉行互利共赢的开放战略，发展更高层次的开放型经济，积极参与全球经济治理和公共产品供给，提高我国在全球经济治理中的制度性话语权，构建广泛的利益共同体。开创对外开放新局面，必须丰富对外开放内涵，提高对外开放水平，协同推进战略互信、经贸合作、人文交流，努力形成深度融合的互利合作格局。完善对外开放战略布局，推进双向开放，支持沿海地区全面参与全球经济合作和竞争，培育有全

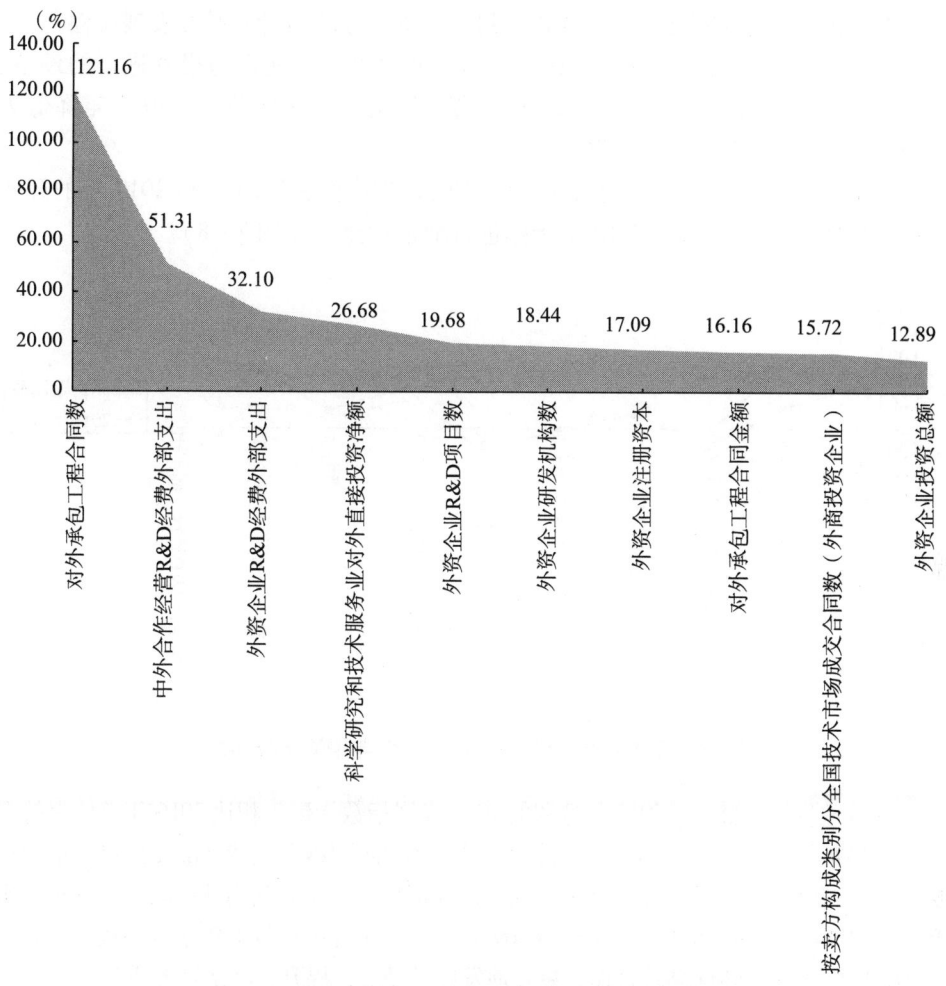

图 7-7　2017 中国开放发展指数增幅走势图（部分）

球影响力的先进制造业基地和经济区，提高边境经济合作区、跨境经济合作区发展水平。形成对外开放新体制，完善法治化、国际化、便利化的营商环境，健全服务贸易促进体系，全面实行准入前国民待遇加负面清单管理制度，有序扩大服务业对外开放。推进"一带一路"建设，推进同有关国家和地区多领域互利共赢的务实合作，推进国际产能和装备制造合作，打造陆海内外联动、东西双向开放的全面开放新格局。深化内地和港澳、大陆和台湾地区合作发展，提升我国港澳地区在国家经济发展和对外开放中的地位和功能，支持港澳发展经济、改善民生、推进民主、促进和谐，以互利共赢方式深化两岸经济合作，让更多中国台湾普通民众、青少年和中小企业受益。积极参与全球经济治理，促进国际经济秩序朝着平等公正、合作共赢的方向发展，加快实施自由贸易区战略。积极承担国际责任和义务，积极参与应对全球气候变化谈判，主动参与2030年可持续发展议程。

在数据中，仍然存在负指标数值，例如外商投资企业作为投资进口的设备、物品进出口贸易这一数据指标，2016年贸易额为37.39亿美元，2017年降低为21.32亿美元，增幅为-42.97%。

在本次数据分析中，课题组为了更好地反映国家在2016年与2017年的开放发展方面的情况，特选取了10个指标进行增幅对比（见图7-8）。

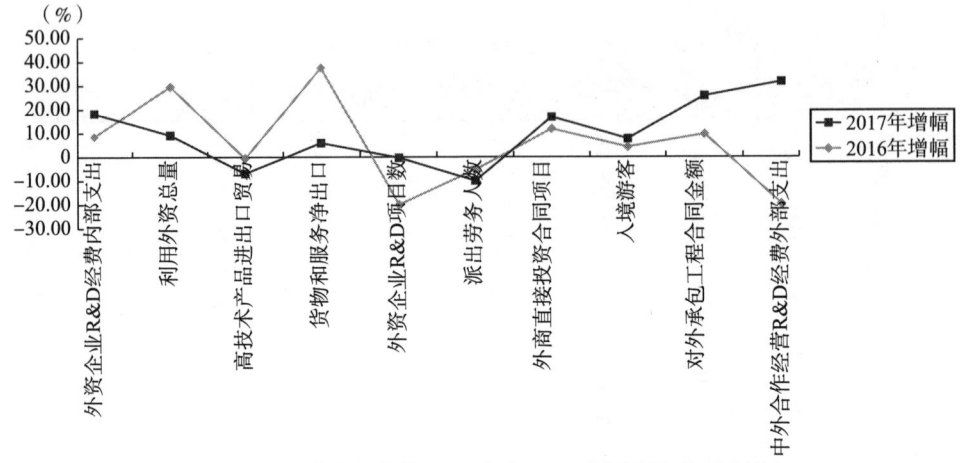

图7-8 开放发展指数2016年与2017年增幅比较（部分）

在开放发展指数中，2017年选取的10项发展指数指标，相比2016年总体保持在增长态势，其中外资企业R&D项目数和中外合作经营R&D经费外部支出增幅增长达到了39.71%和70.98%，还有其中数项指标降幅较大，比如利用外资总量、货物和服务净出口两项，降幅达到了50.03%和69.11%，其余几项相较上年基本一致。这表明中国在国际发展中转向高端合作，更好地发展了经济，提升了经济发展质量。

五、中国共享发展指数测算结果及排名

党的十八届五中全会首次提出"坚持以人民为中心的发展思想"，具有重大意义。发展为了人民，这是马克思主义政治经济学的根本立场。习近平总书记强调："我们任何时候都不能忘记，坚持以人民为中心，把增进人民福祉、促进人的全面发展、朝着共同富裕方向稳步前进作为经济发展的出发点和落脚点。我们部署经济工作、制定经济政策、推动经济发展，都要牢牢坚持这个根本立场。"①

---

① 坚持以人民为中心的发展思想 努力让人民过上更加美好生活——学习《习近平关于社会主义社会建设论述摘编》［EB/OL］．中国共产党新闻网，2017年10月11日，http：//dangjian. people. com. cn/n1/2017/1011/c117092-29579615. html．

社会建设关乎民生，是中国特色社会主义"五位一体"总体布局的重要组成部分，是我们党治国理政的重大任务，也是老百姓最关心的问题。以习近平同志为核心的党中央高度重视社会建设，坚持以人民为中心的发展思想和总体国家安全观，顺应人民群众对美好生活的向往，把增进人民福祉、促进人的全面发展作为一切工作的出发点和落脚点，从人民群众最关心最直接最现实的利益问题入手，统筹做好各项保障和改善民生工作，不断提高人民生活水平，取得重大成就。人民群众的幸福感、获得感显著提升，进一步增强了对党的信任和对中国特色社会主义的信念。

2017年我国共享发展指数相比上年取得了不错的成绩，正指标数据比例依旧近似2/3，总体呈现上升的趋势。在共享发展的正增长指标中，参加城镇职工基本医疗保险人数在2017年中出现了翻番的倍数增长。2016年，参保人为28893.10万人，到2017年时增长到了74391.55万人，增幅达到了157.47%的成绩。房屋建筑面积竣工率为25.97%，在本次数据中，由2016年的13.60%增长为33.41%，增幅达到145.67%；卫生、社会保障和社会福利业外商直接投资实际使用金额，本次测算中从2016年的14338万美元增长到25411万美元，增幅达到了77.23%；农村居民人均纯收入也由2016年的10772元增长到17021元，增幅达到58.01%；卫生、社会保障和社会福利业合同项目由2016年的51个增长到77个，增幅为50.98%（见图7-9）。充分表明我国以人民为中心的发展理念，共享改革开放成果，在实现小康社会的路上一个也不能少。

坚持共享发展，必须坚持发展为了人民、发展依靠人民、发展成果由人民共享，作出更有效的制度安排，使全体人民在共建共享发展中有更多获得感，增强发展动力，增进人民团结，朝着共同富裕方向稳步前进。按照人人参与、人人尽力、人人享有的要求，坚守底线、突出重点、完善制度、引导预期，注重机会公平，保障基本民生，实现全体人民共同迈入全面小康社会。增加公共服务供给，从解决人民最关心最直接最现实的利益问题入手，提高公共服务共建能力和共享水平，加大对革命老区、民族地区、边疆地区、贫困地区的转移支付。实施脱贫攻坚工程，实施精准扶贫、精准脱贫，分类扶持贫困家庭，探索对贫困人口实行资产收益扶持制度，建立健全农村留守儿童和妇女、老人关爱服务体系。提高教育质量，推动义务教育均衡发展，普及高中阶段教育，逐步分类推进中等职业教育免除学杂费，率先对建档立卡的家庭经济困难学生实施普通高中免除学杂费，实现家庭经济困难学生资助全覆盖。促进就业创业，坚持就业优先战略，实施更加积极的就业政策，完善创业扶持政策，加强对灵活就业、新就业形态的支持，提高技术工人待遇。缩小收入差距，坚持居民收入增长和经济增长同步、劳动报酬提高和劳动生产率提高同步，健全科学的工资水平决定机制、正常增长机制、支付保障机制，完善最低工资增长机制，完善市场评价要素贡献并按贡献分配的

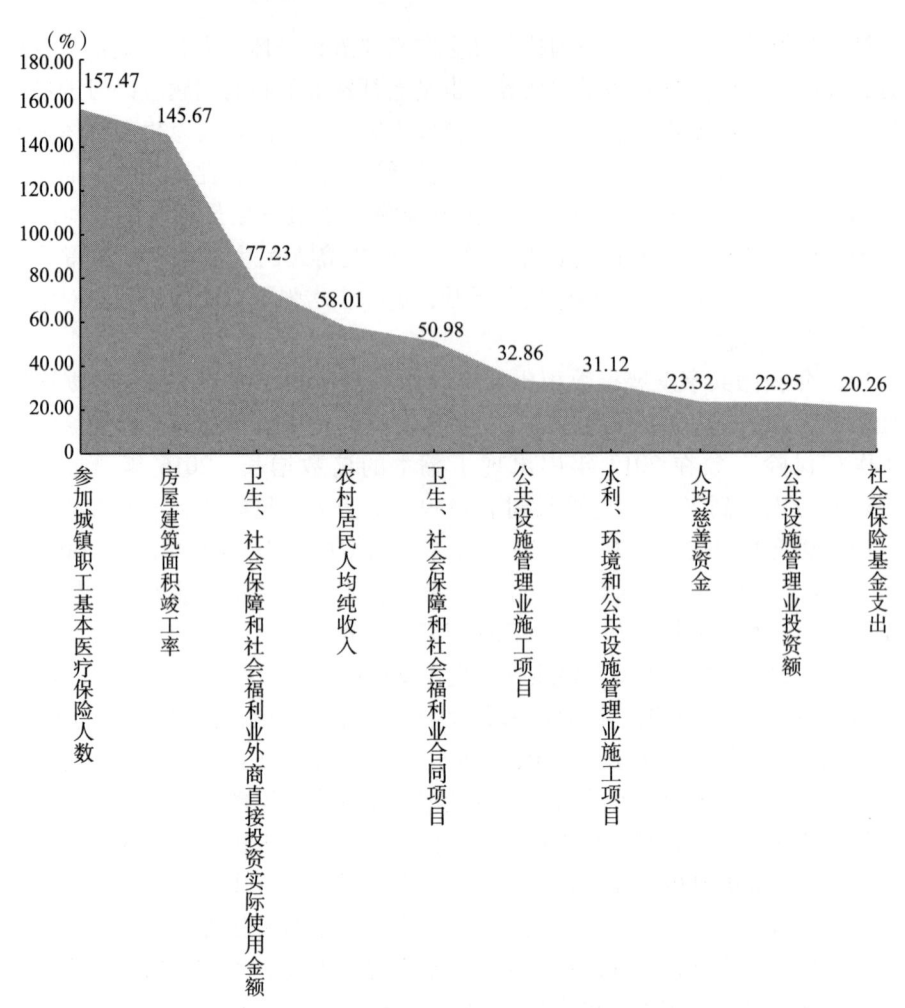

图 7-9　2017 年中国共享发展指数增幅（部分）

机制。建立更加公平更可持续的社会保障制度，实施全民参保计划，实现职工基础养老金全国统筹，划转部分国有资本充实社保基金，全面实施城乡居民大病保险制度。推进健康中国建设，深化医药卫生体制改革，理顺药品价格，实行医疗、医保、医药联动，建立覆盖城乡的基本医疗卫生制度和现代医院管理制度，实施食品安全战略。促进人口均衡发展，坚持计划生育的基本国策，完善人口发展战略，全面实施一对夫妇可生育两个孩子政策，积极开展应对人口老龄化行动。

准确把握共享是逐步实现共同富裕的要求，充分认识共享发展理念的实质就是坚持以人民为中心的发展思想。要坚持全民共享、全面共享、共建共享、渐进共享，充分发挥社会主义制度的优越性，顺应人民对美好生活的向往，让人民群众有更多获得感。

在本次数据分析中，课题组为了更好地反映国家在 2016 年与 2017 年的共享发展方面的情况，特选取了 10 个指标进行增幅对比（见图 7-10）。

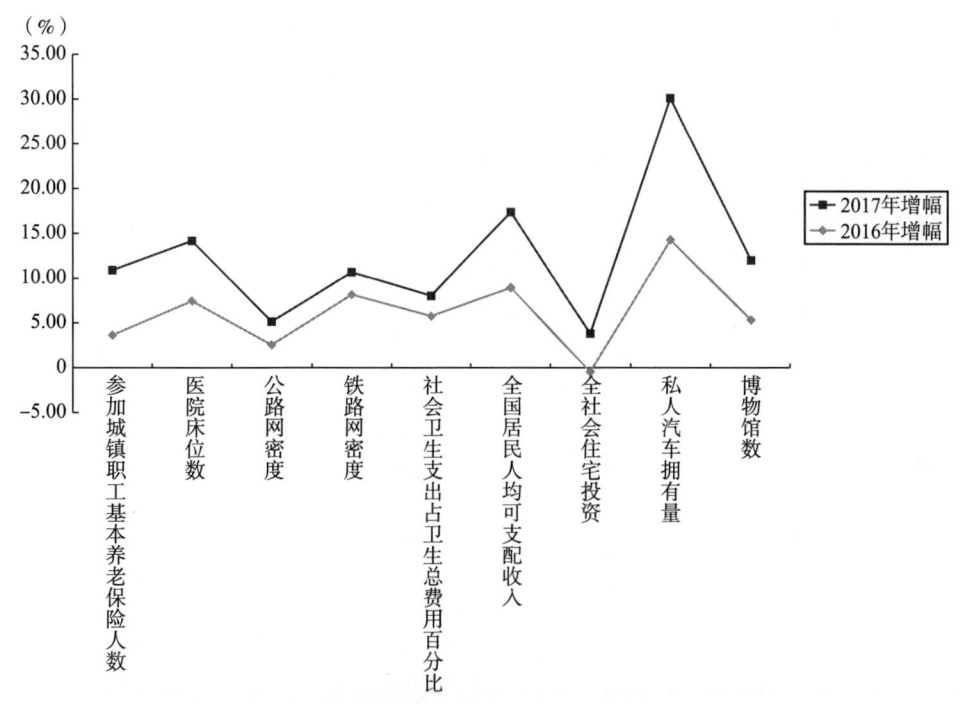

图 7-10 共享发展指数 2016 年与 2017 年增幅比较（部分）

相比 2016 年，2017 年的共享发展指数指标各项均比上年提高，保持了稳定增长，其中全社会住宅投资增长幅度由去年的 -0.46% 增长到 4.25%，参加城镇职工基本养老保险人数由去年的 3.61% 增长到 7.26%，增长幅度分别达到了 4.71% 和 3.65%，实现了翻倍增长。反映出党的工作重心时时处处以广大人民群众的根本利益为出发点和落脚点，突出人民的主体地位，努力做到发展为了人民、发展依靠人民、发展成果由人民共享，让人民成为发展的根本推动力。

第二节 省际发展指数测算结果及排名

到 2020 年全面建成小康社会，是我们党向人民作出的庄严承诺，是实现中华民族伟大复兴中国梦的关键一步，也是"十三五"时期我国各族人民的光荣使命。要实现全面建成小康社会的社会治理目标，必须以新发展理念引领社会治理创新，全面提升社会治理能力和水平。新发展理念是管全局、管根本、管长远的，具有战略性、纲领性和引领性。我们一定要从整体上、从新发展理念的内在联系中把握新发展理念，树立全面系统思维，掌握科学统筹方法，不断开拓发展新境界。

省际新发展综合指数排名和中国国家发展指数省际发展排名分别见表7-2、图7-11。

表7-2　　　　　　　　省际新发展综合指数排名

省份	综合发展指数	排名
广东省	64.82960085	1
江苏省	58.77518977	2
浙江省	47.54766641	3
山东省	47.28222781	4
上海市	40.58803418	5
北京市	40.43482735	6
河南省	34.56613939	7
福建省	34.06875701	8
四川省	34.01248904	9
湖南省	31.81871475	10
湖北省	31.7087778	11
河北省	30.89751004	12
安徽省	30.46528242	13
辽宁省	29.75069338	14
江西省	27.25727509	15
广西壮族自治区	27.15125643	16
重庆市	26.77575486	17
云南省	26.71140903	18
天津市	26.29506962	19
陕西省	26.2357622	20
内蒙古自治区	25.99590607	21
黑龙江省	25.08141203	22
新疆维吾尔自治区	24.06228002	23
吉林省	22.9360217	24
贵州省	22.81818357	25
山西省	22.39655774	26
西藏自治区	21.4748588	27
甘肃省	20.68894905	28
海南省	20.56467313	29
青海省	18.67772913	30
宁夏回族自治区	18.44396021	31

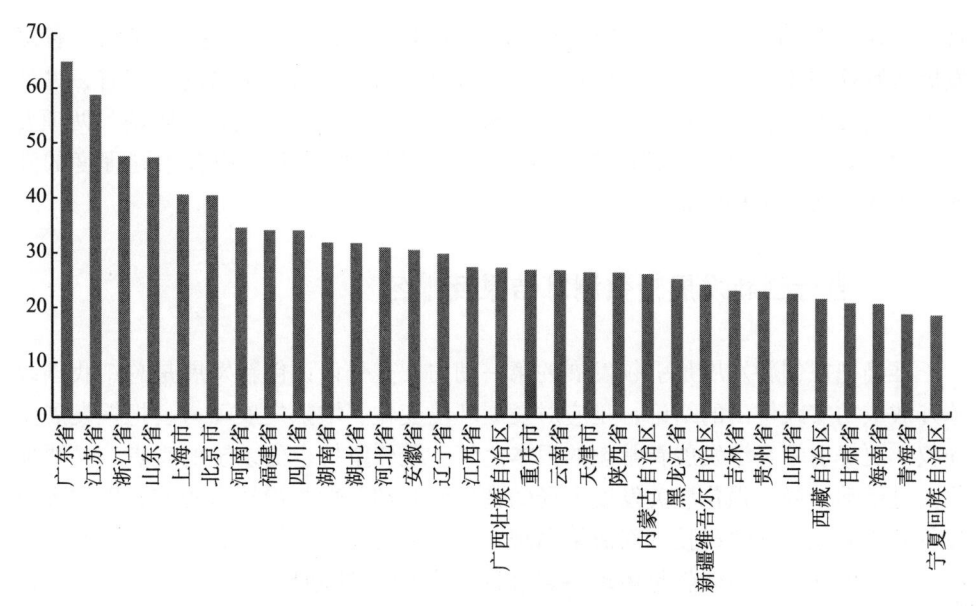

图 7-11 中国国家发展指数省际发展排名

图 7-11 展示了全国各省（区、市）发展综合指数排名情况，根据测算结果，主要展现出以下特征：按照发展综合指数由高到低，发展综合指数排名前十位的省（区、市）中，较 2016 年相比，广东省依然排在第一位，华东地区的省（区、市）包揽了十席当中的一半，分别为江苏省（第 2 位），浙江省（第 3 位），山东省（第 4 位），上海市（第 5 位）和福建省（第 8 位）。前十名的其他地区分别为华北地区的北京市（第 6 位），华中地区的河南省（第 7 位），西南地区的四川省（第 9 位）和华中地区的湖南省（第 10 位）。排名 11~20 位的省（区、市）中，位于华中地区的有湖北省（第 11 位），位于华北地区的有河北省（第 12 位）和天津市（第 19 位）。位于西南地区的有重庆市（第 17 位）和云南省（第 18 位）。而华东、华南、西北、东北四个区域的省（区、市）则占据了剩余的四个席位。它们分别为华东地区的安徽省（第 13 位），东北地区的辽宁省（第 14 位），华东地区的江西省（第 15 位），华南地区的广西壮族自治区（第 16 位）和西北地区的陕西省（第 20 位）。排名后十位的省（区、市）中，西北地区的省份居多，分别是新疆维吾尔自治区（第 23 位），甘肃省（第 28 位），青海省（第 30 位），宁夏回族自治区（第 31 位），其余剩下的省（区、市）为东北地区的黑龙江省（第 22 位）和吉林省（第 24 位），华北地区的内蒙古自治区（第 21 位）和山西省（第 26 位），华南地区的海南省（第 29 位），西南地区的贵州省（第 25 位）和西藏自治区（第 27 位）。

排名第一的广东省在"协调、开放、共享"三个发展指数排名方面均为榜首。相比2016年两项数据位列榜首的成绩取得了不小的进步。在"绿色"省级发展指数这一项，北京市高居榜首。从综合排名来看，除去头名的广东省，另外两席则由江苏省和浙江省获得。在单项指数上，江苏省在"创新、协调"两项发展指数排名中位列第二。其他省（区、市）各项数据较上年均有不同程度的涨幅，整体趋势呈进步状态。

一、省际创新发展指数测算结果及排名

准确把握创新发展是引领发展的第一动力，充分认识创新发展是总结我国改革开放成功实践得出的结论，是应对发展环境变化、增强发展动力、把握发展主动权、更好引领经济发展新常态的根本之策。既要坚持全面系统的观点，又要抓住关键带动全局，强化事关发展全局的基础研究和共性关键技术研究，以重大科技创新为引领，加快科技创新成果向现实生产力转化。

省际创新发展指数就是体现各省（区、市）的创新能力以及所取得的优异成果。在省际创新发展指数中，位居前十的省包括：江苏省、广东省、北京市、浙江省、山东省、上海市、福建省、湖北省、河南省和安徽省。其中，江苏省、广东省和北京市位居前三名（见表7-3、图7-12）。

表7-3　　　　　　　　　　省际创新发展指数排名

省份	创新发展指数	排名
江苏省	70.94927224	1
广东省	66.79089189	2
北京市	54.73070534	3
浙江省	43.0842318	4
山东省	39.00627847	5
上海市	35.25912026	6
福建省	26.04214397	7
湖北省	23.96039037	8
河南省	23.85115012	9
安徽省	23.62376682	10
天津市	21.77526105	11
四川省	20.85067933	12
河北省	19.69679155	13
重庆市	19.47351963	14
湖南省	19.00524841	15
辽宁省	18.192273	16

续表

省份	创新发展指数	排名
陕西省	18.01289259	17
江西省	17.0957579	18
广西壮族自治区	16.76485439	19
新疆维吾尔自治区	14.39084651	20
贵州省	13.7352018	21
宁夏回族自治区	12.91029737	22
山西省	12.68735964	23
海南省	12.2001079	24
甘肃省	11.460458	25
内蒙古自治区	11.39697658	26
云南省	11.17246864	27
黑龙江省	10.44014725	28
青海省	10.4285168	29
吉林省	10.37452222	30
西藏自治区	9.976854388	31

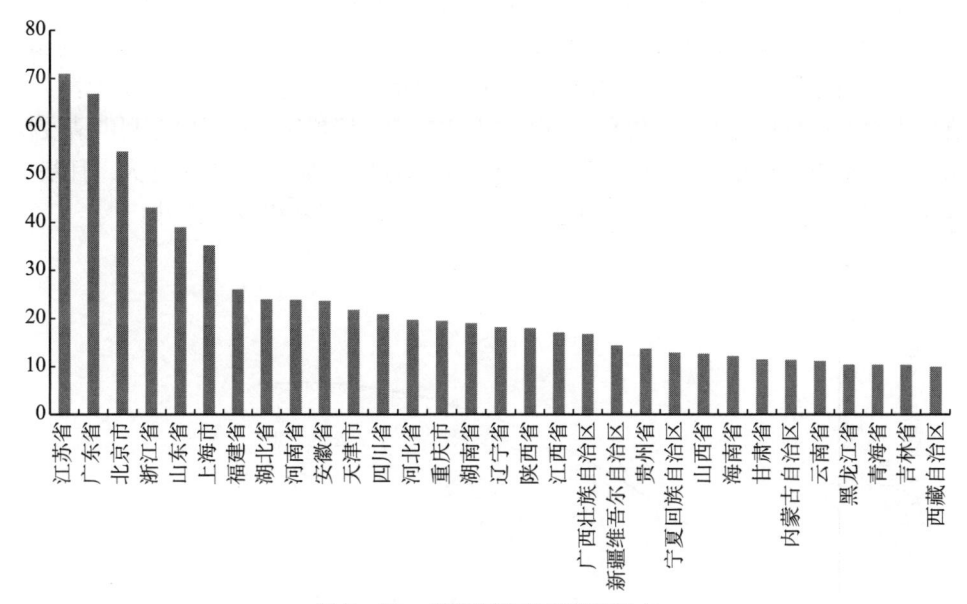

图 7-12 省际创新发展指数排名

江苏省通过扶持创新发展，在 2017 年反超广东成为第一位。具体表现在地方财政科学技术支出占地方财政总支出比重、规模以上工业企业新产品项目数占规模以上工业企业总产品项目数比重、规模以上工业企业开发新产品经费占规模以上工业企业产品总经费比重、规模以上工业企业新产品销售收入占规模以上工业企业产品销售总收入比重、规模以上工业企业有效发明专利数占当地有效发明专利数比重、国内专利申请授权增加量、国内外观设计专利申请授权量占国内专利申请授权量比重等数个方面，由此可知当地政府对创新的重视和扶持，取得了优异的成绩。

广东省2017年排在了第二位。各项指标稳步前进，科学研究及技术服务和地质勘查业全社会固定资产投资占全社会固定资产总投资比重、规模以上工业企业R&D项目数占规模以上工业企业总项目数比重、国内专利申请受理增加量、国内发明专利申请授权量占国内专利申请授权量比重、公共图书馆累计发放有效借书证数增加值、公共图书馆书刊文献外借人次增加值、每万人拥有公共图书馆建筑面积等多项指标中都位于榜首。

排名第三位的北京市在科学研究及技术服务和地质勘查业城镇单位就业人员占城镇单位总就业人员比重、技术市场成交额占当地GDP比重、科技馆当年参观人数增长率、互联网普及率等几项指标上名列前茅，在创新发展方面还有很大进步空间。

从省际创新发展指数排名来看，位于前列的省份依然以东部沿海地区为主，这就说明在开放程度以及对创新的投入上，内陆的大部分省份依然有待提高。在本次数据分析中，课题组选取了地方财政科学技术支出占地方财政总支出比重和国内发明专利申请授权量占国内专利申请授权量比重做相关性分析对比。

从图7-13中可以看出，地方财政科学技术支出占地方财政总支出比重越低，则国内发明专利申请授权量占国内专利申请授权量比重也越低；地方财政科学技术支出占地方财政总支出比重越高，则国内发明专利申请授权量占国内专利申请授权量比重也越高。充分说明省际科学技术财政投入越大，创新发明成果越大，且基本在平均值以上，由此可见良好的创新投入可使创新产出获得较大提升。

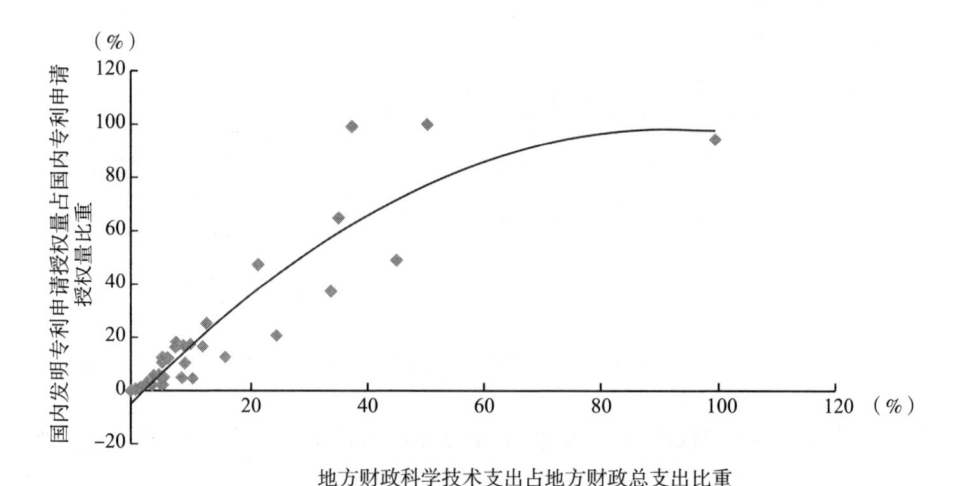

图7-13 省际创新发展指数指标对比（部分）

二、省际协调发展指数测算结果及排名

准确把握协调发展是持续健康平衡发展的内在要求，充分认识协调既是发展手段又是发展目标，同时还是评价发展的标准和尺度，是发展平衡和不平衡、发展短板和潜力的统一。要着力推动区域、城乡、物质文明和精神文明协调发展，经济建设和国防建设融合发展，发挥各地区比较优势，促进生产力布局优化。

在省际协调发展指数排名中，位居前十的省份（直辖市）分别是广东省、江苏省、山东省、浙江省、河南省、四川省、河北省、湖北省、北京市、湖南省（见表7-4、图7-14）。

表7-4　　　　　　　　　省际协调发展指数排名

省份	协调发展指数	排名
广东省	67.83699366	1
江苏省	66.665617	2
山东省	63.03530907	3
浙江省	49.57812726	4
河南省	43.18417563	5
四川省	41.87207934	6
河北省	39.8405993	7
湖北省	36.88358895	8
北京市	35.6996842	9
湖南省	35.04676755	10
安徽省	34.87114219	11
上海市	32.92305786	12
福建省	32.03091578	13
辽宁省	31.68447024	14
陕西省	28.50894543	15
云南省	28.00556403	16
广西壮族自治区	26.92412349	17
重庆市	26.5560826	18
江西省	26.16097876	19
山西省	25.78340537	20
内蒙古自治区	24.91841084	21
新疆维吾尔自治区	24.23197126	22
黑龙江省	23.58582654	23
天津市	22.0903266	24

续表

省份	协调发展指数	排名
贵州省	21.94222286	25
吉林省	21.62594711	26
甘肃省	20.072972	27
青海省	13.69307767	28
宁夏回族自治区	13.69267233	29
海南省	13.29420321	30
西藏自治区	12.4895779	31

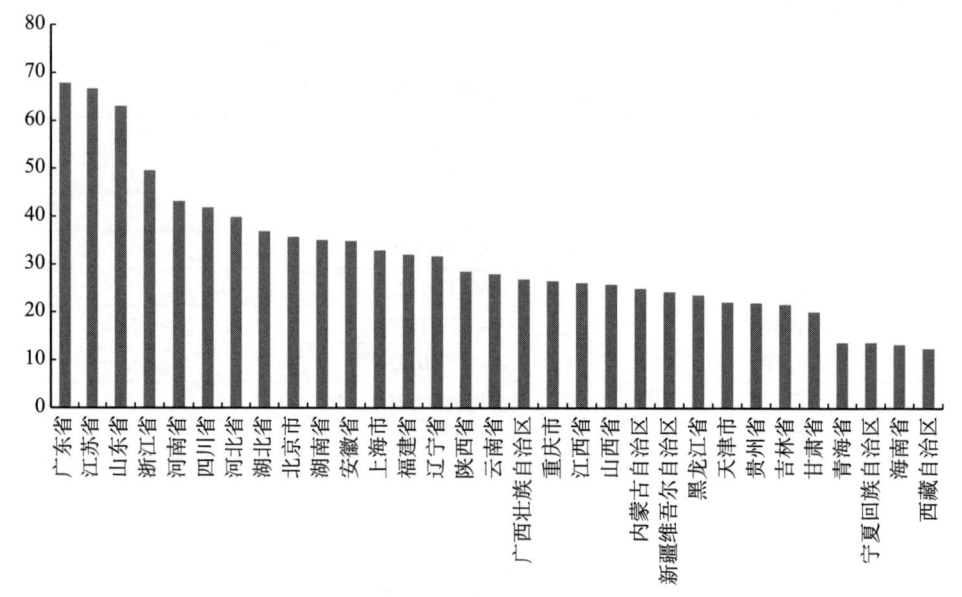

图 7-14 省际协调发展指数排名

广东省在 2017 年的指标排名中，依然在多项指标上大幅领先于其他各省。其中事业法人单位数占产业法人单位数比重、居民消费占最终消费比重、私营企业和个体就业人员占地区总人口比重、商品房销售面积增加值、建成区面积占城区面积比重、城市建设用地面积占城区面积比重、供水综合生产能力增幅、人均供水管道长度、城市污水日处理能力、城镇职工参加养老保险增长率等多项数值均保持领先地位。

2016 年排名第三、2017 年排名第二位的江苏省各项指标均保持稳步增长。其中在第二产业法人单位数占产业法人单位数比重、第三产业法人单位数占产业法人单位数比重、社会团体法人单位数占产业法人单位数比重、法人单位增加数、居民消费水平增幅等指标排名榜首。相比之下，排名第三位的山东省第一产业法人单位数占产业法人单位数比重、机关法人单位数占总法人单位数比重、农村居民消费占最终消费比重、乡村个体就业人数增幅、人均城区面积等指标领先于广东和江苏两省，整体成进步趋势。

在省级协调发展指数这一排名上，中东部省份继续保持较高的增长速度。而相比之下，西部省份发展速度相对较慢，在未来的发展中还有待进一步加强。在省际协调指数分析中，中国发展指数报告课题组选取了地区生产总值和居民消费占最终消费比重做相关性分析对比。

从图7-15中可以看出，地区生产总值越高，则居民消费占最终消费比重也越高；地区生产总值越低，则居民消费占最终消费比重也越低，且两项指标基本紧紧围绕在平均值线左右，充分说明只有一个地区的经济发展起来，才能带动当地居民需求，刺激消费。

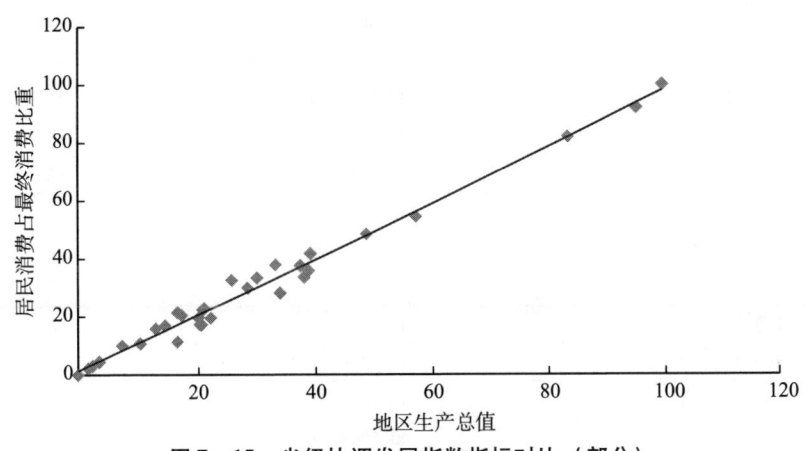

图7-15 省级协调发展指数指标对比（部分）

三、省际绿色发展指数测算结果及排名

准确把握绿色发展是永续发展的必要条件，应充分认识生态环境没有替代品，在生态环境保护上必须有大局观、长远观、整体观。要坚持节约资源和保护环境的基本国策，坚持保护环境就是保护生产力、改善环境就是发展生产力的思想，推动形成绿色发展方式和生活方式，协同推进人民富裕、国家强盛、中国美丽。

在省际绿色发展指数排名中，位居前十的分别是广东省、浙江省、北京市、山东省、上海市、安徽省、海南省、湖南省、云南省和四川省（见表7-5、图7-16）。排名第一的广东省，近年来大力调整产业结构，改善要素投入结构，调整进出口结构，推进低碳循环发展，将生态价值观和绿水青山就是金山银山的生态文明理念融入核心价值观，取得了优异成果。

表 7-5　　省际绿色发展指数排名

省份	绿色发展指数	排名
广东省	57.6952067	1
浙江省	53.5891529	2
北京市	52.8965024	3
山东省	52.7891578	4
上海市	49.4279468	5
安徽省	48.7928501	6
海南省	47.8680296	7
湖南省	47.6936695	8
云南省	47.0360812	9
四川省	46.6881046	10
江苏省	45.8351187	11
重庆市	44.9037274	12
江西省	44.7633732	13
天津市	44.6742824	14
福建省	44.5724952	15
湖北省	44.4254757	16
广西壮族自治区	43.7321105	17
河南省	42.9827593	18
吉林省	42.4915086	19
新疆维吾尔自治区	42.0796908	20
内蒙古自治区	41.9389996	21
黑龙江省	40.7836954	22
青海省	40.5049503	23
河北省	39.6341119	24
陕西省	39.2607347	25
辽宁省	38.9672924	26
甘肃省	38.1324371	27
贵州省	37.4040013	28
宁夏回族自治区	37.3638064	29
西藏自治区	36.7949069	30
山西省	35.8731564	31

浙江省在此次中国省际绿色发展指数排名中位列第二。浙江省深入学习贯彻习近平总书记关于绿色发展的重要论述，牢固树立绿色发展理念。坚持以绿色发展理念为引领，注重推动价值观念的绿色化、生产方式的绿色化以及制度建设的绿色化，在绿色发展这一领域取得傲人成绩。

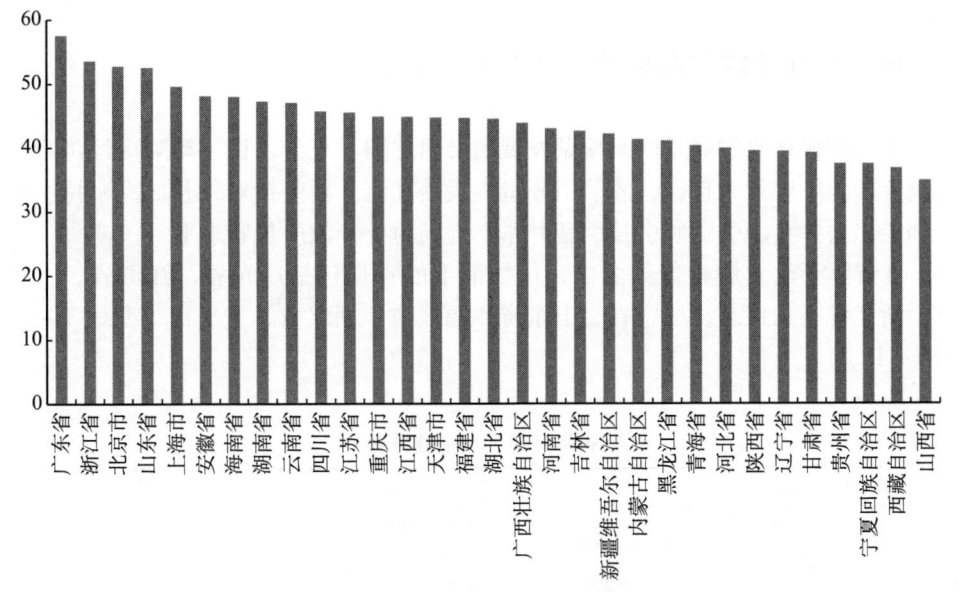

图 7-16 省际绿色发展指数排名

从省际绿色发展指数排名中不难看出，在中国绿色发展这一领域，相比 2016 年，东南沿海地区依然强劲，取得了优异的成绩，相比之下其他地区的省市有待追赶和进一步开发。在绿色发展指数分析中，中国发展指数报告课题组选取了森林覆盖率和人均森林面积（公顷）做相关性分析对比。

从图 7-17 中可以看出，有些省份森林覆盖率高，人均森林面积（公顷）则偏低；另一些省份则森林覆盖率偏低，人均森林面积（公顷）却偏高。这除了与当地的森林保有率有关外，还与当地人口、面积等各方面有关。

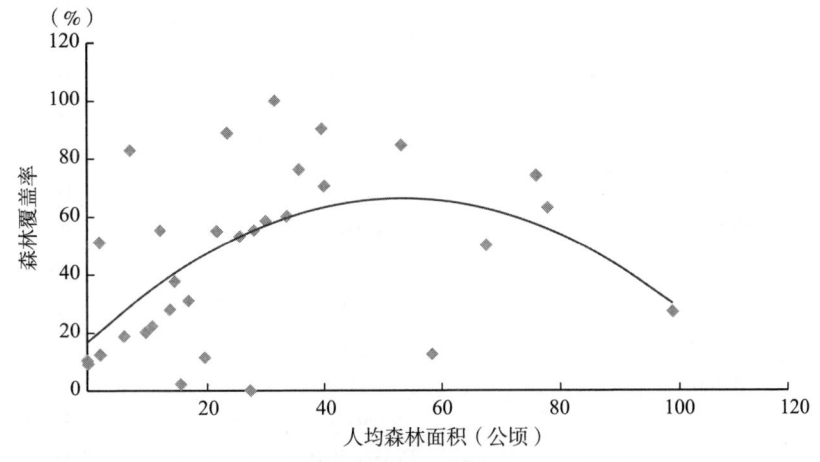

图 7-17 省际绿色发展指数指标对比（部分）

四、省际开放发展指数测算结果及排名

准确把握开放发展是国家繁荣发展的必由之路,充分认识主动顺应经济全球化潮流才能发展壮大自己,才能引领世界发展潮流。要坚持对外开放,坚持引进来和走出去并重、引资和引技引智并举,提高对外开放质量和水平。

在省际开放发展指数排名中,位居前十的省份包括广东省、江苏省、上海市、浙江省、北京市、辽宁省、山东省、福建省、湖北省、重庆市(见表7-6、图7-18)。

表7-6　　　　　　　　　省际开放发展指数排名

省份	开放发展指数	排名
广东省	75.8084566	1
江苏省	57.90393329	2
上海市	50.31688426	3
浙江省	35.64445882	4
北京市	31.97779314	5
辽宁省	29.42584469	6
山东省	29.1594461	7
福建省	28.36842168	8
湖北省	18.66063964	9
重庆市	17.7250932	10
江西省	17.51071491	11
西藏自治区	17.26948999	12
天津市	16.93892648	13
河北省	15.9261488	14
内蒙古自治区	15.88266472	15
河南省	15.44558575	16
广西壮族自治区	15.30585824	17
湖南省	15.28713419	18
安徽省	14.68951331	19
海南省	14.01126433	20
四川省	13.81128448	21
吉林省	13.5810036	22
甘肃省	13.17713893	23
山西省	13.10047733	24
青海省	13.00855003	25

续表

省份	开放发展指数	排名
贵州省	12.95639825	26
陕西省	12.83772696	27
宁夏回族自治区	12.78718656	28
云南省	12.44245777	29
黑龙江省	12.44187378	30
新疆维吾尔自治区	11.8032002	31

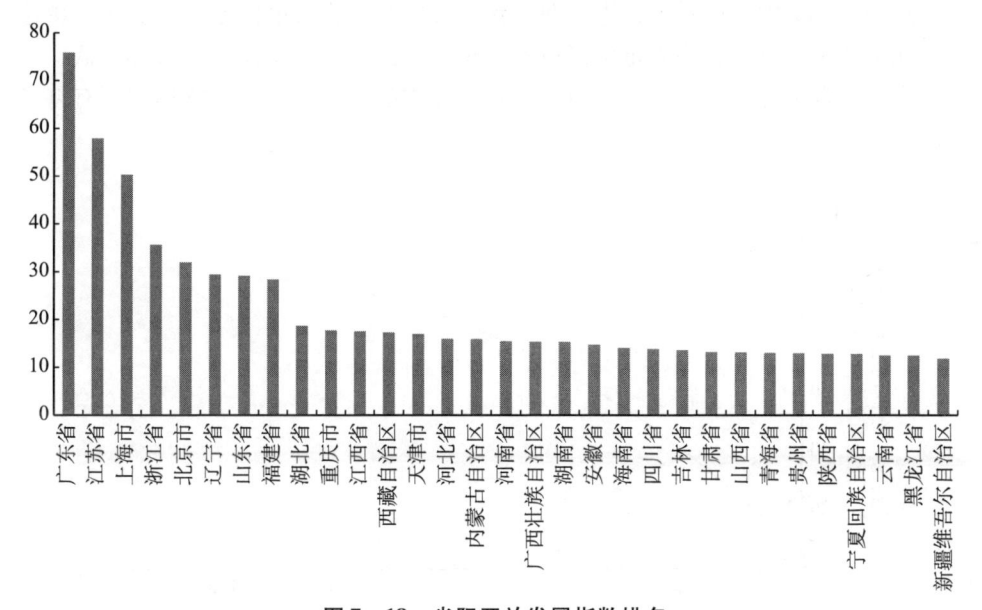

图7-18 省际开放发展指数排名

在省际开放发展指数排名中，广东省继续排在第一位。因其丰富的外来投资及巨额的外贸出口让其在多数指标中均处于领先地位。其中在港、澳、台商投资企业法人单位数占企业法人单位总数比重及港、澳、台商固定资产投资占全社会固定资产总投资比重、经营单位所在地进出口总额占 GDP 比重、外商投资企业数占总企业数比重、规模以上工业企业港澳台资本金占规模以上工业企业总资本金比重、规模以上工业企业出口交货值占当地出口交货值比重、移动电话国际及港澳台漫游去话通话时长增加值等数个指标上均保持第一。

排名第二的江苏省近年来加快了开放的步伐，吸引外资，取得不错的成果。其中在外商固定资产投资占全社会固定资产总投资比重、规模以上工业企业外商资本金占规模以上工业企业总资本金比重排在广东和上海之前，位列第一。排名第三位的上海市则在外商投资企业单位法人单位数占企业法人单位数总数比重、批发业进口额增加值等指标上领先其他各省。

从这份省级开放发展指数排名可以看出在中国开放这一块，中国各省区市的开放程度呈阶梯状分布。其中沿海省市依然占有很大比例，在各项指标上都稳步增长。相比之下，中西部各省对外开放程度依然薄弱，在吸引外资及外商企业活跃度等方面进步空间依然很大，而西部省份则相对较弱，有待进一步开发。在本次数据分析中，中国发展指数报告课题组选取了港、澳、台商投资企业法人单位数占企业法人单位总数比重和港、澳、台商固定资产投资占全社会固定资产总投资比重做相关性分析对比。

从图7-19中可以看出，港、澳、台商投资企业法人单位数占企业法人单位总数比重和港、澳、台商固定资产投资占全社会固定资产总投资比重都偏低，说明法人单位数和固定资产投资相对来说在当地占的比重不高，开放程度还有待进一步提升。

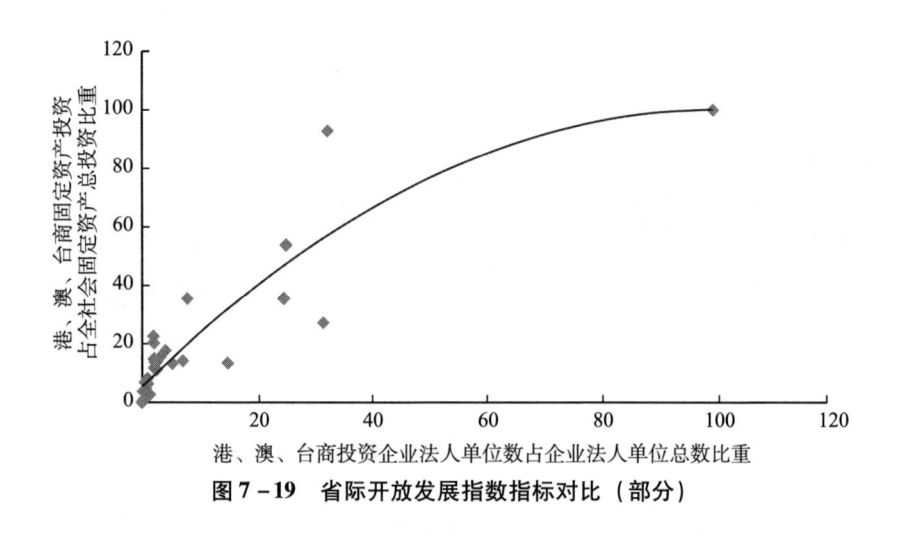

图7-19 省际开放发展指数指标对比（部分）

五、省际共享发展指数测算结果及排名

准确把握共享发展是逐步实现共同富裕的要求，充分认识共享发展理念的实质就是坚持以人民为中心的发展思想。要坚持全民共享、全面共享、共建共享、渐进共享，充分发挥社会主义制度的优越性，顺应人民对美好生活的向往，让人民群众有更多获得感。

在省际共享发展指数排名中，位居前十的省份分别是广东省、山东省、江苏省、浙江省、河南省、四川省、湖南省、湖北省、河北省和北京市（见表7-7、图7-20）。

表 7-7　　　　　　　　　省际共享发展指数排名

省份	共享发展指数	排名
广东省	62.29941482	1
山东省	59.92625215	2
江苏省	57.06129477	3
浙江省	49.78923764	4
河南省	49.36761592	5
四川省	48.74256474	6
湖南省	41.15101083	7
湖北省	39.90689634	8
河北省	39.21029936	9
北京市	37.95796027	10
上海市	37.40502732	11
安徽省	36.24371385	12
福建省	34.30657893	13
云南省	33.83182972	14
陕西省	32.41407253	15
广西壮族自治区	31.95471862	16
江西省	30.94667436	17
辽宁省	30.10414974	18
贵州省	28.05469483	19
新疆维吾尔自治区	27.81131304	20
重庆市	27.62692801	21
天津市	26.24532641	22
黑龙江省	26.1947102	23
山西省	25.59401217	24
内蒙古自治区	24.21866291	25
吉林省	23.41053099	26
甘肃省	22.03026944	27
海南省	18.67776198	28
青海省	16.04655084	29
宁夏回族自治区	15.43966415	30
西藏自治区	15.10608593	31

广东省在省级共享发展指数中排名第一。其中城镇单位就业人员工资增加额，制造业城镇单位就业人员工资增加额，电力、燃气及水的生产和供应业城镇单位就业人员工资增加额，交通运输、仓储和邮政业城镇单位就业人员工资增加额等指标保持高速发展，可以看出广东省在共享发展方面取得了长足进步。

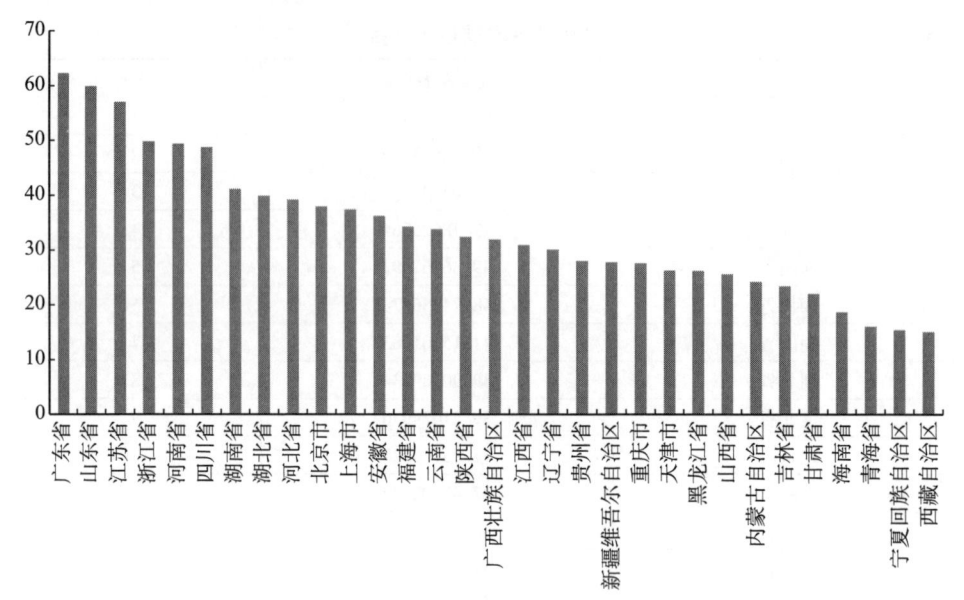

图 7-20 省际共享发展指数排名

排名第二的山东省因地制宜，利用自身优势在农、林、牧、渔业城镇私营单位就业人员平均工资，电力、燃气及水的生产和供应业城镇私营单位就业人员平均工资，居民服务和其他服务业城镇私营单位就业人员平均工资以及全社会固定资产投资占当地投资总额比重等指标上表现良好。而排名第三的江苏省则在建筑业城镇单位就业人员工资增加额、私营企业全社会固定资产投资同比增长、全社会固定资产本年资金来源小计同比增长、全社会固定资产投资中国内贷款同比增长、全社会住宅投资同比增长以及普通高等学校数同比增长等指标上排在广东省和山东省之前。

从省级共享发展指数报告中可以看出，在中国共享发展中，华东地区依然是主力军，中部地区各省份紧随其后。相比之下，西部地区的省份呈现良好发展态势，但仍有待加大投入力度。在省际共享发展指数分析中，中国发展指数报告课题组选取了普通高等学校数同比增长和普通高等学校招生数同比增长两项指标做了相关性分析对比。

从图 7-21 可以看出，普通高等学校数同比增长越低，则普通高等学校招生数同比增长也越低；普通高等学校数同比增长越高，则普通高等学校招生数同比增长也越高，两者随平均值变动而变动。充分说明随着高等教育上高校数量的增多和招生人数的扩大，教育产业正在蓬勃发展，有更多的院校可供就读。

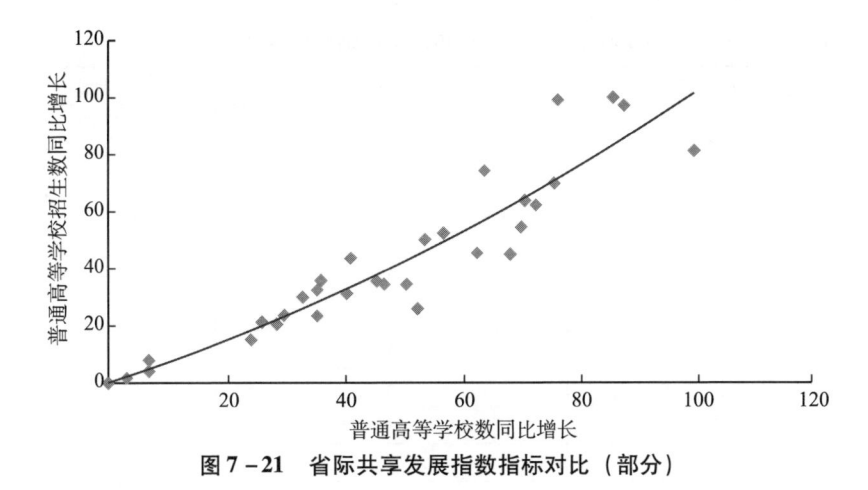

图 7-21　省际共享发展指数指标对比（部分）

第三节　中国城市发展指数评级结果及排名

一、中国城市发展指数评级结果及排名

城市是人类最伟大的创造之一，它既是人类文明发展的重要标志，又为人类文明的进一步发展奠定了坚实的物质和精神基础。城市从产生的那天起就是国家和制度的象征。在今天全球化发展中，城市的整体意义与价值，更深刻地代表着"国家象征"意义。国际上的大型政治、经济、社会、文化活动往往以城市为单位进行。城市还是国家机器的主体构成部分，在现代社会，城市成为各级行政机构的所在地，既是经济生活和文化生活的组织中心和管理中心，也是国家管理的区域性节点。

要真正了解中国之崛起，就必须要看看中国的城市取得了怎样令人印象深刻的经济发展成就。上海之于荷兰，北京之于瑞士，广州之于阿根廷，深圳之于瑞典、香港之于挪威……中国这些城市与某个国家的 GDP 相当，特别是与部分经济强国相当，在数十年前这简直不可想象，而这种对比从一个角度强烈地表明中国经济所取得的巨大成就。

在地级以上城市五大发展总评级中（见表 7-8），评定在 A 级的城市有上海市、北京市、深圳市、广州市、重庆市、东莞市、苏州市、天津市、杭州市、成都市、武汉市、南京市、厦门市、烟台市、青岛市。

表 7-8　　　　　　　150 个地级以上城市新发展指数总评级

地级以上城市	评定等级	回顾
上海市	A	↑
北京市	A	↓
深圳市	A	↑
广州市	A	↑
重庆市	A	↓
东莞市	A	↑
苏州市	A	↑
天津市	A	↓
杭州市	A	↑
成都市	A	↓
武汉市	A	—
南京市	A	↓
厦门市	A	↑
烟台市	A	↑
青岛市	A	↓
宁波市	B	↑
郑州市	B	↓
佛山市	B	↑
无锡市	B	↓
泉州市	B	↑
西安市	B	↓
福州市	B	↑
中山市	B	↑
大连市	B	○
珠海市	B	↑
大庆市	B	↑
惠州市	B	↑
长沙市	B	↓
江门市	B	↑
南通市	B	↑
清远市	B	↑
常州市	B	↑
嘉峪关市	B	↑
石家庄市	B	↓
济南市	B	↓
合肥市	B	↓

续表

地级以上城市	评定等级	回顾
昆明市	B	↑
嘉兴市	B	↑
长春市	B	↓
南宁市	B	↓
漳州市	B	↑
沈阳市	B	○
唐山市	B	↑
潍坊市	B	↓
绍兴市	B	↓
徐州市	B	—
赣州市	B	↑
镇江市	B	—
哈尔滨市	B	↓
肇庆市	B	↓
温州市	B	↓
淄博市	B	↑
南昌市	B	↓
扬州市	B	↑
保定市	B	↓
威海市	B	↑
梅州市	B	↑
呼和浩特市	B	↑
盐城市	B	↓
中卫市	B	↑
临沂市	B	↓
太原市	B	↓
湖州市	B	↑
邯郸市	B	↑
南充市	B	↑
秦皇岛市	B	↑
湛江市	B	↓
临汾市	B	↑
海口市	B	↓
毕节市	B	↑
金华市	C	↓
银川市	C	↑

续表

地级以上城市	评定等级	回顾
连云港市	C	↑
洛阳市	C	—
汕头市	C	↑
廊坊市	C	↓
泰州市	C	↑
本溪市	C	○
济宁市	C	↓
乌海市	C	↓
台州市	C	↓
淮安市	C	↓
乌鲁木齐市	C	↓
汕尾市	C	↑
贵阳市	C	↓
芜湖市	C	↓
九江市	C	↑
沧州市	C	↓
河源市	C	↑
南阳市	C	↓
莆田市	C	↑
上饶市	C	↑
北海市	C	↑
辽阳市	C	○
菏泽市	C	↓
吉安市	C	↑
邢台市	C	↓
韶关市	C	↑
三亚市	C	↑
莱芜市	C	↑
平凉市	C	↑
日照市	C	↑
云浮市	C	↑
新乡市	C	↓
玉林市	C	↓
龙岩市	C	↑
宜宾市	C	↑
新余市	C	↑

续表

地级以上城市	评定等级	回顾
柳州市	C	↑
遵义市	C	↓
大同市	C	↑
聊城市	C	↑
营口市	C	○
锦州市	C	○
衡阳市	C	↑
郴州市	C	↑
广安市	C	↑
马鞍山市	C	↑
鄂尔多斯市	C	↓
阳江市	C	↑
周口市	C	↓
资阳市	C	↑
晋城市	C	↑
濮阳市	C	↑
宿迁市	C	↓
运城市	C	↑
德州市	C	↓
桂林市	C	↓
黄石市	C	↓
滨州市	C	↑
东营市	D	↓
齐齐哈尔市	D	↓
兰州市	D	↓
绵阳市	D	↑
吕梁市	D	↓
三明市	D	↓
邵阳市	D	↓
商丘市	D	↓
湘潭市	D	↑
茂名市	D	↓
南平市	D	↓
固原市	D	↓
金昌市	D	↑
宜昌市	D	↑

续表

地级以上城市	评定等级	回顾
曲靖市	D	↑
揭阳市	D	↓
泰安市	D	↓
晋中市	D	↓
驻马店市	D	↓
鄂州市	D	↑

表7-8的综合发展评级中，A级城市相对来说所占比例不大，大部分城市评级在B级至C级中间。从地区分布而言，A级多为沿海城市所占据，而B、C、D级则是内陆城市和其他沿海城市，这表明我国东南沿海经济发展依旧迅猛。从经济地带而言，长江三角洲地区达到A级的城市有上海市、苏州市、杭州市、南京市，环渤海地区达到A级的城市有北京市、天津市、烟台市、青岛市，而珠江三角洲地区的则有深圳市、广州市、东莞市。四大经济地区的其他城市及其周边城市大多被评定在B、C级中。

从此综合评级的回顾中可以看出，四级城市总体都较上年获得提升。A级城市中北京、上海、深圳、广州依旧保持强劲增长。

城市是经济活动的主要区域，当然也就是创造财富和促进经济增长的主力。党的十九大报告将"贯彻新发展理念，建设现代化经济体系"作为经济建设部分的主标题，并强调建设现代化经济体系是跨越关口的迫切要求和我国发展的战略目标。只有在新发展理念引领下努力建设现代化经济体系，才能根本改变粗放的经济发展模式，实现更高质量、更有效率、更加公平、更可持续的发展；才能实现市场机制有效、微观主体有活力、宏观调控有度，不断增强我国经济创新力和竞争力。

不登高山，不知天之高也；不临深溪，不知地之厚也。新发展理念，从中国的伟大实践中来，是具有历史穿透力、现实针对性、未来指向性的科学理念，是中国对本国乃至世界发展议题的思考结晶。接下来，我们要进一步坚持新发展理念，坚持新发展理念就是指挥棒、红绿灯，在全社会崇尚创新、注重协调、倡导绿色、厚植开放、推进共享，在新时代续写新篇章，从新起点走好新征程，为决胜全面建成小康社会、夺取新时代中国特色社会主义伟大胜利、实现中华民族伟大复兴的中国梦、实现人民对美好生活的向往不懈奋斗。

二、城市创新发展指数评级结果及排名

城市所聚集的大批知识精英和大量的科研机构，为城市经济、文化和生活方

面的创新提供了可靠的保障。城市每天都能够获得为数众多的创新成果，通过城市组织严密和高效率的生产、生活运行机制转化为商品，通过便捷的市场交易渠道和广泛的市场覆盖能力转化为新的物质和精神财富。与西方国家不同，地方政府是中国经济增长的重要推动力量，成为与企业近乎同等重要的经济主体。必须强调的是，新常态下地方政府已不可能再延续要素驱动、投资驱动来维持竞争，必须转向创新驱动，优化产业结构，减少资源消耗和污染排放，同时提高全要素生产率，创造出新的增长动力和红利。

　　拥有世界级科技创新高地，是世界科技强国的重要特征，也是建设世界科技强国的必然选择。近年来，在加强自主创新示范区和高新区建设的基础上，我国进一步推出创新型省份、创新型城市建设和区域全面创新改革试验，推进科创中心、综合性国家科学中心和国家实验室建设。未来，应进一步优化战略布局，创新体制机制，以更大力度汇聚创新资源，建设若干全球创新高地，打造重大原始创新策源地。打造区域创新示范引领高地。新常态下，哪个地区在转方式上占据先机，在创新上占据制高点，哪个地区就会获得先发优势。

　　根据综合评测结果，地级以上城市创新发展指数评定在 A 级的城市是：北京市、深圳市、上海市、南京市、广州市、重庆市、成都市、西安市、郑州市、武汉市、天津市、石家庄市、杭州市、济南市和南宁市（见表 7-9）。

表 7-9　　　　　　　　150 个地级以上城市创新发展指数评级

地级以上城市	评定等级	回顾
北京市	A	—
深圳市	A	—
上海市	A	↑
南京市	A	↑
广州市	A	—
重庆市	A	↓
成都市	A	↑
西安市	A	↑
郑州市	A	↑
武汉市	A	↓
天津市	A	—
石家庄市	A	↑
杭州市	A	↑
济南市	A	↓
南宁市	A	↑
苏州市	B	↑

续表

地级以上城市	评定等级	回顾
长沙市	B	↓
哈尔滨市	B	↑
保定市	B	↑
昆明市	B	↓
沈阳市	B	○
青岛市	B	↓
东莞市	B	↑
毕节市	B	↑
合肥市	B	↓
长春市	B	↓
南阳市	B	—
大连市	B	○
太原市	B	↑
福州市	B	↓
贵阳市	B	↓
南昌市	B	↓
赣州市	B	↑
洛阳市	B	↑
兰州市	B	↑
潍坊市	B	↓
周口市	B	↓
宁波市	B	↓
佛山市	B	↓
邯郸市	B	↑
烟台市	B	↓
沧州市	B	↑
湛江市	B	↑
泉州市	B	↓
临沂市	B	—
温州市	B	↓
日喀则市	B	↑
徐州市	B	↓
信阳市	B	↓
无锡市	B	↓
昭通市	B	↑
菏泽市	B	↑

续表

地级以上城市	评定等级	回顾
阜阳市	B	↑
绵阳市	B	↑
商丘市	B	↓
铜仁市	B	↑
遵义市	B	↓
新乡市	B	↓
驻马店市	B	↓
邵阳市	B	↑
唐山市	B	↓
厦门市	B	↓
乌鲁木齐市	B	↓
呼和浩特市	B	↓
运城市	B	↑
邢台市	B	↑
定西市	B	↑
衡阳市	B	↑
曲靖市	B	↑
廊坊市	B	↑
上饶市	C	↑
常州市	C	↑
达州市	C	↑
天水市	C	↑
亳州市	C	↑
平凉市	C	↑
惠州市	C	↓
茂名市	C	↓
西宁市	C	↑
贵港市	C	↓
南通市	C	↓
临汾市	C	↑
中山市	C	↓
揭阳市	C	↓
大庆市	C	↑
嘉兴市	C	↑
济宁市	C	↓
汕头市	C	↓

续表

地级以上城市	评定等级	回顾
南充市	C	↓
怀化市	C	↑
江门市	C	↑
台州市	C	↓
盐城市	C	↓
岳阳市	C	↓
珠海市	C	↓
金华市	C	↓
桂林市	C	↓
武威市	C	↑
九江市	C	↑
忻州市	C	↑
德州市	C	↑
玉林市	C	↓
聊城市	C	↓
连云港市	C	↓
咸阳市	C	↓
固原市	C	↑
晋中市	C	↑
河池市	C	↑
海口市	C	↓
陇南市	C	↑
安庆市	C	↓
常德市	C	—
百色市	C	↑
滁州市	C	↑
芜湖市	C	↓
永州市	C	↑
渭南市	C	↑
安阳市	C	↓
巴中市	C	↑
银川市	C	↓
张家口市	C	↑
梅州市	C	↑
齐齐哈尔市	C	↑
开封市	C	↓

续表

地级以上城市	评定等级	回顾
绍兴市	C	↓
秦皇岛市	C	↓
吉安市	C	↑
扬州市	C	↓
濮阳市	C	↑
中卫市	C	↑
平顶山市	D	↓
蚌埠市	D	↑
宿州市	D	↓
郴州市	D	↑
衡水市	D	↑
泰安市	D	↑
六安市	D	↓
黄冈市	D	↓
镇江市	D	↓
淄博市	D	↓
赤峰市	D	—
柳州市	D	↓
襄阳市	D	↓
荆州市	D	↓
宜春市	D	↓
威海市	D	↑
漳州市	D	↓
四平市	D	↓
锦州市	D	○
吉林市	D	↓

在地级以上城市创新发展指数评级中，位于 A 级城市的多项数值与 2016 年一样仍保持较高领先优势，比如在教育支出占当地生产总值比重、第三产业信息传输及计算机服务和软件业单位从业人员占当地单位从业人员比重、电信业务收入占 GDP 比重、普通高等学校数和中等职业教育学校数增长、科学技术支出占当地生产总值比重、招商引资方面的每万人外商投资企业工业总产值（万元）、规模以上工业人均总产值、每万人工业企业数（个）、每万人外商投资企业工业总产值（万元）、固话和移动电话及互联网宽带接入用户、普通中学学校数和在校生增长率、第三产业教育单位从业人员占当地单位从业人员比重、第三产业科学研究及技术服务和地质勘查业单位从业人员占当地单位从业人员比重等方面取

得了较大成绩。相比较而言，位于 B 级的城市各项指标稳步增长并在每万人在校中等职业学生数、公共图书馆图书总藏书、每百人公共图书馆藏书（册、件）等方面形成了自身优势。

从地区分布方面进行分析，在本次发展指数测算中，地级以上城市创新发展指数评级居于 A 级的城市中内陆城市依然多于沿海城市，这与国家加强内陆创新发展的投入力度，内陆城市在提高创新产出等方面不断完善有很大的联系。这也说明创新是引领发展的第一动力的理念已经成为各地区发展的重要指导依据。

地级以上城市创新发展评级中，A、B 级城市通过遵循科技创新规律、经济创新规律和制度创新规律，占有发展的制高点和极强的竞争力，它们以创新为主要引领和支撑的经济体系和发展模式，通过转变经济发展方式、优化经济结构、改善生态环境、提高发展质量和效益开拓广阔空间，推动经济持续健康发展，实现了引领型发展，其中省会城市占有很大比重。A、B 级城市通过聚拢人才，提高传统生产要素的效率、创造新的生产要素、形成新的要素组合，让一切劳动、知识、技术、管理、资本的活力竞相迸发，为持续发展提供了源源不断的内生动力。

自然资源会越用越少，而科技和人才等创新要素却会越用越多，因此 C、D 级城市应在提高创新产出等方面不断完善，将原先的土地、劳动力、资本等推动经济增长的传统要素转变为通过技术、制度、管理、商业模式等方面的创新要素推动经济发展，引导创新要素和传统要素形成新组合，培育公平、开放、透明的市场环境，健全激励创新的体制机制，营造良好的创新生态，增强各类市场主体的创新动力。

从回顾中可以看到，各城市创新发展普遍获得提升，说明创新是引领发展的第一动力的理念已经成为各地区发展的重要指导依据，推动创新发展在全社会蔚然成风已经卓有成效。我国经济发展进入新常态后，各省各市将创新作为引领发展第一动力的功能作用，最大限度地释放全社会创新潜力，将原先依靠大规模高强度投入的传统经济发展逐渐转变为依靠科技进步和创新推动经济社会发展。

经过多年不懈努力，我国科技整体能力持续提升，一些重要领域跻身世界先进行列，某些前沿方向开始进入并行、领跑阶段，但总体来看，科技创新基础还不牢，自主创新特别是原创力还不强，关键领域核心技术受制于人的格局还没有从根本上改变。实施创新驱动发展战略，最根本的就是增强自主创新能力。只有把核心技术掌握在自己手中，才能真正掌握竞争和发展的主动权。而增强自主创新能力，最重要的是坚定不移走中国特色自主创新道路。不能指望依赖他人的科技成果来提高自己的科技水平，更不能做其他国家的技术附庸，永远跟在别人的后面亦步亦趋。

"天之道，不争而善胜，不言而善应。"自力更生是中华民族自立于世界民族之林的奋斗基点，自主创新是我们攀登世界科技高峰的必由之路。创新驱动是经济新常态下中央政府的一个重要战略方针。实施创新驱动发展战略，必须依托科技创新、制度创新"双轮"驱动。要以推动科技创新为核心，引领科技体制及其相关体制深刻变革。

据中国国家数据可知，中国的劳动生产率只有发达国家的1/40。科学技术一旦转化为生产力将极大地提高生产效率，从而推动经济快速发展，其作用大大超过了资金、劳动力对经济的变革作用。所以科技发展投入中，务必将成为所有地区发展的重中之重，才能引领地区经济发展的快速推进。

随着中国经济发展步入新常态，驱动经济增长的要素禀赋正发生新的变化，传统支撑中国经济发展的红利空间不断缩小。实现"十三五"规划及全面建成小康社会、实现两个一百年的奋斗目标，中国必须从要素驱动、投资驱动转向通过技术进步来提高劳动生产率的创新驱动，从根本上推动经济从外源性增长向内生性增长转变。当前，产业跨界融合与创新发展趋势明显，新产业、新技术、新业态加快成长，成为城市经济的新增长点。要注重运用现代技术，重塑产业链、供应链、价值链，培育创新型企业，推动大众创业、万众创新，为城市经济注入新的生机与活力。

三、城市协调发展指数评级结果及排名

2012~2017年，我国逐渐形成东西南北纵横联动发展新格局：东部地区产业升级步伐加快，新兴产业对经济的拉动作用明显增强，高技术产业占工业比重明显提升。中西部地区经济趋于活跃，成都、武汉等地正成长为新兴增长极。东北地区经济整体趋稳，结构调整迈出积极步伐。

成绩斐然，但区域发展不平衡问题依旧存在。新的城市变革引导城乡向共生化、和谐化方向发展。城市为农村提供优质服务，从而不断地缩小城乡差别，逐步地实现城乡融合。党的十九大报告提出实施区域协调发展战略，是以城市群为主体构建大中小城市和小城镇协调发展的城镇格局，加快农业转移人口市民化。为此，在未来，我们将看到一个更为协调的区域发展格局，而在其中，更多的城市将持续崛起。

2018年李克强总理在政府工作报告中提出，五年来，我们坚持实施区域协调发展和新型城镇化战略，着力推动平衡发展，新的增长极增长带加快成长；要完善区域发展政策，推进基本公共服务均等化，逐步缩小城乡区域发展差距，把各地比较优势和潜力充分发挥出来。不同的区域各有优势，也各有其发展瓶颈，推进高质量的区域协调发展，就是要发挥各自优势，补齐短板；新型城镇化的核心在人，要加强精细化服务、人性化管理，使人人都有公平发展机会，让居民生

活得方便、舒心。

根据地级城市协调发展指数的评测结果，位于 A 级的地级城市包括：上海市、重庆市、北京市、深圳市、天津市、苏州市、广州市、南京市、杭州市、宁波市、武汉市、郑州市、成都市、佛山市和青岛市。从地域上看，长三角地区的城市占据了 A 级的大部分，上海市、苏州、南京、杭州、宁波均在此列，随后则是珠三角地区的深圳、广州、佛山（见表 7-10）。

表 7-10　　　　　　150 个地级以上城市协调发展指数评级

地级以上城市	评定等级	回顾
上海市	A	↑
重庆市	A	↓
北京市	A	↓
深圳市	A	—
天津市	A	—
苏州市	A	↑
广州市	A	↓
南京市	A	↑
杭州市	A	↓
宁波市	A	↑
武汉市	A	↓
郑州市	A	—
成都市	A	↓
佛山市	A	—
青岛市	A	↓
东莞市	B	↑
南通市	B	↑
无锡市	B	↓
长沙市	B	↓
合肥市	B	↑
西安市	B	↑
徐州市	B	↓
泉州市	B	↑
昆明市	B	↑
温州市	B	↑
福州市	B	↑
潍坊市	B	↑
厦门市	B	↑

续表

地级以上城市	评定等级	回顾
常州市	B	↑
烟台市	B	↓
济南市	B	↓
中山市	B	↑
石家庄市	B	—
泰州市	B	↑
绍兴市	B	↓
长春市	B	↓
嘉兴市	B	↑
沈阳市	B	○
盐城市	B	↑
大连市	B	○
临沂市	B	↓
扬州市	B	↑
唐山市	B	↓
淄博市	B	↓
东营市	B	↓
南昌市	B	—
金华市	B	↑
哈尔滨市	B	↓
三沙市	B	↑
珠海市	B	↑
宜昌市	B	↑
镇江市	B	↑
贵阳市	B	↓
淮安市	B	↑
惠州市	B	↑
台州市	B	↑
济宁市	B	↓
保定市	B	↑
德州市	B	↓
芜湖市	B	↑
聊城市	B	↓
南宁市	B	↑
洛阳市	B	↓
连云港市	B	↑

续表

地级以上城市	评定等级	回顾
襄阳市	B	↑
威海市	B	↑
菏泽市	B	↓
六安市	B	↑
鄂尔多斯市	B	↓
泰安市	B	↓
汕头市	C	↑
乌鲁木齐市	C	↓
太原市	C	↓
沧州市	C	↓
邯郸市	C	↓
湖州市	C	↓
大同市	C	↑
漳州市	C	↑
三亚市	C	↑
江门市	C	↑
海口市	C	↑
株洲市	C	↑
廊坊市	C	↑
许昌市	C	↓
滨州市	C	↓
宿迁市	C	↑
湘潭市	C	↑
孝感市	C	↑
舟山市	C	↑
宿州市	C	↑
包头市	C	↓
克拉玛依市	C	↑
大庆市	C	↓
银川市	C	↓
周口市	C	↑
兰州市	C	↓
商丘市	C	↓
呼和浩特市	C	↓
焦作市	C	↓
阜阳市	C	↑

续表

地级以上城市	评定等级	回顾
驻马店市	C	↑
十堰市	C	↑
蚌埠市	C	↑
岳阳市	C	↓
新乡市	C	↓
龙岩市	C	↑
柳州市	C	↓
拉萨市	C	↑
郴州市	C	↓
湛江市	C	↑
安阳市	C	↓
九江市	C	↓
榆林市	C	↓
宜春市	C	—
宁德市	C	↑
莆田市	C	↑
遵义市	C	↓
信阳市	C	↑
开封市	C	↑
安庆市	C	↑
南充市	C	↓
常德市	C	↓
揭阳市	C	↓
茂名市	C	↓
绵阳市	C	↑
赣州市	C	↓
平顶山市	C	↓
玉溪市	C	↑
日照市	C	—
攀枝花市	C	↓
莱芜市	D	↑
衡阳市	D	↓
泸州市	D	↑
邢台市	D	↓
濮阳市	D	↓
三明市	D	↓

续表

地级以上城市	评定等级	回顾
吉安市	D	↓
荆门市	D	↑
营口市	D	○
咸阳市	D	↓
桂林市	D	↓
滁州市	D	↑
马鞍山市	D	↓
邵阳市	D	↓
上饶市	D	↓
盘锦市	D	○
西宁市	D	↓
衡水市	D	↑
秦皇岛市	D	↑
齐齐哈尔市	D	↑

A级城市在各项数据上表现优异，在城镇私营和个体从业人员增长率、工业企业数增长率、规模以上工业总产值占当地工业总产值比重、规模以上工业企业固定资产增长额、限额以上批发零售贸易企业数增长率、第二产业占GDP的比重、第三产业占GDP的比重、人均地区生产总值（元）、地区生产总值增长率、第二产业从业人员比重、第三产业从业人员比重、第二产业制造业单位和房地产单位的从业人员占第二产业单位从业人员比重、邮政业务收入占GDP比重、住宅投资占全社会总投资比重、在岗职工平均人数（万人）等方面均领先于B级城市。

而B级城市则在第二产业年末单位从业人员增长率、第三产业从业人员比重、公共财政收入占GDP比重等方面有着优异的成绩，可见其在协调发展方面还是有突出表现的。

在协调发展评级中，众多城市遵循经济规律、自然规律、社会规律，通过大局意识、协同意识、补短意识，把协调发展贯穿于发展各方面、全过程，让协调出动力、出生产力、出合力，各项改革发展举措在政策取向上相互配合、在实施过程中相互促进、在实际成效上相得益彰，发生化学反应、产生共振效果，实现科学发展、可持续发展、包容性发展，提高发展的协调性和平衡性。

其中最高等级的A级城市利用自身优势优化结构，实现统筹兼顾、实现了综合平衡的发展。B、C、D级各城市要增强发展的平衡性、包容性、可持续性，促进区域各领域各方面协同配合、均衡一体发展，把分散的部分系统化，把分散的局部功能整体化，把薄弱区域、薄弱领域、薄弱环节补起来，形成平衡发展结构，增强发展后劲。

从协调评级回顾中可以看到，A、D级城市比去年呈现下降，表明在协调发展方面趋于平衡，而B、C级城市则是比上年上升，表明随着协调发展快速推进，这些城市认识到了补短板、强整体、破制约也是谋发展促发展，能配置发展后劲、增强后发优势，形成了各区域欣欣向荣、全面发展的景象。

现代化经济体系作为一个有机整体，区域良性互动、城乡融合发展是应有之义。习近平总书记在主持中央政治局第三次集体学习时提出，"要积极推动城乡区域协调发展，优化现代化经济体系的空间布局"，体现了党中央立足中国国情、应对时代课题、心系发展大局、情牵民生福祉的战略安排。

四、城市绿色发展指数评级结果及排名

党的十九大报告指出，发展是解决我国一切问题的基础和关键，发展必须是科学发展，必须坚定不移贯彻创新、协调、绿色、开放、共享的发展理念。我们要建设的现代化是人与自然和谐共生的现代化，既要创造更多物质财富和精神财富以满足人民日益增长的美好生活需要，也要提供更多优质生态产品以满足人民日益增长的优美生态环境需要。

建设生态文明是中华民族永续发展的千年大计。必须树立和践行绿水青山就是金山银山的理念，坚持节约资源和保护环境的基本国策，像对待生命一样对待生态环境，统筹山水林田湖草系统治理，实行最严格的生态环境保护制度，形成绿色发展方式和生活方式，坚定走生产发展、生活富裕、生态良好的文明发展道路，建设美丽中国，为人民创造良好生产生活环境，为全球生态安全作出贡献。

地级以上城市绿色发展指数评级如表7-11所示，评定在A级的城市依次为贵阳市、郴州市、黄山市、珠海市、南平市、丽江市、北京市、南京市、安庆市、青岛市、怀化市、普洱市、黑河市、潍坊市、三明市。

表7-11　　　　　　　150个地级以上城市绿色发展指数评级

地级以上城市	评定等级	回顾
贵阳市	A	↑
郴州市	A	↑
黄山市	A	↑
珠海市	A	↑
南平市	A	↑
丽江市	A	↑

续表

地级以上城市	评定等级	回顾
北京市	A	↑
南京市	A	↑
安庆市	A	↑
青岛市	A	↓
怀化市	A	↑
普洱市	A	↑
黑河市	A	↑
潍坊市	A	↑
三明市	A	↑
银川市	B	↓
丽水市	B	↑
龙岩市	B	↑
保山市	B	↑
西安市	B	↑
雅安市	B	↑
湛江市	B	↑
铜川市	B	↑
乌兰察布市	B	↑
大同市	B	↑
桂林市	B	↑
漳州市	B	↑
宣城市	B	↑
沈阳市	B	○
泸州市	B	↑
成都市	B	↑
呼伦贝尔市	B	↑
吉安市	B	↑
太原市	B	↑
池州市	B	↑
河池市	B	↑
湘潭市	B	↑
六安市	B	↑
韶关市	B	↑
永州市	B	↑
宁德市	B	↑
临沧市	B	↑

续表

地级以上城市	评定等级	回顾
安康市	B	↑
包头市	B	↑
宜昌市	B	↑
咸宁市	B	↑
张家界市	B	↑
鹰潭市	B	↑
鸡西市	B	↑
黄石市	B	↑
呼和浩特市	B	↑
昆明市	B	↓
玉林市	B	↑
晋中市	B	↑
遂宁市	B	↑
株洲市	B	↓
钦州市	B	↑
益阳市	B	↑
台州市	B	↓
常德市	B	↑
荆门市	B	↑
金华市	B	↓
云浮市	B	↑
阳江市	B	↑
来宾市	B	↑
漯河市	B	↓
周口市	B	↑
百色市	B	↑
驻马店市	B	↑
温州市	B	↓
十堰市	C	↑
广元市	C	↑
合肥市	C	↓
松原市	C	↑
蚌埠市	C	↓
贺州市	C	↑
梧州市	C	↑
上饶市	C	↑

续表

地级以上城市	评定等级	回顾
泰安市	C	↑
海口市	C	↓
绵阳市	C	↓
重庆市	C	↓
拉萨市	C	↑
邵阳市	C	↑
莆田市	C	↑
肇庆市	C	↑
茂名市	C	↓
酒泉市	C	↑
南宁市	C	↓
岳阳市	C	↓
亳州市	C	↓
铜仁市	C	↑
沧州市	C	↓
北海市	C	↓
舟山市	C	↓
湖州市	C	↓
绍兴市	C	↓
张掖市	C	↑
长沙市	C	↓
威海市	C	↓
商丘市	C	↓
惠州市	C	↓
白山市	C	↑
咸阳市	C	↑
扬州市	C	↓
烟台市	C	↓
铜陵市	C	↓
宝鸡市	C	↑
南通市	C	↓
洛阳市	C	↑
巴彦淖尔市	C	↑
汕头市	C	↑
延安市	C	↓
盐城市	C	↓

续表

地级以上城市	评定等级	回顾
九江市	C	↓
滁州市	C	↑
哈尔滨市	C	↓
张家口市	C	↑
杭州市	C	↓
三门峡市	C	↑
三亚市	C	↓
平凉市	C	↑
汉中市	C	↑
遵义市	C	↑
衢州市	C	↑
泉州市	C	↓
辽阳市	C	○
安顺市	C	↑
南阳市	C	↑
绥化市	C	↓
鄂尔多斯市	D	↑
武威市	D	↑
开封市	D	↑
保定市	D	↓
佛山市	D	↑
广州市	D	↓
长春市	D	↓
萍乡市	D	↑
汕尾市	D	↓
聊城市	D	↓
荆州市	D	↑
嘉兴市	D	↓
武汉市	D	↓
赤峰市	D	↑
佳木斯市	D	↑
赣州市	D	↑
福州市	D	↓
大连市	D	○
东营市	D	↓

评定在 A 级的城市在绿色发展方面的成果主要表现在单位地区生产总值烟（粉）尘排放量、单位土地面积工业二氧化硫排放量（吨）、人均工业烟（粉）尘排放量（吨）、人均工业二氧化硫排放量（吨）、人均绿地面积、每万人拥有公共汽车上、人均城镇生活消费用电、工业固体废弃物综合利用率、城市生活污水处理率、生活垃圾无害化处理率、建成区绿化覆盖率、人均水资源量、城市环境基础设施建设投资占全市固定资产投资比重、第三产业的劳动率和第三产业的增加值比重这几个指标等方面。

位于 B 级的城市在各项数值的比较上较 A 级的城市相对较弱，但有些指标并不比 A 级城市差多少甚至个别指标还远在其上，因此可知 B 级城市只要保持政策稳定，加强生态环境建设投入力度，就有望评定在 A 级。

评定在 A、B 级的大部分城市为二、三线城市，经济相比一线城市不够发达，但相应的生态环境保护良好，这些城市在五大理念指导下以保持生态优先、推进绿色发展为发展理念，通过抓好居住环境、基础设施、公共服务、产业结构、乡风民俗等建设，构建山水城市、绿色小镇、美丽乡村。这些城市着力于保护环境，守住了生态底线，实现了高投入、高消耗、高污染的传统发展方式向绿色发展的转变，这其中尤以实现了经济效益、生态效益、社会效益有机统一的旅游城市为代表，比如 A 级里的黄山市、丽江市，B 级里的桂林市、张家界市。

对于 C 级、D 级城市来说，当务之急是调整经济结构、转变发展方式、实现可持续发展，从树立生态观念、完善生态制度、维护生态安全、优化生态环境，形成节约资源和保护环境的空间格局、产业结构、生产方式、生活方式等方面推进生态文明建设，推进循环经济进一步发展，节能环保产业快速发展，升级绿色产业集群，将绿色、智慧技术加大扩散和应用，从而推动绿色制造业和绿色服务业的兴起，实现生态系统和经济系统良性循环。

从评级的回顾中可以看到，A、B 级的城市较 2016 年大多获得提升，利用环境保护来优化经济发展、推进经济转型，让发展的质量更好、效益更高，比 2016 年获得下降的 C、D 级城市的经济绿色化程度要高，C、D 级城市在绿色发展上应继续坚定走生产发展、生活富裕、生态良好的文明发展道路，加快建设资源节约型、环境友好型社会，将绿色发展、生态文明融合在发展的各方面和全过程。

生态环境保护是高质量发展的重要推动力，高质量发展反过来也对生态环境保护提出了新的更高的要求。两者相互融合，密不可分。保护环境和发展经济，关系到人类的前途和命运。现代城市文明要求城市的发展必须是以可持续发展为基本特征，就是要有良好的自然生态系统、较低的环境污染、良好的城市绿化，还要有完善的自然资源可循环利用体系。

创新、协调、绿色、开放、共享的新发展理念，是党的十八大以来以习近平同志为核心的党中央推动我国经济社会发展实践的理论结晶，是习近平新时代中国特色社会主义思想的重要内容。生态环境问题归根结底是发展方式和生活方式问题，要从根本上解决生态环境问题，必须贯彻创新、协调、绿色、开放、共享的新发展理念，加快形成节约资源和保护环境的空间格局、产业结构、生产方式和生活方式，把人的经济和社会活动限制在自然资源和生态环境能够承受的限度内，给自然生态留下休养生息的时间和空间。

五、城市开放发展指数评级结果及排名

马克思主义政治经济学强调理论发展的开放性和包容性，注重在开放发展中吸收和借鉴一切科学思想、科学方法和科学理论。这也是马克思主义政治经济学能够始终保持旺盛活力与生命力的重要原因。习近平总书记强调，"要坚持古为今用、洋为中用，融通各种资源，不断推进知识创新、理论创新、方法创新"。[1] 中国特色社会主义政治经济学必须坚持开放与包容的学术理念和态度，既要总结实践经验、把握客观规律，又要合理吸收一切被国内外发展实践证明是正确的发展经验和理论。唯有坚持开放包容，积极吸收借鉴一切人类文明成果，才能科学构建中国特色社会主义政治经济学的学科体系、学术体系、话语体系。

一般而言，开放系统比封闭系统更安全。根据"熵定律"，开放系统将导致有序并产生新的活力，封闭系统则会导致无序并走向僵化甚至死亡。开放发展强调更好利用国际国内两个市场、两种资源，增强在全球治理中的制度性话语权，推动经济全球化健康发展。开放发展必然面临开放竞争。开放竞争不仅包括国家之间的经济竞争，而且包括制度竞争。开放竞争是推动制度变革、保持制度活力的动力来源。政府要在宣传推介、加强协调、建立机制等方面发挥主导性作用，共同创造有利于开放发展的环境，推动构建公正、合理、透明的国际经贸投资规则体系，促进生产要素有序流动、资源高效配置、市场深度融合。

发展，是当代中国的时代语境；新发展理念，是当代中国的发展之道。诺贝尔经济学奖得主科斯说过："中国的奋斗就是全人类的奋斗，中国的经验对全人类非常重要。"[2] 新发展理念既有中国特色，也有世界属性，它是我们党在深刻总结国内外发展经验教训、深入分析国内外发展大势的基础上形成的，是针对我国经济发展进入新常态、世界经济低迷复苏开出的治本之策，凝聚着对经济社会发展规律的深入思考。新发展理念深刻地体现了习近平新时代中国特色社会主义思想对发展这一时代课题的深刻洞悉，是影响我国发展全局的一场重大变革，是

---

[1] 习近平：《在哲学社会科学工作座谈会上的讲话（全文）》，新华网，2016 年 5 月 17 日，http://www.xinhuanet.com/politics/2016-05/18/c_1118891128.htm.

[2] 诺奖获得者评价中国改革开放：中国的奋斗就是全人类的奋斗 [EB/OL]. 搜狐网，2018 年 3 月 1 日，http://www.sohu.com/a/224661252_428290.

实现更高质量、更有效率、更加公平、更可持续发展的必由之路。

地级以上城市开放发展指数排名如表 7-12 所示，评定在 A 级的城市依次为上海市、深圳市、厦门市、东莞市、珠海市、苏州市、南京市、烟台市、广州市、天津市、江门市、泉州市、中山市、北京市及福州市。

表 7-12　　　　　　　　150 个地级以上城市开放发展指数评级

地级以上城市	评定等级	回顾
上海市	A	—
深圳市	A	↑
厦门市	A	↑
东莞市	A	↑
珠海市	A	↑
苏州市	A	↓
南京市	A	↑
烟台市	A	↑
广州市	A	↑
天津市	A	↑
江门市	A	↑
泉州市	A	↑
中山市	A	↓
北京市	A	↓
福州市	A	↑
大连市	B	○
河源市	B	↑
清远市	B	↑
汕尾市	B	↑
肇庆市	B	↓
宁波市	B	↑
青岛市	B	↑
无锡市	B	↑
惠州市	B	↑
漳州市	B	↓
南通市	B	↑
佛山市	B	↑
嘉兴市	B	↑
杭州市	B	↓
中卫市	B	↑
常州市	B	↑

续表

地级以上城市	评定等级	回顾
镇江市	B	↓
威海市	B	↑
武汉市	B	↑
北海市	B	↑
成都市	B	↓
秦皇岛市	B	↑
海口市	B	↑
扬州市	B	↑
莆田市	B	↑
赣州市	B	↑
营口市	B	○
绍兴市	B	↑
湖州市	B	↑
潮州市	B	↑
阳江市	B	↑
辽阳市	B	○
重庆市	B	↓
防城港市	B	↑
海东市	B	↑
云浮市	B	↑
三亚市	B	↑
濮阳市	B	↑
锦州市	B	○
太原市	B	↓
湛江市	B	↑
鄂州市	B	↑
日照市	B	↑
盐城市	B	↑
郑州市	B	↓
本溪市	B	○
西安市	B	↑
合肥市	B	↑
连云港市	B	↑
玉林市	B	↓
泰州市	B	↑
韶关市	B	—

续表

地级以上城市	评定等级	回顾
长春市	B	↑
梅州市	B	↑
崇左市	B	↓
大同市	C	↑
南宁市	C	↑
淮安市	C	—
呼和浩特市	C	↓
南昌市	C	↑
双鸭山市	C	↑
晋城市	C	↓
梧州市	C	↑
揭阳市	C	↑
长沙市	C	↓
沈阳市	C	○
廊坊市	C	↓
吉安市	C	↑
铜陵市	C	↑
丹东市	C	○
新余市	C	↑
九江市	C	↑
贵港市	C	↑
柳州市	C	↑
芜湖市	C	↓
龙岩市	C	↑
贺州市	C	↑
拉萨市	C	↑
哈尔滨市	C	↑
上饶市	C	↑
银川市	C	↑
大庆市	C	↑
黄石市	C	↓
抚顺市	C	○
唐山市	C	↑
昆明市	C	↑
钦州市	C	↓
齐齐哈尔市	C	↓

续表

地级以上城市	评定等级	回顾
济南市	C	↓
宜春市	C	↓
潍坊市	C	↓
徐州市	C	↑
张掖市	C	↑
铁岭市	C	○
十堰市	C	↑
金华市	C	↓
呼伦贝尔市	C	↑
淄博市	C	↑
宿迁市	C	↑
阜新市	C	○
永州市	C	↑
鸡西市	C	↑
伊春市	C	↑
马鞍山市	C	↓
漯河市	C	↓
抚州市	C	↓
白城市	C	↓
盘锦市	C	○
台州市	C	↑
昭通市	C	↑
景德镇市	C	○
鞍山市	C	○
吕梁市	C	↓
张家口市	C	↓
茂名市	C	↑
郴州市	D	↑
临沂市	D	↑
巴彦淖尔市	D	↑
蚌埠市	D	↑
保定市	D	↑
南平市	D	↓
衡阳市	D	↑
湘潭市	D	↑
滁州市	D	↓

续表

地级以上城市	评定等级	回顾
朝阳市	D	○
孝感市	D	↓
舟山市	D	↑
鄂尔多斯市	D	↓
东营市	D	↓
宜昌市	D	↑
邢台市	D	↓
四平市	D	↓
衢州市	D	↑
绵阳市	D	↑
新乡市	D	↑

今年的开放发展指数比去年有了很大变动，沿海城市重新占据了A级的等级。因其优越的地理区位和开放政策，A级城市继续以优势领跑全国各城市，在外商投资企业数占当地企业总数比重、外商投资企业工业总产值占当地企业工业总产值比重、外商直接投资合同项目数增长率、当年实际使用外资金额增长率、港、澳、台商投资企业数占当地企业总数比重、港、澳、台商投资企业工业总产值占企业工业总产值比重几个方面占有极大的优势。

但位于B级的城市只要加大开放力度、提升开放环境、积极投身"一带一路"建设，相信在未来一定会取得优异成果，迈入A级行列。

从此指标体系中可以看到：在开放发展这一领域，沿海城市依然是开放的主体和中坚力量，沿海城市对开放环境的重视程度以及在开放投入方面都比较高。东部沿海城市的开放基础条件与能力都远远领先于内陆城市，但也说明中西部城市可以深度挖掘开放潜力，在开放环境和基础条件上仍有很大提升空间。

世界现代化进程和全球化进程深刻影响着中国，中国特色社会主义现代化建设也深深影响着世界。在中国与世界的密切联系中把握新时代，是习近平时代观的又一重要特征。新时代不仅是为中国人民谋幸福、为中华民族谋复兴的时代，也是为世界发展谋和平、为全人类谋福祉的时代。时代发展潮流与世界发展潮流是一致的，新时代是继续开放的时代。开放发展是新时代的一个重要发展理念；共商共建共享，构建人类命运共同体，已经成为新时代我国对外宣示的主导价值理念；构建新型外交关系包括新型大国关系，建设"一带一路"、通向世界的经济走廊，已经成为新时代的重要发展战略。

在开放发展评级中，四个评级整体上看A、B级里依旧是沿海的城市居多，内陆城市则多在C、D级中，这在A级里尤为明显，除烟台、天津、北京为北方的环渤海经济地区外，其他城市均为东南沿海经济圈的城市，其中广东省5个，之后是福建省的3个。

因其优越的地理区位和开放政策，以及把开放作为发展的内在要求的理念，A、B级里的城市将国内国际的要素、资源、市场进行有序流动、高效配置、深度融合，用高水平的开放推动了高质量的发展，这在外商投资企业数占当地企业总数比重，外商投资企业工业总产值占当地企业工业总产值比重，外商直接投资合同项目数增长率，当年实际使用外资金额增长率，港、澳、台商投资企业数占当地企业总数比重，港、澳、台商投资企业工业总产值占企业工业总产值比重等几个方面占有极大的优势。

而C、D级的城市则多在"一带一路"倡议背景下，与A、B级城市在开放发展理念指导下联动开放、协同发展，以政策沟通、设施联通、贸易畅通、资金融通和民心相通为重要内容，加强开放口岸和基础设施建设，发展外向型产业集群，形成各有侧重的对外开放基地，努力构建公平竞争的内外资发展环境，加强国际交流合作，与沿线国家广泛开展教育、科技、文化、旅游、卫生、环保等领域的合作，实现全面开放、公平开放。

从回顾中可以看到，我国城市开放水平整体呈上升水平，表明中国在更大范围、更宽领域、更深层次上提高了开放型经济水平，其中沿海城市继续保持内外联动，实现高水平程度的开放，而内陆城市也纷纷通过"一带一路"倡议把自身发展至广阔的国际空间，获得推动发展所必需的资金、技术、资源、市场、人才，等等，充分发挥自身比较优势，创造出更多社会财富。

六、城市共享发展指数评级结果及排名

人民对美好生活的向往，就是我们的奋斗目标！不忘初心、方得始终，中国共产党人的初心和使命，就是为中国人民谋幸福，为中华民族谋复兴。

中国特色社会主义新时代，是全国各族人民团结奋斗、不断创造美好生活、逐步实现全体人民共同富裕的时代。共享发展的实质是坚持以人民为中心的发展思想，体现的是逐步实现共同富裕的要求。从国际经验看，一些国家之所以落入"中等收入陷阱"，大多与收入差距拉大、社会不公加剧、未能促进共享发展有密切关系。因此，共享发展既是发展的初衷，也是实现可持续发展的重要保证。共享不是简单分享成果，而是具有全民共享、全面共享、共建共享、渐进共享的丰富内涵，要求作出更有效的制度安排，使全体人民在共建共享发展中有更多获得感，朝着共同富裕方向稳步前进。

人民利益是中国共产党的最高追求，共享是新发展理念的价值旨归，坚持以人民为中心是新时代坚持和发展中国特色社会主义的基本方略。人民对美好生活

的向往是我们党的奋斗目标,实现全体人民共同富裕是社会主义的本质要求。今天,人民的物质文化生活水平大幅提升,但共建美好生活仍有短板;社会财富快速增长,但距离共同富裕仍有差距。经过改革开放 40 年的发展,我国社会生产力水平明显提高,人民生活显著改善,同时人民生活需要的内涵大大扩展、层次大大提升,对美好生活的向往更加强烈。

地级以上城市共享发展指数评级如表 7-13 所示,位于 A 等级的城市依次为北京市、上海市、重庆市、深圳市、广州市、天津市、成都市、南京市、杭州市、苏州市、长沙市、武汉市、宁波市、郑州市、青岛市。

表 7-13　　　　　　150 个地级以上城市共享发展指数评级

地级以上城市	评定等级	回顾
北京市	A	—
上海市	A	—
重庆市	A	—
深圳市	A	↑
广州市	A	↓
天津市	A	—
成都市	A	—
南京市	A	↑
杭州市	A	—
苏州市	A	—
长沙市	A	↑
武汉市	A	↓
宁波市	A	—
郑州市	A	↓
青岛市	A	↑
沈阳市	B	○
西安市	B	↓
广安市	B	↑
温州市	B	↓
石家庄市	B	↑
东莞市	B	—
济南市	B	↑
无锡市	B	↓
哈尔滨市	B	↑
大连市	B	○
佛山市	B	↓

续表

地级以上城市	评定等级	回顾
日喀则市	B	↑
遵义市	B	↑
福州市	B	↓
南通市	B	↑
潍坊市	B	↓
合肥市	B	↓
长春市	B	↓
烟台市	B	↓
徐州市	B	↓
金华市	B	↑
保定市	B	↑
赣州市	B	↑
常州市	B	↑
南宁市	B	↓
昆明市	B	↑
唐山市	B	↓
邯郸市	B	↑
绍兴市	B	↓
泉州市	B	↓
台州市	B	↓
临沂市	B	↓
南昌市	B	↑
济宁市	B	↓
贵阳市	B	↓
邵阳市	B	↑
南阳市	B	↓
百色市	B	↑
上饶市	B	↑
盐城市	B	↓
衡阳市	B	↑
嘉兴市	B	↓
太原市	B	↓
淄博市	B	↓
菏泽市	B	↑
洛阳市	B	↓
运城市	B	↑

续表

地级以上城市	评定等级	回顾
沧州市	B	↓
毕节市	B	↑
辽阳市	B	○
怀化市	B	↑
宜宾市	B	↑
丽水市	B	↑
吉林市	B	↑
贺州市	B	↑
南充市	C	↑
铜仁市	C	↑
邢台市	C	↑
乌鲁木齐市	C	↓
惠州市	C	↓
黄冈市	C	↑
齐齐哈尔市	C	↑
阜阳市	C	↓
荆州市	C	↑
常德市	C	↑
衢州市	C	↓
咸阳市	C	↑
吕梁市	C	↑
永州市	C	↑
赤峰市	C	↑
扬州市	C	↑
兰州市	C	↑
桂林市	C	↓
茂名市	C	↑
聊城市	C	↑
宿迁市	C	↑
达州市	C	↑
新乡市	C	↓
九江市	C	↑
周口市	C	↓
汉中市	C	↓
渭南市	C	↓
四平市	C	↑

续表

地级以上城市	评定等级	回顾
驻马店市	C	↓
梅州市	C	↑
榆林市	C	↓
酒泉市	C	↑
玉林市	C	↑
内江市	C	↑
江门市	C	↑
漳州市	C	↑
河池市	C	↓
六盘水市	C	↑
益阳市	C	↑
湖州市	C	↓
廊坊市	C	↓
昭通市	C	↑
德阳市	C	↑
淮安市	C	↑
厦门市	C	↓
商丘市	C	↓
泰州市	C	↓
郴州市	C	↓
安阳市	C	↑
泸州市	C	↑
鄂尔多斯市	C	↓
贵港市	C	↓
银川市	C	↑
葫芦岛市	C	○
韶关市	C	↑
湛江市	C	↓
中卫市	C	↑
岳阳市	C	↓
梧州市	C	↑
滁州市	C	↑
泰安市	D	↓
吉安市	D	↑
镇江市	D	↓
自贡市	D	↑

续表

地级以上城市	评定等级	回顾
绥化市	D	↑
宝鸡市	D	↓
吴忠市	D	↑
安庆市	D	↓
呼和浩特市	D	↓
巴中市	D	↑
清远市	D	↓
宜春市	D	↓
株洲市	D	↓
张家界市	D	↑
阜新市	D	○
肇庆市	D	↓
钦州市	D	↑
秦皇岛市	D	↓
临汾市	D	↓
呼伦贝尔市	D	↓
娄底市	D	↓

在地级以上城市共享发展指数评级中，A 级城市主要在就业、教育、存款、工资、医疗等方面优势突出，表现在城镇登记失业人员数占城镇从业人员总数比重，第三产业文化、体育、娱乐用房屋单位从业人员占第三产业单位从业人数比重，教育支出占 GDP 比重，居民人民币储蓄存款余额增长率，医院和卫生院数增长率，医院、卫生院床位数增长率，医生数（执业医师＋执业助理医师）增长率，在岗职工工资总额增长率，失业保险参保人数增长率，第三产业公共管理和社会组织单位从业人员占第三产业单位从业人数比重，公共财政支出占 GDP 比重，社会消费品零售总额增长率，公路客运量增长率，公路货运量增长率等几个方面。

而位于 B 级的城市则表现在第三产业教育单位从业人员占第三产业单位从业人数比重、失业保险参保人数增长率、城镇基本医疗保险参保人数增长率、职工平均工资增长率、互联网宽带接入用户数增长率等几个方面有着长足进步，表现出了在共享发展方面的重视程度和建设成果。

从此指标评级体系中可以看出：国内各地区对共享发展的重视程度很高，响应力度与积极性也很大，但就现阶段而言，一二线城市依然是中国共享发展指数的中坚力量与主力军，其余城市的进步空间还很大。

在地级以上城市共享发展评级中，省会城市普遍达到了 B 级以上，这些 B 级以上城市在社会公平公正的前提下，致力以推进扶贫脱贫、缩小收入差距为抓手，推进区域、城乡基本公共服务均等化为保障，着力破除重效率轻公平、重城市轻农村、重 GDP 轻民生、重"做大蛋糕"轻"分好蛋糕"等观念，使发展更具有公平性、普惠性，使人民在发展有更多获得感、更强幸福感，有效促进共享发展。

评定在 C 级以上的城市主要在就业、教育、存款、工资、医疗等方面优势突出，表现在城镇登记失业人员数占城镇从业人员总数比重，第三产业文化、体育、娱乐用房屋单位从业人员占第三产业单位从业人数比重，教育支出占 GDP 比重，年末金融机构人民币各项存款余额增长率，居民人民币储蓄存款余额增长率，医院和卫生院数增长率，医院、卫生院床位数增长率，医生数（执业医师＋执业助理医师）增长率，在岗职工工资总额增长率，失业保险参保人数增长率、第三产业公共管理和社会组织单位从业人员占第三产业单位从业人数比重，公共财政支出占 GDP 比重，社会消费品零售总额增长率，公路客运量增长率，公路货运量增长率，第三产业教育单位从业人员占第三产业单位从业人数比重，失业保险参保人数增长率，城镇基本医疗保险参保人数增长率，职工平均工资增长率，移动电话、固定电话和互联网宽带接入用户数增长率等几个方面有着长足进步，表现出了在共享发展方面的重视程度和建设成果等几个方面，更多地体现了统筹兼顾、普遍受益的发展状态。

相对来说 D 级城市依旧在就业、收入分配、教育、医疗卫生、住房等方面需要完善，改善社会环境、民生环境、社会保障能够增强发展动力，推动经济社会实现更高质量、更有效率、更加公平、更可持续的发展。

从回顾中可以看到，A 级城市与去年比大多表现平稳，表明社会保障制度建设步入正轨，共享发展趋于平稳有序地推进，B、C、D 级城市则比 2016 年多为上升，表明这些城市用秉承共享发展理念来改革和完善经济体制机制，人民生活水平和质量得到了普遍提高，让发展的红利能够惠及亿万民众。

民生始终是习近平同志念兹在兹的重大关切。发展为了人民、发展依靠人民、发展成果由人民共享，是习近平新时代中国特色社会主义经济思想贯穿始终的一条"红线"。习近平同志在党的十九大报告中指出，带领人民创造美好生活，是我们党始终不渝的奋斗目标。必须始终把人民利益摆在至高无上的地位，让改革发展成果更多更公平惠及全体人民，朝着实现全体人民共同富裕不断迈进。"小康不小康，关键看老乡""推动居民收入增长和经济增长同步""绿水青山就是金山银山""让老百姓呼吸上新鲜的空气、喝上干净的水、吃上放心的食物、生活在宜居的环境中""把人民健康放在优先发展战略地位"等等，习近平同志的这些重要指示已经深入人心，成为引领经济社会发展的重要方针。

附录　中国各省（自治区、直辖市）五大发展指数蛛网图

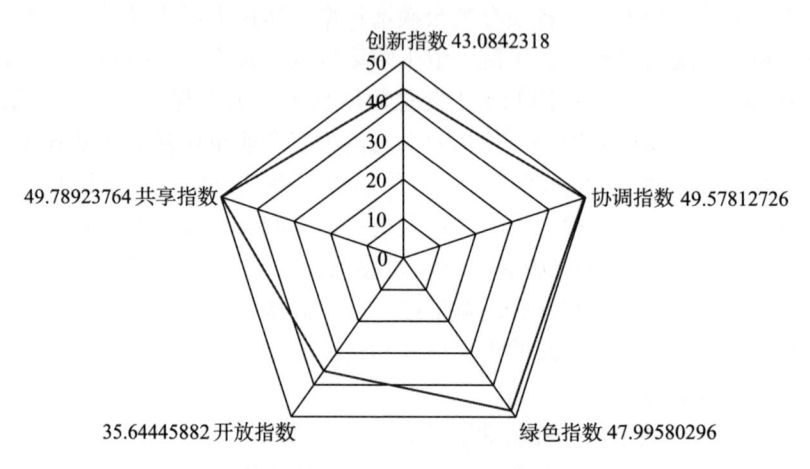

图1　浙江省五大发展指数蛛网图

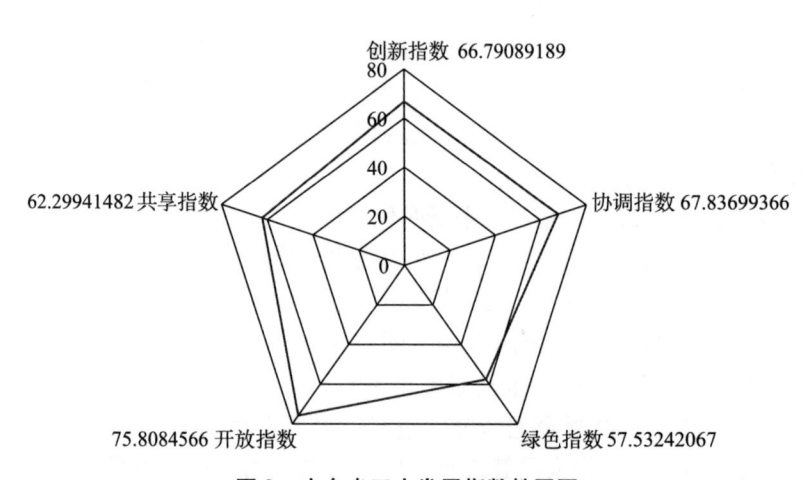

- 创新指数 43.0842318
- 协调指数 49.57812726
- 绿色指数 47.99580296
- 开放指数 35.64445882
- 共享指数 49.78923764

图2　广东省五大发展指数蛛网图

- 创新指数 66.79089189
- 协调指数 67.83699366
- 绿色指数 57.53242067
- 开放指数 75.8084566
- 共享指数 62.29941482

| 附录 中国各省（自治区、直辖市）五大发展指数蛛网图 | 275

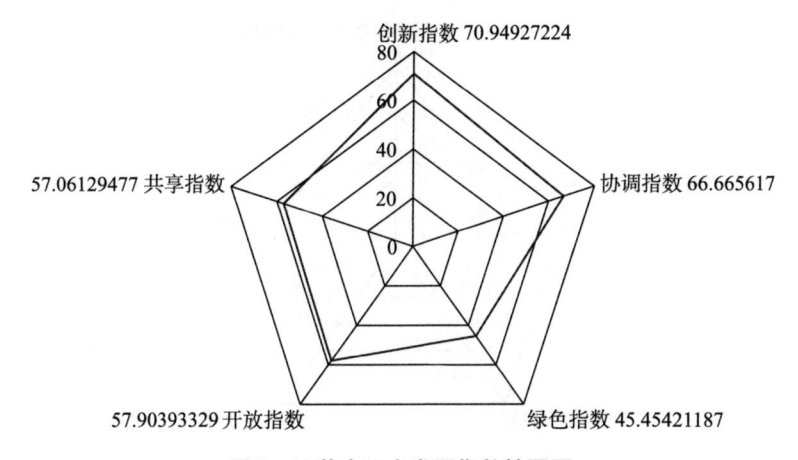

创新指数 70.94927224

57.06129477 共享指数

协调指数 66.665617

57.90393329 开放指数

绿色指数 45.45421187

图 3　江苏省五大发展指数蛛网图

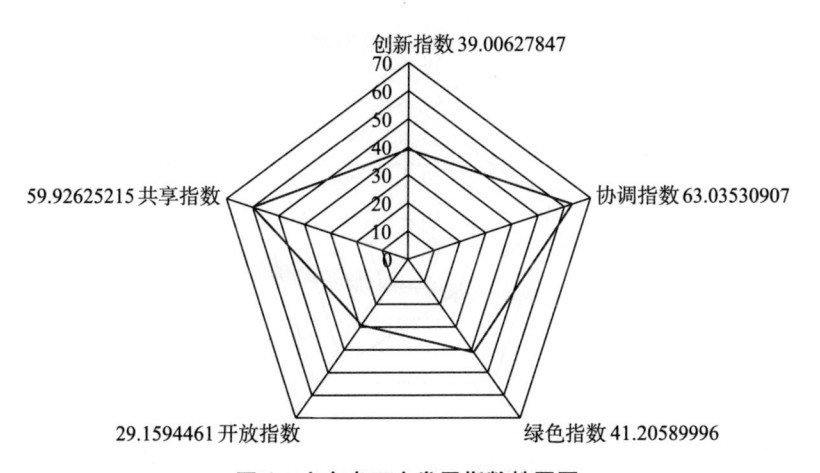

创新指数 39.00627847

59.92625215 共享指数

协调指数 63.03530907

29.1594461 开放指数

绿色指数 41.20589996

图 4　山东省五大发展指数蛛网图

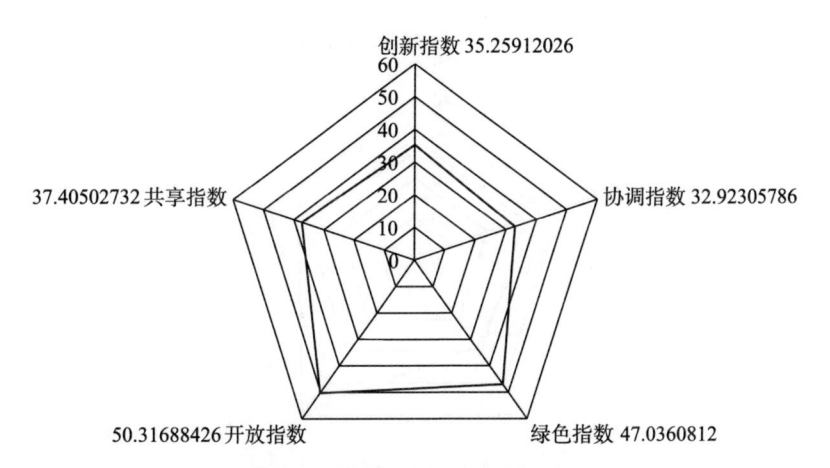

创新指数 35.25912026

37.40502732 共享指数

协调指数 32.92305786

50.31688426 开放指数

绿色指数 47.0360812

图 5　上海市五大发展指数蛛网图

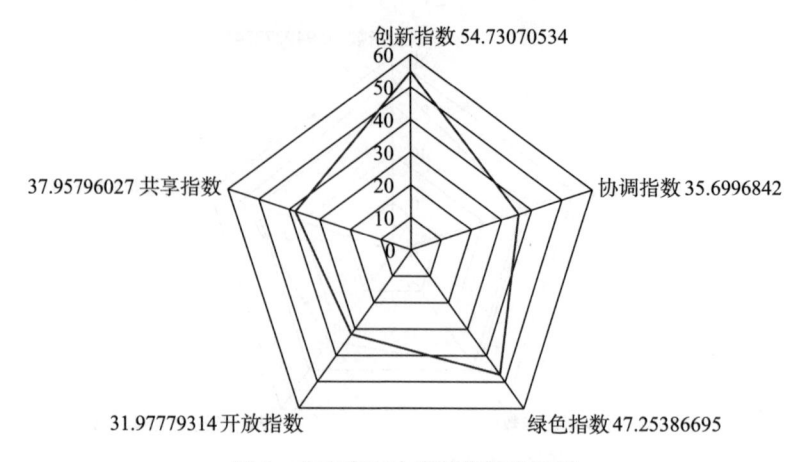

图 6　北京市五大发展指数蛛网图

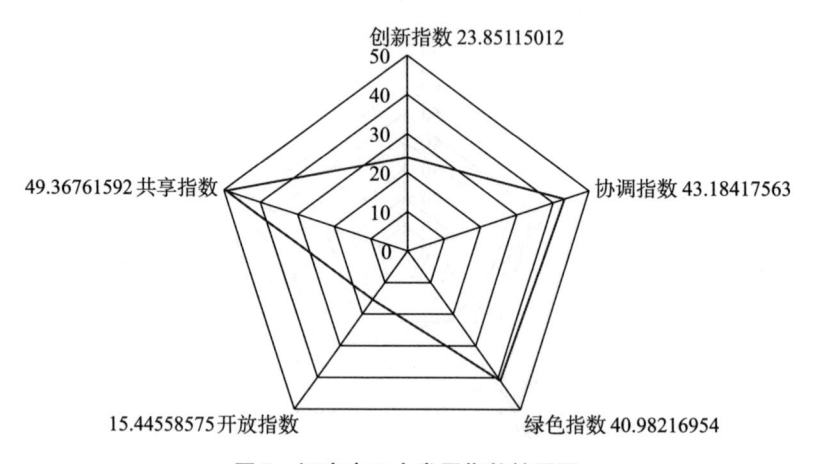

图 7　河南省五大发展指数蛛网图

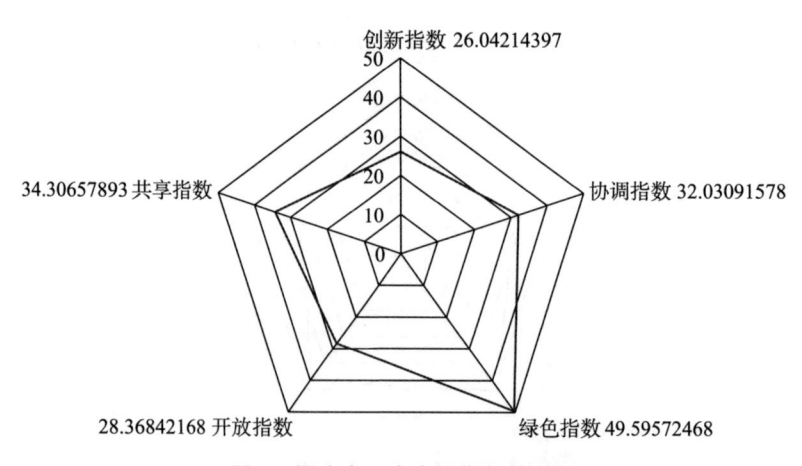

图 8　福建省五大发展指数蛛网图

附录　中国各省（自治区、直辖市）五大发展指数蛛网图 | 277

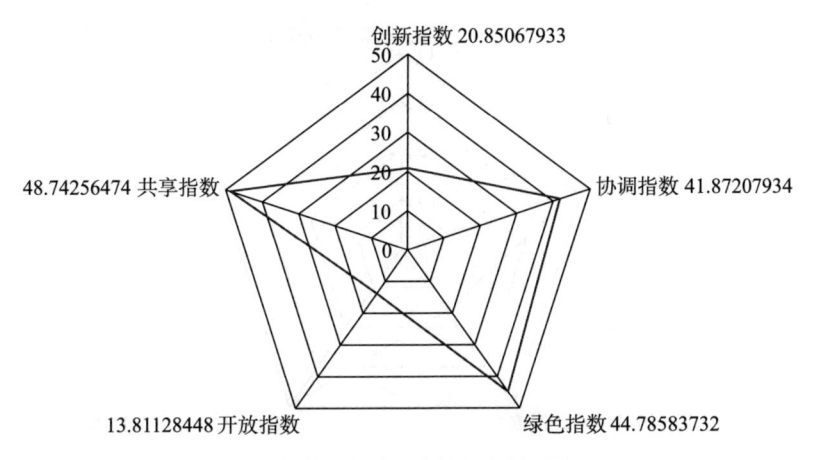

创新指数 20.85067933
48.74256474 共享指数
协调指数 41.87207934
13.81128448 开放指数
绿色指数 44.78583732

图 9　四川省五大发展指数蛛网图

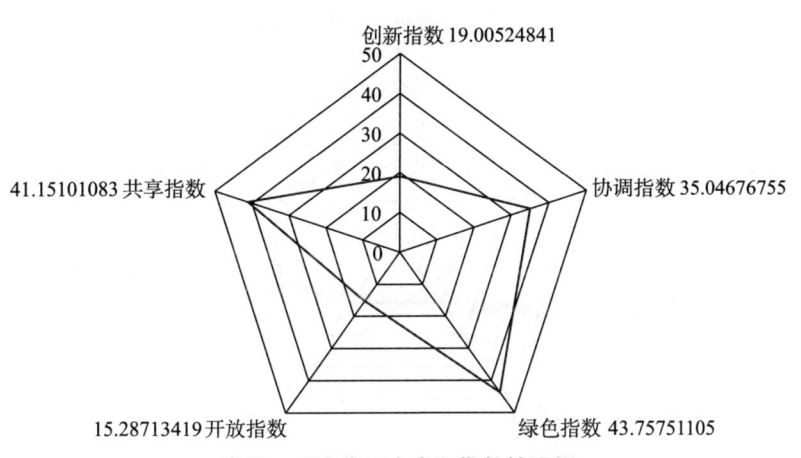

创新指数 19.00524841
41.15101083 共享指数
协调指数 35.04676755
15.28713419 开放指数
绿色指数 43.75751105

图 10　湖南省五大发展指数蛛网图

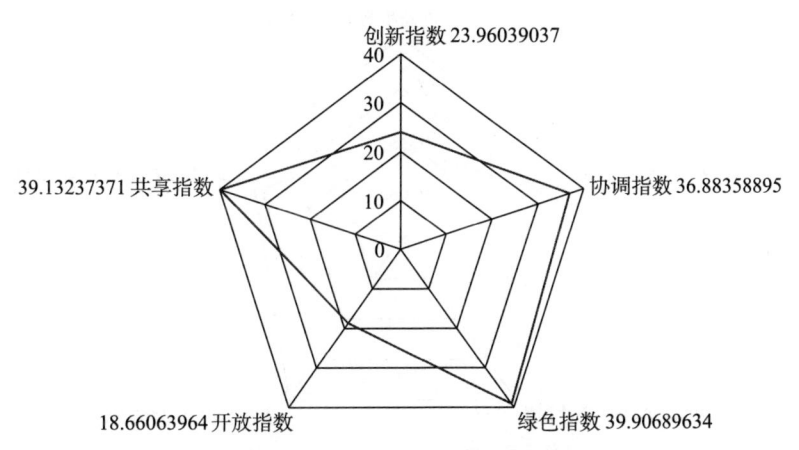

创新指数 23.96039037
39.13237371 共享指数
协调指数 36.88358895
18.66063964 开放指数
绿色指数 39.90689634

图 11　湖北省五大发展指数蛛网图

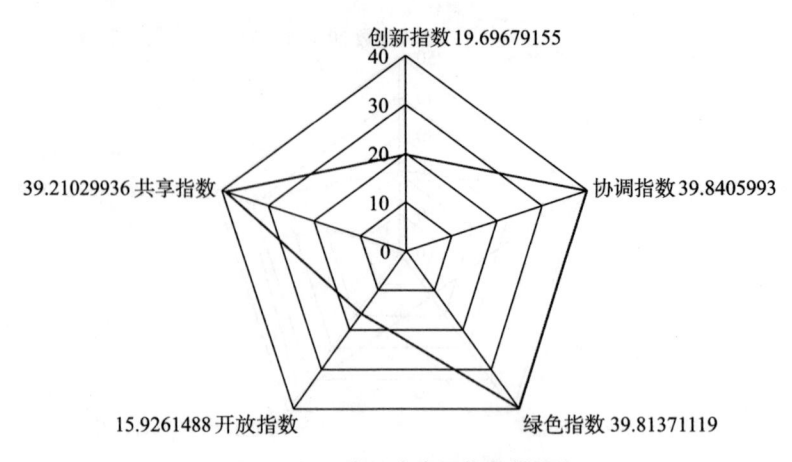

图 12　河北省五大发展指数蛛网图

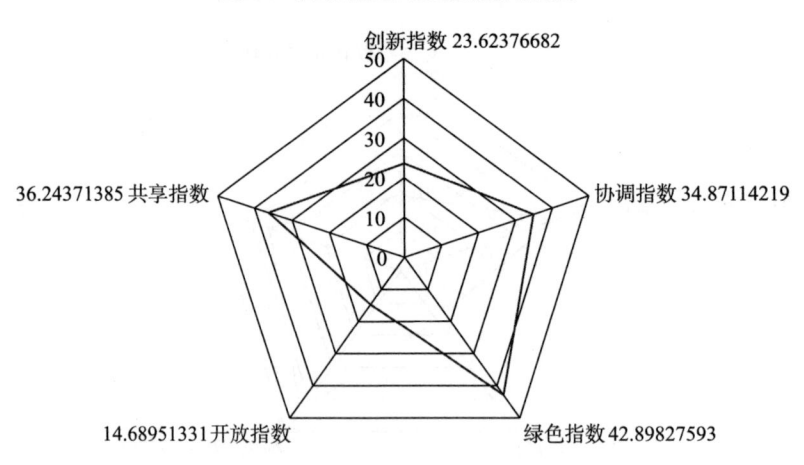

图 13　安徽省五大发展指数蛛网图

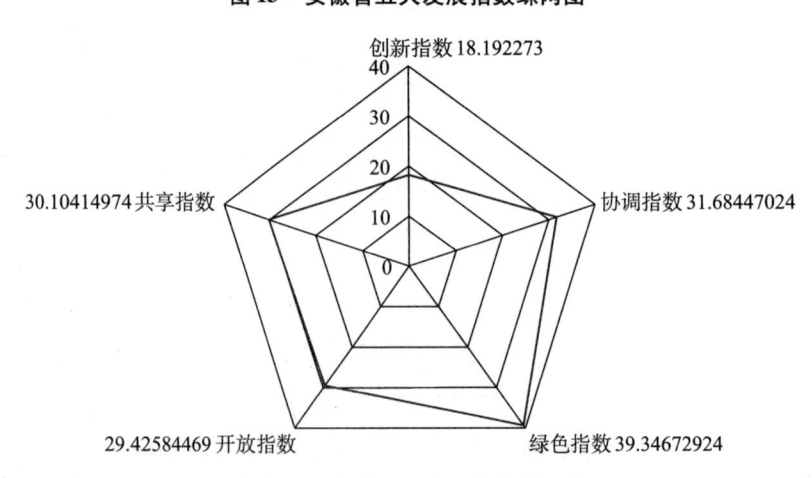

图 14　辽宁省五大发展指数蛛网图

附录 中国各省（自治区、直辖市）五大发展指数蛛网图

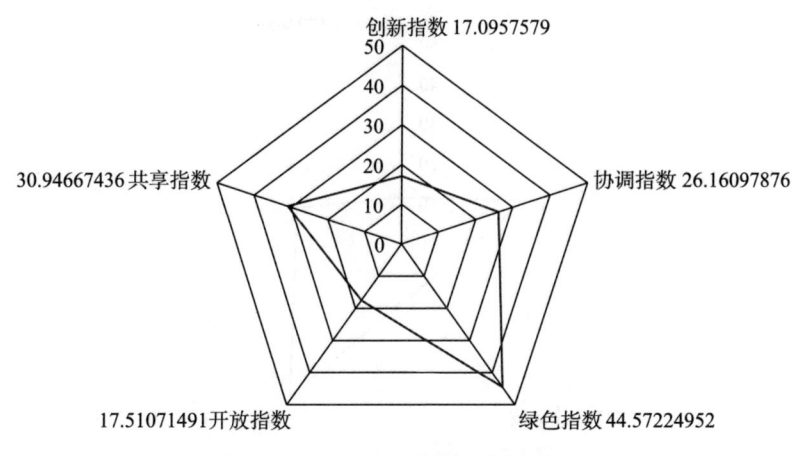

创新指数 17.0957579
协调指数 26.16097876
绿色指数 44.57224952
17.51071491 开放指数
30.94667436 共享指数

图 15　江西省五大发展指数蛛网图

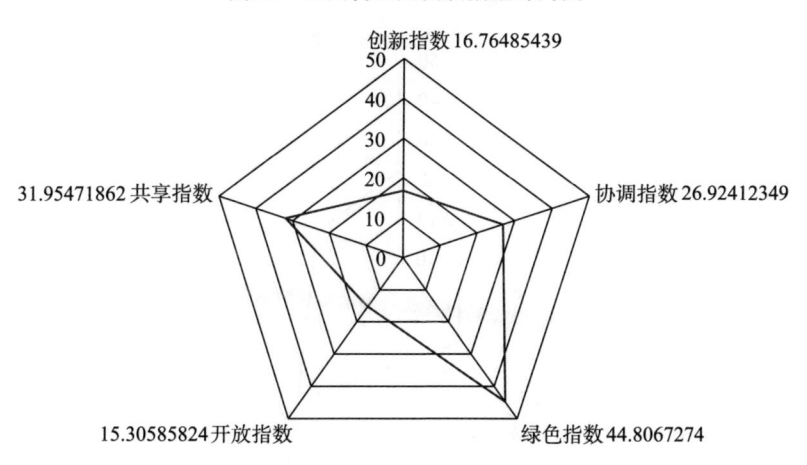

创新指数 16.76485439
协调指数 26.92412349
绿色指数 44.8067274
15.30585824 开放指数
31.95471862 共享指数

图 16　广西壮族自治区五大发展指数蛛网图

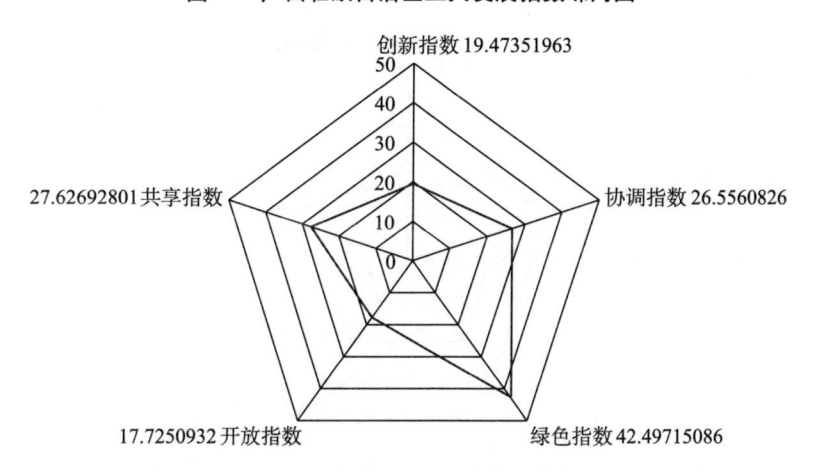

创新指数 19.47351963
协调指数 26.5560826
绿色指数 42.49715086
17.7250932 开放指数
27.62692801 共享指数

图 17　重庆市五大发展指数蛛网图

创新指数 11.17246864

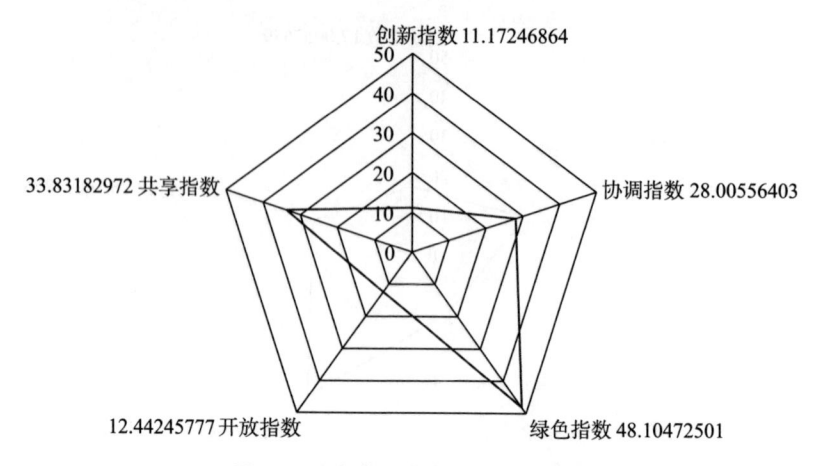

33.83182972 共享指数

12.44245777 开放指数

协调指数 28.00556403

绿色指数 48.10472501

图 18　云南省五大发展指数蛛网图

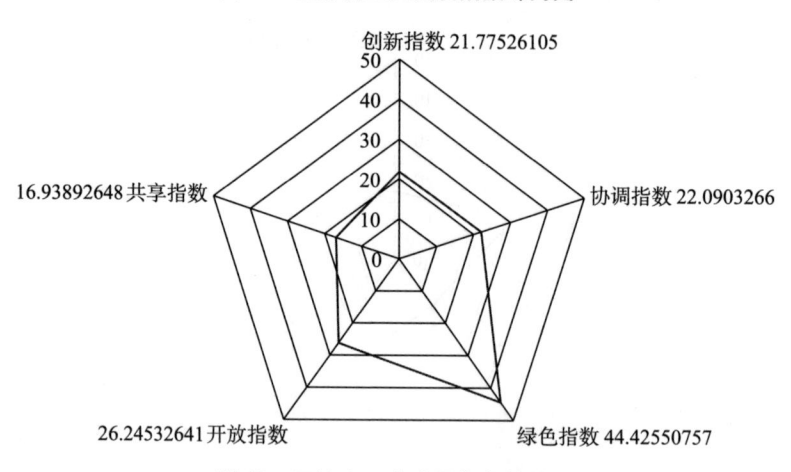

创新指数 21.77526105

16.93892648 共享指数

26.24532641 开放指数

协调指数 22.0903266

绿色指数 44.42550757

图 19　天津市五大发展指数蛛网图

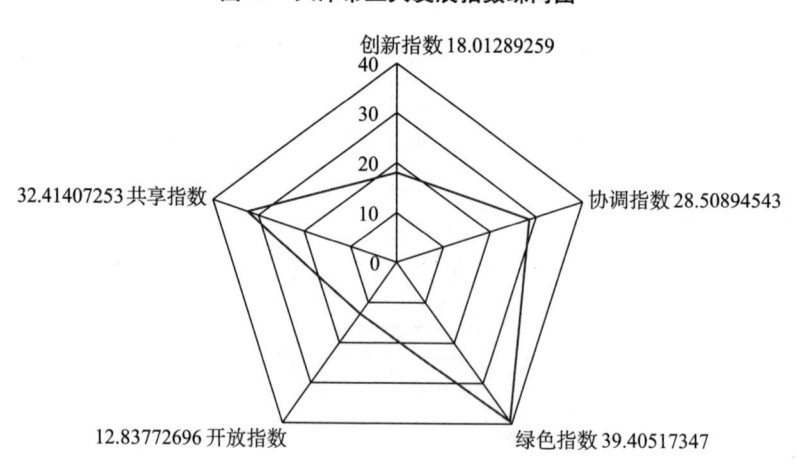

创新指数 18.01289259

32.41407253 共享指数

12.83772696 开放指数

协调指数 28.50894543

绿色指数 39.40517347

图 20　陕西省五大发展指数蛛网图

附录 中国各省（自治区、直辖市）五大发展指数蛛网图 | 281

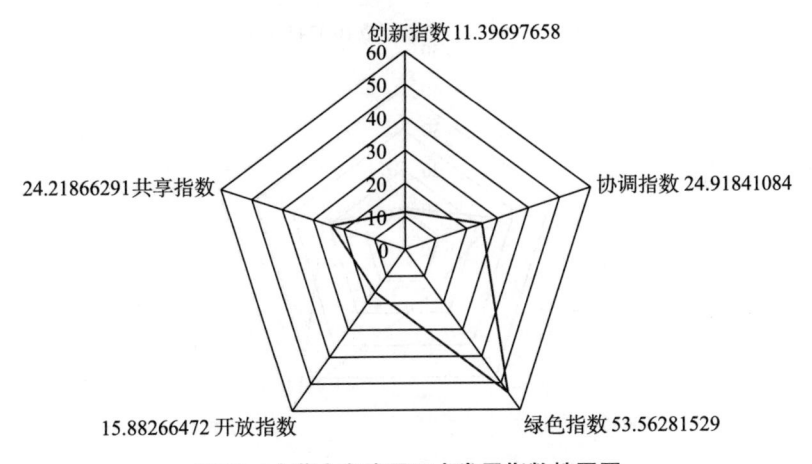

创新指数 11.39697658
24.21866291 共享指数
协调指数 24.91841084
15.88266472 开放指数
绿色指数 53.56281529

图 21 内蒙古自治区五大发展指数蛛网图

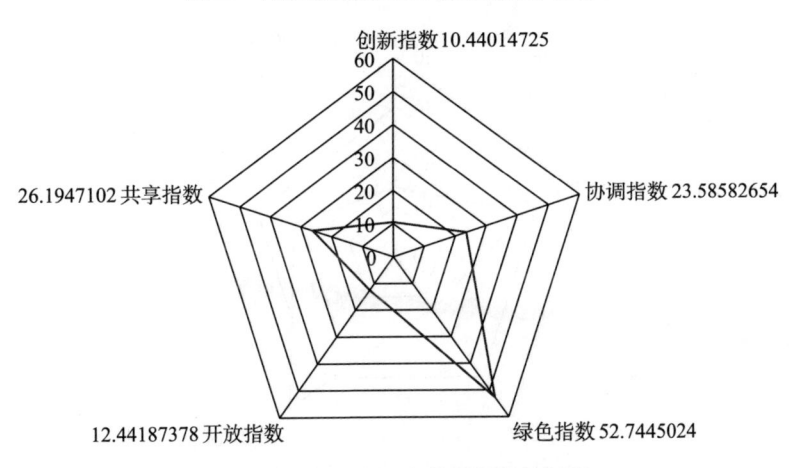

创新指数 10.44014725
26.1947102 共享指数
协调指数 23.58582654
12.44187378 开放指数
绿色指数 52.7445024

图 22 黑龙江省五大发展指数蛛网图

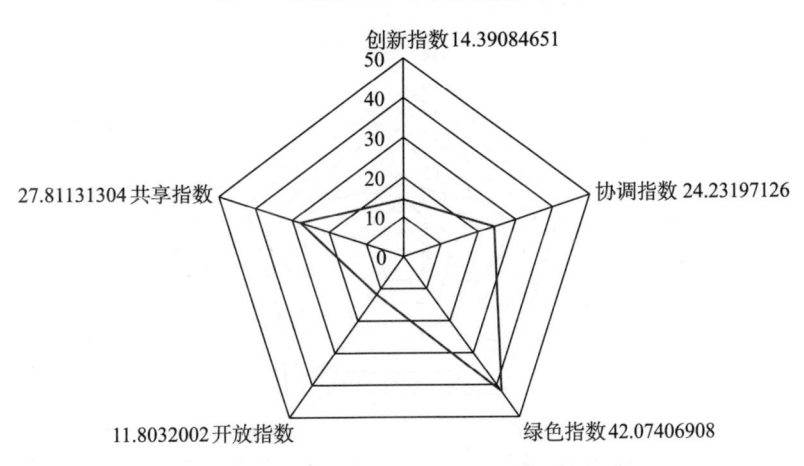

创新指数 14.39084651
27.81131304 共享指数
协调指数 24.23197126
11.8032002 开放指数
绿色指数 42.07406908

图 23 新疆维吾尔自治区五大发展指数蛛网图

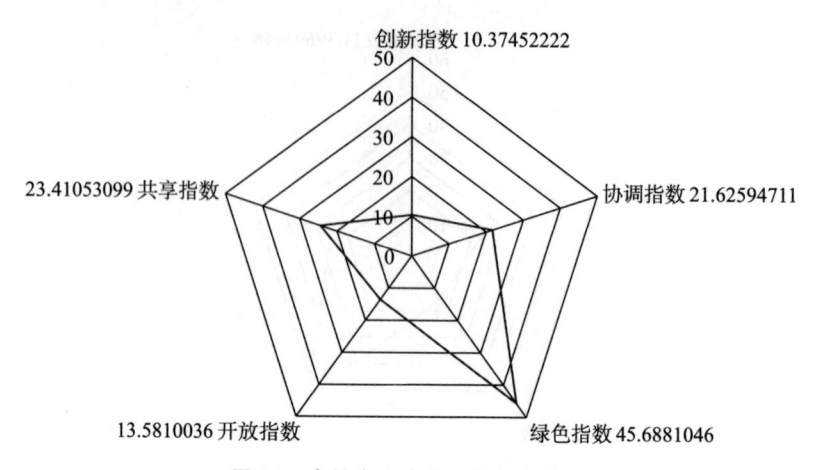

图 24　吉林省五大发展指数蛛网图

图 25　贵州省五大发展指数蛛网图

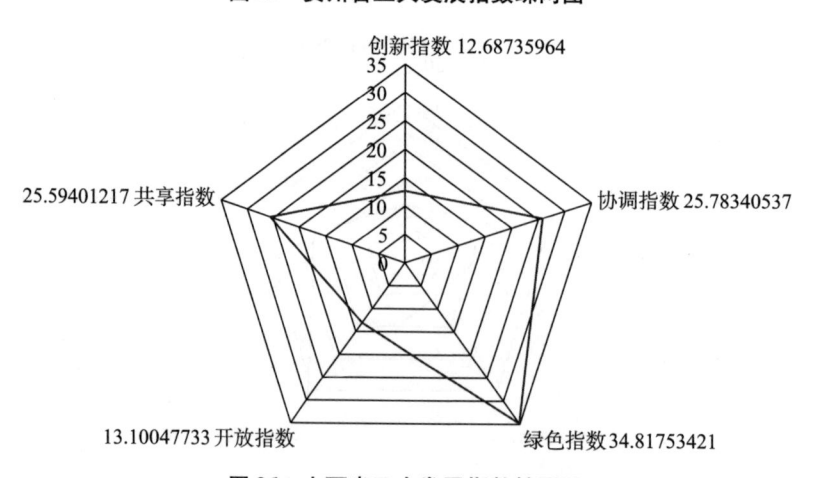

图 26　山西省五大发展指数蛛网图

附录　中国各省（自治区、直辖市）五大发展指数蛛网图　283

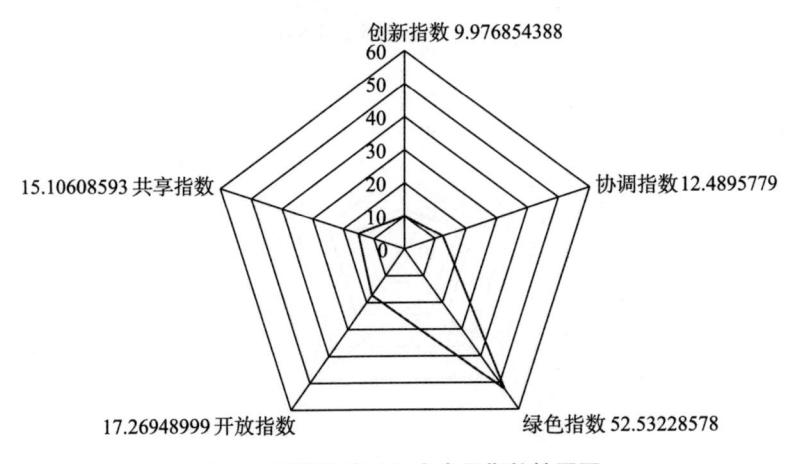

图27　西藏自治区五大发展指数蛛网图

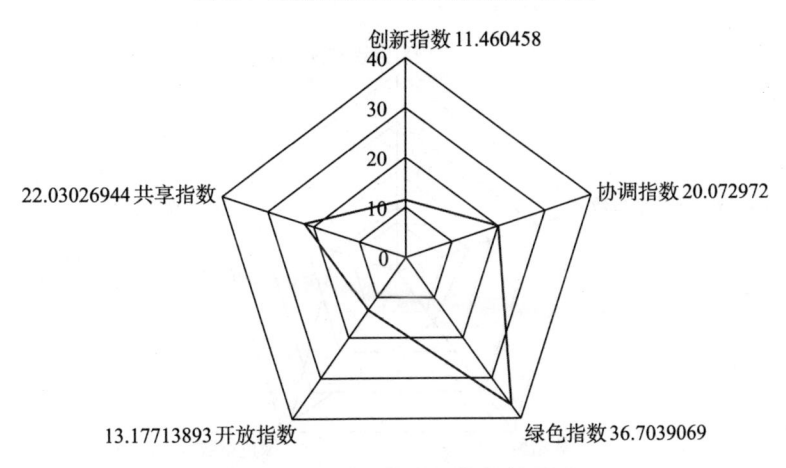

创新指数 9.976854388
协调指数 12.4895779
绿色指数 52.53228578
开放指数 17.26948999
共享指数 15.10608593

图28　甘肃省五大发展指数蛛网图

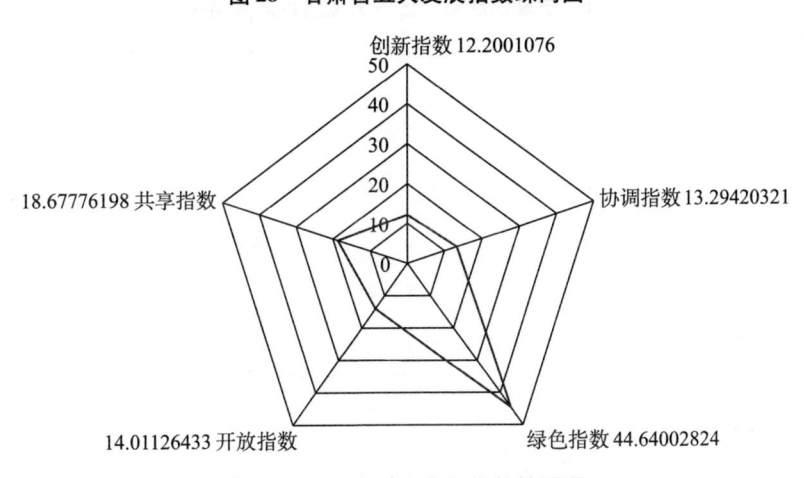

创新指数 11.460458
协调指数 20.072972
绿色指数 36.7039069
开放指数 13.17713893
共享指数 22.03026944

图29　海南省五大发展指数蛛网图

创新指数 12.2001076
协调指数 13.29420321
绿色指数 44.64002824
开放指数 14.01126433
共享指数 18.67776198

284 | 中国新发展理念指数报告 |

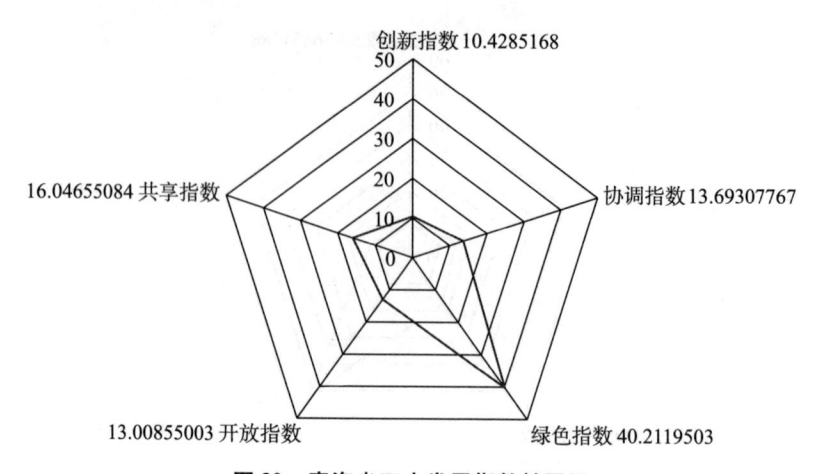

图30 青海省五大发展指数蛛网图

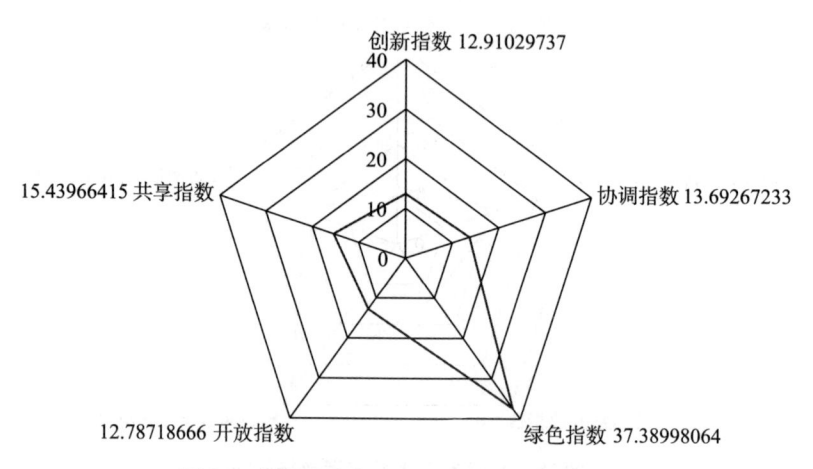

创新指数 10.4285168
协调指数 13.69307767
绿色指数 40.2119503
开放指数 13.00855003
共享指数 16.04655084

图31 宁夏回族自治区五大发展指数蛛网图

创新指数 12.91029737
协调指数 13.69267233
绿色指数 37.38998064
开放指数 12.78718666
共享指数 15.43966415

主要参考文献及数据来源

[1] 习近平出席全国生态环境保护大会并发表重要讲话[EB/OL]. 中央政府网,2018-5-21,http：//www.gov.cn/xinwen/2018-05/19/content_5292116.html.

[2] 易昌良,朱云娟主编. 中国创新发展研究报告[M]. 北京：经济科学出版社,2017.

[3] 中华人民共和国国家统计局编. 中国发展报告2016[M]. 北京：中国统计出版社,2016.

[4] 习近平：在省部级主要领导干部学习贯彻党的十八届五中全会精神专题研讨班上的讲话[EB/OL]. 新华网,2016-1-18,http：//www.xinhuanet.com//politics/2016-05/10/c_128972667.htm.

[5] 新时代经世济民的思想丰碑——学习习近平新时代中国特色社会主义经济思想的体会[EB/OL]. 人民网,2018-3-22,http：//nx.people.com.cn/n2/2018/0322/c192488-31370214.html.

[6] 以新发展理念引领社会治理创新[EB/OL]. 人民网,2016-9-28,http：//theory.people.com.cn/n1/2016/0928/c40531-28745267.html.

[7] 陈诺. 立足五大理念,展望2016[R]. 半月谈,2016(10).

[8] 牢固树立和深入贯彻新发展理念——深入学习贯彻《习近平谈治国理政》第二卷关于新发展理念的重要论述[N]. 人民日报,2017-12-29.

[9] 习近平：新发展理念就是指挥棒、红绿灯[R]. 澎湃新闻,2016-12-15.

[10] 改革创新引领中国经济转型新进程——三大国际机构高管共话2016年中国经济[R]. 新华社,2016-12-15,思想纵横：让新发展理念在新时代开花结果[N]. 人民日报,2017-12-13.

[11] 坚持新发展理念——四论深入学习贯彻党的十九大精神[N]. 光明日报,2017-10-31.

[12] 从全国两会看贯彻落实新发展理念[EB/OL]. 新华网,2018-3-9,http：//m.xinhuanet.com/politics/2018-03/08/c_1122508762.htm.

[13] 习近平在七大会址论党的实践创新和理论创新：永无止境[EB/OL]. 新华网,2015-2-15,http：//www.xinhuanet.com//politics/2015-02/15/c_1114372592.htm.

［14］陈全国. 坚持以总目标为引领牢固树立五大发展理念坚定不移紧贴民生推动全区更好更快发展［R］. 新疆日报，2016-10-10.

［15］严俊. 测评排名｜把脉中国经济转型，哪些省市能够避免硬着陆［R］. 人民智库，2016-10-21.

［16］习近平：与时俱进的浙江精神［EB/OL］. 浙江新闻网，2006-2-5. http://zjnews.zjol.com.cn/05zjnews/system/2006/02/05/006462724.shtml.

［17］创新发展的理论意义和实践要求［N］. 经济日报，2017-7-21.

［18］习近平：共建创新包容的开放型世界经济——在首届中国国际进口博览会开幕式上的主旨演讲（全文）［EB/OL］. 中国全国人大网，2018-11-5，http://www.npc.gov.cn/npc/xinwen/syxw/2018-11/05/content_2065627.htm.

［19］坚定不移走创新发展道路［N］. 南方日报，2018-3-27.

［20］习近平：关于《中共中央关于制定国民经济和社会发展第十三个五年规划的建议》的说明［EB/OL］. 新华网，2015-11-3，http://www.xinhuanet.com//politics/2015-11/03/c_1117029621.htm.

［21］新时代呼唤更多创新创业的身姿［N］. 广州日报，2018-3-7.

［22］韩庆祥. 以新发展理念引领发展［N］. 经济日报，2016-10-27.

［23］王志刚. 加快建设创新型国家［N］. 人民日报，2017-12-07.

［24］抓住机遇立足优势积极作为系统谋划"十三五"经济社会发展——习近平在华东七省市党委主要负责同志座谈会上的讲话［EB/OL］. 新华网，2015-5-28，http://www.xinhuanet.com/politics/2015-05/28/c_1115442717.htm.

［25］梅超. 实施创新驱动　共话乡村振兴［N］. 中国改革报，2017-11-23.

［26］姚瑶. 勇于创新实干　放飞青春梦想［N］. 南方日报，2017-10-26.

［27］颜廷标. 努力把雄安新区建成创新驱动发展引领区［N］. 河北日报，2017-4-21.

［29］曾强. 粤港澳大湾区：建成世界创新中心［N］. 深圳特区报，2017-3-28.

［29］姜鲁鸣. 加快形成军民融合创新体系［N］. 解放军报，2017-3-24.

［30］贾敬敦. 国家农业科技园区创新能力评价报告2015［N］. 科技日报，2017-2-3.

［31］赵婀娜. 创新创业教育，亟须"升级版"［N］. 人民日报，2017-1-5.

［32］中共中央国务院印发《国家创新驱动发展战略纲要》［N］. 人民日报，2016-5-20.

［33］艾德维. 中国创新生态系统［R］. 中国理事会报告，2016-8.

［34］三句话读懂中国经济新方位［R］. 学习小组，2016-12-14.

［35］中国经济新方位［EB/OL］. 求是网，2016-12-14，http://www.

qstheory. cn/zhuanqu/bkjx/2017 - 09/08/c_1121631764. htm.

[36] 习近平的十大底线（铿锵有力，醍醐灌顶）[R]. 人民论坛，2016 - 2 - 7.

[37] 这是关系我国发展全局的一场深刻变革　必须坚持！[R]. 央视新闻，2016 - 12 - 15.

[38] 长沙连续5年以上入榜"中国最具幸福感城市"[R]. 新华社，2016 - 12 - 3.

[39] 习近平如何"安天下""润人心"？[R]. 人民论坛，2016 - 12 - 11.

[40] 梁靖雪. 习近平五大发展理念之二：协调是手段又是目标 [R]. 中国经济网，2016 - 2 - 7.

[41] 习近平诠释环保与发展：绿水青山就是生产力 [EB/OL]. 人民网，2014 - 8 - 15，http：//politics. people. com. cn/n/2014/0815/c1001 - 25472916. html.

[42] 蒋伏心. 新发展理念丛书——协调发展 [M]. 江苏：江苏人民出版社，2016.

[43] 洪银兴. 新发展理念丛书——创新发展 [M]. 江苏：江苏人民出版社，2016.

[44] 习近平与"十三五"五大发展理念·协调 [EB/OL]. 中国新闻网，2015 - 11 - 2，http：//www. chinanews. com/ll/2015/11 - 02/7599974. shtml.

[45] 洪银兴. 新发展理念丛书——创新发展 [M]. 江苏：江苏人民出版社，2016 - 8.

[46] 习近平在第十八届中央纪律检查委员会第二次全体会议上的讲话 [EB/OL]. 中国共产党新闻网，2013 - 1 - 22，http：//cpc. people. com. cn/n/2013/0122/c64094 - 20289660. html.

[47] 习近平主持召开经济形势专家座谈会 [EB/OL]. 新华网，2016 - 7 - 8，http：//www. xinhuanet. com//politics/2016 - 07/08/c_1119189505. htm.

[48] 王庆五. 新发展理念丛书——共享发展 [M]. 江苏：江苏人民出版社，2016.

[49] 李世泽. "一带一路"走活广西发展这盘棋 [J]. 当代广西，2015.

[50] 张二震. 新发展理念丛书——开放发展 [M]. 江苏：江苏人民出版社，2016.

[51] 刘德海. 新发展理念丛书——绿色发展 [M]. 江苏：江苏人民出版社，2016.

[52] 习近平党风廉政建设论述摘编之二：在全社会培育清正廉洁的价值理念 [EB/OL]. 新华网，2014 - 9 - 29，http：//www. xinhuanet. com/politics/2014 - 09/29/c_1112682972. htm.

[53] 国家发展和改革委员会发展规划司. 共建共享，同心同德"十三五"

规划问计求策优秀谏言选编［M］.北京：人民出版社，2016.

［54］北京大学"一带一路"五通指数研究课题组."一带一路"沿线国家五通指数报告［M］.北京：经济日报出版社，2016.

［55］国家信息中心"一带一路"大数据中心."一带一路"大数据报告（2016）［M］.北京：商务印书馆，2016.

［56］黄海峰.中国绿色转型之路［M］.江苏：南京大学出版社，2016.

［57］高红贵.绿色经济发展模式论［M］.北京：中国环境出版社，2015.

［58］李晓西，刘一萌，宋涛.人类绿色发展指数的测算［J］.中国社会科学，2016（4）.

［59］习近平谈"新常态"：3个特点 4个机遇 1个挑战［R］.2016-2-25.

［60］蒋正翔，刘洋.五大发展理念：新常态背景下中国由大变强之道［EB/OL］.新华网，2016-1，http：//www.xinhuanet.com//politics/2016-01/20/c_128648460.htm.

［61］李虹.中国资源型城市转型指数——各地级市转型评价2016［M］.北京：商务印书馆，2016.

［62］世界银行著，姜睿等译.2015年世界发展指标［M］.北京：中国财政经济出版社，2015.

［63］赵峥，倪鹏飞.我国城镇化可持续发展：失衡问题与均衡路径［J］.学习与实践，2012（8）.

［64］隆国强.在新的开放战略中实现新兴大国竞争力升级［R］.中国发展观察，2016-2-4.

［65］科技部创新发展司，中国科学技术信息研究所.国家创新型试点城市发展监测报告2015［M］.北京：科学技术文献版社，2016.

［66］科技部创新发展司，中国科学技术信息研究所.国家创新指数报告2015［M］.北京：科学技术文献出版社，2016.

［67］朱小静等.哥斯达黎加森林生态服务补偿机制演进及启示［J］.世界林业研究，2012（12）.

［68］习近平的两会时间（五）：政治生态也要山清水秀［EB/OL］.中国共产党新闻网，2015-3-9，http：//cpc.people.com.cn/n/2015/0309/c64094-26658593.html.

［69］李英锋，温雅莉.绿色发展才是最有潜力的发展［R］.2015-11-12.

［70］李永全."一带一路"建设发展报告2016［M］.北京：社会科学文献出版社，2016.

［71］李晓西.绿色经济与绿色发展测度［J］.全球化，2016（4）.

［72］王凤鸿，赵满华等."十三五"时期山西民生社会发展战略研究［M］.

北京：中国财政经济出版社，2015.

［73］张芳，伍迁. 李克强：让北部湾经济区成为向东盟开放的一个战略支点［N］. 人民网，2015.

［74］王秋艳. 中国绿色发展报告［M］. 北京：科学出版社，2009.

［75］山西：58 个贫困县 2020 年全部"摘帽"［N］. 山西晚报，2015－11－11.

［76］习近平：共倡开放包容共促和平发展——在伦敦金融城市长晚宴上的演讲（全文）［EB/OL］. 人民网，2015－10－22.

［77］李汉林. 中国社会发展年度报告［M］. 北京：中国社会科学出版社，2014.

［78］习近平：联通引领发展伙伴聚焦合作——在"加强互联互通伙伴关系"东道主伙伴对话会上的讲话（全文）［EB/OL］. 新华网，2014－11－8，http：//www. xinhuanet. com/world/2014－11/08/c_127192119. htm.

［79］周天勇，旷建伟. 中国城市创新报告 2015［M］. 北京：社会科学文献出版社，2015.

［80］杜鹰. 我国区域协调发展的基本思路与重点任务［EB/OL］. 求是理论网，2012，http：//www. qstheory. cn/zxdk/2012/201204/201202/t20120213_138395. htm.

［81］吴敬琏，厉以宁，林毅夫等. 读懂十三五［M］. 北京：中信出版集团，2016.

［82］中共中央组织部干部教育局. 领航中国［M］. 北京：党建读物出版社，2016.

［83］中国人民大学重阳金融研究院. 2016——G20 与中国［M］. 北京：中信出版集团，2016.

［84］当好新时代改革开放排头兵——习近平总书记在参加广东代表团审议时的重要讲话引起热烈反响［EB/OL］. 中国共产党新闻网网，2018－3－8，http：//cpc. people. com. cn/n1/2018/0308/c64387－29855586. html.

［85］国家信息中心信息化研究部. 中国分享经济发展报告［R］. 2016－2.

［86］《读懂十三五》编写组. 读懂十三五［M］. 北京：中国人民大学出版社，2016.

［87］周一兵. 方略中国——怎么看治国理政新理念 新思想 新战略［M］. 北京：人民出版社，2016.

［88］创新是引领发展的第一动力——习近平关于科技创新论述摘编［EB/OL］. 新华网，2016－2－25，http：//www. xinhuanet. com//politics/2016－2/25/c_128743949. htm.

［89］李建平等. 世界创新竞争力发展报告［M］. 北京：社会科学文献出版社，2013.

［90］习近平：在第二届世界互联网大会开幕式上的讲话（全文）［EB/OL］. 新华网，2015 - 12 - 16，http：//www. xinhuanet. com/politics/2015 - 12/16/c_1117481089. htm.

［91］刘守英. 新常态下的中国［M］. 北京：中国发展出版社，2015.

［92］习近平在十八届中央政治局第七次集体学习时的讲话［EB/OL］. 中国共产党新闻网，2013 - 6 - 26，http：//cpc. people. com. cn/n/2013/0626/c64094 - 21981531. html.

［93］郑永年. 未来三十年改革新常态下的关键词［M］. 北京：中信出版集团，2016.

［94］中共中央召开党外人士座谈会习近平主持并讲话［EB/OL］. 人民网，2016 -12 -9，http：//cpc. people. com. cn/n1/2016/1209/c64094 - 28938875. html.

［95］陆善勇，郭旭. 广西北部湾经济区发展现状以及面临的机遇和挑战［J］. 东南亚纵横，2010.

［96］任仲文. 读懂十三五大国道路［M］. 北京：人民日报出版社，2016.

［97］唐宇红. 联合国环境规划署（UNEP）的角色演进［J］. 环境科学与管理，2008（5）.

［98］习近平：在庆祝"五一"国际劳动节暨表彰全国劳动模范和先进工作者大会上的讲话（全文）［EB/OL］. 中国共产党新闻网，2015 -4 -29，http：//cpc. people. com. cn/n/2015/0429/c64094 - 26921006. html.

［99］冯奎. 中国新城新区发展报告2016［M］. 北京：企业管理出版社，2016.

［100］中国各省现状及发展趋势［N］. 2016 -2 -17.

［101］习近平：共同维护和发展开放型世界经济——在二十国集团领导人峰会第一阶段会议上关于世界经济形势的发言（全文）［EB/OL］. 中国共产党新闻网，2013 -9 -6，http：//cpc. people. com. cn/n/2013/0906/c64094 - 22826347. html.

［102］习近平：在同各界优秀青年代表座谈时的讲话［EB/OL］. 新华网，2013 -5 -4. http：//www. xinhuanet. com//politics/2013 - 05/04/c_115639203. html.

［103］"十三五"发展新理念新思想新战略评析［R］. 人民网，2015 -11 -24.

［104］莫绍深. 广西北部湾经济区发展战略问题再思考［J］. 经济与社会发展，2007.

［105］北京师范大学科学发展观与经济可持续发展研究基地等. 2010中国绿色发展指数年度报告——省际比较［M］. 北京：北京师范大学出版社，2010.

［106］郑永年. 中国模式——经验与挑战［M］. 北京：中信出版集团，2016.

［107］维克托·迈尔—舍恩伯格等著，盛杨燕，周涛译. 大数据时代 生活、工作与思维的大变革［M］. 杭州：浙江人民出版社，2013.

[108] 习近平：在华盛顿州当地政府和美国友好团体联合欢迎宴会上的演讲（全文）[EB/OL]. 新华网，2015 - 9 - 22，http：//www. xinhuanet. com/world/2015 - 09/23/c_1116656143. htm.

[109] 努尔·白克力. 走中国特色能源发展之路 [EB/OL]. 中国共产党新闻网，2016（11），http：//theory. people. com. cn/n1/2016/0601/c40531 - 28402058. html.

[110] 林挺进，宣超. 中国新型城镇化发展报告 [M]. 北京：北京大学出版社，2015.

[111] 宋涛，荣婷婷. 人力资本的集聚和溢出效应对绿色生产的影响分析 [J]. 江淮论坛，2016（3）.

[112] 习近平绿色发展三大思路：绿色惠民、绿色富国、绿色承诺 [R]. 中国青年网，2016 - 1 - 10.

[113] 邹建峰. 浙江难题 [M]. 北京：中国发展出版社，2014.

[114] 习近平：推进结构性改革是"十三五"战略重点 [EB/OL]. 粮信网，2016 - 1 - 30. http：//www. chinagrain. cn/liangyou/2016/2/1/m2016217422235301. html.

[115] 宋贵伦，鲍宗豪. 中国社会建设报告 [M]. 北京：中国社会科学出版社，2015.

[116] 王庆华，王忱. 我国节能环保产业的特征、现状及发展趋势. 国家信息中心 [EB/OL]. 国家信息中心，2016 - 3 - 9，http：//www. sic. gov. cn/News/455/6070. html.

[117] 刘远舰. 坚定走精准扶贫之路 建设好全面小康社会 [EB/OL]. 人民网，2016 - 2 - 11，http：//opinion. people. com. cn/n1/2016/0211/c1003 - 28119593. html.

[118] 汪国会，孙亚安，王文珩. 河北廊坊：经济社会绿色健康发展 [EB/OL]. 人民网，2015 - 5 - 17，http：//society. people. com. cn/n/2015/0517/c1008 - 27011598. html.

[119] 坚持以人民为中心的发展思想努力让人民过上更加美好生活——学习《习近平关于社会主义社会建设论述摘编》[EB/OL]. 中国共产党新闻网，2017 - 10 - 11，http：//dangjian. people. com. cn/n1/2017/1011/c117092 - 29579615. html.

[120] 一些贫者从暂时贫困走向跨代贫穷 [EB/OL]. 人民网，2015 - 1 - 23，http：//finance. people. com. cn/n/2015/0123/c1004 - 26435980. html.

[121] 王金南等. 绿色国民经济核算 [M]. 北京：经济科学出版社，2009.

[122] 曹荣湘. 全球大变暖：气候经济、政治与伦理 [M]. 北京：社会科学文献出版社，2010.

[123] 韩晶，陈超凡，施发启. 中国制造业环境改革、行业异质性与最优规划制度 [J]. 统计研究，2014（3）.

[124] 黄彬. 以经济带建设实现区域经济协调发展 [EB/OL]. 光明日报, 2014-11, http://news.gmw.cn/2014-11/12/content_13810721.htm.

[125] "十三五"五大发展理念解读 [N]. 国际金融报, 2015.

[126] 北京林业大学生态文明研究中心. 中国省域生态文明建设评价报告 (ECI2015) [M]. 北京: 社会科学文献出版社, 2015.

[127] 李培刚. 浙江杭州政协委员为"推动城市绿色发展"建言献策 [R]. 中国网, 2016-2-3.

[128] 国务院印发《关于促进云计算创新发展培育信息产业新业态的意见》[EB/OL]. 中国政策网, 2015-1, http://www.gov.cn/zhengce/content/2015-01/30/content_9440.htm.

[129] 吴敬琏, 刘鹤, 蔡昉等. 走向"十三五"中国经济新开局 [M]. 北京: 中信出版集团, 2016.

[130] 张芳, 伍迁. 习近平参加广西代表团审议: 广西在对外开放大格局中地位更加凸显 [N]. 广西日报, 2015.

[131] 习近平: 在哲学社会科学工作座谈会上的讲话（全文）[EB/OL]. 新华网, 2016-5-17, http://www.xinhuanet.com//politics/2016-05/18/c_1118891128.html.

[132] 张丰清. 协调发展理念有助广东突破区域发展瓶颈 [N]. 羊城晚报, 2016-1, http://www.ycwb.com/epaper/ycwb/html/2016-01/12/content_900310.htm.

[133] 潘婧瑶, 邰碧澄. 专家解读: "协调发展"为"十三五"提供针对性指导 [EB/OL]. 人民网, 2015.

[134] 环境保护部, 国土资源部. 全国土壤污染状况调查公报, 2014-4-17.

[135] 马胜杰, 姚晓艳. 中国循环经济综合评价研究 [M]. 北京: 中国经济出版社, 2009.

[136] 任理宣. 坚持绿色发展——"五大发展理念"解读之三 [EB/OL]. 人民日报, 2015-12-22, http://theory.people.com.cn/n1/2015/1222/c40531-27958738.html.

[137] 隋萌萌. 论五大发展理念 [EB/OL]. 新华网, 2015-11, http://news.xinhuanet.com/politics/2015-11/05/c_1117044578.html.

[138] 大方县五个到村到户助力精准扶贫 [C]. 大方县人民政府办公室, 2016-1-11.

[139] 韩晶, 蓝庆新. 中国工业绿化度测算及影响因素研究——基于省域数据的空间计量分析 [J]. 经济社会体制比较, 2015 (1).

[140] 郭苏建, 周云亨等. 全球及可持续能源竞争力报告2015 [M]. 杭州: 浙江大学出版社, 2015.

[141] 辜胜阻. 引领绿色发展须大力发展绿色金融 [R]. 中国发展观察, 2016-2-15.

[142] 谢雄标, 吴越, 严良. 数字化背景下企业绿色发展路径及政策建议 [J]. 生态经济, 2015 (11).

[143] 诸大建, 何芳等. 中国城市可持续发展绿皮书 [M]. 上海: 同济大学出版社, 2014.

[144] 国家制造强国建设战略咨询委员会, 中国工程院战略咨询中心. 智能制造 [M]. 北京: 电子工业出版社, 2016.

[145] 国务院印发《关于加快构建大众创业万众创新支撑平台的指导意见》[EB/OL]. 中国政府网, 2015-9, http://www.gov.cn/xinwen/2015-09/26/content_2939239.html.

[146] 祝光耀: 县域是我国"绿色化"发展主战场主阵地 [EB/OL]. 搜狐网, 2015-7-20, http://www.sohu.com/a/23436951_115402.

[147] 张世钢. 联合国环境规划署的前世今生 [J]. 世界环境, 2012 (5).

[148] 袁卫, 彭非, 中国调查与数据中心. 中国发展报告 [M]. 北京: 中国人民大学出版社, 2015.

[149] 张倪, 王一鸣. 推进区域协调发展的四大关键点 [R]. 国研智库论坛, 2016-1-20.

[150] 首都科技发展战略研究院. 2014首都科技创新发展报告 [M]. 北京: 科学出版社, 2014.

[151] 毛振华. 我国首个绿色发展综合示范区获准深入探索绿色发展路径 [R]. 新华社, 2015-11-13.

[152] 严耕. 中国省级生态文明建设评价报告ECI2011 [M]. 北京: 社会科学文献出版社, 2011.

[153] 国家信息中心信息化研究部. 中国分享经济发展报告 [R]. 2016-2.

[154] 王凤鸿, 赵满华等. "十三五"时期山西民生社会发展战略研究 [M]. 北京: 中国财政经济出版社, 2015.

[155] 杨京英, 童腾飞. 智慧城市发展指数 (SCDI) 统计评价研究 [M]. 北京: 经济科学出版社, 2016.

[156] 司建楠. 加快推进工业转型 着力体质增效升级 [J]. 中国工业报, 2014-1-21.

[157] 北京师范大学经济与资源管理研究院. 中国绿色发展指数报告——区域比较 [M]. 北京: 北京师范大学出版社, 2015.

[158] 王志鹏. 南宁将成"一带一路"重要节点城市 推进开放合作 [N]. 南宁新闻网-南宁晚报, 2015.

[159] 倪鹏飞. 中国城市竞争力报告 NO.14 新引擎：多中心群网化城市体系 [M]. 北京：中国社会科学出版社，2016.

[160] 北京师范大学经济与资源管理研究院等. 中国绿色发展指数报告——区域比较 [M]. 北京：北京师范大学出版社，2015.

[161] 上海——创新发展引领者 [R]. 新华社，2016-2-10.

[162] "一带一路"，改变的不仅是中国 [J]. 环球人物，2016-3-6.

[163] 广东自贸区坚持创新 推进港珠澳游艇"自由行" [EB/OL]. 央广网，2016-2-1，http://travel.cnr.cn/list/20160201/t20160201_521292977.html.

[164] 宋涛. 中国可持续发展的双轮驱动模式——绿色工业化与绿色 [M]. 北京：经济日报出版社，2015.

[165] 吴正. 中国沙漠及其治理 [M]. 北京：科学出版社，2009.

[166] 水利部. 全国近2/3城市不同程度缺水 水资源承载力预警机制将建 [EB/OL]. 人民网，2015-11-9，http://legal.people.com.cn/n/2015/1109/c188502-27795031.html.

[167] 田红娜. 中国资源型城市创新体系营建 [M]. 北京：中国环境科学出版社，2009.

[168] "十三五"五大发展理念解读 [N]. 国际金融报，2015.

[169] 国家统计局，环境保护部. 中国环境统计年鉴 2008-2015 [M]. 北京：中国统计出版社，2008-2015.

[170] 潘婧瑶，邰碧澄. 专家解读："协调发展"为"十三五"提供针对性指导 [EB/OL]. 人民网，2015-11，http://politics.people.com.cn/n/2015/1101/c1001-27762624.html.

[171] 陈郁. 2015 产业蓝皮书发布 创新是区域协调发展的关键驱动力 [EB/OL]. 新浪财经网，2015-12，http://finance.sina.com.cn/roll/2015-12-21/doc-ifxmttme6034216.html.

[172] 马建强，彭惜君，周媛媛. "十三五"广东区域协调发展研究 [J]. 广东经济，2015.

[173] 华彩乐章 西安高新区"十二五"完美收官 扬帆奋进 向着国家自主创新示范区再起航 [EB/OL]. 西安日报，2016-2，http://epaper.xiancn.com/xawb/html/2016-02/01/content_410042.html.

[174] 邱寿丰. 探索循环经济规划之道：循环经济规划的生态效率方法及应用 [M]. 上海：同济大学出版社，2009.

[175] 住房和城乡建设部. 中国城市建设统计年鉴 2015 [M]. 北京：中国城市建设出版社，2015.

[176] 王玲玲，张艳国. "绿色发展"内涵探微 [J]. 社会主义研究，2012 (5).

后　　记

　　理念是行动的先导，一定的发展实践都是由一定的发展理念来引领的。发展理念是否对头，从根本上决定着发展成效乃至成败。党的十八届五中全会深刻总结国内外发展经验教训、分析国内外发展大势，针对我国发展中的突出矛盾和问题，提出了创新、协调、绿色、开放、共享的新发展理念。习近平总书记强调，新发展理念是"十三五"乃至更长时期我国发展思路、发展方向、发展着力点的集中体现，也是改革开放40年来我国发展经验的集中体现，反映出我们党对我国发展规律的新认识。新发展理念是管全局、管根本、管长远的导向，对破解发展难题、增强发展动力、厚植发展优势具有重大指导意义。我们要坚定不移贯彻新发展理念，有力推动我国发展不断朝着更高质量、更有效率、更加公平、更可持续的方向前进。

　　从2018年4月开始，国家发展改革委宏观经济管理编辑部、中国现代经济研究院联合北京师范大学政府管理研究院、北京市博士爱心基金会、广州南粤基金集团公司等单位，组织国内著名学者、优秀博士团队，围绕创新、协调、绿色、开放、共享的新发展理念，成立了《中国新发展理念指数报告》课题组（以下简称课题组）。

　　依据新发展理念课题组对中国高质量发展进行国家、省际层面的测度与比较，深层次衡量中国高质量发展水平，这是历史赋予课题组的使命和担当！

　　课题组从多种数据处理方法中找出最适合本报告的算法，对海量的数据进行收集、筛选、分析，根据国家、省际和城市三大维度制作生成相应系列表格；同时查阅大量相关资料，整理了具有代表性的典型案例。为了确保该报告的观点的客观性与科学性，课题组成员对结论进行了艰苦卓绝的反复论证，所耗费的时间和心血远远超过预想。本课题参考了卷帙浩繁的古今中外研究成果，特别是在《2015中国发展指数报告》《2016中国发展指数报告》《2017中国发展指数报告》的基础上，历经10个多月艰辛付出而玉汝于成。为了按时且高质量地完成本项研究任务，课题组对本报告中所使用的数据、所形成的结论与判断以及国际上有关专家学者们的观点，进行了多次焚膏继晷式的深入研讨。本着对读者负责，课题组成员和有关专家对每一个数据的选取、每一个案例的分析、每一个表述的确定，都付出了超乎想象的努力。其实我们深深懂得，学术研究是扎实、专业和严谨的，充满了艰辛、磨砺和坚持。做学术研究要耐得住寂寞，坐得住'冷板凳'，任何一个课题都需要熬很长时间。在此，我们对课题组成员和顾问、专家，一并表示最衷心的敬意和谢忱。

《中国新发展理念指数报告》历经多次修改，现在终于要正式出版了，这是集体智慧的沉淀，也是长时间努力的结晶，希望能够经得住历史考验，能够对我国的科学发展有所裨益，能够为广大发展中国家甚至整个世界发展有所示范。

非常感谢第十二届全国人大常委会副委员长陈昌智亲自为本报告作序。

衷心感谢中共湖南省委原书记王茂林，联合国原副秘书长沙祖康，中国国际传播中心执行主席、党组书记龙宇翔等领导，以及中科院院士、南京大学原校长陈骏教授，中国工程院院士、四川大学原校长谢和平教授，兰州大学党委书记袁占亭教授，北京大学党委常务副书记、马克思主义学院院长、习近平新时代中国特色社会主义研究院院长于鸿君教授，欧美同学会党组书记、秘书长王丕君，中国财政科学研究院党委书记、院长刘尚希研究员，外交学院党委书记、常务副院长袁南生教授，国家发改委宏观经济研究院副院长毕吉耀研究员，国务院参事、欧美同学会副会长、全球化智库主任王辉耀，清华大学李十中教授，北京师范大学政府管理研究院院长唐任伍教授，南京大学商学院院长、教育部长江学者特聘教授沈坤荣，中国地质大学（北京）马克思主义学院刘海燕教授，武汉理工大学管理学院副院长宋英华教授，中国人民大学企业管理系主任刘刚教授以及北京大学经济学院苏剑教授，北京师范大学林卫斌教授等领导和专家，对本报告的创作提出了极有价值的建议，经济科学出版社对本报告的编辑出版给予了大力支持，广州南粤基金集团公司董事长林涛博士，珠海宝文电机科技有限公司胡邵寅董事长等为本报告出版提供了无私帮助，在此一并表示感谢。

本报告在创作过程中，得到了国家发展改革委、中国科学院、中国社科院、北京大学、清华大学、南京大学、中国人民大学、北京师范大学、中国国际经济交流中心、重庆大学、中国财政科学研究院、中国地质大学（北京）、外交学院、浙江财经大学、中国大数据研究院等单位领导、专家的大力支持，他们的支持使得本书更具权威性。同时还要感谢本报告合作研究单位北京师范大学政府管理研究院、北京市博士爱心基金会、广州南粤基金集团公司、国是智库研究院、中国大数据研究院、一带一路经济技术合作中心、中宏网、贵州宝文电机科技有限公司、华容县华清渔业有限公司等单位的各位领导和专家的支持和奉献。

十分感谢北京大学马克思主义学院的各位老师和北京大学毛泽东管理思想高级研究班的同学们，2018年一年里，学院和高级研究班为我们提供了激发思悟的课程、深邃前沿的讲座、生动具体的实践。特别感谢北京大学毛泽东管理思想高级研究班第四届的同学们，我们一起走进北大红楼、韶山、上海一大纪念馆、嘉兴南湖、井冈山，进一步学懂、弄通、做实毛泽东思想、习近平新时代中国特色社会主义思想。我深深懂得学习、思考、实践、感悟是一个学而思、思而践、践而

| 后 记 | 297

悟螺旋式上升的过程，只有不断学习、勤于思考、理论联系实践，最终才会有所领悟，有所提升。这种提升是课题组团队成员政治品格、意志能力、工作成绩的提升，答出的是一份出彩的研究答卷，而当无数拼搏人生的出彩答卷汇集在一起，展现的却将是一幅盛世中国的图景，答出的是国家富强、人民幸福的华美篇章！

面对新时代的客观要求，新发展理念研究群体作为有担当、有社会责任感的中国知识分子和研究者，志在把握"天下家国"情怀具体化的时代定位，为党的十九大提出的"坚持新发展理念"并将其作为新时代坚持和发展中国特色社会主义的基本方略之一加以强调而贡献力量。

课题组所有成员积极参与《中国新发展理念指数报告》创作，受篇幅限制，只能选录部分研究成果。本报告由主编易昌良负责总体框架设计。撰写了前言和后记、编写了"创新"中的指标体系、测算结果、综合排名及案例分析，景峰编写了"协调""绿色"中的指标体系、测算结果、综合排名及案例分析，王彤、高子华编写了"开放""共享"中的指标体系、测算结果、综合排名及案例分析。杨枝煌（原名杨杞煌）、林涛提升序和前言。编委会主任任旺兵负责最后审定。

本报告的相关数据来自官方数据库和出版物，部分内容来自媒体的公开报道，已在参考文献中一一列举。在此，谨向所有原作者、编辑者、出版者表示感谢，如有不妥，敬请原谅。

需要特别强调的是，由于篇幅所限，2000多页、300多万字的数据、文字未能列在本报告内，确实遗憾。

为伊消得人憔悴、衣带渐宽终不悔。五年的付出与坚守，是课题组全体人员对新发展理念研究的执着和热爱。我们希望这份付出和坚守，能够为推动新发展理念研究做出积极的贡献。新时代需要大智慧、大变革亟须大思路，在中国经济攻坚克难、转型升级的重要历史节点，我们将一如既往地秉承"学术至上、创新为魂"的理念，通过体制机制创新，整合社会资源，集决策咨询、调查研究、规划论证于一体，聚焦现代经济主题，高举高质量发展、创新发展大旗，着力打造现代经济理论创新阵地、高质量发展实践推进阵地，努力成为服务我国现代化经济体系建设的"智囊"。更好地为国家宏观经济管理决策和国家发展改革委中心工作提供智力支撑，更好地为地方各级党委政府和社会提供咨询服务。

作为一项开创性的工作，由于学术水平有限，加之时间紧迫、经验不足，虽然经过了多次校正，但仍难免有不尽如人意之处。欢迎各位专家学者提出宝贵意见。

易昌良

2019年2月22日于玉渊潭